KB074174

식민주의 역사학과 제국

RICH 트랜스내셔널인문학총서

식민주의 역사학과 제국

탈식민주의 역사학 연구를 위하여

·

한양대학교 비교역사문화연구소 기획

윤해동 · 이성시 엮음

·

책과함께

머리말

식민주의 역사학과 근대 역사학

윤해동

1

4월혁명 이후 '식민(주의)사학의 극복'은 한국 역사학계의 시대적 과제로 부상하였다. 오랫동안 대표적인 한국사 개설서로 인정되어온 《한국사신론》은, 1961년 《국사신론》이라는 이름으로 처음 출간될 때 식민지 '어용사가'들의 '식민주의 사관'에 대한 비판으로 책의 첫머리를 채웠다. 식민 지배로부터 해방된 지 15년이나 지났음에도 한국 역사학계는 '식민주의 역사학' 비판에 자각적으로 나서지 못하고 있었다. 실제로 '아시아적 정체성' 이론이나 '사대성론' 등의 각종 타율성 이론이 공공연히 학계를 배회하고 있었다.

또한 '식민주의 역사학'을 만들고 이끌어온 일본의 전후 역사학계도 그 때까지 전혀 자신의 인식을 바꿀 의사가 없었다. 1950년대 후반 '국교 정상화'를 위한 '한일회담'이 오랫동안 중단되고 있었던 가장 크고 근본적인 이유 가운데 하나가, 역사인식을 둘러싼 양국 간의 차이였다는 사실을 통해서도 이런 사정을 짚어볼 수 있다.

1960년대 이후 한국 역사학계에서는 '식민주의 역사학'에 대한 비판이 본격적으로 개시되었다. 오랫동안의 논의를 거친 끝에, 식민주의 역사학의 본질에 대해서는 대체로 다음과 같은 방식으로 일정한 '합의'가 이루어진 것으로 보인다. 첫째 '식민주의 역사학'은 일본 제국주의의 한국 침략과 지배를 위해 만들어진 역사학으로서, 식민 정책의 일환으로 기능해왔으며, 이를 위해 '역사 왜곡'도 마다하지 않았다는 것이다. 둘째, 식민주의 역사학은 이런 목적을 달성하기 위해 크게 '타율성론'과 '정체성론'을 중심으로 자신의 논리를 구축해왔다는 것이다. 바꿔 말하면, 식민주의 역사학은 식민 통치를 위한 이데올로기로서 자신의 목표를 달성하기 위하여, 한국사를 타율적이고 정체적인 방식으로 구성해왔다는 것이다.

한편 이런 비판 위에서 구성된 새로운 시각이 이른바 '내재적 발전론'이었고, 내재적 발전론에 바탕을 둔 한국사 연구는 민족국가 건설과 국민 통합을 위해 적극적으로 기여할 것이 기대되었다. 한국뿐만 아니라 중국이나 북한 등에서도 내재적 발전론 혹은 '내발적 발전론'은 자국의 민족주의적 역사 전개를 이론화하는 중요한 토대로 자리 잡게 되었다. 이리하여 동아시아 지역의 식민주의 역사학 비판은 민족국가 건설과 국민 통합을 위한 새로운 역사학 논리, 곧 내재적 발전론을 만들어내는 데 크게 기여할 수 있었다.

그러나 냉전이 해체되고 새로운 세기로 접어드는 즈음, 내재적 발전론의 일국사적 시야를 비판하는 다양한 역사학적 흐름이 나타나기 시작하였다. 여기에서 그 가운데 하나로 거론해둘 필요가 있는 것이 이른바 '식민지 근대론'이라는 것이다. 식민지 근대론은 식민주의 역사학이 근거를 두고 있다고 비판받던 타율성론과 정체성론이 단지 내재적 발전론의 어두운 그림자에 지나지 않는다는 사실을 강조한다. 요컨대 서구를 중심으로 보는 '근대'는 '식민주의'를 그 이면으로 하고 있다는 사실을 강조하는 것이다. 근대성과 식민성은 '동전의 양면', 아니 '하나의 몸체'를 구성하고 있다는 것이다.

그렇다면 동아시아가 아닌 '제3세계'의 형편은 어떠했던가? 식민지 근대론을 단지 일국사적 시야에서 확인할 수는 없을 것이다. 헤겔을 비롯한 유럽 학자들이 '역사 없는 민족'이라고 간주했던 민족들은 어떤 방식으로 자신들의 역사를 회복하고 있는 것일까?

2

영국의 역사학자 휴 트레버-로퍼(Hugh Trevor-roper)는 1963년 "유럽인의 개척과 식민 지배 이전의 아프리카에는 역사가 없다. 아프리카에는 유럽인의 역사만 있을 뿐이다. 그 나머지는 암흑이다"라고 선언하였다. 트레버-로퍼는 헤겔의 논리를 답습하면서, 문자 기록조차 남아 있지 않은 아프리카에 역사란 당연히 존재하지 않는다고 주장했다. 오래전 헤겔은 지리-기후결정론(geo-climatic determinism)에 입각하여, 극한기후 지역에 살고 있는 흑인들의 인간성과 문명의 가능성을 부정한 바 있다. 헤겔은 아프리카를 '유아기의 인류이자 고차원의 사고 능력이 없는 흑인'들의 땅으로, '어두운 밤의 장막에 둘러쳐진 대륙'으로 묘사하였다.

1960년대 아프리카 국가들이 독립하면서 헤겔의 아프리카관을 극복하려는 노력은 시작되었다. 대표적으로 세네갈의 초대 대통령이자 학자인 레오폴드 셍고르(Leopold Senghor)는 헤겔의 지리-기후결정론을 수용한 위에서 흑인들의 정체성을 발견하려 노력하였다. 그는 흑인들이 추상적인 사고력보다는 문학과 예술 등의 감성적인 재능을 발휘할 가능성이 더 크다고 주장했다. 아직 헤겔의 유산은, 섣불리 극복하기 어려운 뿌리 깊은 도그마로 남아 있었다.

한편 트레버-로퍼의 주장을 계기로 이른바 '아프리카 논쟁'이 촉발되었는데, 이후 아프리카의 역사를 둘러싼 새로운 시각이 힘을 얻게 되었다. 그 중심에 자리한 것이 '아프리카 중심주의(Afro-centrism)'였다. 이는 유럽 중심주의를 극복하고 아프리카 대륙의 영광스러운 역사를 복원하려는 의도를 가진 것이었다. 이런 움직임은 유럽에 대한 적대적 시각을 담은 낭만주의적 주장으로 나타나기도 했던바, 셰이크 안타 디오프(Cheikh Anta Diop)의 《문명의 아프리카 기원*The African Origin of Civilization*》(1974)이나 마틴 버널(Martin Bernal)의 《검은 아테네*Black Athena*》(1987) 등이 대표작이다. 이들은 고대 이집트문명과 그리스문명의 아프리카 기원설 등을 주장하였다. 이런 노력은 유네스코의 《아프리카사 개론*General History of Africa*》(1999, 전 8권)의 완성으로 결실을 맺었다.

상당한 시간이 흐른 뒤, 미국의 저명한 철학자 수전 벅모스(Susan Buck-morss)는 《헤겔, 아이티, 보편사*Hegel, Haiti, Universal History*》(2009; 김성호 옮김, 문학동네, 2012)라는 책에서 헤겔과 아이티 혁명을 비판적으로 다루었다. 그녀는 헤겔의 정신이 유럽의 식민지에서 노예가 된 아프리카인들의 피와 고통으로 얼룩져 있다고 주장한다. 그녀는 또 헤겔이 유명한 《정신현상학》에서 그렸던, 그리하여 서구 근대정신의 토대가 되었던 '주인과 노예의 변증법'이 가진 유럽 중심주의적 모순을 해부한다. 고대 그리스 사회에 대한 서구의 '기억'과 노예무역과 식민지의 노예노동에 대한 의도적 '망각' 위에서 구성된 것이, 헤겔의 주인과 노예의 변증법이라는 것이다.

3

언뜻 보기에 한국을 비롯한 동아시아 지역의 식민주의 역사학 비판과 아프리카와 중남미 지역의 탈식민주의적 역사인식은 상당히 다른 경로를 거쳐온 것처럼 보인다. 하지만 초기에는 양 지역 모두 근대성에 대한 비판이 약한 상태에서, 식민주의적 측면을 상대적으로 강하게 비판하였다는 점에서 공통성을 갖고 있었다. 이루지 못한 근대성 혹은 자신들이 갖지 못했다고 간주되어왔던 근대성의 여러 측면들을, 제국주의 침략이 없었다면 자신들도 가질 수 있었다고 주장하는 점에서 근대성에 대해 동일한 스탠스를 취하고 있었던 것이다.

하지만 이제 식민주의 역사학이 주장하는 결여된 근대성은 열심히 노력하여 따라잡는다고 해서 성취할 수 있는 그런 성질의 것이 아니라는 점을 자각하게 되었다. 수전 벅모스의 헤겔 비판과 식민지 근대론은 그다지 먼 거리에 있지 않은 것이다. 식민주의 역사학 비판 혹은 탈식민주의 역사학의 인식론이 이런 수준에 도달하기 위해서는, 식민주의 비판만이 아니라 근대 비판이 함께 필요했던 것이다. 근대 비판이 식민주의 비판과 결합하는 지점에서 궁극적인 탈식민주의 역사인식은 가능하게 될 것이다.

이런 점에서 식민주의 역사학 비판은 근대 역사학 비판으로 수렴한다. 혹은 근대 역사학이 갖고 있는 식민주의적 성격을 비판하는 데서 식민주의 역사학 비판은 출발한다. 따라서 식민주의 역사학 비판이 '관변사학'이니 '어용사학'이니 하는, 역사학자들이 처한 처지나 지위에 대한 비판에서 출발할 수는 없다. 게다가 '역사 왜곡'이나 '식민정책학'과 같은 좁은 지형에 식민주의 역사학 비판을 가둬두어서도 안 된다. 관변이나 어용을 넘어서서 근대 역사학에 종사하는 역사학자 일반이 추구하던 것이 식민주의 역사학이었다. 또 식민정책학이나 역사 왜곡과 같은 작은 목표에 갇혀 있던 그런 역사학'만'을 식민주의 역사학이라고 간주해서도 안 된다.

식민주의 역사학은 기본적으로 근대 역사학의 일부를 구성한다. 전근대적 역사인식 체계에서는 식민주의적 역사상이 추구되지 않았던 것이다. 식민주의 역사학에는 근대 역사학을 구성하는 여러 방법론적 체계들이 동원되었으며, 서구 근대적 역사인식 체계가 갖춰져 있었다. 구미와 일본에서 자국사를 중심으로 근대 역사학 체계를 구축할 때, 이미 식민주의 역사학도 체계를 갖추기 시작하였다. 자국사의 근대적 성취와 임무를 강조할 때 식민주의적 역사인식이 뒷받침될 필요가 있었던 것이다. 거꾸로 식민지의 역사는 이러한 방식으로 재구성되어야 했던 것이다. 따라서 식민지를 다룬 역사학만을 식민주의 역사학이라고 할 수는 없다.

그런 점에서 식민주의 역사학은 식민주의 이데올로기와 근대 역사학을 구성하는 여러 인식론적 특징이 결합하는 데서 그 특징을 찾을 수 있다. 예컨대 식민주의 역사학에서 식민주의는 제국주의 그리고 근대주의, 국민주의(민족주의) 등의 이데올로기와 쉽사리 결합하여 자신의 특징을 새로이 구성하는 것이다. 이 책의 필자들은 식민주의 역사학의 이데올로기적 특징을 이런 데서 확인하고자 하였다. 이런 접근 방식이 이 책을 구성하는 첫 번째의 특징이 될 것이다.

이 책에서 다루는 식민주의 역사학의 연구 대상은, 따라서 식민지기의 한국사 혹은 '동양사'에만 국한되지 않는다. 한국사뿐만이 아니라 일본사와 동양사 그리고 문학과 의학 분야의 연구에까지 검토 대상을 넓혀서 식민주의적 역사인식 체계를 재검토하고자 했던 것은 이런 이유 때문이다. 특히 일본사와 한국사 연구가 함께 심도 깊게 검토될 필요가 있고, 여기에는 트랜스내셔널한 접근 방식이 유효할 것이라고 보았다.

4

이 책은 전부 5부로 구성되어 있다. '1부 총론'에서, 윤해동은 식민주의 역사학이 성립하고 확산되는 과정을 재검토하고 이를 식민주의 역사학의 이데올로기 분석과 결합하는 방식을 시론적으로 제시하고 있다. 식민주의 역사학 연구를 '근본적'으로 쇄신하기 위한 여러 방안을 제안하고 있는 셈인데, 추후 이를 둘러싼 논의가 이어지기를 기대하고 있다.

'2부 일본사 연구와 식민주의'에는, 구로이타 가쓰미(黑板勝美)에 대한 이성시의 연구와 쓰다 소키치(津田左右吉)에 대한 이소마에 준이치(磯前順一)의 논문을 실었다. 일본에서 근대 역사학 연구와 역사 교육의 근간이 되는 이른바 '국사'를 최초로 탄생시킨 구로이타 가쓰미는, 식민지 조선에서도 다양한 국가 프로젝트를 구상하고 각종 역사 관련 사업을 계획, 입안, 추진한 인물이다. 그런데 이성시는 구로이타가 식민지 지배 정책의 일환으로 조선에서 구사한 각종 정책의 성과가 다시 일본 국내로 환류되어 정책적으로 이용되었던 측면에 주목하고, 식민지 지배와 피지배의 관계 속에서 '국사'의 틀이 상호 내면화되고 강화되고 있었던 사실을 강조하고 있다. 식민주의 역사학 연구의 현재성을 일깨우고 있는 논문이라고 하겠다.

쓰다 소키치는 다이쇼 데모크라시를 대표하는 양심적인 일본 사학자로, 기기론(《고사기》와 《일본서기》) 연구에 한 획을 그었으며 천황제를 합리화하여 천황제 민주주의를 안정시키는 데 기여한 인물로, 일본 학계에서 평가되어왔다. 그러나 이소마에 준이치는 쓰다와 식민주의의 관련성이 기존 연구에서 완전히 누락되어 있다는 점을 비판하고, '천황제 없는 민주주의'에 대한 암묵적인 전제에 대해서도 재검토할 필요가 있다고 주장한다. 쓰다의 단일민족국가론을 시대의 흐름에 따라 조목조목 비판하고 있는바, 그로부터 영향을 받은 바 적지 않은 것으로 알려진 한국 역사학계 일부의 단일민족론을 재검토하는 데에도 도움이 될 것이다.

'3부 동양사 연구와 식민주의'에는, 시라토리 구라키치(白鳥庫吉)와 이나바 이와키치(稲葉岩吉)라는 동양사 연구자를 다룬 연구 두 편을 실고 있다. 우선 미쓰이 다카시(三ツ井崇)는 랑케 사학(리스)과 한국사학을 매개한 것이 일본의 '동양사학'자 시라토리 구라키치라고 규정되어왔다는 점에 주목하고, 시라토리의 '만선사관'과 '국민성론'을 재검토하여 그의 연구가 중국이나 조선과의 차이를 강조하려는 데 중점이 있었다고 비판한다. 미쓰이는 시라토리의 동양사 연구가 서구 근대와는 점차 멀어져가고 있었다고 보는바, 새삼 근대 역사학의 식민주의적 성격을 지적하고 있는 것처럼 보인다.

정상우는 그동안 대표적인 '만선사' 연구자로 거론되어온 이나바 이와키치의 실증적 연구 성과를 구체적으로 재검토한다. 시라토리 구라키치의 남북이원론의 영향을 받은 이나바는 조선 민족은 북방계를 중심으로 형성되었으며, 과도하게 중국 문화가 유입됨으로써 조선 사회가 정체한 것으로 해석하였다고 보았다. 이나바의 역사 해석 속에서 조선사는 남북방 문화 사이에서 부유하는 것처럼 보이는바, 이런 것이야말로 과도하게 타자화된 식민주의의 산물이 아니겠는가?

'4부 조선사 연구와 식민주의'에는 심희찬과 장신의 두 논문이 배치되어 있다. 우선 심희찬은 교토제대와 경성제대의 교수로 재직하면서 한국 고대사 연구에 종사하고 있던 이마니시 류(今西龍)의 역사 해석을 비판하고 있다. 심희찬은 이마니시가 자신의 역사 해석틀을 만들어놓고 그에 부합하지 않는 단군 전설은 제거해버렸으며, 광개토대왕비 해석에서 결국은 일본의 역할을 인정하고 확대함으로써 '근대 역사학적 실천'을 하고 있다고 비판한다. 근대 역사학은 궁극적으로 식민주의적일 수밖에 없다는 점을 강조하고 있는 것이다. 이어 장신은 3·1운동 직후 재조선 일본인 일각에서 강한 발언권을 가지고 등장한 '일선동원론'을 잡지 《동원》을 중심으로 재검토하고 있다. 그는 통설과는 달리 일선동조론이 통치 정책과 깊은 관련을 갖지 않았다는 점을 강조한다. 장신은 《동원》이라는 잡지 출간이 《경성일보》 사장의 개인적 결단에서 비롯된 것이었으며, 수록된 글들에는 일관성이 없을 뿐만 아니라, 총독부 관리들의 인식 수준도 일선동조론에는 미달하는 것이었다고 분석한다. 특히 민족 이론과 깊은 관련을 가진 일선동조론이 식민주의 이데올로기로 기능하기에는 여러 장애가 있을 수밖에 없었음을, 미시적인 실증 분석으로 입증하고 있다.

마지막으로 '5부 의학과 문학의 식민주의'에는, 경성제대 의학부의 의학교육을 다룬 정준영의 논문과 경성제대에 근무하던 중국 문학 연구자 가라시마 다케시(辛島驍)의 연구를 검토한 윤대석의 논문이 실려 있다. 정준영은 경성제국대학 의학부가 서양인 선교사들이 주도하던 세브란스의전과의 헤게모니 경쟁 과정에서 설립되었으며, 이런 이유로 '제국대학 체제'를 그대로 식민지에 이식하게 되었다고 한다. 게다가 경성제대 의학부는 방대한 자료를 바탕으로 엄밀한 실증성과 과학적 분석을 강조하고 있지만, 자료수집 자체가 식민지적 폭력에 의존하는 것이었으며 의학 연구와 교육이 갖고 있던 정치적 효과도 여기에서 파생된 것이었다는 점을 강조하고 있다.

윤대석은 일제 말기 전시 동원 체제 속에서 한국 문학계의 실력자로 군림하였던 가라시마 다케시의 문학을 재조선 일본인으로서의 성격을 중심으로 재검토하고 있다. 윤대석은 유난히 한국인 문학자들의 기억 속에 강하게 남아 있는 인물인 가라시마 다케시에 대한 인상을 세 편의 소설을 중심으로 살펴보고, 중국 문학을 중심으로 한 그의 문학관의 변화 양상을 재조선 일본인으로서의 위상과 관련시켜 음미하고 있다. 결국 내지의 일본인에게는 조선성을, 조선인에게는 일본성을 내세우지 않을 수 없었던 '경계 위의 지배자(재조 일본인)'를 어떻게 읽을 것인가에 대한 고민일 것이다.

5

이 책에 실린 글들은 한양대학교 비교역사문화연구소 주최로 2013년 5

월 31일, 6월 1일 이틀 동안 진행된 학술회의에서 발표된 원고를 개정, 보완하거나 혹은 교체한 것이다. 책을 묶는 데에 이토록 시간이 오래 걸린 것은 각 연구자들이 새삼스럽게 숙고해야 할 사항들이 많았기 때문일 것이다. 논문을 일찍 보내주신 분들도 있고 나를 포함하여 아주 늦게 완성한 사람들도 있지만, 결국 논문으로 만들지 못한 분들도 있다. 2013년 5월 장신은 1930년대 조선사편수회의 나카무라 히데다카(中村英孝)와 관련한 글을 발표하였고, 정준영은 경성제국대학 법의학교실의 체질인류학 연구에 대한 분석을 발표한 바 있다. 추후 연구에서 이와 관련한 연구가 성과를 맺기를 기대하는 바이다.

한양대학교 비교역사문화연구소 식민주의 역사학 연구팀은 2014년과 2015년에도 연구 프로젝트를 진행하였다. 2014년에는 동북아역사재단의 지원을 받아 〈'만선사' 연구〉를 테마로 연구를 진행하였으며, 2015년에는 비교역사문화연구소의 지원으로 〈주요 연구자를 통해 본 식민주의 역사학 연구〉를 주제로 현재 연구를 진행하고 있는 중이다. 이어지는 연구에서 처음의 문제의식을 발전시키는 방식으로 의미 있는 결실을 낼 수 있기를 모든 참여자들과 함께 기원하는 바이다.

이 연구를 후원하고 출판을 지켜봐주신 전임 임지현 소장님, 현임 박찬승 소장님 및 연구소의 모든 관계자분들께 마음으로부터 심심한 감사를 드리는 바이다. 또 약속 시한을 지키지 못한 원고를 오랫동안 기다려주신 도서출판 책과함께 류종필 사장님께도 특별한 감사를 드린다.

2016년 3월

필자들을 대신하여 윤해동 씀

차례

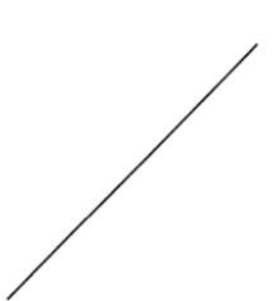

4부 조선사 연구와 식민주의

5부 의학과 문학의 식민주의

1부

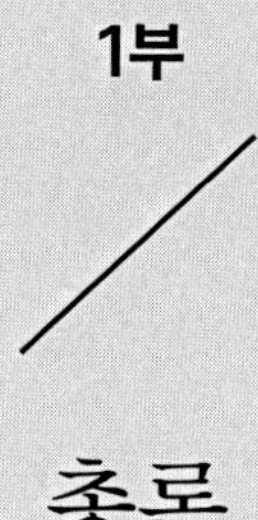

총론

1

식민주의 역사학 연구 시론

윤해동

1. 시작하며

한국사학자 이기백은 1961년 《국사신론》이라는 제목의 한국사 개설서를 출간하면서, 책의 〈서론〉을 일제 '어용사가'들의 '식민주의 사관'에 대한 비판으로 채웠다. 그는 해방이 된 지 15년이나 지난 뒤였음에도 식민주의 사관에 대한 이론적인 비판이 행해지지 않은 데 대해 아쉬움을 가지고 있었다. 그저 비분강개한 감정을 표출하거나, 언급을 회피하거나, 혹은 표현만 바꾸어 그 이론을 되풀이함으로써 민족적인 자조심리(自嘲心理)를 드러내거나 하는 양태를 보이고 있었다는 것이다. 게다가 그것이 바로 식민주의 사관이 파놓은 함정이었다는 점조차 자각하지 못하고 있다고 비판했다.[1]

그는 당시 학계가 말로는 민족의 자주독립을 내세우고 있었으나, 이런

1 이기백, 《국사신론》, 일조각, 1961, 1~2쪽.

주장을 역사적으로 뒷받침해줄 근거를 찾지 못하고 있다고 판단하였다. 또 한국사학이 새로이 출발하기 위해서는 우선 식민주의 사관을 비판할 필요가 있고 또 이것이 기본적인 과제가 된다고 믿었다고 술회했다. 이 책이 출간된 뒤에 식민주의 사관에 대한 비판이 한국사학계에서 일종의 붐을 이루었고, 서론의 문제의식은 여러 연구자에 의해 되풀이되었다고 한다.[2]

위 이기백의 〈서론〉은 '식민주의 사관'이 한국인들에게 일종의 '함정'으로 기능하고 있다는 점을 과감하게 주장했다는 점에서, 한국사학계에서 제기된 최초의 본격적인 '탈식민주의 선언'이라고 해도 좋을 것이다. '식민주의 사관'을 상대화하고, 이런 작업을 통해 그에 입각해 수행된 성과와 한국사 연구를 분리할 필요가 절실하다는 점을 비판적으로 지적했던 것이다.

이후 '식민사학(관)', '식민주의 역사학(사관)', '식민지적 사관' 등으로 명명된 식민주의 역사학은, 대개 다음과 같은 세 가지 내용을 중심으로 그 성격이 규정되어왔다. 첫째 일제의 한국 침략과 지배를 정당화하고 합리화하는 이데올로기적 기반을 확보하기 위한 역사학, 둘째 항일 민족의식의 성장을 가로막는 식민 정책의 일환으로 기능한 역사학, 셋째 식민 지배 전 기간에 걸쳐 더욱 교묘하게 분장되어 한국사를 왜곡하는 데 기여한 역사학 등의 세 가지 내용을 가진 것으로 정리되었다.[3] 요약건대 "식민지 지배 이

---

2 이기백, 〈나의 책 《한국사신론》을 말한다〉, 《研史隨錄》, 일조각, 1994, 252~262쪽. 1961년 출간된 《국사신론》은 《한국사신론》으로 이름을 바꾸어 대표적인 한국사 개설서로 자리잡았다. 〈서론〉의 식민주의 사관 비판 부분은 그 뒤 '들고남'이 있었으나, 그 책이 가지는 대표성만큼이나 큰 영향력을 미친 것으로 보인다. 이 〈서론〉은 〈식민주의적 한국사관〉이라는 제목으로 《민족과 역사》라는 단행본에 재수록되었다. 이기백, 《민족과 역사》, 일조각, 1971.

3 한국역사연구회 편, 《한국사강의》, 한울아카데미, 1989, 22~25쪽. 《한국사강의》라는 저작은 1980년대 후반 제3세대 한국사 연구자들에 의해 결성된 한국역사연구회의 회원들이 공동으로 집필한 한국사 개설서이다. 따라서 당시까지의 새로운 한국사 연구 성과를 반영하고 있는 것으로 평가되고 있다.

데올로기와 정책에 기여하기 위해 한국사를 왜곡하는 역사학"이 '식민사학'이라는 것이다.

그러나 탈식민주의적 맥락에서 볼 때, '식민사학'이라는 용어 및 규정에는 몇 가지 문제가 있는 것처럼 보인다. 첫째, '식민사학(관)', '식민주의 역사학(사관)', '식민지적 사관' 등으로 용어가 매우 혼란스럽게 사용되고 있다는 점이다. 이 가운데에서도 특히 '식민사학'이란 용어는 '식민'을 위한 역사학이라는 뉘앙스가 강해서, 용어와 용법 사이의 괴리가 더욱 심각하게 드러난다. 게다가 '(역)사학'과 '사관'이란 용어도 혼용되고 있어 문제가 된다. 식민주의 역사학은 '사관'이라는 좁은 범주의 문제가 아니라 역사학의 이론, 방법, 내용에 걸친 폭넓은 역사학의 체계를 갖추고 있다는 점에서, (역)사학이라는 용어를 사용하는 것이 타당할 것이다.

둘째, 지금까지의 '식민사학' 연구는 대개 연구 대상을 암묵적으로 한국사로 전제하여 개념을 정의하거나 연구를 진행하는 경우가 많았다는 점이다. 그러나 식민주의 역사학 연구가 한국사만을 대상으로 진행되었던 것은 결코 아니다. 따라서 식민주의 역사학의 연구 대상에 한국사만이 아니라 일본사와 '동양사' 연구까지 포괄하되, 그 세 분야 연구를 상호 관련 아래에서 해명할 필요가 있을 것이다. 물론 지금까지도 '만선사'나 '일선동조론' 등 한국사가 주변의 외국사와 관련을 맺는 부분에 대해서는 연구를 진행해왔다. 그러나 만선사나 일선동조론 등의 경우에도 단순히 한국사와 외국사가 접합하는 영역만을 대상으로 한 것이었다고 볼 수는 없다. 따라서 일본 근대 역사학이 만들어낸 국사(일본사) 동양사(한국사, 중국사 등) 그리고 서양사 등 역사학의 전 분야를 대상으로 연구를 진행할 필요가 있는 것이다.

셋째, 위에서 살펴본 것처럼 침략과 지배를 위한 역사학이라는 의미로 그리고 역사 왜곡을 함의하는 것으로 사용되는 식민사학의 용법 자체가 가진 문제점이다. 침략과 지배를 위한 역사학 심지어 역사 왜곡을 내용으로 삼는 역사학으로 식민사학의 개념을 규정하게 되면, 그 내포와 외연을 명확하게 확정하기 힘든 자의적인 것이 될 수밖에 없는 측면이 있다. 제국주의 침략과 지배가 역사학에서 드러나는 방식을 개념적으로 규정하는 것은 거의 불가능한 일이며, 역사 해석에서 '왜곡'을 확인하는 작업 역시 마찬가지로 모호한 경계 위에서 동요할 수밖에 없게 될 것이다.

주요한 측면만 거칠게 살펴보더라도, 이처럼 기존의 식민사학 연구는 용어, 연구 대상, 개념 등 세 가지 차원에서 심각한 문제점에 봉착해 있다고 해도 과언이 아니다. 따라서 지금이야말로 식민사학 연구를 쇄신 혹은 전환하기 위한 세 차원에서의 노력이 절실하다고 볼 수 있다.

이 글은 식민사학 연구의 쇄신 혹은 전환에 일조하기 위하여 시도한 시론이다. 이를 위하여 우선적으로 위 세 가지 차원 가운데서, 용어 사용에 대한 제안으로 논의를 시작할까 한다. 첫째 식민사학이라는 용어를 폐기하고, '식민주의'라는 개념을 사용하여 새로운 방식으로 용어를 정의할 필요가 있겠다. 둘째, 사관이라는 좁은 개념보다는 사학 혹은 역사학이라는 용어를 사용하여 용어의 사용 범위를 넓히는 것이 도움이 될 것이다. 셋째, 이런 필요에 의해서라면, '식민주의 역사학' 혹은 '식민주의 사학'이라는 용어를 사용하는 것이 '식민사학' 연구의 쇄신에 도움이 될 것이다.

식민주의 역사학이라는 용어는 적어도 다음 몇 가지 측면에서 기존 용어와 차이가 있을 수 있다. 첫째, '식민주의'에 입각한 '근대 역사학'이라는 규정을 내포하고 있다는 점, 둘째, 이에 기반을 두어 '식민주의'를 조장하는 역사학 일반으로 개념의 외연을 확장할 수 있다는 점, 셋째, 근대 역사학 일반이 식민주의와 관련되는 양상을 드러내는 데 유효하다는 점 등이 그것이다. 따라서 넷째, 궁극적으로 식민주의 역사학이라는 개념 규정을 통해, 근대 역사학에 대한 근원적인 메타비판의 가능성을 확보할 수 있다는 점에 특히 주목할 필요가 있을 것이다.

이런 용어의 전환을 전제로, 이 글에서는 식민주의 역사학 연구의 대상과 개념이 어떤 방식으로 형성-확산-정착되어왔는가를 검토해볼 것이다. 이를 위하여 2절에서는 기존 학계에서 '식민사학'[4]을 정의하고 분석해온 방식을 검토할 것이다. 식민사학의 극복을 내걸고 출발한 식민사학 연구가 과연 식민사학을 극복하는 데에 기여하였는가라는 문제의식에 바탕을 두고 기존의 연구를 비판적으로 분석하게 될 것이다. 이어 3, 4절에서는 식민주의 역사학이 형성-확산되어온 과정을 기존의 식민사학의 연구 성과를 바탕으로 하여 비판적으로 재검토하게 될 것이다. 마지막으로 5절에서는 식민주의 역사학의 이데올로기를 식민주의 역사학이 기반을 두고 있는 근대 역사학에 대한 메타비판적인 맥락에서 재조명해볼 것이다. 이런 작업을 통하여 식민주의 역사학 비판 작업이 과연 식민주의를 극복하는 데 기여해왔는지에 대해 점검해볼 수 있게 되기를 기대한다.

최근 식민주의 역사학을 재검토하는 연구가 상당히 활발하게 그리고 폭넓게 진행되고 있다. 그러나 아직 '식민주의 역사학'이라는 개념적 성찰 위에서 진행되는 연구는 그다지 많지 않은 것으로 보인다. 여기에서는 연구대상의 변화라는 점에서 특기할 만한 변화가 일어나고 있다는 점에 주목하여, 최근 수행된 주요한 연구 성과를 간단히 언급해두려 한다. 하나는 식민지 시기 조선에서 전개된 한국사를 대상으로 한 식민주의 역사학의 다양한 흐름에 대한 연구이고, 다른 하나는 식민지 본국 일본에서 진행된 일본사와 동양사(주로 중국사)의 성과에 대한 연구이다.

첫째, 식민지 시기 조선에서 전개된 식민주의 역사학 연구이다. 그것은

4 아래에서는 혼란을 피하기 위하여 다음과 같은 방식으로 용어를 사용할 것이다. 식민사학이라는 용어는 기존의 연구를 지칭할 때에, 식민주의 역사학이라는 용어는 나의 새로운 정의에 입각하는 경우에 사용하는 것으로 구분한다.

다시 조선사편수회 및 관련 단체와 연구자에 대한 연구, 경성제국대학 사학과와 관련 연구자에 대한 연구, 그리고 조선에 거주하고 있던 일본인 재야 역사학자들에 대한 연구로 나누어 살펴볼 수 있다. 조선사편수회와 관련 연구 단체 및 연구자에 대한 연구는 최근 획기적인 성과를 낳고 있는 중이다.[5] 조선사편수회 및 관련 단체의 조직, 기능, 《조선사》 편찬 과정과 그 성격, 그 사상사적 배경 등이 상세하게 조명됨으로써, 조선에서 식민주의 역사학의 전개를 밝히는 데에 크게 기여하였다. 이와 관련하여 조선고적조사위원회를 중심으로 한 고적 조사와 발굴 등에 대한 연구도 주목할 만하다.[6] 다음, 경성제대 사학과 및 관련 학과의 운영 구조와 연구자에 대한 분석 역시 괄목할 만한 진전을 보이고 있다.[7] 이어서 조선에 거주하고 있던

5 김성민, 〈조선사편수회의 조직과 운용〉, 《한국민족운동사연구》 3, 1989; 박걸순, 《식민시시기의 역사학과 역사인식》, 경인문화사, 2004; 장신, 〈조선총독부의 조선반도사 편찬 사업 연구〉, 《동북아역사논총》 23, 2009; 정상우, 〈稻葉岩吉의 '만선사' 체계와 '조선'의 재구성〉, 《역사교육》 116, 2010; 박찬흥, 〈조선사의 편찬체제와 성격-제1편 제1권(사료)을 중심으로〉, 《사학연구》 99, 2010; 정상우, 〈조선총독부의 《조선사》 편찬 사업〉, 서울대학교 박사학위논문, 2011; 沈熙燦, 〈朝鮮史編修會の思想史的考察〉, 立命館大學 博士學位論文, 2012; 정상우, 〈만선사와 일본사의 위상: 稻葉岩吉의 연구를 중심으로〉, 《한국사학사학보》 28, 2013.

6 우동선, 〈세키노 다다시의 한국 고건축 조사와 보존에 대한 연구〉, 《한국근대미술사학》 11, 2003; 강현, 〈關野貞과 건축문화재 보존〉, 《건축역사연구》 41, 2005; 최혜정, 〈일제의 평양지역 고적 조사 사업과 고적보존회의 활동〉, 《역사와 세계》 32, 2007; 이순자, 〈1930년대 부산고고회의 설립과 활동에 대한 고찰〉, 《역사학연구》 33, 2008; 이순자, 〈일제강점기 지방고적보존회의 활동에 대한 일고찰-개성보승회를 중심으로〉, 《한국민족운동사연구》 58, 2009; 이순자, 《일제강점기 고적 조사 사업 연구》, 경인문화사, 2009; 오영찬, 〈조선고적연구회의 설립과 운영〉, 《한국문화》 55, 2011; 이병호, 〈일제강점기 백제 고지에 대한 고적 조사 사업〉, 《한국고대사연구》 61, 2011.

7 朴光賢, 〈京城帝國大學と'朝鮮學'〉, 名古屋大學 博士學位論文, 2002; 박광현, 〈경성제국대학 안의 동양사학〉, 《한국사상과 문화》 31, 2005; 박광현, 〈다카하시 도루와 경성제대 조선문학 강좌〉, 《한국문화》 40, 2007; 정준영, 〈경성제국대학과 식민지 헤

일본인 재야 민간 역사학자들에 대한 연구 역시 폭넓게 진행되고 있는 중이다.[8] 한편 일선동조론에 대한 뛰어난 성과도 제출되고 있다.[9] 하지만 일선동조론에 대한 연구는 조선에서 활동하던 연구자들을 주요 분석 대상으로 삼는 수준에 머물러 있다.

둘째, 식민지 시기 일본에서 전개된 관련 연구자들에 대한 연구 역시 빠른 속도로 진척되고 있다. 이 분야의 연구도 다시 일본사 연구자들에 대한 분석과 동양사 연구자들에 대한 분석으로 나누어 살펴볼 수 있겠다. 먼저 일본사 연구자들에 대한 분석도 시작되었지만,[10] 아직은 많은 연구를 축적하지는 못하고 있다. 다음 동양사 연구자들에 대한 분석도 진행 중인데,[11]

게모니〉, 서울대학교 박사학위논문, 2009; 최혜주, 《근대 재조선 일본인의 한국사 왜곡과 식민통치론》, 경인문화사, 2010; 노용필, 〈森谷克己의 식민주의 사회경제사학 비판〉, 《한국사학사학보》 22, 2010; 정준영, 〈식민지제국대학의 존재방식〉, 《역사문제연구》 26, 2011; 장신, 〈경성제국대학 사학과의 자장〉, 《역사문제연구》 26, 2011; 손병규, 〈시카타 히로시(四方博)의 조선시대 '인구·가족' 연구에 대한 재검토〉, 《한국사학보》 52, 2013; 심희찬, 〈근대 역사학과 식민주의 역사학의 거리: 이마니시 류가 구축한 조선의 歷史像〉, 《한국사학사학보》 28, 2013; 박찬승, 〈다보하시 기요시(田保橋潔)의 근대한일관계사 연구에 대한 검토〉, 《한국근현대사연구》 67, 2013; 하지연, 《식민사학과 한국근대사》, 지식산업사, 2014.

8 윤소영, 〈호소이 하지메의 조선인식과 '제국의 꿈'〉, 《한국근현대사연구》 45, 2008; 최혜주, 앞의 책; 하지연, 앞의 책.

9 金光林, 〈日鮮同祖論〉, 東京大學 博士學位論文, 1998; 미쓰이 다카시, 〈일선동조론의 학문적 기반에 관한 시론〉, 《한국문화》 33, 2004; 장신, 〈3·1운동 직후 잡지 《동원》의 발간과 일선동원론〉, 《역사와 현실》 73, 2009; 장신, 〈일제하 일선동조론의 대중적 확산과 素盞嗚尊 신화〉, 《역사문제연구》 21, 2009; 장신, 〈일제 말기 동근동조론(同根同祖論)의 대두와 내선일체론의 균열〉, 《인문논총》 54, 2014.

10 이성시, 〈구로이타 가쓰미를 통해본 식민지와 역사학〉, 《한국문화》 23, 1999; 송완범, 〈식민지 조선의 黑板勝美와 수사사업의 실상과 허상〉, 《동북아역사논총》 26, 2009.

11 林直樹, 〈今西龍と朝鮮考古學〉, 《青丘學術論叢》 14, 1999; 박걸순, 〈喜田貞吉의 한국관 비판〉, 《국사관논총》 100, 2002; 스테판 다나카(Stefan Tanaka), 《일본 동양학의 구조》, 박영재 외 옮김, 문학과지성사, 2004; 미쓰이 다카시, 〈일본의 동양사학

그중에서도 특히 만선사관 연구가 주목을 끈다.[12] 그 밖에 일본인들의 단군 연구를 추적·비판하는 연구 등의 분야사 연구도 축적되고 있다.[13]

이상 역사학 분야의 연구를 중심으로, 연구 대상이라는 측면에서 주목할 만한 연구를 거론해보았다. 물론 여기에서 거론된 연구는 최근 진행되고 있는 폭넓은 연구의 일부일 따름이고, 특히 사회학, 국제정치학, 인류학, 문학 등의 분야에서 이루어지고 있는 주요 연구 성과를 포괄하지 못하고 있다는 점에서 매우 제한적이라는 점에 대해 미리 독자들의 양해를 구한다.

2. '식민사학'은 극복되었는가

앞에서 살펴본 바와 같이 한국 역사학계의 탈식민주의 선언이라고 할 수 있을 《국사신론》의 〈서론〉에서 이기백은 '식민주의적 한국사관'을 "한국사의 올바른 인식에 장애가 되는 그릇된 모든 선입관과 이론"이라고 포괄적으로 규정하고, 이를 다음과 같은 다섯 가지 이론으로 나누어 비판하였다. 반도적 성격론, 사대주의론, 당파성론, 문화적 독창성의 결여, 정체성론 등 5개 이론이 그것이다. 그리고 새로운 한국사학을 발전시키기 위해

은 어떻게 형성되었는가?－시라토리 구라키치의 역사학〉, 도면회·윤해동 편, 《역사학의 세기》, 역사비평사, 2009; 박찬흥, 〈白鳥庫吉과 만선사학의 성립〉, 《동북아역사논총》 26, 2009.

12 櫻澤亞伊, 〈滿鮮史觀の再檢討〉, 《現代社會文化硏究》 39, 2007; 《일제시기 만주사·조선사 인식》, 동북아역사재단, 2009; 井上直樹, 《帝國日本と〈滿鮮史〉－大陸政策と朝鮮·滿洲認識》, 塙書房, 2012.

13 신종원 편, 《일본인들의 단군연구》, 민속원, 2009; 이영화, 〈일제시기 단군론을 둘러싼 한일간의 공방〉, 《한국사학사학보》 22, 2010.

서는 이런 왜곡된 한국사관을 타파하지 않으면 안 된다고 주장하였다.[14] 이런 방식의 문제 설정은 그 뒤에 한국사학계에서 일반적인 방식으로 정착하게 되었다.

몇 년 뒤인 1966년 김용섭은 식민사관에 의해 "정체성, 타율성, 기타 여러 가지 그늘진 요소들이" 한국사의 본질적인 요소로 간주되었다고 지적하였다. 따라서 식민사관을 극복하고 한국사를 정확하게 인식하기 위해서는 "역사를 대하는 자세 문제를 선정하는 데서 가치관을 달리해야 한다"는 점을 강조하였다. 그가 강조한 가치관을 달리한 역사인식은 "세계사의 발전 과정이라는 일반성 위에 한국사의 특수성이 살려진 그러한 역사관"이었다.[15]

1960년대 식민사학 비판의 주요한 성과인 위의 두 연구를 통하여 다음과 같은 공통적 특징을 확인할 수 있다. 하나는 식민사학이 한국사를 왜곡하는 몇 가지의 지표를 설정함으로써 식민사학의 특징을 확인하려 한다는 점이고, 다른 하나는 식민사학의 극복이라는 과제를 주체적 '민족사학'의 확립이라는 목표와 표리의 관계로 설정한다는 점이다.

여기서는 이 두 가지 특징을 중심으로, 식민사학 연구가 그동안 이룬 성과와 아울러 그것이 부딪치고 있는 현실적인 제약을 살펴볼까 한다. 첫 번째 특징으로, 연구자들이 식민사학을 비판하면서 왜곡의 지표를 어떤 방식으로 설정해왔던가를 검토해보자. 이와 관련해서 연구자들이 제시한 지표의 숫자를 중심으로, 논의를 크게 세 가지로 나눌 수 있을 듯하다. 첫 번째는 2대 지표에 의한 분류 방식이다. 대표적으로 이만열은 식민사학을 타율성론과 정체성론으로 크게 분류하고, 타율성론에는 타율성 이론, 만선사관, 반도적 성격론과 사대주의론을 포함하는 방식으로 식민사학을 나눈

14 이기백, 《국사신론》.

15 김용섭, 〈일본—한국에 있어서의 한국사서술〉, 《역사학보》 31, 1966.

다.[16] 둘째, 동일한 연구자에 의해 3대 지표를 설정하는 분류 방식이 제시되기도 하였다. 이만열은 위의 타율성 이론과 정체성 이론의 2대 지표에, 고대사 해석에서의 일선동조론과 임나일본부설을 하나의 요소로 추가하여 3대 지표를 설정할 수도 있다고 보았다.[17]

세 번째로 5대 지표를 설정하는 방식이 있다. 앞서 본 바와 같이 이기백은 일찍부터 이런 방식을 제시한 바 있으며, 조동걸 역시 5개의 지표를 설정하여 식민사학의 특징을 규정할 수 있다고 보았다. 조동걸은 일선동조론, 정체성론, 당파성론, 반도적 타율성론(지리적 결정론 포함), 사대주의론 등의 다섯 가지 요소를 제시하는데,[18] 이는 이기백의 연구와 약간 다른 것이다. 또 이기백은 오랜 시간이 지난 뒤에 1961년의 다섯 가지 규정에 만선사관과 일선동조론을 추가할 수 있다고 보았다.[19]

그 후 왜곡의 지표를 제시함으로써 식민사학의 특성을 구성하는 이런 방식의 논의는 식민사학 비판이 시작된 이후 거의 대부분의 연구자들이 채용해온 것으로 보아도 좋을 정도로 일반화되었다. 그러나 문제는 그 방식이 매우 모호하고 자의적일 수 있다는 점이다. 따라서 왜곡의 지표를 제시하는 어떤 근거나 논리적 출발점이 제시될 필요가 있을 것이다.

아마 이런 필요성과도 관련이 있겠는데, 대부분의 연구자들이 주체적 민족사학의 확립과 식민사학의 극복을 표리 관계로 설정하는 방식으로 식민사학 비판의 입론을 구축해왔다는 점이 바로 두 번째 특징이다. 다시 말하면 민족주의 역사학(혹은 '민족사학')을 규정하는 거울로 식민사학을 자

---

16 이만열, 〈일제관학자들의 식민주의사관〉, 《한국근대 역사학의 이해》, 문학과지성사, 1981.

17 이만열, 〈일제관학자들의 식민사관〉, 《독서생활》 1976년 6월.

18 조동걸, 《현대한국사학사》, 나남출판, 1998.

19 이기백, 〈반도적 성격론 비판〉, 《한국사시민강좌》 창간호, 1987.

리매김하고, 그에 걸맞은 방식으로 그 내용을 구성하려 했던 것이다.

그동안 한국사학사 연구에서는 근대 이후 한국사학을 세 계열로 분류하는 방식이 정착해왔다. 예컨대 민족사학, 사회경제사학, 실증주의 역사학 등 세 계열로 분류하거나,[20] 민족주의 사학, 사회경제 사학, 실증 사학의 세 계열로 분류하는 유사한 체계가 정착하였던 것이다.[21] 이는 뒤집어 말하면 근대 한국사학의 성격을 '반식민사학'으로 규정할 수 있다고 본 것을 의미한다. 그동안 한국의 민족사학 연구와 식민사학 비판은 같은 길을 걸어왔던 것이다. 요컨대 민족주의 사학은 주로 식민사학의 타율성론에, 사회경제 사학은 정체성론에 저항하면서 성립한 것으로 규정할 수 있다는 것이다.[22]

이렇게 볼 때, 그동안 한국 학계의 식민사학 연구를 규정하는 두 가지 특징, 즉 왜곡의 지표를 설정하는 방법론적 특성과 민족사학을 규정하는 거울이라는 인식론적 특성은 상호 긴밀히 연결되어 있으며 상호작용을 통하여 각각의 특징을 강화하고 있다고 할 수 있을 것이다.[23] 따라서 각각의 방식은 다음과 같은 문제를 갖게 되는 것으로 보인다. 첫째, 왜곡의 지표를 설정하는 방법론적 특성을 통해서는 다음과 같은 문제점이 드러나게 된다. 근대 역사학을 규정하는 지표를 뒤집는 방식으로 왜곡의 지표가 설정되었다는 점이다. 민족-타율성, 진보-정체 등의 대응 관계를 설정할 수 있을 것이다. 그러나 연구자에 따라서 지표를 설정하는 방식이 변화무쌍할 수밖에 없고, 지표의 구성 여하에 따라 식민사학을 구성하는 경계의 설정까지도

20 김용섭, 〈한국근대 역사학의 성립〉, 《지성》 2, 3, 1972.

21 이기백, 《민족과 역사》.

22 강만길, 〈일제시대의 반식민사학론〉, 《한국민족운동사론》, 1985.

23 윤해동, 〈숨은 신을 비판할 수 있는가—김용섭의 '내재적 발전론'〉, 《근대 역사학의 황혼》, 책과함께, 2010 참조.

변화할 수 있게 되는 것이다.

이와 관련하여 둘째, 민족사학을 구성하는 거울로서의 식민사학이라는 특성과 관련해서는 다음과 같은 문제가 제기되는 것을 피하기 어렵다. 민족사학의 성격 여하에 따라 식민사학의 경계선 획정에 혼란이 초래될 수밖에 없다. 민족사학을 규정하는 과정에서 역으로 뒤집어놓은 것이 식민사학으로 되기 때문이다. 따라서 식민사학(관)은 민족사학(곧 근대 역사학)의 '일그러진 거울'이 될 수밖에 없는 것이다.[24]

1960년대 초반 역사학계의 탈식민주의 선언 이후 식민사학 비판의 성과가 과연 이런 것이라면, 이제 민족사학의 일그러진 거울로서의 식민사학이라는 모습에서 탈피할 필요가 있을 것이다. 날로 풍성해지고 있는 '식민사학' 관련 연구 논문의 축적과 별도로, '식민사학' 극복이라는 과제가 달성되었는가에 대한 비판적인 질문이 가능한 것은 이런 연유 때문이다. 이제 식민주의 역사학이 그동안 걸어왔던 길을 재구성함으로써 식민사학으로부터 탈피할 수 있는 가능성을 타진해보기로 하자.

3. '이중의 굴절'—식민주의 역사학의 성립

19세기 후반 일본에서 식민주의 역사학이 성립하는 데에 중요한 계기를 제공한 것은 '국사편수'(國史編修, 곧 일본사 편수 작업)의 입장에서 진행되고 있던 조선사 연구였다. 이런 연구에 종사하고 있던 사람들은 대개 정한

24 이정빈이 최근 만선사관을 재검토하는 작업을 통해 식민주의 사학을 비판하고, 궁극적으로 근대 역사학을 극복하기 위해 노력해야 할 것이라고 주장하였다. 이정빈, 〈식민주의 사학의 한국 고대사 연구에 대한 최근의 비판적 검토〉, 《역사와 현실》 83, 2010.

론(征韓論)과 일선동조론(日鮮同祖論) 등을 바탕으로 자신의 입장을 정립하고 있었는데, 일선동조론은 오랜 전통을 가진 '국학(國學)' 연구에서 비롯된 것으로 이를 계승한 것이었다. 이 가운데 대표적인 저작이 《일본사략(日本史略)》(1877년 초간, 太政官 修史局)과 이를 바탕으로 1890년 도쿄제국대학에서 증보하여 출간한 《국사안(國史眼)》이었다. 이 책은 도쿄제대 교수로 재직하고 있던 시게노 야스쓰게(重野安繹), 구메 구니다케(久米邦武), 호시노 히사시(星野恒) 등 세 명의 저작이었다. 이들의 저작은 얼마 뒤인 1901년 도쿄제대 사학회에서 다시 출간하여 오랫동안 일본 국민교육에 크게 영향을 미쳤다.[25]

일본의 근대 역사학은 1886년 제국대학령이 발포되어 도쿄제국대학이 출범하고 1887년 루드비히 리스(Rudwig Reiss)를 초빙하여 사학과를 창설하면서 본격적으로 수입되는 계기가 마련되었다. 이 가운데 조선사 연구는 도쿄제대를 중심으로 본격적으로 시작되었는데, 이때 연구의 중요한 계기를 제공한 것은 일본 육군 참모본부의 '군사 조사' 활동이었다. 중국 지역 군사 조사 활동 과정에서 광개토대왕비문 탁본이 때마침 일본으로 유입되었고 이 해석을 둘러싸고 임나일본부설과 일선동조론 등의 논의가 보강·확산되었으며, 이것이 다시 도쿄제대 사학과의 조선사·동양사 연구로 연결된 것이다.[26]

이렇게 시작된 조선사·동양사 연구는 1890년대로 접어들면서 도쿄제대 사학과를 중심으로 그 연구 성과들이 발표되기 시작하였다. 게다가 1894년 청일전쟁을 계기로 일본의 조선 지배가 토대를 다지고 일본 식민주의자들

25 하타다 다카시(旗田巍), 《일본인의 한국관》, 이기동 옮김, 일조각, 1983, 116~137쪽 참조.

26 윤해동, 〈일본육군 참모본부의 '군사조사' 활동과 식민주의 역사학〉, 《대구사학》 119, 2015 참조.

이 대거 조선으로 이주하면서, 한국 내에서도 식민주의 역사학 연구가 시작되는 계기가 주어지게 되었다. 청일전쟁을 전후한 이 시기부터 1907년 교토제국대학 동양사학과의 창설 혹은 1908년 만선지리역사조사실의 설치 등을 경계로 식민주의 역사학이 본격적으로 제도화하기 이전까지의 시기를 식민주의 역사학이 성립하는 전사(前史)로 볼 수 있을 것이다.

이 시기에 이미 일본 내에서는 제도권과 재야를 통틀어 많은 역사서들이 출간되고 있었다. 메이지유신부터 러일전쟁까지의 시기에 일본인이 출간한 한국 고대사에 관한 저술이 모두 31종이나 된다는 조사도 있을 정도이다.[27] 물론 실증에 기반을 둔 근대 역사학의 저작은 얼마 되지 않지만, 전 사회적으로 조선사에 관한 관심이 매우 높아지고 있었음을 엿볼 수 있다.

당시 일본 내에서 진행되고 있던 조선 고대사 연구와 당대사 혹은 '침략사' 연구를, 각기 이만열과 조동걸의 분석을 중심으로 재검토해보자. 먼저 이만열은 19세기 말 일본에서 진행되고 있던 조선사 연구 성과를 《사학(회)잡지》에 발표된 글과 주요 단행본을 중심으로 검토하고 있다.[28] 잡지에 주요 논문을 발표하고 있는 연구자는 간 마사토모(菅政友), 요시다 도고(吉田東伍), 쓰보이 구메조(坪井九馬三), 호시노 히사시, 시마다 시게레이(嶋田重禮), 하야시 다이스케(林泰輔), 나카 미치요(那珂通世), 시라토리 구라키치 등이었다. 아직 실증적 토대가 약한 글들이 많지만, 그럼에도 나카 미치요나 시라토리 구라키치 등 근대 학문의 세례를 받은 연구자들은 엄격한 고증적 태도에 입각하여 식민주의 역사학의 토대를 구축해가고 있었다.

이어 19세기 말 조선사 연구를 대표하는 단행본 저작으로는 다음 세 권의 책을 들고 있다. 첫째, 외무성에 근무하고 있던 와타나베 히로모토(渡邊

27 김종복, 〈일본 식민주의자들의 한국 고대사 인식을 위한 예비적 검토〉, 《대동문화연구》 90, 2015.

28 이만열, 《한국근현대 역사학의 흐름》, 푸른역사. 2007, 403~485쪽.

洪基)가 중심이 되어 외무성 기록국(記錄局)에서 1877~1881년 사이에 편찬하여 간행한 《외교지고(外交之稿)》, 두 번째로는 1892년에 간행된 하야시 다이스케의 《조선사(朝鮮史)》, 셋째, 요시다 도고가 1893년에 출간한 《일한고사단(日韓古事斷)》 등 세 권의 책이 그것이다. 물론 이 책들을 매개로 일선동조론과 임나일본부설(혹은 남선경영설) 등이 강력하게 대두하고 있었음을 '고발'하고 있다.

외무성이 간행한 《외교지고》라는 책에는 임나일본부설과 일선동조론 등의 논리가 잘 드러나고 있다. 앞에서 본 바와 같이 《일본사략》이 태정관에서 간행된 것이 1877년이었으므로, 조선사 편찬에 관한 관심은 태정관과 동시에 외무성에서도 진행되고 있었음을 확인할 수 있다.

두 번째로 거론된 하야시 다이스케의 저작은 청일전쟁 이후 한국에서 신사체(新史體) 역사학이 등장하는 데 큰 역할을 수행한 것으로 알려지면서, 한국 학계에서는 이미 상당한 '악명'을 떨친 바 있다.[29] 근대적인 서술체제와 실증적 방법론을 동원하여 확대된 역사인식을 드러내고 있다는 점에서는 긍정적인 평가를 받기도 하지만, 역시 임나일본부설과 일선동조론적인 발상 등의 '오류'를 범하고 있다는 비판도 받는다. 하지만 하야시 다이스케는 도쿄제대 고전강습과(古典講習科) 출신으로서 조선사 연구로 이력을 시작하였으나, 나중에는 경학(經學)과 갑골문을 중심으로 한 중국 고대사 연구에 더욱 전심한 연구자이다.[30] 조선사 연구가 오히려 그의 전체적 행로에서 '외도'한 것처럼 보일 정도인데, 이런 상황이 아직 식민주의 역사학 연구가 제도화되지 못한 단계에 머물러 있었다는 사실을 잘 보여주고 있다고 할 수 있겠다.

세 번째 요시다 도고의 단행본 역시 신대부터 고대에 이르는 시기 일본

29 도면회, 〈국사는 어떻게 구성되었는가?〉, 《역사학의 세기》 참조.

30 江上波夫, 《東洋學の系譜 上》, 大修館書店, 1992, 14~35쪽.

인들의 한반도 침략과 진출을 긍정하고 있는 책이다. 이 책은 광개토대왕비문 발견 이후 일본인들이 노력을 기울여왔던 임나일본부설과 일선동조론 등 고대 한일 관계사 연구를 마무리하는 성격을 갖는 책이라는 평가를 받고 있다.[31] 하지만 요시다 도고는 일본에서 독학으로 일가를 이룬 연구자로 재야 역사학을 대표하는 역사학자로 평가되고 있다. 도쿄전문학교(후에 와세다대학)에서 강의를 맡은 후에도 지역사회의 생활사와 생업사 연구에 전념하였으며, 그 가운데 《대일본지명사서》(1900~1909)의 편찬 작업은 일본 근대 역사지리학 연구에 기여한 저작으로 특히 높은 평가를 받고 있다.[32] 조선사 연구에서 고대 역사지리학적 방법론이 상당한 큰 역할을 수행하게 되는 것도 이 저작의 영향과 무관하다고 볼 수 없을 것이다.

이어 1890년대 후반에 진행된 '침략사' 연구를 대상으로, 조동걸은 그 가운데 주요 서적을 '침략 삼서(侵略三書)'로 명명하고 그 의의를 분석하고 있다. 이미 일본에서는 제국주의 침략과 관련한 수많은 서적이 간행되고 있었는데, 그 가운데 청일전쟁 이후 일본 제국주의의 침략사를 정리해 둘 필요성이 제고되면서 나타난 것이 바로 이 침략 삼서라는 것이다. 기쿠치 겐조(菊池謙讓)의 《조선왕국(朝鮮王國)》(1896), 쓰네야 세이후쿠(恒屋盛服)의 《조선개화사(朝鮮開化史)》(1901), 시노부 준페이(信夫淳平)의 《한반도(韓半島)》(1901)가 바로 그것인데, 이 책들에서는 이미 식민주의 역사학을 구성하는 기본 요소들이 정착하고 있다는 점을 강조한다.[33]

기쿠치 겐조는 유명한 우익 언론인인 도쿠토미 소호(德富蘇峰)가 경영하던 《국민신문(國民新聞)》의 특파원으로 조선에 파견되어 청일전쟁을 취

31 이만열, 《한국근현대 역사학의 흐름》 참조.

32 나가하라 게이지(永原慶二), 《20세기 일본의 역사학》, 하종문 옮김, 삼천리, 2002, 73~86쪽.

33 조동걸, 앞의 책, 241~317쪽.

재하였고 을미사변에도 가담하였던 인물이다. 1898년 《한성신보(漢城新報)》 주필로 다시 한국으로 와서, 이후 오랫동안 언론인으로서 대중적인 조선사 집필에 종사하였던 인물이다. 그는 《조선왕국》에서 조선의 역사가 '타락'하고 '침체'하였다고 보았으며, 일본이 조선을 지배하는 것이 정당하다는 점을 강조하였다.[34] 일본의 대아세아주의 운동에 관여하고 있던 쓰네야 세이후쿠는 청일전쟁 시기 박영효와 함께 조선의 '내정 개혁'에 참여하였고, 동아동문회(東亞同文會)의 상임간사로 대러시아 강경책을 주도한 인물이다. 《조선개화사》에서 임나일본부설과 일선동조론을 강조하였으며, 사대에 익숙한 조선이 일본의 문화를 수용할 수 있도록 해야 한다고 주장했다.[35] 시노부 준페이는 20여 년 동안 외교관으로 근무하면서 1897년부터 4년 동안 한국영사관에 주재한 경력을 가지고 있으며, 나중에는 와세다대학에서 외교사와 국제법 등을 강의하였다. 《한반도》는 그의 영사관 근무 경험을 토대로 작성한 것인데, 이 책 역시 조선의 미개 혹은 반개성(半開性)과 함께 조선 역사의 침체성과 사대성을 강조하고 있다는 점에서 공통성을 가지고 있다. 이 침략 삼서는 그전까지 일본 학계의 관심이 고대사에 머물러 있던 것을 근대사 혹은 당대사에까지 미치게 하였다는 점에서 사학사적 의의를 갖는다고 할 수 있다.[36]

이 시기 일본에서는 대학에서 국사·동양사·서양사의 3과 제도가 정착하였고, 대학을 중심으로 역사 연구에 종사하고 있던 연구자들은 '구미식 근대의 가능성'을 확인하기 위해 부심(腐心)하였다. 식민주의 역사학은 일본 역사학의 전반적인 전개 과정과 동일한 궤적을 그리며 진전되고 있었

34 조동걸, 같은 책, 247~248쪽; 하지연, 〈한말·일제 강점기 菊池謙讓의 문화적 식민 활동과 한국관〉, 앞의 책 참조.

35 조동걸, 같은 책, 248~252쪽.

36 조동걸, 같은 책, 241~317쪽.

다. 일본의 역사 속에서 근대의 근거를 확인하고자 하는 학계의 경향은 식민주의 역사학에도 거의 그대로 투영되었다.

1907년 교토제국대학에 지나사학과가 개설되어 담당교수로 나이토 고난(內藤湖南)이 부임하였으며,[37] 1910년에는 도쿄제국대학 문과대학에도 사학과 내에 국사, 동양사, 서양사의 세 전수과(專修科)가 설치되어 3과제가 형식을 갖추게 되었다. 동양사학과가 사학과로부터 분리되는 데에 앞장선 연구자는 나카 미치요, 시라토리 구라키치, 나이토 고난 등이었다.[38] 일본의 동양사학은 유럽 제국주의의 중국사 연구를 통해 중국사의 틀을 확립하려 하였다. 대개 후쿠자와 유키치(福澤諭吉)의 탈아입구론의 연장선상에서 중국사를 아시아적 정체 또는 그 원인으로서 동양적 전제주의라는 규정 속에서 파악하고, 일본과 중국을 대비시켜 일본이 구미에 접근할 수 있는 가능성을 발견하려 하였던 것이다.[39]

이런 문제의식과 관련하여, 이 시기 일본사 연구자들 사이에서는 일본이 구미식 근대로 발전할 수 있는 가능성을 확인하는 데에 크게 관심을 기울이는 경향이 나타나기 시작하였다. 이들은 일본사와 유럽사를 대상으로 사회제도나 법제도 발전의 경로와 성격을 상호 비교 연구함으로써 그런 가능성을 확인하려 하였다.[40] '일본 봉건제론' 역시 이런 차원에서 등장한 것이었다. 일본에 독자적인 봉건제가 성립했다는 점을 강조하는 것은, 일본에도 서구의 중세에 비견되는 독자적인 문명이 나타났다는 점을 의미하는 것이었다.[41] 일본에 봉건제가 있었다는 점을 확인하게 되면, 일본의 문명

---

37 礪波護, 藤井讓治 編, 《京大東洋學の百年》, 京都大學學術出版會, 2002.

38 나가하라 게이지, 앞의 책, 58~60쪽.

39 나가하라 게이지, 같은 책, 60~62쪽.

40 나가하라 게이지, 같은 책, 62~65쪽.

41 미야지마 히로시(宮嶋博史), 〈일본국사의 성립과 한국사인식〉, 《일본의 역사관을 비판한다》, 창비, 2013, 19~65쪽 참조.

은 중화문명이 아닌 서구의 문명과 동일선상에 놓일 수 있게 되는 것이었다. 경제사 연구자 후쿠다 도쿠조(福田德三)는 《일본경제사론》이라는 저작에서, 일본 경제사의 발전 과정이 서양과 같은 역사를 갖고 있으며, 일본의 진보를 낳은 근거가 일본 사회 내부에 존재하고 있었음을 입증하려 했다. 이런 논리의 연장선상에서 그는 1902년 한국을 여행하고 쓴 논문에서 한국 경제의 현저한 후진성을 지적하고 그 원인이 봉건제도의 결여에 있다는 점을 지적하였던 것이다.[42]

이 시기 조선사 연구와 관련하여 나타난 또 다른 특징 중 하나는, 이른바 일본의 대륙 침략과 조선사를 연결시켜 이해하는 방식이 나타났다는 사실이다. 이른바 '만선사'라는 것이 그것인데, 러일전쟁 전후 일본의 '만한경영'이 전면화되면서 이런 연구 경향이 하나의 조류로 자리 잡게 되었다. 이를 주도한 연구자로는 나카 미치요, 시라토리 구라키치, 나이토 고난 등이었는데, 특히 시라토리의 지도로 중국사나 조선사를 연구하게 되는 사람들은 대개 이런 경향을 띠게 되었다. 야나이 와타리(箭內亘), 이케우치 히로시(池內宏), 마쓰이 히토시(松井等), 쓰다 소키치(津田左右吉), 이나바 이와키치(稻葉岩吉), 이마니시 류(今西龍) 등이 그런 연구자들이었다. 이러한 이른바 '동양사' 연구자들의 '만선사' 연구 경향은, 이전부터 '일본사' 연구자들이 주도하고 있던 일선동조론적 경향과 선명하게 대비되는 것이었다.[43]

이처럼 '일본 봉건제론'(혹은 '조선 봉건제결여론')과 '만선사관' 등의 새로운 역사인식을 바탕으로, 식민주의 역사학은 학문으로 성립해갔다.

---

42 福田德三, 〈韓國の經濟組織と經濟單位〉, 《內外論叢》 2-1, 3-6, 4-1, 1904.

43 하타다 다카시, 앞의 책, 138~154쪽. 나가시마 히로키(永島廣紀)도 식민주의 역사학 내의 조선사 연구 계통을 '만선사계'와 '국사학계'의 두 가지로 나누어 설명하고 있다. 나가시마 히로키, 〈조선총독부 학무국의 역사교과서 편찬과 '국사/조선사' 교육〉, 《제2기 한일역사공동연구보고서》 제6권.

서구식 발전을 일본 역사 속에서 확인하려는 요구가 '일본 봉건제론'이라는 발상을 낳았다면, 그 연장선 위에서 조선의 봉건제 결여를 입증함으로써 조선의 후진성을 확증하려 했던 것이다. 식민주의 역사학은 근대 역사학이 서구로부터 일본으로, 다시 일본으로부터 조선으로 이입되는 과정에서 생긴 것으로, 요컨대 '이중의 굴절'의 산물인 것이다.

4. 제도화—식민주의 역사학의 확산

일본의 조선 병합 이후 식민주의 역사학은 급속하게 제도화의 길을 걷게 되었다. 그것은 제도화됨으로써 확산의 과정을 거치게 되었는데, 여기에서는 크게 일본 본국과 조선에서 수행된 연구로 나누고, 이를 다시 각기 몇 가지 계열로 분류하여 그 성격을 살펴보려 한다. 좀 더 구체적으로 말하면, 일본 본국에서는 3과체제가 구축된 두 제국대학을 중심으로, 크게 보아 '국사'(=일본사)와 '동양사' 연구의 흐름 속에서 식민주의 역사학이 정착·확산되어갔다. 조선에서 식민주의 역사학은 조선사편수회 및 경성제국대학을 중심으로 관방사학과 재야 민간사학이라는 두 가지 흐름으로 분화하면서 확산되는 과정을 밟게 되었다. 이를 그림으로 나타내면 다음 도표와 같이 될 것이다.

먼저 일본 본국에서 진행된 식민주의 역사학 연구의 흐름을 살펴보자. 일본사와 동양사 등의 연구 분야를 구분하여 주요한 연구자를 열거해보면 다음과 같다. 우선 중요한 일본사 연구자로는 구로이타 가쓰미(도쿄제대),[44] 미우라 히로유키(三浦周行, 교토제대), 쓰다 소키치(와세다대)[45] 등을 들 수

44 이성시, 앞의 글; 송완범, 앞의 글.

45 이석원, 〈국민사상과 제국: 1930년대 쓰다 소키치(津田左右吉)의 중국·아시아론〉,

〈도표〉 식민주의 역사학 계통도

— '국사(일본사)', 고고학

— 동양사—만선지리역사조사실, 동양협회, 동양문고

— 사회경제사

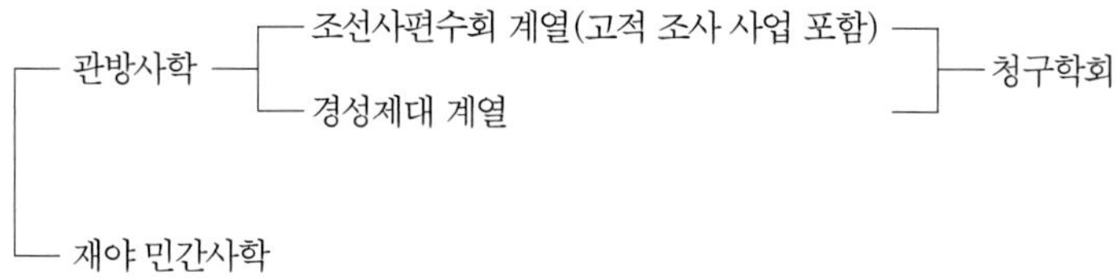

있을 것이다. 이어 의미 있는 동양사 연구자로는 이치무라 산지로(市村瓚次郎, 도쿄제대), 시라토리 구라키치(도쿄제대),[46] 나이토 고난(교토제대), 야나이 와타리(도쿄제대), 마쓰이 히토시(고쿠가쿠인대), 와다 세이(和田清, 도쿄제대), 이케우치 히로시(도쿄제대),[47] 이마니시 류(교토제대, 경성제대 교수 겸임) 등을 들 수 있는데, 이 가운데 이케우치 히로시와 이마니시 류는 특히 조선사를 자신의 전공으로 선택한 연구자이다. 그 밖에 고고학 연구자로 하마다 고사쿠(濱田耕作, 교토제대),[48] 우메하라 스에지(梅原末治, 교토제

《인문과학》 54, 성균관대학교 인문과학연구소, 2014.

46 스테판 다나카, 앞의 책; 미쓰이 다카시, 앞의 글.

47 심희찬, 〈근대 역사학과 식민주의 역사학의 거리: 이마니시 류가 구축한 조선의 歷史像〉, 《한국사학사학보》 28, 2013; 위가야, 〈이케우치 히로시(池內宏)의 대방군의 위치 비정과 그 성격〉, 《인문과학》 54, 성균관대학교 인문과학연구소, 2014.

48 전성곤, 〈'식민지 고고학'과 하마다 고사쿠(濱田耕作)의 시선〉, 《일본문화연구》 40, 2011.

대) 등을 들 수 있는데, 이들은 조선에서의 유적 발굴을 이끌고 있었다. 여기에 사회경제사 연구자로 후쿠다 도쿠조(히토쓰바시대학)와 구로마사 이와오(黑正岩, 교토제대) 등의 연구자를 보탤 수 있을 것이다.

이들은 순수학문을 하는 사람들을 중심으로 조직을 결성하였는데, 대표적으로 동양협회와 동양문고를 들 수 있다. 양 단체는 모두 시라토리 구라키치가 주도하였는데, 《동양학보》와 《동양문고연구부기요》라는 학술지를 간행하였다. 이어 실용 연구를 진행하는 연구기관으로는 1908년 남만주철도주식회사 내에 만선지리역사조사실이 설치되었다.[49] 이 역시 시라토리 구라키치가 주도하여 만들어진 것인데, 1910년 《역사지리(歷史地理)》라는 잡지의 한일 합병 기념 임시증간호인 〈조선호〉를 발간하였다. 이 잡지는 식민주의 역사학 성립의 중대한 분기점으로서의 역할을 수행하였다는데 많은 연구자들이 동의하고 있다.[50] 만선지리역사조사실은 1913년에 《만주역사지리》와 《조선역사지리》, 1915년부터 《만선지리역사 연구보고》(만철 자금으로 도쿄제대 문학부에서 1941년까지 16책 간행) 등의 저작을 간행함으로써 조선사와 중국사를 대상으로 한 본격적인 '근대 역사학'적 연구 성과를 보고하고 있다.[51]

다른 한편 3·1운동이 발발하고 일본 제국주의의 조선 통치가 위기에 처하자 조선 통치 방침으로 내지연장주의를 강조하는 흐름이 통치 이데올로기의 주요 흐름으로 부각되었다. 이 과정에서 강조된 것이 바로 일선동조(원)론이었던바, 이는 내지 연장주의가 표방하던 동화주의의 역사학적 버전이라고도 할 수 있을 것이다. 하지만 그 이전에 일본 학계 내부에서는 구로이타 가쓰미나 시라토리 구라키치 등의 일본사, 동양사 연구자들에 의해

---

49 스테판 다나카, 앞의 책, 326~371쪽.

50 조동걸, 앞의 책; 이만열, 《한국근현대 역사학의 흐름》 등 참조.

51 박찬흥, 〈白鳥庫吉과 만선사학의 성립〉, 《동북아역사논총》 26, 2009 참조.

일선동조론의 학문적 기반은 부정되고 있었고, 결정적으로 쓰다 소키치에 의해서 《고사기(古事記)》와 《일본서기(日本書紀)》의 사료적 비판이 가해짐으로써 더욱 약화되고 있었다.[52] 3·1운동 직후 정치적 목적을 띠고 《경성일보》의 발행인 가토 후사조(加藤房藏)가 잡지 《동원(同源)》을 발간하여 일선동조론을 크게 내세우고 있었다. 그러나 조선총독부는 이를 단지 통치 목적에 적합하게 재구성하여 이용하고 있었을 따름이다.[53]

3·1운동을 전후하여 조선 내의 식민주의 역사학 연구도 본격적인 발걸음을 내딛게 된다. 조선 내의 식민주의 역사학 연구는 우선 관방사학과 재야 민간사학으로 구분할 수 있고, 다시 관방사학은 조선사편수회 계열과 경성제대 계열로 나누어볼 수 있을 듯하다. 그러면 먼저 관방사학, 그중에서도 조선사편수회 계열의 식민주의 역사학 연구가 전개된 사정을 살펴보자.

조선총독부의 사료 조사와 편찬에 대한 관심은 조선총독부 취조국(取調局)과 그를 계승한 중추원(中樞院)의 구관제도(舊慣制度) 조사 사업 및 조선반도사(朝鮮半島史) 편찬 사업으로 제도화되었다. 이중 특히 중요한 의미를 지니는 조선반도사 편찬 사업은 1915년부터 1922년까지 중추원이 중심이 되어 진행되었는데, 이 사업의 목표는 일선인(日鮮人)이 동족이라는 사실을 밝히는 것과 성세(盛世), 곧 천황 지배의 혜택으로 조선이 행복을 누리게 되었다는 점을 기술하는 데에 두고 있었다. 이 사업에는 일본에서 구로이타 가쓰미(도쿄제대), 미우라 히로유키(교토제대), 이마니시 류(교토

52 미쓰이 다카시, 〈일선동조론의 학문적 기반에 관한 시론〉, 《한국문화》 33, 2004. 쓰다 소키치는 일선동조론의 사료 비판을 계기로 이후 일본 민족 단일민족론으로 견해를 수정하였다. 박현숙, 〈津田左右吉의 단일민족설과 고대 한·일 민족관계 인식〉, 《동북아역사논총》 26, 2009.

53 장신, 〈3·1운동 직후 잡지 《동원》의 발간과 일선동원론〉; 장신, 〈일제하 일선동조론의 대중적 확산과 素盞嗚尊 신화〉.

제대) 등이 편집위원으로 참석하였는데, 이 시기까지는 일본 국학 전통의 일선동조론이 일정한 영향을 미치고 있었음을 알 수 있다. 그러나 이 사업은 성공하지 못했고, 조선사편찬위원회(1922)와 조선사편수회(1925)로 이어지면서 반도사 편찬은 중단되고 말았다.[54]

이제 사업은 사료의 수집과 간행을 통하여 최종적으로 《조선사》를 편찬하는 방향으로 목표를 전환하였다. 조선총독부의 편찬 사업이 통사 편집에서 사료집 편찬으로 전환한 것은 일본 내의 사정과도 관련 있다. 일본에서는 역사 편찬이 천황의 권위를 훼손할 가능성이 있다는 점 등으로 인하여 역사 서술을 포기하고 사료 수집과 편찬으로 사업 목표를 전환하였으며, 1895년 도쿄제대 문과대학에 사료편찬괘(史料編纂掛, 1929년 사료편찬소로 개칭)를 설치하였다. 조선과 대만에서 사료 편찬으로 역사 편찬 사업의 방식을 바꾼 것은 이런 이유에서였다. 역사 기술을 통한 직접적인 '왜곡'을 목표로 삼기보다는, 그보다 생명력이 긴 사료의 편찬 작업을 통하여 조선과 대만의 역사를 일본 제국의 지방사로 자리매김하려는 의도를 갖고 있었다는 추정에 더 설득력이 있다.[55] 조선사편수회에는 구로이타 가쓰미, 이마니시 류, 오다 쇼고(小田省吾, 경성제대),[56] 후지타 료사쿠(藤田亮策, 경성제대),[57]

---

54 김성민, 앞의 글; 장신, 〈조선총독부의 조선반도사 편찬 사업 연구〉, 《동북아역사논총》 23, 2009; 정상우, 〈조선총독부의 《조선사》 편찬 사업〉, 서울대학교 박사학위논문, 2011.

55 정상우, 〈조선총독부의 《조선사》 편찬 사업〉; 정상우, 〈식민지에서의 제국 일본의 역사편찬 사업〉, 《한국사 연구》 160, 2013 참조.

56 최혜주, 〈小田省吾의 교과서 편찬활동과 조선사인식〉, 앞의 책; 하지연, 〈오다 쇼고의 한국근대사 연구와 식민사학〉, 앞의 책 참조.

57 후지타 료사쿠에 대해서는 다음 논문을 참조할 것. 이기성, 〈일제강점기 '石器時代'의 조사와 인식〉, 《선사와 고대》 33, 2010; 이기성, 〈일제강점기 '금석병용기'에 대한 일고찰〉, 《한국상고사학보》 2010. 이기성은 후지타의 '금석병용기'론이 타율성론과 이어져 있었다고 본다.

다보하시 기요시(田保橋潔, 경성제대)[58] 등이 위원 혹은 촉탁으로 참여하고 있었지만, 역시 수사관(修史官)으로 재직하고 있던 이나바 이와키치[59]와 나카무라 히데다카(中村榮孝),[60] 홍희(洪憙) 등이 핵심적인 역할을 담당하였다.

조선총독부의 사료 조사 및 편찬 작업이 진행되면서, 그 주변에 조선사 관련 학회들이 결성되었다는 점에도 주목할 필요가 있다. 1923년 오다 쇼고가 중심이 되어 조선사학회가 결성되었는데, 이 학회는 조선반도사 편찬위원회의 작업을 바탕으로 《조선일반사》(1923)와 《조선사대계》(1927) 4편 등의 저작을 출간하였다. 그 후에도 '조선사편수회 사담회'와 '조선사학동고회'가 결성되어 잡지 《조선사학》을 출간하기도 하였으며, 이는 '경성독사회', '조선사학회', '정양회' 등의 활동으로 이어졌다.[61]

한편 조선총독부의 사료 조사 및 수집 작업과 관련해서는, 고적 조사를 비롯한 조선의 유물·유적 조사 사업의 진행에 대해서도 주목할 필요가 있다.[62] 조선에서의 고적 조사 사업은 크게 세 단계에 걸쳐 진행되었는데, 첫 번째 단계는 세키노 다다시(關野貞, 도쿄제대)[63]에 의해 1902년부터 시작되

58 박찬승, 앞의 글; 하지연, 〈다보하시 기요시의 《근대일선관계의 연구》와 한국 근대사 인식〉, 앞의 책.

59 정상우, 〈稻葉岩吉의 '만선사' 체계와 '조선'의 재구성〉; 정상우, 〈만선사와 일본사의 위상: 稻葉岩吉의 연구를 중심으로〉.

60 나카무라 히데다카에 대해서는 그의 왜구 연구를 비판한 다음 논문을 참조. 이영, 〈조선사 편수관 나카무라 히데다카(中村榮孝)의 왜구 패러다임과 일본의 왜구 연구〉, 《일본학》 38, 동국대학교 일본학연구소, 2014; 이영, 〈황국사관과 왜구 왜곡〉, 《한국중세사연구》 40, 2014.

61 박걸순, 《식민시시기의 역사학과 역사인식》, 경인문화사, 2004, 95~172쪽; 조동걸, 앞의 책, 257~275쪽 참조.

62 이순자, 《일제강점기 고적 조사 사업 연구》 참조. 이 책에는 고적 조사 사업의 전체적 흐름이 잘 정리되어 있다.

63 우동선, 앞의 글; 강현, 앞의 글 등 참조.

어, 1909년부터 1915년까지 집중적으로 실시된 시기이다. 세키노는 매년 조선의 고분과 건축, 성지, 사지 등을 조사하여 보존할 만한 가치가 있는 건축물은 등급별로 구분하여 지정하였다. 두 번째 단계는 '조선 고적 조사 위원회'가 설치되어 1916년부터 '고적 조사 5개년 사업'을 실시함으로써, 본격적인 고적 조사가 시행된 시기이다. 이 시기에는 주로 평양의 한사군 유적, 경남의 가야 유적, 경주의 신라 유적을 중심으로 발굴 조사가 진행되었으며, 이런 조사 방식은 1920년대 후반까지 이어졌다. 1915년부터 《조선고적도보》가 간행되기 시작하여 15권(1935)까지 이어졌다. 다음, 1930년대 들어 총독부의 예산 문제로 고적 조사가 더 이상 진행되지 못하게 되자, 구로이타 가쓰미 등이 중심이 되어 민간에서 자금을 염출하여 '조선고적연구회'를 설립하여 발굴 조사를 이어간 시기가 세 번째 단계이다.[64] 이 시기에도 마찬가지로 평양과 경주를 중심으로 발굴 조사가 계속되었다. 1910년대 이후 고적 조사의 중심적 역할을 수행한 사람은 후지타 료사쿠, 하마다 고사쿠, 아리미쓰 교이치(有光教一) 등이었다. 그리고 고적 조사가 진행되면서, 발굴 조사를 지원하고 고적을 보존하기 위하여 각 지방에서도 고적보존회가 설립되어 활동하였다.[65]

조선 내 관방사학 가운데 두 번째로 경성제대 계열을 살펴볼 차례이다. 1926년 조선에 경성제국대학이 설치되면서, 법문학부 속에 사학과도 개설되었다. 조선사 제1강좌는 이마니시 류가 맡았다가 후지타 료사쿠가 뒤를 이었으며, 제2강좌는 오다 쇼고가 담당하다가 퇴임 후에 스에마쓰 야스카즈(末松保和)가 그 자리를 이었다. 조선사 제1강좌를 담당하였던 이마니

64 이순자, 앞의 책; 오영찬, 앞의 글 참조.

65 최혜정, 앞의 글; 이순자, 〈1930년대 부산고고회의 설립과 활동에 대한 고찰〉; 이순자, 〈일제강점기 지방고적보존회의 활동에 대한 일고찰—개성보승회를 중심으로〉; 이병호, 앞의 글.

시 류는 시라토리 구라키치(도쿄제대, 동양사)와 나이코 고난(교토제대, 동양사)의 뒤를 잇는 만선사 계통의 연구자로 분류되며, 제2강좌를 맡고 있던 오다 쇼고와 그들이 퇴임한 뒤에 뒤를 잇는 스에마쓰 야스카즈와 후지타 료사쿠는 구로이타 가쓰미와 쓰지 젠노스케(辻善之助, 도쿄제대 사료편찬소)의 제자들로서 국사학 계통으로 분류된다.[66] 이들은 대학 밖에서 경성독사회 등의 학회 활동에 참가하면서, 대학 내에서는 '경성제대사학회'를 결성하여《경성제대사학회보》등을 발간하였다.[67]

이 밖에 조선어문학 강좌를 맡고 있던 다카하시 도루(高橋亨)[68]와 국사(일본사) 강좌를 담당하고 있던 다보하시 기요시, 동양사 강좌를 맡고서 주로 발해사를 전공으로 삼고 있던 도리야마 기이치(鳥山喜一),[69] 경제학 강좌를 담당하고 시카타 히로시(四方博),[70] 모리타니 가쓰미(森谷克己),[71] 오우치 다케지(大內武次) 등의 연구자도 조선사 연구에 많은 축적을 남기고 있다. 이들의 강좌 구성이나 연구 경향을 보면 아직 역사학이 미분화 상태에 있었다는 점을 보여주고 있지만, 그럼에도 이들이 남긴 영향은 단순하지 않다. 그 가운데서도 특히 다카하시 도루의 조선 사상사 연구, 다보하시 기요시의 근대 외교사 연구, 시카타 히로시의 조선 시기 사회경제사 연구 등은 그동안 한국 학계에 깊은 영향을 미쳤으며, 아직까지도 짙은 그림자를 드

---

66 나가시마 히로키, 앞의 글 참조.

67 장신, 〈경성제국대학 사학과의 자장〉.

68 다카하시 도루에 대해서는 상당히 많은 연구 논문들이 발표되어왔다. 그러나 거의 대부분의 논문은 다카하시 도루의 유학이나 불교 혹은 문학 가운데 한 분야를 대상으로 한 분석이어서 아쉬움이 있다. 유학과 불교, 문학 등 전 연구 분야를 대상으로 다카하시의 면모를 그리고 있는 연구로는 다음 논문을 참조. 李曉辰, 〈高橋亨の韓國學研究〉,《퇴계학논집》12, 2013.

69 박광현, 〈경성제국대학 안의 동양사학〉 참조.

70 손병규, 앞의 글 참조.

71 노용필, 앞의 글 참조.

리우고 있다고 해도 과언이 아니다. 이제 이들에게 정면으로 시선을 돌려 공과를 냉정하게 따져보아야 할 때이다.

1930년 조선과 만주를 중심으로 '극동 문화'를 연구하고 보급하는 것을 목적으로 조직된 청구학회는 위 양 계열의 연구 흐름이 합쳐진 것이었다. 청구학회에는 이 밖에도 각 방면의 전문 연구자와 조선인 연구자들이 광범하게 참여하였으며, 《청구학총》이라는 전문 연구 잡지를 발행하였는데 1939년까지 30호를 발간하였다. 이로써 일본 제국 내 조선학, 나아가 조선사 연구의 흐름이 1930년대 이후에는 조선으로 거의 이동하게 되었다고 보아도 좋을 것이다.[72]

이제 조선 내 식민주의 역사학 가운데 재야 민간사학을 살펴볼 차례가 되었다. 1890년대 후반부터 조선에 정착하는 일본인이 늘어나면서, 그들 사이에서는 일종의 한국 연구붐이 일어나게 된다. 그 시기에 결성된 조직 중에 '한국연구회'라는 것이 있었는데, 학부 고문으로 근무하던 시데하라 다이라(幣原坦)는 이 조직에서 활동하면서 조선사를 연구하였다. 그는 1907년 《한국정쟁지(韓國政爭誌)》라는 책을 발간하였는데, 이는 조선인들의 '당파성'을 강조하는 책이었다.[73]

병합을 전후하여 일본인들의 언론·출판 활동이 활성화되면서 민간에서의 식민주의 역사학 연구도 진척되었다. 이 가운데 주목할 만한 민간인 연구자로는 아오야기 쓰나타로(靑柳綱太郞), 기쿠치 겐조(菊地謙讓),[74] 호소이 하지메(細井肇),[75] 아유가이 후사노신(鮎貝房之進) 등을 들 수 있다. 이 가운데 아오야기 쓰나타로는 특히 왕성하게 활동하였는데, 조선연구회를 결성

72 장신, 〈경성제국대학 사학과의 자장〉 참조.

73 최혜주, 〈시데하라 타이라의 고문활동과 조선사 연구〉, 앞의 책.

74 하지연, 〈기쿠치 겐조의 식민활동과 한국근대사 인식〉.

75 윤소영, 앞의 글 참조.

하여 활동하였고 《조선》, 《신조선》 등의 잡지와 《경성신문》 등의 신문을 발행하였다. 그는 역사서를 포함한 많은 개인 저술을 간행하였는데, 일선동조론에 기반을 두고 내선일가(內鮮一家)를 강조하는 내용을 담고 있었다.[76] 대개 이들은 언론·출판 활동에 종사하면서 조선사 관련 저작을 출판하였던바, 그런 점에 비추어볼 때 이들의 아마추어적 연구 활동이 대중들에게 미친 영향은 결코 간과할 수 없을 것이다.

5. 모호한 경계—식민주의 역사학의 이데올로기

기존의 '식민사학'에서는 왜곡의 지표를 몇 가지로 설정함으로써 식민사학의 내용과 성격을 규정하려 하였고, 그런 방법론은 식민사학 연구의 관행으로 정착하게 되었다. 그리고 몇 가지 지표를 설정함으로써 식민사학의 성격을 파악할 수 있다는 문제의식은, 식민사학을 거울과 같은 방식으로 역으로 투사함으로써 민족주의 역사학을 구성하는 데에 기여하였다. 따라서 식민사학과 민족주의 역사학이 극단의 대비를 이루는 것처럼 보이지만, 실은 내용적으로 매우 모호한 경계를 구성하게 되는 것은 필연의 귀결이었다. 타율-민족(혹은 주체), 정체-진보(혹은 발전)라는 개념 쌍은 기본적으로 동일한 문제의식에서 출발한 것으로서, 보는 사람이 선 입장에 따라서 거꾸로 보일 수 있는 대상이기 때문이다.

이제 식민사학이 구사해왔던 방식으로 식민주의 역사학의 이데올로기를 파악하는 것은 거의 불가능한 것처럼 보인다. 왜곡을 구성하는 요소 혹은 지표를 통해서 이데올로기의 성격을 명확히 할 수는 없기 때문이다. 그

76 최혜주, 〈아오야기 쓰나타로의 조선사 연구와 내선일가론〉, 앞의 책.

렇다면 식민주의 역사학의 이데올로기는 어떤 방식으로 구명해야 하는 것인가?

이 논의에 들어가기 이전에, 일본 제국주의의 식민지 지배가 갖는 이데올로기적 특성에 대해 먼저 언급해둘 필요가 있겠다. 일본 제국주의는 후발 제국주의로서 서구 선발 제국주의와 같은 '사명 이데올로기'를 갖추지 못했다. 그리하여 일본 제국주의의 식민주의 이데올로기는 취약한 '사명 이데올로기'와 무딘 '근대성의 수사학' 그리고 그와 대비되는 노골적인 '동일성의 논리'로 구성되어 있었다고 요약할 수 있을 정도였다.[77] 문명과 근대성의 논리가 취약한 반면, '동종동문(同種同文)'과 같은 주장을 배경으로 한 동일성의 논리로 무장한 것이 일본 제국주의의 식민주의 이데올로기였던 것이다. 이런 특성은 식민주의 역사학의 이데올로기에도 유사한 방식으로 나타났다. 따라서 일본 전통 학문의 인식론적 토대를 활용할 수밖에 없었는데, 그 대표적인 사례로 국학에서 출발한 일선동조론과 임나일본부설 등을 들 수 있을 것이다. 게다가 근대적인 국제질서로 이행하는 과정에서 나타난 중화질서 비판의 논리가 활용되기도 하였던바, '사대주의론'이나 '지리적 결정론' 등이 이런 사례에 해당할 것이다.

따라서 식민주의 역사학의 이데올로기는 식민주의와 여타 근대적 이데올로기가 결합하는 방식에 의해 그 성격이 결정되는 것으로 볼 수 있을 것이다. 예컨대 식민주의는 제국주의, 국민주의, 근대주의 등의 이데올로기와 결합하여 새로운 이데올로기를 만들어갔던 것인데, 이런 방식으로 식민주의 역사학의 이데올로기를 분류해보면 다음과 같이 될 것이다. 첫째 식민주의와 제국주의가 결합할 때에는 일선동조론과 만선사관이, 둘째 식민주의와 국민주의가 결합할 때에는 타율성론이, 셋째 식민주의와 근대주의

77 윤해동, 〈동아시아 식민주의의 근대적 성격〉, 윤해동, 《탈식민주의 상상의 역사학으로》, 푸른역사, 2014 참조.

가 결합할 때에는 정체성론이 만들어지게 되었던 것이다. 각각의 경우에 대해 조금 더 자세히 살펴보자.

식민주의가 제국주의와 결합할 때 드러나게 되는 가장 중요한 특징은 지배하게 될 지역의 역사적 독립성을 부정하고 주변 강대 세력에 대한 종속 혹은 부속 관계를 강조하는 특성을 드러내게 된다. 일본 메이지 시기에 그 이전의 국학에서 강조되었던 일선동조론이 식민주의 역사학의 전면에 부각하게 된 것도 같은 이유에서였다. 하지만 일본 내에서는 일본 민족기원론이나 일본인론 등과 연결되어 해석됨으로써 그 근거가 부정되기 시작하였다.[78] 한편 조선에서는 지배의 주요 국면에서 동화주의 이데올로기의 일환으로 등장하였으나, 통치 방식을 둘러싼 견해 차이와 아울러 재조선 일본인들 사이에서 갈등과 대립의 원인이 되기도 하였다. 그것은 현지파 대 본국파 혹은 자치주의 대 동화주의의 차이를 드러내는 것이었다.[79] 동화주의는 대개 근대주의에 의해 추동되고 있었던 데 비해, 일선동조론은 문명론적 아시아주의의 맥락에서 해석할 수 있는 견해였다. 일선동조론이 대체로 일본사 연구자들 사이에서 지지를 받은 견해였던 데 비해, 새로 나타난 만선사관은 동양사 연구자들이 견지하고 있던 견해였다. 만선사관은 러일전쟁을 전후하여 '만한일체론' 등을 기반으로 일본 제국주의가 대륙 침략에 본격적인 발걸음을 내디뎠을 때 등장하게 되었다. 식민주의가 제국주의와 결합함으로써 비로소 가능하게 된 발상이었다.

다음으로 식민주의가 국민주의(혹은 민족주의)와 접합하는 지점에서 타율성론이 등장하게 된다. 국민주의는 국민의 주체성과 역사성 및 주권의

---

78 오구마 에이지(大熊英二), 《일본 단일민족 신화의 기원》, 조현설 옮김, 소명출판, 2003 ; 미쓰이 다카시, 〈일선동조론의 학문적 기반에 관한 시론〉.

79 윤해동, 〈식민지관료로 본 제국과 식민지〉, 윤해동, 《근대 역사학의 황혼》, 책과함께, 2010 참조.

영토성을 강조하였는데, 그것이 식민주의와 결합할 경우 국민적 주체성(혹은 국민성), 나아가 그 역사성과 함께 영토적 독립성을 부정하게 되는 것이다. 식민주의 역사학이 조선 민족의 주체성을 인정하지 않고 '사대주의'와 결합한 민족성을 강조하거나 지리적 결정론(혹은 '반도적 성격론')을 주장하였던 것은 이런 이유 때문이다. 예컨대 미시나 아키히데(三品彰英)의 경우 조선사의 부수성(附隨性), 주변성(周邊性), 다린성(多隣性) 등을 주장하였는데,[80] 이는 궁극적으로 조선 독립의 불능설을 지지함으로써 조선을 국민주의적으로 일본 제국에 통합하는 이론으로 이어지게 만들었다.

정체성론은 식민주의가 근대주의와 접합하여 나타난 전형적인 산물이다. 러일전쟁을 전후한 시기 후쿠다 도쿠조의 글을 계기로 전면화된 식민주의와 근대주의와의 결합은, 조선이 국민경제에 도달하지 못하는 이유를 봉건제도의 결여에서 찾는 논리로 이어졌다. 후쿠다는 독일에 유학하면서 루요 브렌타노(Lujo Brentano)와 카를 뷔허(Karl Bücher) 등 독일 역사학파의 경제발전단계론을 수용하여, 조선은 아직 자족경제 단계에 머물러 있음을 입증하려 했다.[81] 구로마사 이와오 역시 유사한 방식으로 봉건제도의 결여를 주장하였고, 시카타 히로시는 같은 근거로 외부적 힘에 의한 조선의 근대화가 필요하다는 점을 역설했다. 한편 모리타니 가쓰미는 조선에는 미숙한 봉건제가 존재하고 있었으나 전체적으로 보아 동양적 정체가 지배하고 있었던 사회라고 보았다. 서구의 마르크스주의자들이 내세우고 있던 동양적 정체성론을 수용한 결과였는데, 그 역시 식민 지배에 의한 조선의 근

80 三品彰英, 《朝鮮史槪說》, 弘文堂, 1940.

81 후쿠다 도쿠조는 교토제대에 근무하던 우치다 긴조(內田銀藏)와 함께 가장 유명한 초기 경제사가들 중 한 명이었다. H. 보턴, 〈근대일본의 경제사가들〉, W. G. 비슬리·E. G. 풀리블랭크, 《중국과 일본의 역사가들》, 이윤화·최자영 옮김, 신서원, 2007, 421~446쪽.

대적 '개발'을 지지하는 데에 이견은 없었다.[82]

이처럼 식민주의와 근대적 이데올로기가 어떤 방식으로 결합하느냐에 따라 다양한 결과가 나타나게 되었던 것인데, 식민주의가 제국주의, 국민주의, 근대주의와 만나게 될 때 각각 상이한 결과를 낳았던 것이다. 식민주의 역사학의 제국주의로서의 지표를 상징하는 일선동조론과 만선사관은 지배 정책의 변화에 따라 식민지배의 각 국면에서 동요하고 있었다. 반면 식민주의 역사학의 타율성론은 국민주의적 통합을 상징하는 것이었으며, 정체성론은 식민 지배를 통한 근대주의적 개발 이데올로기로 기능하고 있었다.

여기에서 흥미로운 사례 하나를 끄집어내어 볼 필요가 있겠다. 그것은 이기백의 이인영에 대한 단호한 비판이다. 다음은 이인영의 글을 이기백이 인용한 부분이다. "(한국사의 소규모 농업사회적 성격을) 헤겔은 이것을 세계사의 출발점인 동양 세계의 정체성으로 규정하였고, 마르크스는 이것을 아세아적 생산양식으로 불렀으며, 외적 요소로서의 동양사의 중간적 성격은 일본 학자가 조선사의 타율성이라 하여서 강조되어왔던 것이다. 물론 그들의 설을 그대로 시인하는 것은 아니나, 그들의 객관적 견해에는 충분히 참고할 점이 있는 것이다(운운)."[83] 이기백은 위 인용을 근거로 이인영이 한국 근대 사학의 전통을 부정하고 대신 일제의 식민주의 사관을 받아들인 것으로 해석하였다. 이인영이 이론적으로는 신민족주의 사관을 표방했으나 실제로는 식민주의 사관에 머물렀다고 비판하고 있는 것이다.[84]

---

82 강진철, 〈일제 관학자가 본 한국사의 정체성과 그 이론—특히 봉건제도 결여론과 관련시켜〉, 《한국사회의 역사상》, 일지사, 1992, 122~193쪽.

83 이인영, 《국사요론》, 238~239쪽; 이기백, 《한국사학의 방향》, 일조각, 1978, 106~119쪽.

84 이기백, 《한국사학의 방향》, 106~119쪽.

해방 이후 1950년대까지 마르크스주의 역사학자들을 포함한 대부분의 한국 역사학자들은 조선사에 대한 동양적 특수성론 혹은 정체성론을 수용하고 있었다.[85] 그렇지 않다고 하더라도 위 이인영의 사례로 보는 것처럼, 한국사를 발전적으로 인식하고 서술하는 데에 큰 어려움을 겪고 있었다. 예컨대 일제 시기 백남운이 조선에서 봉건제가 성립해 있었음을 강조한 것은, 마르크스주의적 입장에서 봉건제를 인류의 보편적인 발전 단계로 인식했기 때문이었다. 백남운은 18세기까지의 조선사를 봉건제를 중심으로 이해하려 했던 것인데, 이는 유럽 중심주의를 일본을 거쳐 조선으로 수입한 결과에 지나지 않는 것이었다.[86] 그렇다면 독일 역사학파의 경제발전단계론을 적용하여 조선에 봉건제가 부재했다고 주장했던 식민주의 역사학과, 마르크스주의의 발전단계론을 적용하여 봉건제론이 성립했다고 보았던 백남운의 역사학 사이에는 어떤 차이가 있는 것인가? 식민주의 역사학은 민족주의 역사학과 양극단에 서 있었던 것이 아니라, 이처럼 두 역사학은 모호한 경계 위에서 줄타기를 하고 있었던 것이 아닐까?

---

85 이환병, 〈해방직후 맑스주의 역사학자들의 한국사인식〉, 《한국사학사학보》 5, 2002 ; 신주백, 〈1950년대 한국사 연구의 새로운 경향과 동북아시아에서 지식의 내면적 교류〉, 《한국사연구》 160, 2013 참조.

86 미야지마 히로시, 〈식민지기 일본과 한국에서의 봉건제론〉, 앞의 《일본의 역사관을 비판한다》. 이상호 역시 백남운이 일본을 통하여 보편주의 사관을 수용하는 데는 성공했으나, 조선적 특수성을 설명하지 못하는 한계를 드러냈다고 비판했다. 이상호, 〈백남운의 보편사학과 조선학-문화사적 맥락의 역설을 중심으로〉, 《민족문화연구》 52, 2010.

6. 마치며

1961년에 발표된 이기백의 《국사신론》에서 〈서론〉은 한국사학계 최초의 본격적인 '탈식민주의 선언'이었다. 이후 탈식민주의 입장에 선 이른바 '식민사학' 극복 논의는 1960년대 이후 학계의 붐을 이룰 정도로 성행하였다. 이 시기 이후 식민사학 극복 논의의 전형적인 방식은, 역사 왜곡의 지표를 설정함으로써 식민사학의 내용을 규정하고, 다시 이를 거울과 같은 방식으로 역으로 투사함으로써 민족주의 역사학을 구성하는 것이었다. 식민사학 논의의 인식론적·방법론적 쇄신 혹은 탈피가 필요한 상황이라 할 것이다.

이런 방식의 식민사학 연구를 쇄신·탈피하기 위해서는 식민주의 역사학이라는 개념을 사용하여 '식민사학 극복'을 위한 새로운 길을 모색할 필요가 절실하다. 식민주의 역사학이라는 개념은 식민주의 이데올로기를 기반으로 근대 역사학적 인식론과 방법론을 수용한 역사학이라고 할 수 있을 것이다. 따라서 식민주의 역사학은 이미 일찍부터 작동하던 트랜스내셔널한 근대 역사학의 한 부류라고도 할 수 있을 것이다. 식민주의 역사학이라는 개념을 사용한 탈식민주의 논의는 근대 역사학에 대한 메타비판의 가능성을 제공할 수 있게 될 것이다.

일본 제국주의의 식민주의 역사학은 '이중의 굴절'을 통해 형성되었다. 서구의 근대 역사학이 일본을 거쳐 한국으로 이입되는 과정은 두 번의 굴절을 거치는 과정이었다. 게다가 이 과정에서 식민주의 역사학은 제국주의 이데올로기와 결합하면서, 두 가지 유형의 논리를 만들어내었다. '일선동조론'과 '만선사관'이 그것인데, 이 두 이론은 식민주의가 제국주의 침략이론과 결합하면서 만들어낸 전형적인 산물이었다. 일선동조론은 일본 국학의 전통을 바탕으로 외무성·육군 그리고 도쿄제대 사학과 등에서 이끌어가던 국사학(일본사) 연구가 주도하던 논리였다. 그에 이어 러일전쟁 전후 시기부터 본격적으로 나타난 만선사관은, 그 즈음에 본격적으로 학문으로 형성되고 있던 '동양사' 연구 그룹에서 만들어낸 역사관이었다.

한일 합병 전후 식민주의 역사학은 제도화의 길을 걷게 되었는데, 여기에 토대를 제공한 것은 제국대학의 3사과 제도 정착이었다. 이후 식민주의 역사학은 일본과 조선 내에서 여러 계열로 나뉘어 체계화되고 확산되는 과정을 밟게 되었다. 일본 내에서는 제국대학 내의 국사, 동양사 연구를 중심으로, 고고학과 사회경제사 연구자들이 가담하여 활기를 띠게 되었다. 또 여기에 만선지리역사조사실, 동양협회, 동양문고 등의 여러 기관을 중심으로 안정적으로 정착하게 되었다.

반면 조선 내에서는 관방사학과 민간사학으로 나뉘어 식민주의 역사학 연구가 정착·확산되는 과정을 밟게 되었는데, 그 과정에서 가장 중심적인 역할을 수행한 것은 중추원, 조선사편찬위원회, 조선사편수회 등의 조선총독부 소속 기구들이었다. 결국 총독부가 주도하던 사료 조사와 편찬 사업은 조선사편수회에서 《조선사》 자료집을 편찬하는 것으로 귀결되었다. 이와 아울러 병합 이전부터 진행되고 있던 '고적 조사 사업'도 고고학적 발굴 성과를 바탕으로 식민주의 역사학을 지원하고 있었다는 측면에서 주목해야 할 사업이었다. 한편 경성제국대학 법문학부는 사학과를 중심으로 식민주의 역사학 연구의 중심적인 관제기구로 부상하고 있었다. 이 기구에 소속된 연구자들은 식민주의 역사학 연구에서 중요한 역할을 수행하기 시작하였고, 이들은 조선사편수회 계열의 연구자와 함께 청구학회를 결성하여 활동함으로써 명실상부한 식민주의 역사학 연구의 중심이 되었다. 조선 내의 재야 민간사학도 언론·출판 활동에 종사하던 재조선 일본인들에 의해 활발하게 추진되고 있었으며, 이들은 상당한 대중적 관심을 받고 있었다.

식민주의 역사학의 이데올로기는 식민주의와 근대주의가 결합함으로써 정체성론이라는 전형적인 이론을 생산할 수 있게 되었고, 이 이론은 특히 서구의 봉건제론과 함께 동양적 특수성론 혹은 정체성론을 수입하여 활용함으로써 자신의 이론적 기반을 공고히 다졌다. 이런 근대주의 이데올로기는 식민지의 근대주의적 개발 이데올로기로 활용될 수 있었다.

다른 한편 식민주의가 국민주의적 통합 이데올로기와 결합하여 타율성과 관련한 다양한 논리적 근거를 생산해내게 되었다. 사대주의론, 국민성론, 지리적 결정론 등이 그것인데, 이런 종류의 타율성 논리는 조선총독부가 조선인의 통합에 어려움을 겪고 있었다는 것을 반증하는 것이었다. 이와 관련하여 일선동조론은 동화주의 이데올로기와 일정한 괴리를 가짐으로써, 통치 정책의 각 국면에서 동요하고 있었다.

식민주의 역사학은 타율성을 바탕으로 다양한 통합 이데올로기를 생산해냈지만, 결국 조선사의 역사적 소속에서조차 일치된 견해를 끌어내는 데에는 어려움을 겪을 정도였다. 조선사는 일본사의 지방사인가 아니면 중국사의 부속사로서 동양사로 보아야 할 것인가? 1930년대 조선총독부는 이 문제를 둘러싸고 경성제대 교수들의 항의에 직면해야 했지만 결국 명쾌한 해결책이란 있을 수 없었다.[87] 결국 이런 문제는 해방 후에도 일정한 기간 동안 일본의 역사학계에서 해결하지 못한 문제로 남아 있었을 정도였다.

식민주의와 결합하여 일찍부터 강력한 이데올로기로 부상했던 제국주의적 이론 체계, 즉 일선동조론이나 만선사관은 제국주의의 붕괴와 동시에 종말을 고했다. 이제 국민주의와 근대주의가 서서히 종말을 고하는 것처럼 보이는 시대가 되었다. 국민주의와 근대주의가 쇠퇴해가는 시대의 식민주의는 어떻게 될 것인가? 이제 식민주의가 근대 역사학과 이별해야 할 시점이 아닐까?

---

87 장신, 〈1930년대 경성제국대학의 역사 교과서 비판과 조선총독부의 대응〉, 《동북아역사논총》 42호, 2013; 도면회, 〈조선총독부의 문화 정책과 한국사 구성 체계〉, 《역사학보》 222, 2014 참조.

2부

일본사 연구와 식민주의

2
구로이타 가쓰미(黑板勝美)의 역사학 연구와 식민주의

이성시

1. 시작하며

동아시아 지역 국가 간에 신뢰 관계를 구축하는 것은 우리의 긴급한 과제이다. 그러나 역사인식을 둘러싼 이들 국가 사이의 끊임없는 상호 불신에서 볼 수 있듯이, 새로운 신뢰 관계를 구축하는 일은 쉽지 않다. 이런 현실을 감안해볼 때, 역사인식의 공유에 이르는 길은 성급하게 여러 국가 간의 인식을 일치시키기보다는 이들의 역사인식이 어긋나게 된 유래를 밝히는 것이 지금으로서는 유일한 처방으로 보인다. 특히 한일 간의 역사인식을 둘러싸고는 서로가 인식의 옳고 그름을 묻기보다 이런 상호 불신을 만들어낸 기원으로 거슬러 올라가서 문제의 소재를 확인하는 일이 중요하다.[1]

근대 일본은 이민족인 조선인을 통치·지배하기 위하여 식민지 조선에서

1 이성시, 《만들어진 고대》(삼인출판사, 2001)는 그와 같은 시도 가운데 하나이다.

구관 조사를 철저히 실시하였다. 그 조사의 일환으로는 조선사 편찬과 고적 조사 사업이 있으며, 그것은 일본인에 의한 식민지 지배의 정당화에 중요한 위치를 차지하고 있었다. 근대 일본의 조선에 대한 역사인식의 유래는 적어도 여기에까지 거슬러 올라갈 수 있다.

1916년 이래 본격화한 조선총독부의 조선사 편찬 및 고적 조사 사업에서 중심적인 역할을 수행한 사람이 구로이타 가쓰미(黑板勝美)였다. 구로이타는 일본 고문서학의 체계를 수립하고 《대일본고문서》의 교정·출판에 관여하는 등 고문서 및 고전적(古典籍) 출판과 보급에 커다란 족적을 남겼다. 다른 한편, 일본고문화연구소를 혼자 힘으로 창설하여 7세기 말 후지와라경(藤原京) 유적의 발굴·조사를 지도하는 등 문화재 조사와 보존에서도 지도적인 역할을 수행하였다.

구로이타 가쓰미의 공적은 다방면에 걸쳐 있으며, 도쿄제국대학 국사학과 교수로서 장기간에 걸쳐 수행한 연구·교육 활동은 물론 근대 일본 역사학 자체에서도 그가 차지하는 위치는 대단히 크다. 오늘날 우리가 접하고 있는 역사학 연구와 역사 교육의 근간이 되는 '국사'를 최초로 탄생시킨 인물이기도 한 구로이타는, 식민지 조선에서도 지배를 위한 국가 프로젝트를 구상하고 스스로의 학문적 신념에 바탕을 두고 역사 사업을 계획, 입안, 추진하는 데에 반평생을 바쳤다.[2]

그렇기 때문에 근대 일본의 역사학과 식민주의를 검토할 때에, 위에서 언급한 역할을 수행했던 구로이타 가쓰미의 사상과 행동을 검토하는 작업은 불가결하다. 이 글에서는 구로이타 가쓰미의 국사 시스템 구축자로서의 행적을 통해, 구로이타가 지향하고 있던 근대 역사학 구상과 그것과 불가

---

2 구로이타 가쓰미의 업적을 간편하게 통람하기에는 黑板博士記念會 編, 《古代文化の保存と硏究》(1953)에 게재된 26편의 논문 및 권말에 있는 '黑板勝美博士の年譜と業績', '黑板勝美功績書(抄録)'를 참고할 수 있다.

분하게 얽혀 있던 식민주의와 관련한 여러 문제를 논의하고자 한다.[3]

2. 구로이타 가쓰미와 국사학

구로이타 가쓰미의 업적에 대해서는 많은 관련 자료가 있고, 회상록 종류까지 합치면 너무 많아 일일이 셀 수가 없다. 그 가운데서도 구로이타 업적의 전모를 아는 데 가장 중요한 책은 구로이타박사기념회가 편집한 《고대문화의 보존과 연구—구로이타 박사의 업적을 중심으로》(1953)로서, 구로이타의 각 방면에 걸쳐 남긴 업적에 대해 분야별로 집필자를 선정하여 상세히 논하고 있다. 또 연보 및 업적의 개요에 대해서는 구로이타가쓰미선생탄생100주년기념회가 편집한 《구로이타 가쓰미 선생 유문》(1974)과 학술잡지 《고대문화》(458호, 1997)에 실린 〈특집–구로이타 가쓰미 박사를 추모하다〉 등이 있다.

구로이타의 약력은 다음과 같다. 1874년 나가사키 현 구(舊) 오오무라번사의 집에서 태어났다. 오오무라번은 작은 번이었으나 메이지유신의 내전에 활약한 구 오오무라번 존황파 지사(志士)들이 메이지 정부의 관료로서 활약하였다. 구로이타도 그런 인맥과 관련이 있어 충군애국의 신념이

3 지금까지 필자가 논한 구로이타 가쓰미에 관한 논문은 다음과 같다. 이 글은 이 논문들을 바탕으로 하고 있으며 논점의 중복이 있음을 미리 밝혀둔다. 〈黑板勝美(구로이타 가쓰미)를 통해 본 식민지와 역사학〉, 《한국문화》 23, 1996. 6; 〈コロニアリズムと近代歷史學〉, 永田雄三·寺內威太郎·矢島國雄 共著, 《植民地主義と歷史學》, 刀水書房, 2004. 3; 〈朝鮮王朝の象徵空間と博物館〉, 宮嶋博史·林志弦·李成市·尹海東 編, 《植民地近代の視座－朝鮮と日本》, 岩波書店, 2004. 10; 〈植民地文化政策の評價を通してみた歷史認識〉, 三谷博·金泰昌 編, 《東アジア歷史對話－國境と世代を越えて》, 東大出版會, 2007. 4.

평생 강했다고 전해진다. 1896년에 제5고등학교(현재 구마모토대학)를 거쳐 도쿄제국대학 문과대학 국사과를 졸업하였고, 대학원에 입학하여 1905년에 문학박사(학위논문은 〈일본고문서양식론〉)가 되었으며, 제국대학 문과대학 조교수와 제국대학 자료편찬계 고문서실 주재자(主宰者)를 겸임하였다. 궁내성의 지원을 받아 1908년부터 2년 동안 구미에 유학한 후, 1919년에 도쿄제국대학 교수가 되었으며 1935년에 정년퇴직하였는데, 이듬해인 1936년에 뇌출혈로 쓰러져 1946년에 사망하였다. 향년 73세였다.

구로이타의 업적을 한마디로 말하면, 근대 일본 역사학의 인프라스트럭처(infrastructure, 사회자본)를 정비한 일일 것이다. 구로이타가 정비한 사회자본의 은혜는 다방면에 미치고 있다. 예를 들어 일본에서는 열도 내의 고대사 발굴 성과가 큰 신문의 1면을 장식하는 일이 종종 있는데 '일본 최고(日本最古)'라든가, 발굴 성과가 "《일본서기》의 기재와 일치한다"라든가, "고고학에 의해 문헌 사료가 증명되었다" 등의 기사를 들 수 있다. 일례로 2004년 3월 12일자 아사히신문(오사카 본사 판)에는 아스카 발굴과 관련한 "소가노 우마코(蘇我馬子) 저택 유적인가"라는 기사가 스페인에서 최대 규모의 피해를 입힌 열차 폭파 사건 기사와 함께 나란히 1면에 사진을 포함하여 게재되기도 했다. 두 기사는 결코 등가일 수 없을뿐더러 애당초 고고학적으로는 표제와 같은 사실을 확인하는 것이 불가능함에도 불구하고, 이러한 고대사 기사는 끊이지 않는다. 이런 일본 고대사에 관한 발굴 성과에 대해서 특별한 의미를 부여하는 가치관을 만들어낸 것도, 구로이타 가쓰미가 정비한 역사학의 인프라스트럭처와 관련된 업적 가운데 하나라고 나는 생각한다.[4]

그래서 아래에서는 구로이타 가쓰미의 주요한 업적을 '사회자본의 정

4 이성시, 〈《國史》の想像力と考古學〉, 《考古學硏究》 52-3, 2005. 12, 96쪽.

비'라는 관점에서 다섯 가지로 나누어 살펴보고자 한다. 먼저 첫 번째로, 구로이타의 도쿄제국대학 교수로서의 업적이다. 구로이타는 재직 중 일본 고대사의 해명에 진력하였는데, 고대사뿐만 아니라 일본사 연구 방법론을 확립하였다는 점에서 주목된다. 당시 일본에서는 서양의 역사학 연구 방법론을 도입하여 종래의 고증학적 방법을 조직화하고 학문적인 체계를 갖추는 데에 주력하고 있었다. 구로이타의 주저인 《국사의 연구》(1908)는 "메이지의 국사학이 도달한 학문적 구조를 보여주는 기념물"[5]이라고 평가되고 있다. 랑케학파인 리스에게서 배운 구로이타는 일본사 연구 방법론을 메이지 후반기에 확립하였던 것이다. 이 《국사의 연구》는 증쇄를 거듭하였는데, 결정판인 3권본(이와나미서점, 1931~1936)까지 연구 입문서로서 흔들림 없는 지위를 확보하고 있었다.[6]

두 번째로, 이것 역시 도쿄제국대학 교수로서의 업적인데, 고문서학의 확립과 사료 편찬 사업이다. 일본 고문서학은 유럽의 역사학 방법론을 도입하여 새로운 근대 역사학을 창출하고자 하는 메이지기의 아카데미 속에서, 사료학 수립의 핵심으로 의식된 중요한 과제였다. 새로운 고문서학이라는 학문의 창출에서 가장 중요한 역할을 수행한 것이 구로이타였다. "일본 고문서학을 확립한 공적도 또 구로이타에게 돌아간다"고 언급되거나 "구로이타 고문서학은 아직도 현역이다"[7]라는 지적조차 있을 정도이다.

한편 고문서학을 응용한 사료 편찬 사업에서는, 정창원(正倉院) 문서와

---

5 《국사의 연구(國史の硏究)》의 평가에 대해서는 大久保利謙, 《日本近代史學の成立》, 吉川弘文館, 1988 및 石井進, 〈黑板勝美〉, 《20世紀の歷史家たち(2)》, 刀水書房, 1999, 103쪽 참조.

6 이기동 선생님의 교시에 의하면 해방 이후 서울 곳곳에 있는 헌책방 서가에 《국사의 연구》가 놓여 있었던 기억이 있다고 한다. 식민지하의 조선에서도 널리 유포되었다고 봐도 좋을 것이다.

7 石井進, 앞의 글, 98쪽.

고야산(高野山) 문서를 조사하는 것을 비롯하여 각 사원의 비밀 창고를 열어 고문서들의 정비에 힘썼다. 《대일본고문서》 60여 책을 스스로 교정하거나 혹은 감수하는 등으로 편찬·출판에 공헌한 일이 이런 작업의 일환이다. 《대일본고문서》는 다음에 언급할 《국사대계》와 함께 일본사 사료의 연구 환경 정비라는 점에서 경시할 수 없는 중요한 업적이라고 할 수 있다.

셋째로, 《국사대계》의 편찬이다. 《국사대계》는 지금도 요시카와코분칸(吉川弘文館)에서 《신정증보 국사대계》 전 66책으로 간행되고 있는데, 이는 고대부터 메이지유신에 이르기까지 일본 역사 전체 시기를 대상으로 그 기초가 될 만한 각종 사서를 망라한 것으로서, 《대일본고문서》와 함께 일본사의 원전 사료로 오늘날까지 일본 국내외에서 활용되고 있다.[8]

본래 《국사대계》는 다구치 우키치(田口卯吉)가 국사에 관한 고전을 보급하기 위해 스스로 편찬하여 직접 경영에 관여하고 있던 경제잡지사에서 출판한 것이었다. 제1권인 《일본서기》를 간행한 후에는 구로이타가 교정을 담당하였고, 1897년부터 1901년 사이에 간행되었다. 이어 《속국사대계》가 1902년부터 1904년 사이에 15책으로 간행됨으로써 이 정·속 《국사대계》에 의해 일본 전근대사의 근간이 되는 사서가 처음 활자본으로 제공되면서 메이지-다이쇼 시기의 일본사학과 일본 문학 발전에 크게 공헌하였다(제1차 국사대계). 그 후 구로이타는 다시 《일본서기》를 비롯한 육국사를 교정하고 그에 《유취국사》를 덧붙여 경제잡지사를 통해 1913년부터 1916년 사이에 간행하였다(제2차 국사대계).

게다가 1929년부터는 구로이타가 주재하고 그 문하생들이 교정에 가담하여 요시카와코분칸에서 《신정증보 국사대계》 66책을 간행하기 시작하였는데, 구로이타 사후에도 마루야마 지로(丸山二郎)를 대표로 하는 편수회

8 大久保利謙, 〈黑板勝美先生の風格と學問〉, 《古代文化》 49-3, 1997. 3, 48쪽.

가 간행을 이어나가 1964년에 완성하였다(제3차 국사대계). 이 《신정증보 국사대계》는 연구자의 기초 사료일 뿐만 아니라, 오늘날 일본 대학의 일본사학과에서 텍스트로 널리 사용되고 있다. 《국사대계》는 진본비적(珍本秘籍)을 찾아내고, 지금까지 알려지지 않았던 선본(善本)을 바탕으로 종래의 간본에 보이는 오류를 바로잡아 정본(定本)을 만든다는 장대한 계획이었는데, 이로써 일본사 연구의 사료 환경은 그 이전과 비교할 수 없을 정도로 정비되었다.[9]

구로이타가 이 사업에 의욕을 불태운 것은 종래의 간본이 대형본인 데다가 권수도 많아 약간의 사실을 조사하기에도 불편하였던 점을 해소하는 것이 동기였다고 한다.[10] 《국사대계》 간행에 대한 구로이타의 열의는 각별한 것이었으며, 교정을 위한 조사 연구는 물론이고 교감에서는 신중에 신중을 거듭하여 몇 번이고 교정을 반복한 것으로 알려져 있다.[11]

넷째로, 국보·사적(史蹟) 및 명승의 조사 보존 활동이다. 1908년부터 1910년 사이의 구미 유학은 사적·유물 등 문화재 보존 문제가 주요한 연구 과제였으며, 귀국하고 나서 1912년 이후 구로이타는 문화재 조사, 연구, 보존에 관한 다양한 제언을 하고 있다.[12] 예를 들어 1912년에 발표된 〈사적·유물 보존에 관한 의견서〉[13]는 사적의 정의와 분류, 사적과 유물, 사적·유물 보존의 정의와 보존법에 대해 논의한 것으로, 그 이후 현재까지

---

9 《국사대계》의 의의에 대해서는 《日本歷史》, 194 新訂增補國史大系完成記念特集號, 1964. 7 참조.

10 丸山二郎, 〈國史大系の編纂(2)〉, 黑板博士記念會 編, 《古代文化の保存と研究》, 279쪽.

11 伊野邊茂雄, 〈國史大系の編纂(1)〉, 黑板勝美記念會 編, 《古代文化の保存と研究》, 268쪽; 丸山二郎, 〈國史大系の編纂(2)〉, 295쪽.

12 이성시, 〈コロニアリズムと近代歷史學〉.

13 黑板勝美, 〈史蹟遺物保存に關する意見書〉, 《史學雜誌》 23-5, 1912. 5.

"역사학 관계자로부터 이것 이상의 체계적인 논술은 나오지 않고 있다"[14] 라는 평가를 받을 정도이다.

나아가 이들 제언과 관련하여 국립박물관, 고문서관, 국사관(연구소를 겸한 국립역사박물관)에 대한 제언과 그것을 실현시키기 위한 구로이타의 활동은, 오늘날 일본(혹은 한국을 포함하여)에서의 현실을 생각할 때에 매우 시사적이다. 예를 들어, 제2차 세계대전 종전 이후에 창설된, 일본을 대표하는 국립박물관인 국립역사민속박물관은 구로이타가 구상하고 있던 '국사관(國史館)'에서 유래한 것으로서, 구로이타의 구상을 거의 실현시킨 것이라는 사실은 그 후의 연구에서 밝혀지고 있는 대로이다.[15]

다섯 번째로, 고고학 방법론과 고고학의 조사·연구에서 담당한 역할이다. 구로이타는 2년에 걸친 구미 유학에서 얻은 견문을 바탕으로 귀국 후에 고고학 방면에 대한 수많은 제언을 낳게 된다. 그리고 1936년에는 일본고고학협회의 회장에 취임한다.

고고학 관계 업적 중에서도 특히 중요한 것은 1934년 본인이 창설하여 소장이 된 일본고문화연구소인데, 여기에서는 후지와라궁(藤原宮) 발굴을 비롯하여 많은 고고학적 조사를 진행하였다. 특히 후지와라궁 조당원(朝堂院)의 규모를 밝힌 것은 후에 활발해지는 고대 황거유적(皇居遺跡) 연구에도 큰 영향을 미쳤다. 제2차 세계대전 종전 이후 국립나라문화재연구소에 의한 헤이조경(平城京) 발굴은 구로이타의 발굴·조사가 없었다면 있을 수 없었을 것이라고 나는 보고 있다.[16]

이러한 구로이타의 고고학에 대한 신념은 《국사의 연구》 총설편 제2장 '보조학'에서 "모든 학문은 사학의 보조학"이라 규정하고, 그중 중요한 것

---

14 石井進, 앞의 글, 99쪽.

15 金子淳, 〈幻の國立歷史博物館〈國史館〉とその周邊〉, 《歷博》 118, 2003. 5, 21~22쪽.

16 이성시, 〈コロニアリズムと近代歷史學〉, 103쪽의 주 65 참조.

으로 언어학, 고문서학과 기록 연구, 역사지리학, 연대학(年代學), 계보학, 고고학을 들어 각각 상세한 설명을 덧붙이고 있는 데서도 엿볼 수 있다. 구로이타에게 고고학은 고문서학과 마찬가지로 역사학에서 불가결한 '보조학'이었던 것이다.

이상으로 구로이타의 사적을 다섯 가지로 나누어 검토하였다. 모두에서 구로이타는 근대 일본 역사학의 인프라인스트럭처(사회자본)를 정비한 인물이라고 지적하였는데, 지금까지 논의해온 바로도 근대 일본의 역사학 연구와 역사 교육의 근간이 되는 '국사'의 아버지로서의 구로이타의 면모를 상세히 확인할 수 있을 것이다. 구로이타가 착수한 '국사'의 방법론 확립, 기초 사료의 간행과 활자화를 출발점으로, 사적·유물 등 문화재의 조사, 보존, 전시 및 역사학의 보조학으로서의 고고학 중시는 국민 교화의 입장에서 구로이타가 부심(腐心)하였던 측면인데, '국사' 연구에서 역사적 상상력을 어떻게 길러낼 것인가라는 과제에 구로이타가 적극적으로 대응하고 있었다는 점을 다시금 주목하고 싶다.

3. 구로이타 가쓰미와 식민주의 역사학

구로이타 가쓰미와 식민주의 역사학에 대해서는 이미 〈콜로니얼리즘과 근대 역사학—식민지 통치하의 조선사 편수와 고적 조사를 중심으로〉와 〈조선왕조의 상징 공간과 박물관〉 등 두 편의 논문에서 논의한 적이 있다. 여기서는 앞서 서술한 구로이타에 의한 일본 근대 역사학에서의 다섯 가지 업적을 염두에 두면서, 식민지 조선에서 구로이타가 쌓은 업적을 정리하고자 한다.

먼저 첫 번째인 역사학 방법론에 대해서는, 조선총독부가 편찬한 《조선반도사》와 《조선사》의 편찬 방침을 통해 확인할 수 있다. 《조선반도사》는 '공명 적확한 사서'를 자인하였으며, 《조선사》는 '새롭게 진보한 연구법을 체득한 역사가'에 의해 '학술적 견지에 서서 공평불편(公平不偏)한 태도로 편수될' 것임을 주창하고 있었다. 제2차 세계대전 이후에도 일본인 연구자들은 《조선사》가 취한 훌륭한 방법론을 노골적으로 칭찬해 마지않았다.[17]

이런 성격을 가진 《조선반도사》와 《조선사》에서 구로이타의 방법론이 구사되고 있었다는 사실은, 그 두 가지 일에 대해 구로이타가 관여했던 방식을 통해서도 추찰할 수 있다. 즉 구로이타는 1916년 《조선반도사》 편찬 당초부터 촉탁으로 참가하고 있었으며, 1922년부터 조선사편찬위원회가 성립되어 《조선사》의 편찬과 사료 수집을 목적으로 하는 수사(修史) 사업이 조직적으로 행해지게 되자, 구로이타는 구체적인 사업 계획의 입안, 담당자의 인선, 편찬 강령에 이르기까지 중심적인 역할을 수행하였다.[18] 게다가 1925년에는 조선편수회가 설치되어 국가사업으로서의 규모를 갖추고

17 예를 들어, 中村榮孝·田中健夫·北村万次, 〈朝鮮史と私〉(《日本歷史》 400, 1981. 9)에서 다나카(田中)와 기타지마(北島)는 각각 다음과 같이 논하고 있다. "다나카: 조선사의 편수라는 사업은 조선인에게도 기대되고, 환영받은 사업이었습니까. (중략) 《조선사》는 객관적인 편년체 서술 방법을 취하고 있어 우리들도 대단히 은혜를 입고 있습니다만, 현재 한국에서도 대단히 높게 평가받고 있는 것 같습니다. 기타지마: 오늘날 한국에도 그것이 있는 것과 없는 것은 상당히 연구 수준이 다르지 않겠습니까." 또 末松保和·平野邦雄·田中健夫, 〈朝鮮史の研究と私〉(《日本歷史》 560, 1995. 1)에서 히라노(平野)와 다나카는 다음과 같이 논하고 있다. "히라노: 즉 학문적으로는 그러한 방법이 아주 뛰어나다고, 당시 일본 학계에서도 대단히 참신하다고 할까요, 방법이었을 거라고 저는 생각합니다만, 저쪽에서 따로 단지 방침을 밀어붙이려는 일 없이 학문적으로 몇 단계 위라는, 그런 분위기였던 거죠. 다나카: 결과적으로 말하면 《조선사》 편수는 민족의식에는 저촉하지 않은 채 잘 실시되었다는 것인가요? 스에마쓰(末松): 민족의식. 순조롭게 행해졌다고는 좀 저는 말할 수 없네요.(하략)"

18 中村榮孝, 〈朝鮮史編修と朝鮮史料の蒐集〉, 《日鮮關係史の研究》 下, 1970, 661~662쪽.

권위 있는 조직으로 개편되었는데, 이 조직을 확립하기 위한 구상에 구로이타가 일관되게 관여하고 있었다는 사실이 밝혀지고 있다.[19]

구로이타는 국가 예산의 조달에서도, 조선사의 조사·연구가 단순히 조선사의 해명에 머무르는 게 아니라 중국, 만주, 일본사 연구와도 불가결한 관련성을 지니고 있음을 주장함으로써, 사업의 실현으로 연결시켰다고 한다. 이 사업에 의해《조선사》전 35권이 1931년부터 1938년 사이에 간행되었는데,《조선사》의 편수 방침과 관련해서도 구체적인 방법은 구로이타의 "경험과 지식에 바탕을 둔 세심한 준비에 기댄 부분이 많았다"[20]고 하며, 그 편찬 방침 또한 구로이타가 말하면 "대부분 뜻대로"[21] 되었다고 한다.

두 번째로 구로이타의 고문서학과 관련해서 말하면, 조선사 수사 사업에서 당초 사료의 수집에 역점이 놓여 있었던 사실이《조선사》편수관을 지낸 나카무라 히데타카(中村榮孝)에 의해 극명하게 술회된 바 있다.[22] 그는 명가(名家)·구족(舊族)을 방문하여 소장하고 있던 고문서 기록 및 전적을 조사하고 민간에 산재하는 사료의 수집에 힘쓴 일과 그 사료를 간행한 데 대해서도 상세하게 언급하고 있다.

이런 고문서 수집과 관련한 구로이타의 간접적 관여에 대해서는 언급하고 있지 않지만, 구로이타가 일본 국내에서 광범하게 행하고 있던 고문서 기록 및 전적 조사 활동에 비춰보면, 그러한 조사 방법의 연장선상에 있었음은 충분히 추측할 수 있다. 나카무라 히데타카가 조선사편수회의 사료 수집에 대해 쓰시마 구(舊) 번주(藩主) 종가(宗家)의 기록 및 고문서류를 구입하여 이용하고 정리·보존 대책을 마련했던 일을 특필하는 가운데서,

19 中村榮孝, 같은 글, 666~669쪽.

20 中村榮孝, 같은 글, 672쪽.

21 末松保和, 〈朝鮮史の研究と私〉,《日本歷史》560, 1995. 1, 28쪽.

22 中村榮孝, 〈朝鮮史編修と朝鮮史料の蒐集〉, 677~685쪽.

이 자료의 구입 경위에 구로이타가 관여하고 있었음을 시사하고 있기 때문이다.

세 번째인 기초 사료 간행 및 활자화에 대해서는, 《조선사》 편찬 사업 그 자체가 《국사대계》에 필적하는 사업이었음을 직접 편찬에 관여했던 나카무라 히데타카가 지적하고 있다.[23] 물론 《국사대계》와 《조선사》는 원전 사료와 원전 사료에 기초한 통사 편수라는 점에서 기본적인 성격은 다르다. 그러나 '민족 및 문화의 연원을 구명하는' 기초 자료의 정비라는 측면과, 역사 연구와 교육에 이바지하기 위해 널리 그 보급을 꾀한다는 취지의 두 측면에서 양자는 공통점을 지니고 있다.

또 "배열된 하나하나의 사료에 대해서 각각 가장 우수한 것을 저본으로 하여 가능한 한 원본의 체재를 존치하도록 인쇄하고, 그것에 반드시 이본을 대교(對校)하여 그 같고 다름에 대해 참고 서명과 함께 오두(鼇頭, 본문의 상란)에 주기(註記)"한다고 하는 《조선사》의 편집 방법을 《국사대계》본과 대비해보면, 양자가 흡사하다는 사실을 일목요연하게 알 수 있다.

단 《국사대계》가 민간인 구로이타의 학문적 정열이 뒷받침된 개인적인 사업이었다면, 《조선사》는 식민지 조선의 "완전한 통치에 이바지하기"[24] 위한 일대 국가사업이었다는 차이점에는 유의하지 않으면 안 될 것이다.

네 번째로 국보·사적 및 명승의 조사·보존 활동과 관련해서, 구로이타가 조선 고적 조사 사업에서 중심적 역할을 담당하였고, 그 사업 방침이라고도 할 만한 '고적 및 유물 보존 규칙'은 구로이타가 일찍부터 주창하였던 제언에 기초한 것이었다는 점을 지적할 수 있다.[25] 또 그것은 일본 제국 최

---

23 中村榮孝, 〈新刊《朝鮮史》に就いて〉, 《朝鮮》 208, 1932. 9; 中村榮孝, 〈朝鮮史編修と朝鮮史料の蒐集〉.

24 中村榮孝, 〈新刊《朝鮮史》に就いて〉, 40쪽.

25 黑板勝美, 〈史蹟遺物保存に關する意見書〉; 黑板勝美, 〈史蹟遺物保存に關する研究槪

초의 사적보존법이었으며, 본국에 앞서 식민지 조선에서 먼저 시행된 것이었다. 더욱이 1916년에 경복궁 내에 설립한 조선총독부박물관은 구로이타가 구미의 박물관들과 비교하면서 마땅히 갖추어야 할 국립박물관의 기능을 소규모로나마 구비한 일본 최초의 국립박물관이었다.[26]

이에 따라 조선에서의 고적 조사는 총독부박물관이 실시하고 보존·관리의 행정 사무도 모두 박물관이 담당하게 되었다는 점에서, 일본 제국 최초의 통일적인 문화 행정이 되었다. 직접 조사·연구한 확실한 자료를 진열하고 동시에 고적 보존 공사에서부터 법령에 의한 지정·금지 등의 사무에 이르기까지, 통일적으로 총독부박물관이 관리하게 된 것이다. 구로이타의 '사적·유물 보존의 실행 기관과 보존 사상'에는 바람직한 박물관이 묘사되고 있는데, 거기에서는 총독부박물관이 구로이타가 구상한 국립박물관의 이상으로 자리매김되어 있다.

다섯 번째로 고고학 방법론이나 고고학의 조사·연구에서 수행한 역할에 대해서는, 1916년에 조선 고적 조사 사업이 법제상으로 정비되고 조직화가 이루어져 커다란 전기가 마련되었는데, 그것이 고적 조사위원으로 참가한 구로이타의 계획과 입안에 기초한 것이라는 점을 지적한 바가 있다.[27] 앞서

要〉, 《史蹟名勝天然記念物》 1-3, 1-6, 1915. 1·6.

26 구로이타의 국립박물관이 수행해야 할 국민의식 형성과 그와 같은 사고방식에 기초한 조선총독부박물관의 설치가 당시로서는 얼마나 두드러진 구상이었는지를 생각할 때에, 쓰다 소키치(津田左右吉)의 1927년 1월 21일자 일기에 나오는 다음 내용이 참고가 된다. "조선의 발굴품을 총독부의 박물관 등에 가두어두는 것은 바보스럽기 짝이 없다고 평상시 생각하고 있었는데 엘긴-마블의 이야기에서 한층 그것이 강하게 느껴진다. 일본의 영토에서 일본의 정부가 발굴한 것을 도쿄로 가지고 오는 것에 무슨 지장이 있는가. 그게 도쿄에 놓여 있다면 고고학의 발달을 위해 얼마나 도움이 될지 모른다. 그것을 주장할 수 없는 일본의 학자는 와카쓰키(若槻) 내각하에 있는 헌정당원과 같다."

27 이성시, 〈コロニアリズムと近代歴史學〉.

본 바와 같이 '고적 및 유물 보존 규칙'은 일본 제국 내 최초의 사적보존법인데, 거기에는 1912년 이래 구로이타가 제창하고 있던 보존법에서 중시된 대장법(臺帳法)이 그대로 수용되고 있으며, 그 규칙 자체가 대장법을 골자로 하는 것이었다.

그 후 1931년 고적 조사 사업이 재정긴축 정책에 의해 정체되자, 구로이타는 외곽 단체(조선고적연구회)를 창설하고 외부로부터 조사 자금을 모아서 조사를 계속할 수 있도록 하여, 총독부의 보존 사업을 뒷받침하였다. 조선고적연구회는 1931년에 평양과 경주에 연구소를 설립하여 낙랑 문화와 신라의 고문화 연구를 담당하게 하였는데, 이 연구소의 연구원 인사에 이르기까지 구로이타가 관여하고 있었다.

지금까지 서술한, 식민지 조선에서 펼친 구로이타의 다양한 업적은 구로이타 자신이 조선 땅을 방문하여 직접 지휘한 것도 있었지만, 그 사업의 대부분은 구로이타가 한국으로 보낸 나카무라 히데타카, 후지타 료사쿠(藤田亮策), 스에마쓰 야스카즈(末松保和) 세 사람에 의해 말하자면 대행되고 있었다. 그들은 각각 조선사편수회와 고적 조사 사업에서 중심적인 역할을 담당하였는데, 세 명 모두 구로이타 가쓰미의 직접 지시에 의해 조선으로 보내진 제자들이었다. 구로이타는 "너를 가장 믿고 의지한다는 얼굴을 하고" 제자들 각자를 대하였다고 한다.[28] 구로이타의 제자들이 구로이타가 지향하는 바를 충분히 이해하고 있었다는 점은 이후의 회상록 등에서도 엿볼 수 있다. 구로이타는 제자들을 통해 자신이 구상하는 근대 역사학을 식민지 조선에서도 실현하기를 명확히 의식하고 있었던 것이다.

구로이타가 행한 식민지 조선에서의 사업 가운데에는, 시계열을 따라가면 알 수 있는 것처럼, 《조선반도사》와 《조선사》 편수에 보이는 것과 같이

28 末松保和, 〈朝鮮史の研究と私〉, 33쪽.

이미 일본에서 확립된 방법론을 끌어온 것도 있지만 거꾸로 일본에 앞서 식민지 조선에서 시험적으로 실현된 것도 있었다. 주로 문화재 보존 사업에 관련된 정책('고적 및 유물 보존 규칙')을 비롯하여, 조선 고적 조사 사업과 조선총독부박물관의 창설 등이 그에 해당한다.

어찌되었든 구로이타가 지향하는 국민의식의 형성을 위한 역사학, 국민 교화를 위한 역사학이 식민지 조선에서 이민족인 한국인을 문명화하고 일본 국민으로 교화해가고자 하는 목적에 응용되고 활용되었다고 간주할 수 있을 것이다. 단 유의해야 할 점은 문화재 보존 사업에 관한 정책이나 조선총독부박물관 설치, 덕수궁 이왕가미술관에서 열린 일본 미술 전시(1933~1943)에서 확인되는 것처럼,[29] 구로이타가 지향하는 근대 역사학은 일본 본국에 선행하여 식민지 조선에서 우선 시행되거나 혹은 더욱 다듬어져 갔다는 사실이다. 이에 대해서는 다음 절에서 상술하고자 한다.

4. 구로이타 가쓰미의 국민사상과 역사학

앞에서 서술한 것처럼, 구로이타 가쓰미의 업적을 말해주는 자료는 적지 않다. 좌담 형식의 회상록 등을 포함하면 상당한 양에 달한다. 그러나 역사가로서의 구로이타에 대한 평가와 관련해서는 본격적인 논의가 거의 이루어지지 않은 것이 사실이다. 그 가운데 조그만 평전이긴 하지만 이시이 스스무(石井進)가 역사가 구로이타 가쓰미의 역사적 평가를 생각할 때에 간과할 수 없는 지적을 하고 있다. 즉 이시이는 구로이타의 동료였던 쓰지 젠노스케(辻善之助)의 동시대 평가를 실마리로 삼아, 구로이타가 "다면

29 이성시, 〈朝鮮王朝の象徵空間と博物館〉.

적인 사회활동을 본령으로 하며, '신출귀몰'한 행적에는 밝혀지지 않은 면이 많아 그 평전을 기록하는 데에 커다란 장벽이 되고 있다"고 먼저 지적한 후, "구로이타의 평가를 더욱 어렵게 하는 것은 쓰지가 말하는 '일견 모순'된 성격이 많은 측면에서 나타나고 있기 때문이다"라고 말하고 있다.[30]

커다란 모순으로 이시이가 들고 있는 것은, 구로이타가 평생 변함없는 '충군애국의 신념'을 지니고 있었다는 점과, 다른 한편으로 쇼비니스트(편협한 민족주의)를 배척하고 예컨대 일본 에스페란토협회를 설립한다거나 만국사학가 대회 및 만국평화주의자 대회에도 출석하는 등 국제 교류의 실천자였던 점 사이에 존재하는 커다란 간격이다. 그렇기 때문에 어느 한쪽을 취하여 구로이타를 '황국사관의 개조, 원류'라고 한다거나 '충군애국의 역사가'로 단정하는 것을 엄격히 경계하고 있다. 그리고 이시이는 이것을 '구로이타의 모순된 두 가지 얼굴'이라 표현하고 있다.

그런데 구로이타의 광범한 활동 가운데 일관되고 있는 것은 그 대담한 정치성이다. 실제로 제자들의 회상에 의하면, 정치가와도 교섭을 가지면서 정치가를 적극적으로 추동하여 학문적인 신념을 실현시켰다고 한다.[31] 그런 정치성이라는 차원에서 구로이타의 활동으로부터 엿볼 수 있는 것은, 말하자면 경세의 학문으로 역사학을 가동시킨다는 발상이다.

1908년부터 1910년까지 2년 동안의 유학에 대해 기록한 여행기에는, 전

---

30 石井進, 〈黑板勝美〉, 92~94쪽 참조.

31 구로이타의 정치력에 대해서는 다음과 같은 회상이 있다. "어떤 사적의 보존에 대해서는 분주하고 있던 구로이타 선생님이 어떻게 노력하셔도 내무성 사무당국이 그 사적의 보존이 법률상 곤란하다고 하며 곤혹스러워해서 결국 선생님은 내무대신인 도코나미(床次) 씨를 만나 '법률 해석을 조금 바꿀 수 없을까'라고 했더니 도코나미 씨도 '법률을 무시하는 게 아니라 조금 바꾼다고 하는 건 홍미롭군. 그렇게 합시다'라고 답하였다." "(중략) 선생님은 학자이자, 사업가이며, 정치가여서 활동이 여러 방법에 걸쳐 있었기 때문에 자연히 적도 있었다. (하략)" 和田軍一, 〈黑板先生回想〉, 《日本歷史》 194, 1964. 7, 195쪽.

편에 걸쳐 현실적인 국제정치와 함께 국민의식의 형성을 위한 역사 및 문화재의 이용 정책이 자주 언급되고 있다. 예를 들어 이집트의 발굴 현장에서는 고고학자의 배치를 통해 프랑스로부터 영국으로의 지배권 이행을 간파한다거나, 영국의 식민지 정책 실패를 지배하는 쪽의 시각에서 관찰하고 있다.[32] 또 독일의 카이저 프리드리히 박물관에서는 프러시아 왕의 역대 보물을 열람하면서 박물관이 관람자로 하여금 왕실을 존경하는 마음을 배양하고 국가 관념을 왕성하게 하고 있는 사실에 주목하고 있다. 사적 보전 사상을 논할 때에는 향토의 산수나 고대의 사적 유물로써 어떻게 국가를 사랑하고 오랫동안 역사적 기억을 환기할 것인지에 대해 지적하고 있다.[33]

특히 흥미로운 사실은 구스노키 마사시게(楠木正成)의 사적(史蹟)과 윌리엄 텔의 유적을 예로 들며, 그것이 비록 역사학적인 가치가 없다고 하더라도 국민 사이에 위대한 감화력이 있다고 한다면 그 사적이 주는 영향은

---

32 구로이타의 식민지 정책에 관한 조선인의 교화를 검토할 때에도 영국의 이집트 지배의 실패에 관한 다음과 같은 언급이 유익하다. "일찍이 애급은 영국의 치하가 되고 불과 20년이 되어 (중략) 마음 있는 자는 가까스로 영국의 정략이 너무 교묘하다는 것을 깨닫고 스스로 반성하게 되었다. 과격한 청년당이 일어난 것도 그 때문이지만 카이로의 신사 가운데에는 국민교육을 융성히 하여 애급 국민에게 새로운 세력을 태동하게 하려고 노력하는 온화한 애국자가 있다. 그들 가운데 한 사람은 말한다. 바구니 속에 있으면서 포식하려 하기보다도 오히려 자유로운 산야에서 날갯짓하며 굶겠다고. 애급인은 이제야 각성하고 있는 것이다. 5~6년 전 처음으로 국민에게 국어인 아시리아어를 이용하도록 허락한 것은 그들이 운동한 결과이다. 그것이 영국에게는 커다란 실패의 첫걸음이었다. 일찍이 국회 개설 운동도 활발해진 것이다. 영국인은 그것을 허락하지 않는다고 말하는 게 아니라 시기상조라 말하고 있다. 그러나 그 시기가 오는 날은 영국의 식민지가 많이 독립하는 때일 것이다. 또 인도가 다른 식민지와 마찬가지가 되는 시기여야 한다. 루즈벨트 씨가 크게 영국 식민지 정책이 잘못되었음을 지적한 것은 이 회유책이 영국에 드리워지는 쪽으로 향하고 있음을 간파하였기 때문이다"〔黑板勝美, 〈歐米文明記埃及の概觀〉, 《考古學雜誌》 1-6, 2-5, 1911. 2, 1912. 1(原載), 《虛心文集》 제4(所収)〕.

33 黑板勝美, 〈史蹟遺物保存の實行機關と保存思想の養成〉, 《虛心文集》.

역사 발전에서 더할 나위 없이 커다란 관계를 지니며, 역사학적으로 말한다면 국민의 풍교도덕(風教道德) 방면의 연구 사료로서 일종의 사적으로 인정해야 한다고 지적하고 있다는 점이다.[34] 이것들은 모두 국민의 자각을 환기하고 국민의식을 어떻게 육성해나갈 것인가라는 관점에 서서 구로이타가 역사학과 문화재를 보고 있었다는 사실을 여실히 보여주는 사례이다.

더욱이 국민의식 형성과의 관계에서 주목해야 할 것은, 구로이타의 사회적인 업적으로서 쇼토쿠태자봉찬회(聖德太子奉讚會)를 설립하여 쇼토쿠태자의 사적 선양과 호류지(法隆寺) 수호에 힘쓴다거나 요시노신궁봉찬회(吉野神宮奉讚會)를 세워 고다이고(後醍醐) 천황의 성덕 현양에 진력하였다는 점이다. 오늘날 쇼토쿠태자는 일본인이 존경하는 인물로 반드시 최상위에 들지만, 메이지 이전에는 쇼토쿠태자에 대해 다양한 평가가 있었는데 신도(神道) 파괴자나 역신(逆臣) 옹호자로서의 태자상(太子像)마저 존재하고 있었다. 그러나 오늘날 일본인이 갖고 있는 쇼토쿠태자상 형성에 결정적인 역할을 한 것은 구로이타가 중심이 되어 간행한 《쇼토쿠태자 어전(聖德太子御傳)》(쇼토쿠태자봉찬회, 1923)이며,[35] 이상적인 정치가로서의 쇼토쿠태자상은 이로써 확립되었다.[36]

이러한 국민의식의 형성이라는 관점에 서서 구로이타의 광범한 활동을 보면, 이시이가 구로이타에 대해 모순된 두 가지 얼굴이라고 한 논의는 반드시 모순이라고만 할 수는 없게 된다. 오히려 국민의식 형성이라는 목적이 다양한 활동에 관철되고 있었다고 봐야 할 것이다.

종종 지적되는 것처럼 구로이타에게는 일본 역사에서의 천황 중심 사고

34 黑板勝美, 〈史蹟遺物保存に關する意見書〉.

35 村田俊彦, 〈聖德太子奉讚會〉, 黑板勝美記念會 編, 《古代文化の保存と研究》.

36 伊藤公雄, 〈《和の精神》の發明－聖德太子像の變貌〉, 《岩波現代社會學》 23권, 1996, 96쪽.

방식이나 근왕 사상 예찬(특히 남조정통론 지시와 그 충신들에 대한 찬미)이 있으며, 구체적인 저작으로서는 《국체신론》, 《황실사의 연구》가 있다.[37] 그러나 이것들을 가지고 충군애국적인 황국사관의 개조라고 간주한다고 한다면, 이시이의 지적과 같이 그것은 지나치게 일면적이다.

왜냐하면 《국체신론》에서도 전개되고 있는 것처럼, 구로이타는 천황의 신성을 말하는 한편으로 천황 아래에 있는 국민은 본래 평등해야 함을 강조하고 있다. 신분제를 뛰어넘은 국민 평등의 이념이 당시 일본에서 얼마나 곤란한 것이었는지를 생각하면, 이 점은 대단히 실천적인 현실적 과제였다고 보지 않으면 안 된다.

민족(nation, 국민) 의식이 당연한 듯이 공유되고 있는 오늘날이야말로 내셔널리즘은 분쟁과 전쟁의 원인으로 부정적으로 다루어지는 일도 있지만, 19세기에는 민족국가(국민국가)가 신분제와 위계제의 안티테제였다. 두루 아는 바와 같이, 근대 유럽에서는 민족국가란 자유롭고 평등한 개인이라는 원리가 신분제 질서를 타파한 결과로 나타난 국가의 형태였다. 민족(국민)의 관념은 근대 정치에서 가장 논쟁적이며, 폭발적인 이념인 평등의 이념에 연결되어 있고, 정치적으로 대단히 급진적인 관념이었다. 이와 같은 민족(국민)의 성원이라는 시각에서, 민족은 '언어, 역사, 문화를 공유하는 집단'으로 정의되고 그것이 자유롭고 평등한 개인을 보장하였다.

그렇기 때문에 이와 같은 국민(민족)의식은 자연스럽게 형성되는 것이 아니며, 또 그 형성은 결코 쉽지 않다. 그야말로 국민의식은 대단히 인위적으로 창출된 것이며, 정치가 이상으로 작가, 지식인, 언론인이 중요한 역할을 수행한 점에 대해서는 지금까지의 내셔널리즘 연구가 지적해온 대로이다. 특히 유의해야 할 것은 민족국가(국민국가) 상호 간에는 상하가 없고,

---

37 石井進, 〈黑板勝美〉, 92~93쪽; 黑板伸夫, 〈追想－黑板勝美〉, 《古代文化》 49-3, 1997. 3, 51~53쪽.

국민국가는 주권에서 평등하였다는 사실이다. 따라서 구로이타가 일본 에스페란토협회의 실천자였다는 사실은, 국민의식의 형성에 의해 국민(민족)국가의 내실을 갖추고자 한 그에게 결코 모순된 것이 아니었으며, 오히려 일관된 민족국가주의자였음을 보여주는 것이라고 이해할 수 있다.

그래서 문제가 되는 것은 그와 같은 구로이타의 국민의식 형성을 위한 역사학이 식민지 조선에서의 역사 정책과의 관계에서 갖게 되는 본질적 성격에 대한 것이다. 구로이타가 식민지 조선에서 보여준 활동과 발언을 보는 한, 그는 시종일관 '일선동조', '내선일체'라는 입장에서 역사와 문화 정책에 깊이 관여하고 있었다. 식민지 조선에서의 조선사 편수와 고적 조사 사업에서 확인되는 그의 안목은 "완전한 통치에 이바지하기"[38] 위한 것이었으며, 그것은 정확히 이민족의 일본 국민화(일본 신민화)에 목적이 있었다.

예를 들어 구로이타는 1916년 《조선반도사》의 촉탁으로 참여하기 전 해인 1915년에, 약 3개월에 걸쳐 조사를 실시하였다. 나중에 이 조사 여행을 회고하면서, 조선 문명의 기원이 평양에 있었다는 점과 거기에 중국 문명이 처음으로 이식되었으며 그 여파로 일부 사람들이 한반도에서 일본열도로 구축되지 않을 수 없었다는 사실을 말함으로써, 일본의 민족적 기원이 한반도에 있다는 점을 강조하고 있다.[39] 요컨대 이른바 일선동조론에 의한 식민지 지배의 정당화 논리가 사업의 출발점에서 확인되는 것이다.

이미 말한 바와 같이 조선총독부박물관은 일본 제국에서 처음 설립된 실질적인 국립박물관이었는데, 그 설립 후에 구로이타는 일본 전국에 12개소의 국립박물관 설립을 제언하고 있으며, 마치 조선총독부박물관이 지방

---

38 中村榮孝, 〈新刊《朝鮮史》に就いて〉, 40쪽.

39 黑板勝美, 〈朝鮮の歷史的觀察〉, 《朝鮮》, 1921. 8.

에 설치될 국립박물관의 전형인 것처럼 논의하고 있다.[40] 구로이타에게 식민지 조선은 일본에 편입된 일개 지방이라는 사고방식이 명확하게 자리하고 있었다.

게다가 일본의 문명화에 의한 조선의 통합과 국민화라는 사고는 구로이타의 역사 편수와 사적·유물 보존, 문화재 정책에도 영향을 주었다. 덕수궁에 설립된 이왕가미술관에서는 석조전 서관에 조선 고미술이 전시되었고, 동관에 전시되어 있는 메이지, 다이쇼, 쇼와 이래의 '현대 일본 미술의 정화(精華)'를 관람할 수 있도록 복도가 연결되었는데, 양자를 봄으로써 '반도 문화의 계발·향상에 이바지할 것'이 기대되고 있었다. 이와 같은 근대 일본 미술의 전시를 기획한 것이 구로이타 가쓰미였다.[41]

그런데 구로이타는 문화재가 국민의식에 끼치는 영향에 대해서 다음과 같이 말하고 있다.

박물관에 들어가 옛날의 아주 뛰어난 화가, 조각가 등의 기술을 동경한

---

40 黑板勝美, 〈國立博物館について〉, 《新公論》 33-5, 1918. 5. 또한 조선총독부박물관에게 어떠한 역할이 기대되고 있었는가, 그것이 구로이타의 구상 그 자체였음을 증명하는 것으로 藤田亮策, 〈朝鮮考古學略史〉(《ドルメン》, 滿鮮特集號, 1933. 4, 13쪽)에 나오는 다음 기술이 참고가 된다. "일본의 고고학은 개인적인 발굴과 도굴로 발달해왔다고도 말할 수 있다. 그렇기 때문에 조선에서는 어디까지나 국가의 사업으로서 발달하였고, 극력 도굴·사굴(私掘)에 의한 고적 파괴를 방지해오고 있다. 이 점에서 조선은 내지의 그것에 한 발짝 앞서고, 통일적인 조사와 정확히 그 결과를 보고할 수 있었던 점에 뜻을 두는 것이다. 게다가 박물관과 고적의 조사 사업과 보존 관리가 하나의 기관에서 행해져, 조사의 결과를 기초로 하여 보존 대책을 강구하고, 발굴 조사에 의해 얻어진 확실한 자료를 진열 소개한다고 하는 순서로 완전히 이상적인 연구가 달성되어온 것이다. 그러나 적은 경비로 게다가 열 명에도 못 미치는 적은 인원으로 고사사(古社寺) 국보 보존회·사적명승 천연기념물 보존회와 제실박물관이라는 3대 사업에 비교할 만한 일을 전선(全鮮)에 걸쳐 하라고 하니 대단히 곤란한 사업이다."

41 이성시, 〈朝鮮王朝の象徵空間と博物館〉.

다. 혹은 신사, 사원에 가서 유현(幽玄)한 느낌을 받아 신앙심을 갖게 된다. 그리고 그 건축, 건축 안에 있는 장식, 그것들이 두뇌를 자극하여 몇 배로 신앙이 깊어지게 된다. 일면에서 말하면 그런 여러 가지 사물을 보호하는 것은 동시에 국민 자신의 자위(自衛)이고, 국민으로 하여금 정신적으로 독립심을 발휘하게 한다. 또 그런 미술품을 갖고, 역사적 유물을 갖는 것은 국민적 자부심을 강하게 하고, 그것으로써 외국인과 상대하게 하고, 또 외국으로 미술품을 팔지 않겠다는 그런 사상을 불러일으키지 않으면 안 되는 것이다.[42]

덕수궁의 이왕가미술관에서 조선의 고미술 전시에서부터 '현대 일본 미술의 정화' 전시로 복도가 연결되었을 때 그 관람자였던 사람(조선인)의 '국민적 자부심'에 대해서 구로이타가 어떠한 감개를 가지고 있었는지는 명확하지 않지만, 여기에서 구로이타의 커다란 모순을 찾아낼 수 있다. 지배의 대상인 이민족에 대하여 지배의 합리화를 위한 국민 교화 장치(국사, 국립박물관)를 동원하여 국민화를 꾀하고자 하는 것은, 이미 정신의 문제가 아니라 기술의 문제로 간주되지 않을 수 없기 때문이다.

구로이타가 구상한 국민의식 형성을 위한 역사학의 교화 대상은 일본인에 한정되는 것이 아니며, 이민족인 조선인에게까지 국민화 프로젝트가 확대되고 있었던 것이다. 조선총독부박물관과 이왕가미술관의 전시 구조에서 단적으로 나타나는 것처럼, 구로이타의 국민 교화를 위한 역사학은 정신의 문제라기보다는 뛰어난 기술적인 문제였음이 틀림없다. 그와 같은 기술에 의해 창출되는 '정신적 독립심'이나 '국민적 자부심'은 이민족인 조선인에게 이중성을 띠지 않을 수 없었다. 그것은 근대 조선에서 싹트고 있던

---

42 黑板勝美, 〈史蹟遺物保存に關する研究の概說〉, 《史蹟天然記念物》 1-3, 1-6, 1915(原載), 《虛心文集》 제4(所収), 407쪽.

원초적인 내셔널리즘과 제국 신민으로서의 국민의식이라는 이중성이다. 결국은 조선 지배를 위해 동원된 그의 역사학은 이 점에서 커다란 모순을 안지 않을 수 없었던 것이다.

다른 측면에서 보자면, 근대 일본의 국민 강화를 위한 역사학은 일국에서 완결되는 것이 아니라 이민족인 조선의 지배와 깊이 관련되어 있었음이 분명해지게 된다. 본래 식민지에서 전개된 고적 조사 사업이나 총독부박물관은 구로이타가 견문하여 자기 역사학의 구상 모델로 삼은 20세기 초 유럽의 역사학과 고고학이 기저에 있었으며, 식민지와의 관계 속에서 제도화된 것이었다.[43] 구로이타는 이 모델을 식민지 조선에 도입하여 이민족의 지배와 교화를 위해 활용하였다.

구로이타는 식민지 조선에 근대 일본의 현실적인 과제였던 국민 교화의 역사학과 고고학을 들고 와서 이민족 지배와 교화를 위해 활용하였지만, 주목해야 할 것은 그에 머무르지 않고 더 나아가 일본 본국에서는 이룰 수 없는 학문적 신념을 식민지 조선에서 시도하였다는 사실이다. 그것을 웅변해주는 것이 고적 조사 사업과 조선총독부박물관이다. 이 두 가지 정책 속에는 유물 보존법처럼 일본 국내에서는 쉽게 이룰 수 없었던 학문적 신념을 제도화 과정이 불필요한 식민지 조선에서 시행한다는 측면이 있으며, 조선에서 시행해봄으로써 일본으로 도입하는 경로를 갖는 측면이 있었다.

다른 한편 국립박물관 구상처럼 일본에서 실현되지 못하고, 해방 후 한국에서 실현되었다고 할 수 있는 것도 있었다. 식민지 조선에서의 고적 조사와 박물관을 통해서 알 수 있는 것은 구로이타가 견문한 유럽 열강들과 마찬가지로 타민족, 타국 지배와의 관련 아래서 국민 교화를 위한 역사학과 고고학이 종주국과 식민지 각각에서 더욱 세련되고 첨예화해갔다는 사

43 이성시, 〈コロニアリズムと近代歷史學〉.

실이다. 얄궂게도 세련된 지배를 위한 기술은 이민족 지배와 교화에 효과를 발휘하지 못하고 식민지 조선에서 국민의식의 범형(範型)으로 활용되게 되었다는 사실이다. 본래 식민지 지배를 위한 공학적 기술은 고유의 정신과는 달리 범용성이 있기 때문일 것이다.

5. 마치며

이상으로 구로이타 가쓰미의 근대 역사학 구상과 관련하여, 일본의 국사 시스템 구축만이 아니라 그와 함께 구로이타가 식민지 통치의 정당화와 조선인의 국민화에 대해서도 노력을 경주하였음을 살펴보았다. 구로이타는 일본 근대 역사학의 인프라스트럭처를 정비하였지만, 동시에 그 성과를 식민지 조선에서 지배 정책의 일환으로 원용하거나 혹은 일본 본국에 앞서 식민지에서 시행하였다는 점을 구체적으로 확인하였다.

구로이타의 역사학이란 무엇보다도 국민의식의 형성을 지향하는 것이었다. 그 모델은 구로이타가 직접 견문한 20세기 초 유럽의 역사학과 고고학이었다. 구로이타가 모델로 삼은 유럽의 역사학 자체가 식민지와의 관계 속에서 제도화되었던 것처럼, 구로이타는 식민지 조선에 국민 교화의 역사학을 도입하여 이민족의 지배와 교화를 위해 원용하고 활용하였다.

여기에서 유의해야 할 것은, 그 과실은 단지 식민지 조선에 원용되거나 활용되는 것에 그치지 않았다는 점이다. 구로이타 가쓰미는 일본 국내로 이를 다시 환류시켜 구사하였던바, 일본에서의 역사학과 고고학 관련 제 정책은 구로이타가 식민지 조선에서 행한 실적 없이는 이해할 수가 없다. 문헌, 문서, 유적, 유물을 총체적으로 구사하여 국민 교화에 이바지하는 역사학은 식민지 조선에서 실험, 개발되었고 그 후 일본에서 개화하였다고 볼 수 있다. 식민지 지배와 피지배의 관계 속에서 '국사'의 틀이 상호 내면화되고 강화되면서 오늘날에 이르고 있다. 국사는 식민지 지배와 관련되면서 국민 교화와 함께 형성된 것이다.

근대 일본의 역사학 연구와 식민주의에 대해 한국 학계에서는 주로 식민지기 일본인 연구자에 의한 '타율성 사관', '정체성 사관'을 비판의 대상으로 삼아왔다. 그러나 본고에서 논의한 것처럼 이러한 관점에서의 비판만으로는 사정(射程)에 넣을 수 없는, 일본과 한국의 역사학 연구가 함께 안고 있는 핵심적인 문제가 잠재하고 있음을 구로이타 가쓰미의 역사학 연구는 가르쳐주고 있다. 그렇다면 구로이타의 광범한 시책에서 유래하는 한일 역사학 연구에 내재하는 콜로니얼리즘을 어떻게 현재화(顯在化)시키고 또 어떻게 양국 역사학 연구의 공통의 문제로 만들어나갈 것인지가 매우 긴요한 과제라는 점을 지적해두고 싶다.

(번역: 정순일)

3

쓰다 소키치(津田左右吉)의 국민사 구상*

다민족제국의 단일민족국가론

이소마에 준이치(磯前順一)

1. 시작하며

국민사(national history)[1]란 무엇일까? 이를 쓰다 소키치(津田左右吉, 1873~1961)의 '국민사' 구상을 통해 생각해보는 것이 이 글의 주제이다. 아시아·태평양전쟁 이후의 일본에서 쓰다는 다이쇼 데모크라시(大正デモ

* 이 글은 2013년 5월 서울 한양대학교의 비교역사문화연구소가 개최한 심포지엄 "일본의 '식민지주의 역사학'과 제국"에서 행한 기조 보고를 다듬은 것이다. 다만 문제의식의 출발점은 2001년 도쿄의 동방학회(東方學會) 전국회원총회 '심포지엄: 쓰다 소키치에게 배운다(シンポジウム: 津田左右吉から學ぶ)'〔조직 책임자 미조구치 유조(溝口雄三)가 발표한 〈津田左右吉と日本思想史 ―〈國民思想〉という表象〉, 《東方學》 103호, 2002, 178~179쪽〕로 거슬러 올라간다. 그 외의 관련된 졸고로서 〈文献紹介 津田左右吉《文學に現はれたる我が國民思想の硏究》〉(《日本女子大學總合硏究所ニュース》 5호, 1998)가 있다. 이들 과거의 연구는 모두 대폭의 수정을 가해 본고의 일부로 집어넣었다. 이 글을 쓰다에 관한 필자의 새로운 견해로 삼고 싶다.

1 최근의 국민사 비판으로서 식민지주의/제국주의의 관점에서 논의를 전개하는 사카이 나오키(酒井直樹), 니시카와 나가오(西川長夫)의 연구가 있다. 양자의 동향에 대해서는 졸고, 〈國民國家の幻想を越えるために〉, 《福音と世界: 特集アメリカと天皇制》, 2013년 10월호 참조.

クラシー) 시대를 대표하는 역사학자로 평가되어왔다. 원래 쓰다는 스스로를 동양사학자로 인식하고 있었는데, 그의 자기인식과는 달리 일본 고대사의 연구 분야에서 높은 평가를 받아왔다. 쓰다에 대한 평가로는 전후(戰後, 전후가 언제인가에 대해서는 많은 논쟁이 있으나 일반적으로는 아시아·태평양 전쟁 이후를 일컫는다. 현재는 일종의 역사 용어로 정착되어 있다—옮긴이)의 쓰다 이해에 커다란 영향을 끼친 대작《쓰다 소키치의 사상사적 연구(津田左右吉の思想史的研究)》(1972)에서 일본 사상사가인 이에나가 사부로(家永三郞)가 내린 평가가—그 내용은 둘째치고라도—오늘날까지 이어지는 통설적 이해를 이루고 있다.

> 천황제를 합리화·근대화하고 민주주의 발달의 장해를 제거하는 동시에 심정적으로 경애하는 황실의 존속을 오히려 안전한 것으로 만들려 했던, 천황제라는 틀 안에서의 민주주의자였다.[2] (강조는 필자)

이에나가의 이 책은 약 반세기 전에 간행된 것이지만 기기론〔記紀論, 기기(記紀)란 일본 고대의 역사서인《고사기(古事記)》와《일본서기(日本書紀)》의 약칭—옮긴이〕을 비롯한 쓰다 연구의 전모와 사상적 변천을 파악하는 데 변함없이 기본적 문헌의 위치를 유지하고 있다. 그렇지만 쓰다와 식민지주의의 관계에 대한 고찰이 완전히 누락되어 있는 점, 천황제 없는 민주주의가 근대 일본의 본래적 모습인 양 암묵리에 전제되고 있는 점 등 전후 일본의 여러 가치들에 대한 재검토가 요구되고 있는 오늘날에는 이론적 모델로서의 설득력이 매우 빈약하다고 할 수 있다. 이에나가는 쓰다의 사상과 학문적 성과를 단일민족국가를 이상적 상태로 여기는 전후 일본의 민주주의의

2 家永三郞,《津田左右吉の思想史的研究》, 岩波書店, 1972, 344쪽.

시점에서 논평하는데, 이러한 암묵의 전제가 붕괴하고 있는 오늘날에는 새로운 시점에서 쓰다의 국민국가론을 분석할 필요가 있다.

전후 일본에서 다이쇼 데모크라시의 시대—쓰다가 저술을 시작한 시기—는 민주주의가 보급된 사회로 간주되어왔다. 그러나 앤드류 고든(Andrew Gordon)의 "제국주의적 민주주의(imperial democracy)"[3]라는 명명처럼, 이는 식민지 지배를 포섭하는 제국주의 체제에 다름 아니었다. 여기서 구상되는 민주주의는 일본 제국의 신민으로 규정되면서도 의회와 선거권을 가지지 못하며, 일본 호적을 가지는 것도 용납되지 않았던 식민지에 대한 차별을 전제로 한 것이었다. 윤해동이 이와 같은 식민지의 공공성을 회색지대로 정의한 것[4]은 한국에서는 이미 잘 알려진 바이다.

다만 고든은 '제국주의적 민주주의'의 용어를 사용하면서 '제국주의'와 '민주주의'를 모순된 관계로 파악한다.[5] 만약 여기에 민주주의는 본래 제국주의를 동반하지 않는다는 함의가 존재한다면, 나의 글은 고든과는 다른 입장을 취하게 될 것이다. 내 생각에는 단일민족국가가 다민족제국주의와 무관하지 않은 것처럼 민주주의 또한 처음부터 제국주의로부터 자유로운 것은 아니다. 반대로 제국주의의 착취와 차별이야말로 민주주의의 평등성을 일정한 한도 내에서 가능하게 하는 불가결한 요인이라는 것이 이 글의 출발점이다. 이는 인류학자 탈랄 아사드(Talal Asad)가 비판하는 자유민주주의의 문제는 물론, 민주주의 그 자체가 배제의 작용을 포함한다는 이탈리아의 미학자 조르조 아감벤(Giorgio Agamben)의 근본적 질문으로 이어

3 Andrew Gordon, *Labor and Imperial Democracy in Prewar Japan*, Berkeley, Los Angeles and Oxford: University of California Press, 1992, pp.7~10.

4 윤해동, 〈식민지 근대와 공공성: 변용하는 공공성의 지평〉, 윤해동·황병주 엮음, 《식민지 공공성: 실체와 은유의 거리》, 책과함께, 2010.

5 Gordon, 앞의 책, p. 9.

져 갈 것이다. 그러니까 배제나 폭력의 현상은 평등과 자유의 이념으로부터의 일탈이라기보다는 오히려 이러한 이념을 추구하면 할수록 불가피하게 발생하는 것이며, 근대의 본질에 이미 근원적으로 달라붙어 있는 현상이 아닐까라는 질문 말이다.

이와 같은 제국주의와 민주주의의 역설적인 성격—불평등을 전제해서만 성립하는 평등—을 염두에 둔다면, 쓰다의 국민사 구상 또한 이처럼 제국주의 안에서 배태된 사상으로 재해석될 필요성이 생겨난다. 2011년의 동일본대지진 이후 일본에서는 전후 민주주의 사회에 대한 재검토가 요청되었고, 그러한 민주주의관이 사실은 도호쿠(東北) 지방이나 오키나와(沖繩) 등 국내 변경 지역들의 희생 위에서 성립한 환상에 불과하다는 점이 분명해졌다.[6] 한편으로 이처럼 전후 민주주의의 허망함이 분명해진 지금이야말로 더욱 강고한 국가 이데올로기가 국민들의 동요를 막기 위해서라도 필요하다는 주장 역시 들끓고 있다. 천황제의 강화, 국가신도의 재평가라는 우경화 경향이 보이는 것이다. 그러므로 쓰다가 전후 일본의 민주주의를 예고한 단일민족국가론자이며 동시에 천황제를 국민의 문화적 상징으로서 아이덴티티의 근간에 두려고 했다는 점은, 오늘날의 우리들에게 일본 사회가 또다시 내셔널리즘으로 기울어가는 현상을 분석하는 데 다양한 실마리를 제공해줄 것이다.

아일랜드의 인류학자 베네딕트 앤더슨(Benedict Anderson)이 《상상의 공동체*imagined Communities*》에서 지적하듯이, 국민국가 혹은 네이션(nation)이라는 수평적인(horizontal) '상상의 공동체'는 기실 제국주의 체제 안에서 식민지 지배를 전제함으로써 상상될 수 있었다. 그렇다면 쓰다의 국민사 구상도 이와 마찬가지로 식민지를 상실한 전후 일본 사회의 단

6 磯前順一, 〈あとがき 震災の後に－アイデンティティの傷について〉, 《閾の思考－他者·外部性·故郷》, 法政大學出版局, 2013.

일민족국가를 좀 더 일찍 예견한 것이 아니라, 식민지를 전제한 제국주의의 내부에서 적극적인 역할을 수행했던 것이라고 추측할 수 있다. 쓰다의 담론은 고든이 명명한 다이쇼기의 '제국주의적 민주주의'가 구비하고 있던 내실을 명확히 파악하기 위한 매우 좋은 참조가 될 것이다. 다이쇼기에 관한 분석은 전체주의적이었던 아시아·태평양전쟁의 시기를 일본 근대사에서 일탈한 광기의 시대로 치부하고, 다이쇼기와 전후 사회를 일본 본래의 평등한 민주주의 사회로서 직접 결부시키려는 궤변을 늘어놓아서는 안 된다. 오히려 국민국가주의에 지탱되고 있는 일본 민주주의의 구상이 식민지의 착취를 전제로 한 제국주의 체제 안에서 비로소 성립할 수 있었다는 점을 논해야 한다.

이렇게 보면 전후 일본의 민주주의 체제란 결국 아시아 각국에 대한 경제적 착취나, 니시카와 나가오(西川長夫)가 "국내 식민지"[7]라 명명한 일본 열도 내 변경 지역들의 희생을 통해 성립한 착취의 체제에 불과하다. 이를 위해—민주주의라 이름 붙여진 일본 사회의 평등성이 결단코 허구가 아니라 정말로 현실에 존재한다는 '환상'에 일본인들을 포섭하기 위해—전후에도 변함없이 천황제는 국민주권을 상징하는 정치적 문화 장치로서 기능해왔다. 이 점에서도 국민국가적인 역사의 중핵에 천황제를 위치시키는 쓰다의 역사 구상은, 전후 일본 사회가 어떠한 자기 환상 속에서 평등을 몽상해왔는가를 고찰하기 위한 좋은 연구 재료가 된다.

따라서 쓰다의 국민사 구상을 분석하는 작업은 일본과 동아시아 각국에게 제국주의의 경험이란 대체 무엇이었던가를 묻기 위한 시도가 된다. 다민족제국주의에 대한 대안적 답안처럼 보였던 단일민족국가주의 역시 외부에 존재하는 비국민을 배제하고 내부에 포섭된 많은 국민을 억압하는 과

7 西川長夫, 《植民地主義の時代を生きて》, 平凡社, 2013, 229쪽.

정을 거쳐 처음으로 성립할 수 있었던 불평등하고 억압적인 체제에 다름 아니다. 이때 외부에 대한 배제는 내부로의 포섭을, 그리고 내부로의 포섭은 외부에 대한 배제를 의미한다는 아감벤의 문제 제기[8]가, 동아시아 고유의 역사를 통해 세계사의 보편적 문제로서 심화되어갈 것이다. 이러한 작업은 가해자 일본과 피해자 한국이라는 이분법을 넘어서서 일본 제국의 어둠과 한국의 국민국가가 지닌 어둠을 함께 사고할 수 있게 해줄 것이다. 이로 인해 동아시아의 역사는 인류사 공통의 문제로서 민주주의의 평등과 차별의 관계를 재검토하는 논의의 장으로 열려갈 것이다. 이것이야말로 윤해동이 주장하는 "트랜스내셔널 히스토리"[9]의 강력하면서도 일상적 영역에서 이루어지는 실천이 될 터이다.

2. 쓰다 소키치와 시대 상황

1) 〈신도는 제천의 고속〉

1873년에 태어난 쓰다 소키치는 1891년—일본의 원호(元號)로 메이지(明治) 24년—18세의 나이에 도쿄전문학교(후에 사립대학인 와세다대학으로 승격)를 졸업한다. 1891년은 도쿄제국대학 사료편찬소의 교수 구메 구니타케(久米邦武, 1839~1931)의 논문 〈신도는 제천의 고속(神道は祭天の古俗)〉이 발표된 해로서 일본 사학사에서 잊을 수 없는 한 해가 된다. 이 논문

---

8 조르조 아감벤, 《호모 사케르: 주권 권력과 벌거벗은 생명》, 박진우 옮김, 새물결, 2008.

9 윤해동, 〈트랜스내셔널 히스토리(Transnational History)의 가능성: 한국 근대사를 중심으로〉, 《역사학보》 200, 2008.

에서 구메는 다음과 같은 주장을 펼친다.

> 사실은 모두 하늘에 기도하여 복을 구하는 점에서는 오랜 옛날의 불계제천(祓禊祭天)의 유속(遺俗)인 것이다. 일본인의 일본인 됨의 진면목이 여기에 있다. (중략) 지나(支那)와 조선, 돌궐은 불제제천(祓除祭天)의 풍속으로부터 발달하거니와 일찍이 시세의 추이에 의해 본래의 모습을 상실했고 그로 인해 국체도 변화하여 동요부정(動搖不定)의 국역(國域)이 되었지만, 오직 일본만이 건국 초기부터 천신의 후예를 일사(日嗣)의 군(君)으로 모시는 고속을 굳게 지키고 있다.[10]

여기서 구메는 신도를 동아시아에 광범하게 나타나는 하늘에 대한 제사의 습속이라고 논한다. 다만 중국과 한국에서는 이러한 습속이 이미 쇠퇴했지만 일본에서는 천황제와 함께 오늘날까지 폐지되지 않고 계속해서 제사를 지내고 있다며, 공통성을 전제로 삼으면서도 그 차이를 지적한다. 그리고 이렇게 제천의 고속이 존속하고 있는 점이야말로 동아시아의 다른 나라들보다 일본이 뛰어난 증거라는 결론을 이끌어낸다.

그런데 이듬해인 1892년, 이 논문이 저널리스트인 다구치 우키치(田口卯吉)가 주재하는 《사해(史海)》 8호에 전재되어 여러 사람들의 눈에 띄게 되자마자 신도가(神道家)들로부터 "하늘의 주신으로부터 일계(一系) 연면(連綿)한 황통도 가공의 이야기가 되고 만다"며, "비록 선생(구메 구니타케–필자) 선생이 상당한 견식을 지니고 있다 할지언정, 자못 황실에 대

10 久米邦武, 〈神道は祭天の古俗〉, 1891(《久米邦武歴史著作集 3》, 吉川弘文館, 1990, 273쪽). 다민족제국주의적인 구메의 신도관에 대해서는 졸고, 〈식민지 조선과 종교 개념에 관한 담론 편성: 국가신도와 고유신앙의 틈새〉, 윤해동·이소마에 준이치 엮음, 《종교와 식민지 근대: 한국 종교의 내면화, 정치화는 어떻게 진행되었나》, 책과함께, 2013 참조.

한 불경이 심각하며 그 국체를 훼손하여 천하후생(天下後生)을 그르칠 뿐만 아니라 우리 국민의 역사까지 모멸하는 자"로서 격렬한 비난을 받게 된다.[11] 결국 구메는 도쿄제국대학 교수를 사임하는 지경에 몰리는데, 비난의 이유는 구메가 일본 민족의 고유한 것이어야만 하는 천황제를 동아시아에 보편적으로 나타나는 습속으로 논했기 때문이었다. 그러나 구메는 천황제를 모욕하기는커녕 도리어 동아시아 각국에 대한 천황제의 우월성을 주장하려는 의도를 가지고 있었다. 천황제에 대한 종교적 정열과도 같은 그의 지지는 아래 인용문에 명확하게 드러나 있다.

> 모든 지구의 나라들이 통틀어 신도 안에서 나왔는데, 여러 변화를 겪으면서도 국체를 유지하고 순서에 따라 진화한 것은 일본뿐이다. 신도의 시간에 정해진 국제(國帝)를 모시면서 감히 개변하지 않았고, 신도의 고속을 가지면서 억지로 폐기하지 않았으며, 저 신진대사의 활세계(活世界)를 통과하면서도 시운에 뒤쳐지지 않았다. (중략) 다른 나라를 보아라. 죄다 인사(人事)의 허술함을 가지고 한번 국조(國祚)를 변경하니 제위는 국민의 경쟁물이 되었고 늘 국기(國基)를 안정시키는 데 고생해오지 않았느냐. 우리나라가 만대일계(萬代一系)의 군(君)을 모시는 것은 이 지구상에서 달리 볼 수 없는 역사이다.[12]

여기서 이렇게까지 구메의 논의를 소개한 것은 쓰다의 저작이 발표되기 이전 일본의 역사 연구를 둘러싼 당시의 담론 상황을 파악해두기 위해서이

---

11 倉持治休·本郷貞雄·藤野達二·羽生田守雄, 《神道は祭天の古俗と云へる文章に付問答の始末》, 1892(鹿野政直·今井修, 〈日本近代思想史のなかの久米事件〉, 《久米邦武歴史著作集 別巻》, 吉川弘文館, 1991, 214~215쪽). 구메의 신도관의 변천에 대해서는 山崎渾子, 〈久米邦武とキリスト教〉, 《久米邦武歴史著作集 別巻》 참조.

12 久米邦武, 〈神道は祭天の古俗〉, 295~296쪽.

다. 오구마 에이지(小熊英二)가 《단일민족신화의 기원: '일본인'의 자화상(單一民族神話の起源—'日本人'の自畫像)》에서 지적한 것처럼 거기에는 두 가지의 견해가 존재하고 있었다.[13]

하나는 구메처럼 동아시아와의 공통성을 인정하면서도 그 후의 역사 전개가 일본은 절대적으로 달랐다고 보는 공통성과 차이를 조합한 입장이다. 당시의 일본에는 이미 서양의 비교신화학이 수입되어 있었다. 그렇지만 비교신화학이 제아무리 동아시아 혹은 서양 세계와의 심성의 공통성을 강조하더라도, 구메의 논리에 따르는 한 최종적으로는 그와 같은 공통의 토양을 어떻게 수용했는가에 의해 일본과 다른 나라들 사이에 결정적인 차이가 생겨난다는 결론에 이르게 된다. 따라서 타국에 대한 일본의 탁월성은 충분히 보장된다. 또 하나의 견해는 일본인은 이민족인 중국인이나 조선인과는 완전히 다르며, 어떤 공통성도 존재하지 않는다는 입장이다. 이는 구메를 비판했던 통속적인 우익 진영의 견해였는데, 여기에는 천황제 및 신도를 일본 민족의 독자적인 것으로 보는 단일민족적 이해가 뒷받침되어 있었다.

천황제와 신도를 둘러싼 이러한 두 가지 이해 중 어느 것이 진정한 사실에 가까운가라는 질문은, 당시에도 견해가 일치하지 않았던 것처럼 오늘날 쉬이 답할 수 있는 문제는 아니다. 다만 요나하 준(與那覇潤)의 주장처럼 '민족'이라는 일본어 개념 자체가 일본이 서양 세계에 문호를 개방하고 나서야 조금씩 형성되어갔던 것에 불과하며, 무엇보다도 근대 이전에는 민족이라는 개념부터가 존재하지 않았다.[14] 상황이 이러한데 신도가 '민족종교'

13 오구마 에이지, 《일본 단일민족신화의 기원》, 조현설 옮김, 소명출판, 2003. 그 외에 인종 논쟁을 다룬 연구사에 관해서는, 工藤雅樹, 《研究史 日本人種論》, 吉川弘文館, 1979 참조.

14 與那覇潤, 《翻譯の政治學—近代東アジアの形成と日琉關係の變容》, 岩波書店, 2009, 제I·II부.

인가 아닌가 하는 질문에 어떤 의미가 있겠는가?

여기서는 대만 할양과 한국 병합 이전, 곧 일본이 제국주의적 국가 제도를 취하기 이전에도 천황제와 신도를 자민족에게만 한정하는 입장과, 타민족과의 문화적 공통성을 전제하는 입장이 병존하고 있었다는 역사적 사실을 확인해두도록 하자. 전자는 전후 일본의 단일민족국가 담론에 이어지는 논리이고, 후자는 제국주의의 해외 침략을 정당화하는 다민족 통치의 논리였다.

그렇지만 이 두 논리가 배타적인 관계에 있었던 것은 아니다. 서로가 상대의 입장을 비판하면서도 일본의 지식인과 정치가들 사이에서 상호 보완을 통해 공존하던 담론이기도 했다. 대만 할양이나 한국 병합 등 일본이 외지 식민지를 획득해가는 제국주의 체제에 올라타기 이전부터 이미 제국주의를 정당화하는 구메의 담론이 등장했었다는 사실은 근대 서양적 국민국가 제도의 성격을 고찰하는 데에서 대단히 시사적이다. 왜냐하면 구메와 같은 담론의 존재는 종전에 이야기되어오던 단일민족국가에서 제국주의로의 전개라는 역사적 이해가 픽션에 불과하며, 국민국가의 제도 안에 제국주의적인 어떤 것이 이미 내포되어 있다는 점을 명시하기 때문이다.

더욱이 메이지 초기에 외지 식민지의 획득에 앞서서 류큐(琉球) 병합이나 홋카이도(北海道) 개척 등 내지 식민지라 불리는 지역에 대한 침략이 추진되고 있던 점을 함께 고려하면, 니시카와가 일찍이 지적한 것처럼 제국주의와 단일민족국가를 이율배반적으로 파악하는 시점은 더 이상 자명성을 지닐 수 없다는 점이 분명해진다.[15] 단일민족국가라는 주권국가는 '민족' 담론이 확립하기 이전 단계에 식민지를 균질화하는 과정을 통해 서로 다른 아이덴티티를 가지고 있던 사람들을 동일한 국민의식 안으로 무리하

15 西川長夫, 《植民地主義の時代を生きて》, 제I·II부.

게 집어넣은 정치적 장치에 다름 아닌 것이다. 필자는 이 양자를 포섭하는 개념으로서 국민국가라는 담론과 정치제도가 존재했다고 본다. 우선은 국민, 제국, 민족이 이 글에서 어떻게 이해되고 있는지 설명해두겠다.[16]

이 글에서는 국민(nation)을 앤더슨의 지적처럼 상상된 수평의 공동체로 바라본다.[17] 다만 여기서 말하는 수평성이란 어디까지나 상상의 결과를 가리키는바, 현실의 공동체는 다양성과 차이로 가득했다. 특히 전전(戰前)의 일본 사회는 같은 호적을 가진 일본 민족 안에도 선거권을 비롯한 사회적 권리 면에서 남자와 여자, 적자(嫡子)와 비(非)적자 사이에 차이가 존재하는 등, 국민의 내부에도 커다란 차별이 있었다. 같은 일본 국민(=신민)이라 하더라도 다른 민족으로 인식되면 그 차별도 한층 심해졌다. 지배층은 이와 같은 차별을 전제로 한 위에, 차별받는 사람들을 국가로 동원하기 위한 장치로서 상상된 수평의 공동체인 국민 아이덴티티를 적극적으로 이용했다.

그런데 이렇게 국민을 구상하는 방법에는 단일민족국가주의와 다민족국민주의가 있을 수 있다. 단일민족국가주의는 하나의 민족—혈연 혹은 언어의 유대에 근거한 공동체—에 의한 하나의 국민국가 구성을 본래적인 형태로 상상하는데, 제2차 세계대전 후의 한국이나 일본과 같은 경우가 여기에 해당한다.

한편 다민족국민주의는 복수의 민족이 하나의 국민국가를 구성한다고 여기는 입장을 가리키며, 쓰다나 구메가 활동했던 전전의 일본 제국이나 오늘날의 미합중국을 그 예로 들 수 있다. 사카이 나오키(酒井直樹)는 이를

---

16 이에 관한 기술은 사카이 나오키의 지적에 대한 필자 나름의 대답이기도 하다. Naoki Sakai, "Comment on Discursive Formation around 'Shinto' in Colonial Korea," by Isomae Jun'ichi.

17 베네딕트 앤더슨, 《상상의 공동체: 민족주의의 기원과 전파에 관한 성찰》, 윤형숙 옮김, 나남, 2004, 제2장.

국민국가의 한 범주로서 "제국적 국민주의"[18]라 부른다. 이러한 국민주의에 입각해 있던 일본 제국은 조선인이나 대만인 등 식민지의 주민들을 같은 일본 제국의 신민으로서 일본인이라는 국민의 범주에 포섭시켰다. 미합중국은 이민자들이 끊임없이 유입되기에 도저히 하나의 인종이나 민족의 범주를 가지고 모든 국민을 균질화할 수가 없다. 따라서 영어라는 모어를 공유하는 국민국가가 복수의 민족을 내포하는 형태로 형성된다. 이처럼 제국적 국민주의는 국민국가가 지닌 비균질성을 적극적으로 인정하고 그 위에 국민의 수평적인 균질성을 다시 상상한다.

혹은 스위스처럼 같은 국민 의식을 가지면서도 여러 다른 복수의 언어가 지역에 따라 사용되는 국민국가도 존재한다. 그들은 같은 스위스인이라는 국민 아이덴티티를 단일 언어의 경계를 넘어 공유한다. 하지만 여기서도 역시 '수평적 공동성'의 국민이 상상되는 점은 매한가지다.[19] 여기서 상기되는 것은 앤더슨이 마찬가지로 국민의 지표로서 내세우는 "동질하고 공허한 시간(homogeneous empty time)", 즉 균질한 시간에 대한 귀속감이다. 다른 언어로 적힌 신문을 읽을지언정 스위스인들은 같은 정부에 귀속하며, 국민국가의 전 의식을 관통하는 동일한 시간 의식에 귀속한다. 이는 시간 관념은 물론 그 배후에 있는 문화적 의식—스위스의 경우에는 직접 민주제의 공유—을 향한 귀속이라고도 할 수 있다. 그리고 그 아래에 언어로 상징되는 문화적 차이가 존재한다고 여겨진다.

이와 같은 두 종류의 국민주의, 그러니까 단일민족국가와 다민족제국의 병존이라는 관점을 고려해보면, 구메의 논의가 당시의 일본 사회에서 오

---

18 사카이 나오키, 《일본, 영상, 미국: 공감의 공동체와 제국적 국민주의》, 최정옥 옮김, 그린비, 2008.

19 스위스의 국민국가의 형태에 대해서는 앤더슨도 언어의 관점에서 논하고 있다. 베네딕트 앤더슨, 앞의 책.

로지 비국민적인 것으로서 탄압받기만 했던 것은 아니라는 점을 이해할 수 있다. 실제로 위에서 본 필화 사건 뒤에도 구메는 쓰다의 모교인 와세다대학에 교수로 취임하는 등, 연구자로서의 사회적 지위는 보장받고 있었다. 전후 일본의 역사학이 행한 사학사적 평가를 그대로 따라 광신적 언론 탄압의 희생자로서만 구메를 바라보면,[20] 단일민족국가와 제국주의가 맺는 공범 관계를 분석하기가 곤란해진다. 구메 역시 쓰다와 마찬가지로 열광적인 천황주의자였다는 점을 잊지 말자. 단지 구메는 단일민족국가주의자였던 쓰다와는 다른 방법으로 천황제 국가에 대한 이해의 방식을—마치 청일전쟁 후에 본격화하던 다민족 통합 정책을 예견이라도 한 듯이—정치제도보다 앞서서 개념화했던 것이다.

2) 일본 제국의 성립

한편 1907년(메이지 40) 쓰다는 만철도쿄지사의 만선지리역사조사실 연구원에 취직한다. 쓰다에게 직장을 소개해주었던 것은 은사이기도 했던 가쿠슈인(學習院)대학의 시라토리 구라키치(白鳥庫吉)[21]였다. 그는 1909년에 논문 〈지나 고전설의 연구(支那古傳說の硏究)〉를 발표하고 청조고증학[22]에 근거하여 고전설에 대한 비판을 전개하는데, 이러한 방법론은 근대 고고학 및 서양 신화학의 성과와 맞물려 곧이어 세상에 등장할 쓰다의 기기론 비판에서 결실을 맺기에 이른다.[23] 이듬해인 1910년에는 한국 병합이 이루어

---

20 宮地正人, 〈近代天皇制のイデオロギーと歷史學－久米邦武事件の政治史的考察〉, 《天皇制の政治史的硏究》, 校倉書房, 1981.

21 시라토리 구라키치에 대해서는 미쓰이 다카시(三ッ井崇)가 쓴 이 책 4장을 참조.

22 木下鐵矢, 《'淸朝考証學'とその時代－淸代の思想》, 創文社, 1996.

23 磯前順一, 《記紀神話のメタヒストリー》, 吉川弘文館, 1998, Ⅳ장.

지는바 일본은 대만에 이어 조선반도를 식민지로 삼고 제국주의 국가의 염원을 구현한다. 그리고 1911년에는 도호쿠대학(東北大學)의 교수 무라오카 쓰네쓰구(村岡典嗣)의 《모토오리 노리나가(本居宣長)》가 간행된다.

무라오카는 독일의 아우구스트 뵈크(August Boeckh)의 문헌학을 바탕으로 에도시대(江戸時代)의 국학자 모토오리 노리나가의 사상을 그림(Grimm) 형제에 빗대어 내셔널 아이덴티티를 부흥시킨 과학적 학문, 곧 '일본 사상사'로 재해석한다. 다만 '국학(國學, national learning)'의 명칭은 근대 내셔널리즘의 융성에 따라 부여된 이름에 불과하며, 정작 모토오리는 자신의 학문을 '고학(古學, ancient learning)'이라 칭하고 있었다.[24] 무라오카의 모토오리론에 의해 근세의 고학에 서양 열강에 비견할 만한 내셔널 아이덴티티를 창출하는 근대 국학으로서의 새로운 역할이 주어졌던 것이다.

그렇지만 앞서서 논했듯이 근대의 단일민족국가와 제국은 밀접한 관계에 있으며 양자를 간단히 분리하기도 불가능하다. 게다가 국민국가나 제국은 근대 서양을 본뜬 것이면서도 동시에 근세 동아시아적인 요소 역시 포함하고 있었다. 과거의 역사에 주목하는 한 동아시아의 각 지역과 일본의 깊은 관계를 논하는 구메의 논의는 조금도 이단적이지 않았다. 가령 천황가가 오(吳)나라 태백(太伯)의 후예로서 오가 멸망한 후에 일본으로 건너왔다는 이야기는 고대부터 일본에 뿌리 깊게 존재해왔었다. 구메의 역사학은 서양의 대학 제도에 의거한 도쿄제국대학을 거점으로 이루어졌지만 한편으로 그 뛰어난 문헌 비판의 수법은 청조 고증학의 흐름을 잇는 것이었다. 이처럼 동아시아의 전통 안에서 신도를 파악하는 그의 시점은 전근대 중화주의의 유산을 계승하면서도 이를 서양 근대적 제국주의로 중개하는 역할을 담당했다.

---

24 磯前順一, 〈近世神道から近代神道學へ－東大神道研究室舊藏書を手掛かりに〉, 《近代日本の宗教言說とその系譜－宗教·國家·神道》, 岩波書店, 2013, 229~230쪽.

당시의 일본 제국은 단일민족국가와 다민족제국, 서양과 동양이라는 요소가 복잡하게 혼합된 형태로 확립했다. 그러한 와중에 도쿄제국대학 교수이며 국가주의자였던 이노우에 데쓰지로(井上哲次郎)의 《국민국가 개론(國民國家槪論)》이 1912년에 간행된다. 메이지가 끝나고 다이쇼가 시작되려는 무렵이었다. 1910년의 대역사건(大逆事件)〔사회주의자였던 고토쿠 슈스이(幸德秋水)가 천황의 암살을 계획했다는 점을 빌미로 사회주의자, 무정부주의자에 대해 이루어진 대대적인 탄압. 이후 한동안 사회주의 운동이 거의 불가능해진 이른바 겨울의 시대(冬の時代)가 도래한다－옮긴이〕으로 공산주의 사상의 가능성이 소멸하는 가운데, 1912년에는 내무성의 주도 아래 각 종교가 적극적으로 황국 일본을 칭송하는 삼교회동(三教會同)이 개최된다.[25] 이제 천황제 국가의 시스템을 부정할 가능성은 한없이 제로에 가까워진다.

이런 상황 속에서 국민도덕론의 이데올로그였던 이노우에가 제창한 가족국가론은 '군주는 신민의 부모라는 생각'을 기반으로 "국가 전체가 종합적인 일대 가족제도를 이룬다"[26]는 "관(官) 주도 민족주의(official nationalism)"[27]를 추진하는 것이었다. 가족국가론에서 천황의 적자(赤子)가 된 국민은 가부장 제도 아래에서 절대적 권위를 가진 아버지 천황에 대해 그 엄숙한 사랑에 감사하며 반드시 복종해야만 했다. 게다가 여기서 규정된 '국민(nation)'이란 제국의 신민(imperial subject)을 의미했던바, 일본 민족은 물론 조선인이나 대만인 등 식민지화된 외지의 민족, 그리고 아이누(アイヌ)인이나 류큐인 등 내지 식민지에 포섭된 민족까지를 포함하는

---

25 근대 일본의 종교와 정치의 관계성에 대해서는 磯前順一, 《近代日本の宗教言説とその系譜》; 磯前順一, 《宗教概念あるいは宗教學の死》, 東京大學出版會, 2012 참조.

26 井上哲次郎, 《國民道德槪論》, 三省堂書店, 1912, 214·213쪽. 이노우에 데쓰지로에 관해서는 졸고, 〈明治二〇年代の宗教·哲學論－井上哲次郎の〈比較宗教及東洋哲學〉講義〉, 《近代日本の宗教言説と系譜》 참조.

27 베네딕트 앤더슨, 앞의 책.

것이었다. 이에 대해 이노우에는 다음과 같이 논한다.

> 어쨌든 오늘날에는 조선인을 비롯한 수많은 이민족이 영토 내에 있으며 풍속, 언어, 사상, 그 외의 여러 점에서 다른 면이 있습니다. 하지만 그들은 일본 국민으로서는 어떠한 세력도 이루지 못합니다. 그러니까 그들은 모두 전쟁에서 패한 자들입니다. (중략) 이들은 모두 교육에 의해 일본 민족처럼 동화되어야만 합니다. 이것은 일본 국민을 통일할 필요성에서 생겨납니다.[28]

같은 신민이면서도 일본 민족과 법적으로 구별된 식민지의 사람들은 동일한 일본의 '국적'을 가지면서도 거주지에 따라 다른 민족의 '호적'을 부여받았다. 동화를 강요당하면서도 동시에 전체 안에서 차별받는 이등 국민으로 그 존재가 규정되었던 것이다.[29] 이노우에의 표현을 빌리자면 조선인이나 지나인 등 각 '민족'은 '호적'을 단위로 하는 집단에 상응하며, 일본 '국민'은 그러한 민족의 차이를 넘어서 '국적'을 공유하는 제국의 신민 전체를 가리킨다. 여기서 '천손 민족'의 개념은 다민족적인 일본 '국민'에 대해 일본 '민족'의 탁월성을 보증한다.

> 일본 민족을 형성한 각 민족 중에서 가장 우수한 민족이었던 것이 (중략) 천손 계통입니다. (중략) 그리하여 모두를 통일한 결과 일본 민족의 국가가 성립했던 것입니다. 천손의 우수한 권세는 다양한 민족을 고스란히 정복하고 통일하여 일본의 국가라는 것을 처음으로 어엿이 세웠습니다.

---

28 井上哲次郎, 《國民道德概論》, 73쪽.

29 遠藤正敬, 《近代日本の植民地統治における國籍と戸籍－滿州·朝鮮·臺灣》, 明石書店, 2010.

즉 천손 민족에 동화된 것입니다. 일본 국민의 통일은 필경 여기에 그 연원을 가질 것이라 생각됩니다.[30]

이처럼 메이지 말기에 시작된 서양 문헌학에 근거하여 일본의 국민성을 수립하려는 시도는 일본 국민이라는 '수평의 공동체'를 구현하는 이데올로기의 역할을 수행했다. 이 국민을 다민족으로 볼 것인가, 아니면 단일민족으로 구성되는 것으로 볼 것인가의 문제는—각각의 주장을 펼치던 자들의 개인적 성향을 제쳐둔다면—오히려 상호 보완적인 관계를 이루고 있었다. 양자는 동일한 국민국가의 변종으로서 공존했고, 일본 국민을 일등 국민인 일본 민족과 이등 국민인 타민족으로 차별하면서 동시에 같은 일본 민족에 포섭하는 역할을 담당했다. 그러나 이는 식민지의 사람들에게는 일본인이 될 것을 강요받으면서도 그럼에도 일본인이 될 수는 없는 "이중 구속(double bind)"[31]의 상태를 의미하는 것이었다. 다른 한편으로 일본 제국의 피식민자들이 겪는 이러한 고투를 보며 일본 민족은 자신들이 포괄적인 국민인 동시에 선택받은 민족이라는, 이중의 의미에서 순수한 일본인이라고 믿는 것이 가능해졌다.

쓰다의 국민사는 이러한 일본의 국민국가가 가진 단일민족의 경향을 온전히 상징하는 것이었다. 그에 비해 다민족적인 경향을 대표하던 학자가 앞에서 소개한 구메 및 같은 도쿄제국대학 교수였던 가케이 가쓰히코(筧克彦), 도리이 류조(鳥居龍藏), 그리고 조선총독부의 역사 편찬 사업에 깊이 관여하고 있던 구로이타 가쓰미[32]였다. 가케이는 1912년에 신도에 관한 저

---

30 井上哲次郎, 《國民道德槪論》, 70쪽.

31 Gayatri Chakravorty Spivak, *An Aesthetic Education in the Era of Globalization*, Cambridge(Mass): Harvard University Press, 2013, pp. 10~20.

32 구로이타 가쓰미에 관해서는 이성시가 쓴 이 책 2장; 〈コロニアリズムと近代歷史

작《고신도 대의(古神道大義)》를, 도리이는 1920년에 논문 〈민족으로 본 조선, 지나, 시베리아(民族上より觀たる鮮, 支, 西伯利)〉를 각각 발표하고 일본과 아시아의 관계에 대한 논의를 전개한다. 이는 쓰다가 1913년의《신대사의 새로운 연구(神代史の新しい研究)》에서 시작하여 1919년《고사기 및 일본서기의 신연구(古事記及び日本書紀の新研究)》, 그리고 이 두 책의 개정판에 해당하는 1924년의《신대사의 연구(神代史の研究)》,《고사기 및 일본서기의 연구(古事記及日本書紀の研究)》 등을 통해 자신의 기기론을 세상에 내놓던 시기와 상당 부분 겹치고 있다. 쓰다의 포괄적 일본 문학사상론의 연작《문학에 드러난 우리 국민사상의 연구(文學に現われたる我が國民思想の研究)》도 1916년에서 1921년에 걸쳐 발표되었다.

이들 일련의 연구가 좋은 평가를 받아 쓰다는 1918년 와세다대학 교수에 취임한다. 이는 구메가 와세다대학 사학과 교수에서 물러난 해이기도 했다. 당시 구메는 79세, 쓰다는 46세였다. 한편 가케이는 쓰다와 같은 46세, 도리이는 48세였다. 두 갑자 이상의 연령차가 있는 구메에 비해 쓰다, 가케이, 도리이는 거의 동시대에 왕성하게 활동한 신세대 연구자들이었다. 그 가운데 가케이는 신도가 일본만이 아니라 전 세계에 분유(分有)되어야 할 보편 종교라는 점을 다음과 같이 설파한다.

> 아마테라스 스메오카미(天照皇大神)의 존귀한 마음은 세계 만민의 정신이다. 다른 민족을 배척하여 일본 국민만이 독점해서는 안 되는 것이다. (중략) 이것의 단서가 일본에 있고 중심이 일본에 있으며 모범이 일본이라는 점은, 본래 동심일체(同心一體)여야 할 세계 인류 가운데(일본—필자)이 그 본분을 부여받은 것에 불과하다. 일본을 기점으로 신앙의 덕광(德光)을 세계에 퍼트리는 것

學〉, 永田雄三他 編,《植民地主義と歴史學》, 刀水書房, 2004 참조.

이 일본의 권한이라는 점에서, 대도부(大道夫) 자신은 하나의 우연한 개인이지만 단지 일본인으로서만 신성한 것이 아니라 세계 만방에 대해 유효한 것이다.[33]

구메의 논의에서 신도는 동북아시아에 널리 존재하는 습속에 머무르지만, 가케이는 그 범위를 더욱 확대시켜 세계 전체에 퍼져나가는 것으로 간주한다. 그는 "공자, 노자, 석가모니 및 예수 그리스도"[34]까지를 일본의 신사에서 아마테라스 오미카미(天照大神)와 함께 합사해야만 한다고 주장한다. 한편 도리이는 일본 신도와의 유연성(類緣性)을 조선반도와 동북아시아에 한정하여 논의하는 점에서 가케이보다는 구메와 가까운 입장에 서 있었다. 다만 이러한 유연성의 원인을 구메처럼 '습속'에서 찾지 않고 '일선동조론'이라는 '민족'의 동질성에서 찾는 점에 시대적 새로움이 있었다.

예를 들어 조선은 종래 유교의 나라라고 말해왔지만 실은 그렇지 않다. 일반 인민에게 보급되어 있는 신앙으로서 일종의 살만(薩滿)과 같은 무녀가 있는데, 질병이나 재난 등이 있을 때에는 이 무녀가 재액을 쫓는다. (중략) 이처럼 일본의 원시 신도와 같은 풍습이 있는데, 일본의 민간신앙과 조선의 민간신앙 사이에는 흥미로운 연결이 있다. 이와 같은 연구를 행하다 보면 일본인과 조선인이 완전히 동일 민족임이 충분히 입증될 것이다.[35]

여기서 도리이가 말하는 '민족'이란 "조선인과 일본인은 커먼 오리진(コモンオリジン, 동일한 조상)을 가진다"는 기술에서 알 수 있듯이 혈연적 유

---

33 筧克彥, 《皇國之根柢·万邦之精華 古神道大儀》, 淸水書店, 1912, 252쪽.

34 筧克彥, 같은 책, 422쪽.

35 鳥居龍藏, 〈民族上より觀たる鮮, 支, 西伯利〉, 《東方時論》 5(4), 1920, 106쪽.

대에 근거한 '인종'을 의미했다.[36] 일본인과 조선인은 같은 일본 제국의 국민일 뿐만 아니라 신체적인 특질까지도 공유하는 동일 민족으로 취급되었다. 이는 조선 민족이라는 독립적인 아이덴티티의 불필요성을 주장하는 논리로 이어져갔다. 물론 이러한 일선동조의 논리에—조선 민족은 두말할 나위도 없거니와—모든 일본 민족이 찬동한 것은 아니었다. 가케이의 논리처럼 민족이나 인종 개념의 매개 없이도 조선 민족을 비롯한 타민족을 이민족인 채로 일본 민족에 동화시킬 수 있다는 견해 또한 폭넓게 존재했다. 이러한 입장은 훗날 대동아공영권을 지탱하는 다민족제국주의로 이어져간다.

다민족의 다양성을 포섭하면서도 이를 일본 국민으로 동화시키는 작용을 보증한 것은—가케이나 이노우에, 혹은 구메의 글들에서 알 수 있듯이—'만세일계'의 국체의 연원이 되는 아마테라스 오미카미의 위광이었다. 아마테라스 오미카미가 일본 제국 국체의 중핵을 이룬다는 견해는 일선동조론이라는 다른 입장에 서 있던 도리이에게도 공유되고 있었다. 도리이는 1920년에 발표한 논문 〈무사시노의 유사 이전(武蔵野の有史以前)〉에서 일본의 역사가 다민족의 교섭으로 이루어졌다는 점을 논한다.

> 우스데파(薄手派)와 아쓰데파(厚手派)의 2대 부족이 유사 이전 당시의 무사시노에 함께 살고 있었는데 (중략) 우리들의 조상, 즉 제가 말하는 고유 일본인(야요이식 토기를 제작, 사용했던 사람들)이 여기에 침입해 들어와 그들(우스데파와 아쓰데파의 2대 부족—필자)과 접촉, 충돌한 것으로 보입니다. (중략) 그들은(고유 일본인은—필자) 유사 이전에 선주민 아이누를 어느 정도 정복한 후, 뒤에 등장할 원시시대의 우리 조상들에게 계승, 양

36 鳥居龍蔵, 같은 글, 102쪽.

도한 것으로 추측됩니다. 그들이 역사시대 초기에 가타리베(語部)(고대의 전설이나 신화 등을 공식적인 장소에서 노래하거나 읊는 사람들로서 고사기에 최초로 등장한다—옮긴이)가 말하는 소위 구니쓰카미(國津神)로서 (중략) 유사 이전에 고유 일본인이 침입하였고, 나아가 원시시대에 이르면 이즈모파(出雲派) 사람들이 들어왔으며 (중략) 천손파(天孫派)의 사람들(중략)이 이곳에 왔을 겁니다.[37]

도리이에 의하면 일본열도에 제일 먼저 살고 있었던 것은 '우스데파·아쓰데파'라 불리는 조몬(繩文) 문화를 담당한 2대 부족이었으며, 이들은 현재의 아이누에 해당한다. 다음으로 '고유 일본인'이라 명명된 도작 문화를 가진 야요이인—여기서는 현대의 일본인 및 조선인, 즉 '일선동조' 민족을 가리킨다—이 이주하여 선주 민족인 아이누를 지배하기에 이른다. 그런데 민족의 유입은 여기서 멈추지 않고 오구니누시노 미코토(大國主命)가 이끄는 이즈모파 민족, 그리고 천황가로 이어지는 천손계 민족 등, 차례차례로 도래해온 이민족이 앞선 거주민들을 지배해간다. 이노우에는 이와 같은 이민족의 접촉을 통해 일본인이라는 '하나의 민족'이 생성된 것으로 보는데 비해, 도리이는 서로 다른 민족으로 계속 존재하던 여러 집단을 천손계 민족이 지배함으로써 정치적 통일성이 생겨났다고 본다.

무엇보다도 당시 순수한 단일민족으로서의 일본인이 역사의 시원부터 존재했다는 견해를 취하는 연구자는 그리 많지 않았다. "일본인은 잡종이다. (중략) 점차로 퇴화하여 종국에 일본 민족이 생겨난 것이다. 역사 이전으로까지 거슬러 올라가 당당한 통일체가 있었다고 생각하는 것은 옳지 않

37 鳥居龍蔵, 〈武蔵野の有史以前〉, 1920(《日本考古學選集 鳥居龍蔵集 上》, 築地書館, 1974, 18~19쪽).

다"[38]고 보는 기본적 입장에 많은 연구자들의 견해가 일치하고 있었다. 다민족국가와 이를 통일한 천황가. 이 복수성과 단일성의 양극 사이에서 연구자들은 일본 민족 또는 일본 국민의 아이덴티티를 둘러싸고 제각각의 학설을 주창하고 있었던 것이다.

이와 같은 범위 안에서 파생되었던 일본 민족과 국민을 둘러싼 다양한 담론 배치 속에 단일민족국가주의에 입각한 쓰다의 기기론 또한 존재하고 있었다. 여기서 물어야 하는 것은 이러한 담론 배치 안에서 성립했던 쓰다의 논의가 지닌 이론적, 그리고 정치적인 문맥이 단일민족국가를 표면적으로 주장하는 전후 일본의 그것과 어떻게 다른가라는 점이다. 이는 제국 시절의 문제적 상황을 복원하는 동시에 단일민족국가론, 나아가 그 모체를 이루는 국민국가 이론에 숨겨진 함정을 오늘날에 이르는 근대의 숙병으로서 드러내는 기초 작업이 될 것이다.

3. 쓰다의 단일민족국가론과 식민지주의의 그림자

1) 국민문학론

여기에서는 1910년대에서 20년대에 걸쳐 전개된 쓰다의 기기론을 보도록 하자. 8세기 초두에 편찬된 《고사기》와 《일본서기》에는 천황가에 의한 일본열도 지배의 역사와 그 정당성이 적혀 있는데, 당시 일본 민족의 유래를 설명한 가장 오래된 책으로서 근대 내셔널리즘의 고양과 함께 공정 역사서로 다시금 주목을 끌고 있었다. 다만 신들의 이야기가 대부분의 내용

38 井上哲次郎, 《國民道德概論》, 66~67쪽.

을 차지하기에 역사적 사실로서의 신빙성에 의문이 제시되는 경우도 적지 않았다. 고전문헌학은 물론이고 서양에서 수입된 신화학의 영향은 기기의 기술이 황당무계한 신화에 불과한 것은 아닌가라는 의구심을 낳게 했다. 이처럼 내셔널 아이덴티티가 내포하는 신화와의 애매한 경계선을 지적한 작품으로 1912년에 발표된 모리 오가이(森鷗外)의 소설 〈그와 같이(かのように)〉가 있다.

> 지금의 교육을 받고 신화와 역사를 동일하게 생각하기란 불가능하다. 세계가 어떻게 생겨나고 어떻게 발전해왔는가, 인류가 어떻게 생겨나고 어떻게 발전했는가라는 점을 학문의 관점에서 보면 (중략) 이런저런 생각이 떠오른다. 이런 생각은 신화를 사실로 여겨지지 않게 만든다. 신화와 역사가 분명히 구별되는 동시에 조상과 그 밖의 신령들의 존재가 의심스러워진 것이다. 그러한 과정에는 무시무시한 위험이 가로놓여져 있는 것은 아닐까?[39]

객관적 사건으로서의 역사와 주관적 상상으로서의 신화. 아직 양자의 구별이 애매모호했던 메이지 말기에는 신화의 안개 속에서 명확한 사실만을 채택하는 것이 중요한 과제였다. 신도론을 통해 세간을 떠들썩하게 만들었던 구메 또한 "역사는 사회 현상을 그대로 묘사하는 것이다. (중략) 지어낸 이야기는 사학에 도움이 되지 않는다"[40]고 하여, 근세의 강담물(講談物, 강담이란 무대에 선 연사가 주로 역사에 관련된 이야기를 관객에게 전달하

39 森鷗外, 〈かのように〉, 1912(《森鷗外全集 2》, 筑摩書房, 1971, 237쪽). 소설이 발표되었을 당시의 사회상황에 대해서는 宮川康子, 〈歷史と神話との間－考証史學の陥穽〉, 《江戸の思想》 8호, 1998 참조.

40 久米邦武, 〈太平記は史學に益なし〉, 1891(《久米邦武歷史著作集 3》, 175쪽).

던 일본 전통 예능의 한 종류로서 거기서 이야기되던 내용을 강담물이라 함—옮긴이)이나 군기물(軍記物, 강담물의 일종으로서 주로 장군가와 관련된 통속소설을 가리킴—옮긴이)에서 객관적 사실을 선별하자는 주장을 펼치던 역사가에 다름 아니었다. 그렇다면 여기서 확증된 객관적 사실이란 물리적 사건만을 말하는 것일까? 아니면 그 외의 다른 것을 포함하는가? 신령에 관한 기술은 황당무계한 이야기로서 폐기되어야만 하는가? 이것이 내셔널 아이덴티티의 기원에 대한 기술이라면 그러한 기원의 기초를 세우려는 욕구 자체가 부정되어야만 하는가? 앞서 본 모리의 소설은 당대의 일본 지식인들이 느끼던 이러한 갈등을 여실히 보여준다.

쓰다의 기기론은 이와 같은 상황 속에서 역사적 사실의 확정에 관한 새로운 방향을 가리키려는 삽상한 활기를 띠고 등장했다. 1916년에 간행된 초기 저작《문학에 드러난 우리 국민사상의 연구: 귀족 문학의 시대(貴族文學の時代)》에서 쓰다는 기기의 성격을 다음과 같이 규정한다.[41]

41 쓰다의 기기론에 대해서는 다음 연구들을 참조. 家永三郎,《津田左右吉の思想史的研究》, 제3편, 磯前順一,《記紀神話のメタヒストリー》, Ⅳ장; 家永三郎,〈言葉と物のあいだ—記紀と考古學〉,《記紀神話と考古学—歴史的始原へのノスタルジア》, 角川學藝出版, 2009. 이에나가가 "쓰다의 기기 비판에 관한 기본적 입장이 확립되었던 것은《고사기 및 일본서기의 신연구(古事記及び日本書紀の新研究)》(1919)가 완성된 시점으로 보아야 할 것이다"(239쪽)라고 지적하듯이, 쓰다의 기기론은 세 시기로 구분할 수 있다. 제1기는 1913년의《신대사의 새로운 연구(神代史の新しい研究)》를 시작으로《문학에 드러난 우리 국민사상의 연구: 귀족 문학의 시대》(1916),《고사기 및 일본서기의 신연구》(1919)까지이다. 제2기는 이들 저작의 견해를 개정한《신대사의 연구》와《고사기 및 일본서기의 연구》(1924)에서《지나사상과 일본(支那思想と日本)》(1938)에 이르는 시기로서 이때 쓰다의 저작이 이와나미서점에서 간행된다. 그리고 제3기는 전후의 재개정판인《일본 고전의 연구 상·하(日本古典の研究 上·下)》(1946, 1948)가 간행된 시기에 해당한다. 제국기 쓰다 학문의 정치적 위치를 논하는 이 글에서는 주로 제1기를 중심으로 제2기의 저작까지를 다룰 것이다.

신대사는 관부나 궁정이 제작한 것으로서 국민의 이야기가 아니며 (중략) 자연스레 성립한 국민 생활의 표상, 국민정신의 결정(結晶)이 아니다. (중략) 그러므로 신대사는 (중략) 어디까지나 귀족적 성질을 지닌다.[42]

즉 6세기에 야마토(ヤマト) 왕권이 창출한 "사상상(思想上)의 사실, 혹은 심리상의 사실"[43]로서 기기에 그려진 세계를 물리적 사실과 구별하는 데 쓰다는 성공했던 것이다. 이제 기기가 역사를 낳는 것이 아니라 역사의 일부로서 기기가 존재한다는 인식론적 역전 현상이 일어난다. 이전까지의 말과 사물의 관계에서는—도리이 등의 일본 선주민 논쟁에서 보이는 것처럼—발굴된 고고 유물은 기기의 기술이 전제가 된 상태에서 그 물리적 증거로서만 이해되고 있었다. 그러나 쓰다의 연구를 통해 말, 그리고 사물로부터도 독립한 '역사'라는 추상적 세계가 확립하자 기기의 기술 또한 고고 유물과 마찬가지로 역사적 세계를 구축하는 하나의 재료에 불과하다는 새로운 인식이 나타나게 되었다. 이러한 인식론상의 변화를 통해 사람들은 기기의 권위에서 해방되었고, 기기의 기술을 매개하지 않고도 고고 유물에서 직접 일본의 '역사'를 상상할 수 있게 되었다. 당시 의욕적인 고고학자였던 야마노우치 스가오(山内清男)는 기기와는 다른 원시사회의 역사를 아래와 같이 설명한다.

조몬 토기는 결국 우리들이 상정하는 것처럼 일계통의 토기로 인정되리라. 다만 이는 존속한 기간이 매우 길며 그 분포가 광범위—가라후토(樺太)

42 津田左右吉, 《文學に現はれたる我が國民思想の研究 貴族文學の時代》, 1916(岩波文庫版 제1권, 1977, 50쪽).

43 津田左右吉, 《古事記及び日本書紀の新研究》, 1919(《津田左右吉全集 別巻1》, 岩波書店, 1966, 201쪽).

치시마(千島)에서 류큐까지—하다. (중략) 각 연대, 각 지방의 토기를 상세히 비교하는 작업은 이와 같은 차이의 홈을 메우고 있으며, 연대 및 지방을 달리하는 조몬 토기 각각의 형식이 밀접한 관계를 맺고 있음이 판명되고 있다. 연대나 지방에 따라 확연히 구별되지 않는 일체의 토기가 조몬 토기인 것이다.[44]

야마노우치는 "야요이식의 모체는 조몬식이라는 지론"을 전개하고 "고가네이〔고가네이 요시키요(小金井良精)－필자〕 박사께서는 아이누를 인종의 섬이라 부릅니다만, 저는 조몬식 문화권을 문화의 섬으로 보고 있습니다"며, 다민족이 흥망을 거듭하는 역사가 아닌 문화적 연속체로서 일본의 역사를 파악하는 시점을 제시한다.[45] 여기서 야마노우치가 말하는 '문화'란 자연과학에서 분리된 정신과학의 독자성을 주장하는 신칸트파의 개념을 따온 것이다. 이는 생물학적 혈연에 근거한 '인종' 개념을 대신하여 문화적 유대로서 '민족'을 파악하는 쓰다의 단일민족론과 어우러지면서 다이쇼기에 새로이 등장한 시점이었다. 일찍이 이노우에는 일본 민족을 복수의 민족으로 이루어진 혼성체로 설명했는데, 쓰다와 야마노우치의 등장으로 인해 혼합이냐 순수냐는 인종적인 물음의 방식 자체가 불필요해지게 되었다. 인종적 논의는—자연과학을 참조하는 경우에도—결말이 나지 않는 논쟁만을 서로 반복하고 있었는데, 그로 인해 이와 같은 문제 설정으로부터 일정한 거리를 확보하고 인식론적 '문화'로서 '민족'을 다시금 파악하려는 방향 전환이 일어났던 것이다.

---

44 山內清男, 《日本遠古之文化 補注付·新版》, 1932～33/1939(《山內清男·先史考古學論文集 第一册》, 先史考古學會, 1967, 1～2쪽). 야마노우치에 관해서는, 佐原眞, 〈山內清男論〉, 《佐原眞の仕事1 考古學への案內》, 岩波書店, 2005 참조.

45 江上波夫·甲野勇·後藤守一·山內清男·八幡一郎, 〈座談會 日本石器時代文化の源流と下限を語る〉, 《ミネルヴァ》 1-1, 1936, 46쪽.

그렇지만 쓰다가 기기의 권위를 부정하는 입장을 취한 것은 아니었다. 만약 그랬다면 이는—에도시대의 유학자 야마가타 반토(山片蟠桃)와 마찬가지로—물리적 신빙성의 관점에서 기기를 황당무계한 것으로 전면 부정하는 계몽주의적 비판의 범주를 벗어나지 못했을 터이다. 쓰다의 기기론은 그 권위의 근거를 물리적 차원에서 국민의 심리적 표상으로 이행시킨 점에 획기적인 측면이 있었다. 쓰다의 기기 해석은 그의 스승이었던 시라토리의 중국 문헌 비판, 곧 "황당무계하기 그지없는 전설도 필경 국민의 역사적 산물에 다름 아니다"[46]는 시점을 기기론에 적용한 것이었는데, 이러한 방법론을 쓰다나 시라토리보다도 먼저 내세운 것은 무라오카였다. 무라오카는 모토오리의 기기 해석을 서양의 문헌학에 견주면서 다음과 같이 설명한다.

> '모노노아와레(物のあはれ)'〔'모노노아와레'란 모든 일과 사물에 내재해 있는 각각의 의미와 감각, 즉 모든 존재에 깃든 정취를 말한다. 혹은 이것이 드러나고 느끼는 것을 가리키는바, 모토오리는 헤이안(平安) 시대의 문학 용어였던 이 말을 일본적인 감각론과 인식론의 독특한 구조로 내세운다. 모토오리와 모노노 아와레론에 대해서는 박규태, 《일본정신의 풍경: 일본문화의 내면을 읽는 열 가지 키워드》, 한길사, 2009 참조—옮긴이〕의 사상이 중고(中古)의 문명적 의식의 일면을 잘 나타내고 있는 것은 물론이고 (중략) 고도(古道)에 관한 그의 설명도 (중략) 고대인의 의식을 재현한 것으로 본다면 이것이 문헌학의 빼어난 공적이 됨은 두말할 나위도 없으리라. (중략) 이는 실로 뵈크의 문헌학에 비기는 것이다.[47]

---

46 白鳥庫吉, 〈支那古傳說の硏究〉, 1909(《白鳥庫吉全集 8》, 岩波書店, 1970, 382쪽). 시라토리와 쓰다의 관계에 대해서는 다음 문헌을 확인할 것. 白鳥, 〈《神代史の新しい硏究》 序〉, 1913(上田正昭 編, 《人と思想 津田左右吉》, 三一書房, 1974); 津田左右吉, 〈白鳥博士小傳〉, 1944(《津田左右吉全集 24》, 岩波書店, 1965).

47 村岡典嗣, 《本居宣長》, 岩波書店, 1911/1928, 362~363쪽.

이렇게 무라오카와 시라토리의 연구를 거쳐 기기라는 문자 텍스트는 쓰다의 해석 아래 국민의 심리적 소산으로 소생하기에 이른다. 이는 달리 말하면 기기에 적힌 천황의 일본 국민 지배에 대한 정당성을 새로운 형태로 긍정하려는 시도이기도 했다. 그러나 잊어서는 안 될 점은, 쓰다의 기기론은 어디까지나 국민문학사론인 《문학에 드러난 우리 국민사상의 연구》의 일부로서 파악될 때에만 그 의의가 분명해진다는 점이다. 쓰다는 《문학에 드러난 우리 국민사상의 연구》에서 국민 아이덴티티의 형성 과정을 체계적으로 서술하는바, 상대(上代)에 전래된 중국 문화의 수용 계층이 시대의 추이에 따라 귀족에서 무사, 그리고 평민으로 점차 하강해가는 과정이 그려진다. 처음 전래되었을 당시에 일본 사회에게 중국의 문화는 너무나도 관념적으로 체계화된 존재였기 때문에, 이를 수용한 것은 야마토 왕권의 관리 등 일부의 지식 계층에 한정되어 있었다. 쓰다는 그와 같은 중국적 문화를 대표하는 것으로서 기기, 그중에서도 한문체로 적혀 있는 《일본서기》를 지적한다. 기기가 민중의 생활에서 유리된 중국의 사상이라는 점을 "기기의 신대사는 일반적으로 여겨지는 것처럼 민족의 기원이나 유래 등을 설명한 것이 아니다"[48]라며 강조하는 쓰다는 이어서 다음과 같이 논한다.

> 신대의 권(劵)에 기재되어 있는 내용에는 상대인(上代人)의 종교적 신앙, 그리고 여기에 토대를 두면서도 반드시 일반의 신앙과는 일치하지 않는 것으로서 지식사회 내부에서 발달한 종교 사상이 포함되어 있긴 하지만 (중략) 하나의 사상 체계를 구비한다고는 볼 수 없다. (중략) 고대로부터 전해져온 일본인의 가미(神) 신앙과 지나(シナ)의 서책에서 주어진 지식은 거의 완전한 별개의 존재이므로, 그러한 사고방식에 따라 일본인의 신앙생활

48 津田左右吉, 《我が國民思想の硏究 貴族文學の時代》, 文庫版 제1권, 27쪽.

자체를 사상으로서 체계화하기란 불가능했을 것이다.[49]

중국 문화와 일본 사회의 관계에 근거하여 언어문화와 사회의 불일치에 착목하는 쓰다는, 언어문화가 현실의 사회를 있는 그대로 표상한다는 통설을 거부한다. 비개념적 사회는 언어문화가 지닌 체계성과는 달리 단편적인 성질을 보인다는 것이다. 특히 양자 사이에 미개와 문명이라 할 만큼의 격차가 존재하는 경우에는 언어문화의 침식에 대해 현실의 사회가 저항하지 못하며, 후자가 가진 비개념적 단편성은 전자의 체계적인 논리 속으로 흡수되고 만다.

따라서 쓰다가 논하는 평민 문화의 도래라는 사태 역시 온전히 바람직한 일이 될 수는 없었다. 왜냐하면 평민 문화라 하더라도 언어문화 자체에 이미 표상력을 소유한 자와 그렇지 못한 자 사이에 간극을 생성하는 힘이 주어져 있는바, 그 내부에서 지배적 관계가 소실되기란 불가능하기 때문이다. 천황제 및 기기가 야마토 왕권으로부터 각 지역사회로 퍼져나가게 된 비밀은 바로 이러한 불일치에 있었다.

언어적 문화와 민족적 삶의 이와 같은 격차는 일본 문화의 자발적 진전을 저해하는 요인이 되기도 했다. 쓰다는 다음과 같이 말한다. "오랜 옛날에 전래된 동일한 지나 고전의 지식, 거기에 드러난 동일한 지나의 사상이 계속해서 일본 지식사회에서 커다란 권위를 유지했던바, 한편으로는 이것이 국민 생활의 역사적 발전에 따라 그 사상계에 끊임없이 어떤 자극을 주기도 했지만, 다른 한편으로는 항상 일본인의 사상을 속박, 억압하여 그 발전과 심화를 방해하기도 했다."[50] 하지만 시간이 경과하면서 이러한 어긋남은 조금씩 해소되어간다. 처음에는 막연한 존재였던 일본적인 것이 개념적

49 津田左右吉, 《支那思想と日本》, 岩波書店, 1938, 54~55·64쪽.
50 津田左右吉, 같은 책, 3~4쪽.

문화의 개입을 통해 점차 국민 문화로 다듬어져갔기 때문이다. 쓰다는 이러한 역사적 전환의 계기를 "이로 인해 비로소 지식으로부터 정(情)이, 외면적 도의로부터 문학이 해방되었다"[51]며 에도 국학의 출현에서 찾는다.

> 문예와 학문이 국민의 모든 계급에게 보급되었다는 점이 당시 문화의 건전한 일면을 말해준다. (중략) 계급적 차별 없이 평민들 틈에서 발달하여 평민에 의해 지도된 문예가 상류사회를 지배했다는 점에 도쿠가와(德川) 문화의 건전한 일면이 있는 것이다.[52]

나아가 메이지기에 접어들면, 서양 문화와의 접촉을 통해 천황을 정점으로 한 개념적 세계를 국민들이 짊어지는 국민국가—쓰다는 이것이 '평민 문화'라며 반긴다—가 확립한다. 이런 의미에서 쓰다는 기기를—비록 편찬되었을 당시에는 일부 궁정 사람들의 관념적 산물에 불과했지만—국민 문화를 자각하는 과정의 시발점, 그리고 도래할 천황제 국민국가를 미리 축복하는 존재로서 국민문학사 안에 위치시킨다. 그리고 쓰다는 이와 같은 천황을 정점으로 한 '평민 문화'의 성립이 곧 정치적 단위로서의 '국민'의 탄생이라고 여겼다.

> 국민으로서의 역사는 우리 민족이 하나의 국민으로서 정치적 통일을 이루었을 때부터 시작하는데, 어떤 민족이 하나의 정치적 권력 아래에 통일된다는 것은 그 민족 역사의 성과에 다름 아니므로 (중략) 국민으로서 통일된 후의 국민사는 곧 민족사로 여길 수 있지만 그 이전의 경우에는 이 양자를 구

51 津田左右吉, 《我が國民思想の硏究 平民時代の文學 中》, 1921(岩波文庫版 제8권, 1978, 154쪽).

52 津田左右吉, 같은 책, 84쪽.

별해야만 한다.[53]

앞서서 논한 것처럼 다민족제국주의를 거부하는 쓰다의 논의에서도 민족과 국민은 구별되어야 하는 것으로 간주되었다.[54] 쓰다에게 '민족'이란 '연속하는 일관된 생활 과정',[55] 달리 말하면 정신과학을 주창한 독일의 철학자 빌헬름 딜타이(Wilhelm Dilthey)가 논한 '생(Leben)'—무규정적으로 인간의 존재를 감싸는 생활과 역사의 전체—에 가까운 것이었다.[56]

그런데 민족이 국민국가라는 정치적 단위를 형성하기 위해서는 그저 무자각적인 생의 연속성을 보전하는 것만으로는 불충분했다. 중국에서 수입한 개념화된 문화적 세계를 통해 민족의 생을 국민으로 자각시킬 필요가 있었다. 이를 통해 무자각한 생을 떠맡고 있던 '민족'이 중국 문화에 지탱되던 지식층과 결합하여 삶과 문화가 상호 침투한 '국민'으로 변용된다. 철학사적으로 보면 민족적 생에서 국민적 문화라는 이러한 도식은 메이지 후기에서 다이쇼기에 걸쳐 유행했던 딜타이의 생의 철학과 신칸트파의 문화인식론의 결합에 의한 것이었다. 쓰다 역시 생으로서의 민족을 개인을 포섭하는 전체적 모체로서 이해하는 한편, 이를 인종적 혈연의 유대가 아닌 신칸트파의 문화적 공동체로 파악했다.

쓰다의 국문학사를 떠받치던 이 '언어문화와 비개념적 사회의 질적 격차'라는 시점이야말로, 그의 연구에 그 외의 국민사상 연구들과는 달리 오늘날에도 비판적으로 개입할 만한 가치를 부여해준다. 이는 일본 민족의

53 津田左右吉, 〈上代史の硏究方法について〉, 1933(《津田左右吉全集 3》, 1963, 395쪽).
54 上田正昭, 〈津田史學の本質と課題〉, 1957(上田, 《人と思想 津田左右吉》, 191쪽).
55 津田左右吉, 《我が國民思想の硏究 貴族文學の時代》, 文庫版 제1권, 11~12쪽.
56 上田, 〈津田史學の本質と課題〉, 194~195쪽; 大室幹雄, 〈津田左右吉の'生'と'情調'〉(上田, 《人と思想 津田左右吉》, 412~414쪽).

특질이 역사가 시작되었을 당시부터 고스란히 구비되어 있었다고 강변하는 국가주의자와도, 천황제의 역사적 기원을 폭로하고 그 권위를 상대화하려는 유물론자와도 다른 특징이다. 그들은 비개념적 사회도 원래는 체계성을 가지고 있을 터이기에, 외부에서 들어온 지배적 문화의 억압으로부터 그러한 체계성을 회복하면 충분하다는 이해에 머물러 있을 뿐이었다.

그 점에서 쓰다의 연구는 선행하는 하가 야이치(芳賀矢一)의 《국문학사 10강(國文學史十講)》(1899)이나 후지오카 사쿠타로(藤岡作太郎)의 《국문학전사 헤이안조편(國文學全史 平安朝編)》(1905)과도, 동시대의 와쓰지 데쓰로(和辻哲郎)의 《일본고대문화(日本古代文化)》(1920) 및 훗날의 와타나베 요시미치(渡部義通)의 《고사기강화 신대편(古事記講話 神代篇)》(1936)과도 다른 특색을 지닌다. 쓰다의 시점을 더욱 확대시키면 일본 사회의 저변에 이르는 개념적 문화의 확대 과정을 일본 민족의 관념 아래에 비개념적 사회가 얽혀 들어가는 복종의 과정으로, 아니면 비개념적 사회로 지배적 문화를 대체하는 과정으로 파악하는 양가적인 독해가 가능해진다.

물론 외래 문화의 계기를 상정하면서도 한편으로 문화의 구축 주체인 일본 민족의 일관된 존재를 믿는 그의 자세를 긍정할 수는 없다. 쓰다는 언어문화에 의한 체계적 개념화를 바람직한 것으로 환영하는데, 결국 지식인이 민족의 목소리를 회복, 즉 대변한다는 민중론적 지(知)의 패권주의와 그다지 멀어 보이지 않는 결론에 도달하고 말 경향을 내포하고 있었다. 이러한 인식은 국민 아이덴티티의 확립과 밀접한 관련을 지닌 역사학에도 아시아에 대한 멸시와 배타적 국민의식으로 전락하고 말 위험을 가져왔다. 이미 1939년의 시점에서 마르크스주의자였던 도마 세이타(藤間生大)는 쓰다의 국민국가론을 대동아공영권의 이름 아래 수행되는 제국주의에 대한 비판으로서 다음과 같이 높게 평가하고 있었다.

이리하여 우리들은 생각한다. 과연 동아신질서, 동아협동체가 강력히 주장되는 이때, 사실로서 예전의 일본 문화와 지나 문화가 역사적으로 동일했다면 매우 고마운 일일 것이라고. 그러나 그것이 사실이 아니라면? 우리가 눈을 감고 일본 문화와 지나 문화의 동일을 외치며 동아협동체를 부르짖는 것에 실로 중대한 '정치적 의의'가 있을까? (중략) 우리가 만약 과학적 연구를 통해 쓰다 박사처럼 (중략) 과거의 두 민족의 문화 차이를 인식하게 된다 하더라도 조금도 현재 우리 일본 민족의 행위에 좋지 못한 영향을 끼치지는 않을 것이다.[57]

여기에서 다민족제국주의의 부정을 통해 외려 단일민족국가를 단순히 긍정하고 마는, 전후 마르크스주의 역사학이 빠진 논리적 함정을 미리 볼 수 있다. 그렇지만 쓰다의 단일민족국가론은 다른 민족과는 구별된 일본 민족만을 논하던 것은 아니었다. 오히려 중국이라는 이민족과의 관계를 통해서만 일본 민족은 존재할 수 있다고 주장한다. 예를 들면 쓰다는 중국을 정체된 사회로서 아래와 같이 설명한다.

지나의 사상은 상대에 일단 그 형태가 만들어진 뒤에는 커다란 변화도 진전도 없이 거의 그대로 후세까지 이어졌다. 지나의 사회가 고정되고 지나의 문화도 고정되었던 것처럼, 마찬가지로 사상 또한 고정되었던 것이다. (중략) 지나에는 애초부터 현대적 의의의 국가가 형성되지 못했으며, 따라서 민중은 하나의 집단으로서의 국민을 이루지 못하고 그저 각자가 개별적으로 제왕의 권력에 복종할 뿐이다. (중략) 그 문화는 실은 권력 계급의 문화

57 藤間生大, 〈古代史研究の回顧と展望(昭和十四年度)〉, 1940(《日本庄園史》, 近藤書店, 1947, 410쪽).

이다.[58]

쓰다의 중국 멸시는 잘 알려져 있는데, 가령 마스부치 다쓰오(增淵龍夫)는 "쓰다에게 중국의 문화는 일본의 독자적인 생활이나 문화의 형성, 바꾸어 말하면 자기의 역사적 형성과 본질적 관계를 가지지 않는 이물(異物)이며"[59]라고 비판한다. 내셔널리즘의 모체를 이루는 문화 나르시시즘은 타자의 존재가 없으면 스스로의 아이덴티티를 유지하지 못한다. 정신분석학자 지그문트 프로이트(Sigmund Freud)는 문화와 나르시시즘의 관계에 대해 다음과 같이 논한다. "문화의 이상(理想)에서 태어난 나르시시즘적 만족은 문화권의 내부에서 문화에 대한 적대적 자세를 효과적으로 억압하는 힘이 되기도 한다. (중략) 그에 따라 억압받는 계급은 문화권의 외부에 있는 사람들을 경멸할 권리가 있다고 생각하게 되고 이를 자신의 문화권에서 받는 억압에 대한 보상으로 여긴다."[60] 스스로에게 확고한 자신을 가지지 못하기 때문에 타자를 멸시하거나, 혹은 타자에게 알랑거림으로써 공허한 나르시시즘의 욕망을 보완하려 한다. '상상의 공동체'의 근원을 이루는 상상력과 나르시시즘이라는 병은 서로 무관한 것이 아니리라.

근대 서양에서 유래하는 국민국가를 형성하지 못한 민족에 대한 멸시, 여기에 쓰다의 서양 근대주의자로서의 일면이 있다. 거기다 쓰다는 "서양 문물과 접하게 되면서 지식사회에서도 처음으로 지나의 문물이나 지나의 사상에 의구심을 가지는 것이 가능해졌다. (중략) 지나의 사상이 그 당시에

58 津田左右吉, 《支那思想と日本》, 3·21쪽.

59 增淵龍夫, 《日本の近代史學史における中國と日本－津田左右吉と內藤湖南》, 1963(《リエスタ》の會, 2001, 13쪽).

60 지그문트 프로이트, 《문명 속의 불만》, 김석희 옮김, 열린책들, 2003.

권위를 잃게 되었던 것은 당연한 일이다"[61]라고 한다. 위에서 본 것처럼 쓰다는 신칸트파나 딜타이의 철학, 혹은 신화학 등 서양 사상에 깊은 조예를 가지고 있었고, 그러한 개념적 세계와 일본인의 일상생활을 결부시키고자 노력했다. 쓰다는 일본과 중국을 통합하는 '동양 문화'란 존재하지 않는다고 주장하면서, 근대의 일본 문화에 대한 서양 문화의 심대한 규정력에 관해 아래와 같이 논한다.

> 동양의 문화를 종합하거나 조화시키는 것에 일본의 사명이 있다고 하거나, 그런 의미에서 오늘날의 일본은 동양 문화를 보지해야만 한다는 주장이 있는 듯하다. 이러한 주장은 실제로는 아무런 의미도 없다. (중략) 현대 일본인의 생활의 기조를 이루는 것이 소위 서양 문화, 즉 현대의 세계 문화인 것은 명백한 사실이며, 이를 현대의 생활과는 거의 관계가 없는 지나 문화나 인도 문화와 대립적으로 취급하는 것은 현실의 생활 그 자체와 모순된다.[62]

이와 같이 근대 국민국가에 대한 높은 평가가 중국인은 물론이고 식민지 조선인에 대한 극도의 무관심을 불러일으켰다는 점은 추측하기 어렵지 않다. 쓰다는 "하나의 국민으로서의 자각은 대개 대외 관계에서 생겨나는데, 정부가 국가의 통일과 거의 같은 시기에 착수했던 한지(韓地)의 경략은 그저 정부의 하나의 외교정책으로서 국민의 생활과는 직접적인 관련을 가지지 않았다. (중략) 그곳을 식민지로 삼은 것이 아니며 경제적 관계조차도 그다지 발생하지 않았다고 한다"[63]고 논한다. 그리고 조선 민족에 대해서는 일본 민족을 대비시켜가며 다음과 같이 말한다.

---

61 津田左右吉, 《支那思想と日本》, 101쪽.

62 津田左右吉, 같은 책, 193~194쪽.

63 津田左右吉, 《我が國民思想の研究 貴族文學の時代》, 文庫版 제1권, 38쪽.

국민의 실생활이 이국 문화에 압도된 적이 없고, 지나 문화 전체의 분위기와 색조, 그 근본 정신이 우리나라에 이식되지 못했던 것은 (중략) 정치적 독립을 유지할 수 있었던 것과 마찬가지로 지리적 상태가 하나의 원인일 것이다. 이러한 사정을 통해 우리 민족은 한반도의 주민 등과는 달리 자연스럽게 국민으로서의 독립적 정신을 키울 수 있었고, 또한 긴 시간에 걸쳐 조금씩 일종의 국민 문화를 형성할 수 있었다.[64]

중국과의 관계에서 조선 민족과 일본 민족은 대조적인 관계에 놓여 있을 뿐만 아니라 조선 민족은 독립된 국민 문화도 형성하지 못했다고 한다. 이와 같은 타민족에 대한 무관심이나 멸시의 감정은—도마와 같은 마르크스주의자들이 쓰다에게 기대했던 것처럼—제국주의로부터 일본이 손을 떼게 하는 계기로 작용할 가능성도 있었다. 전후 일본의 내셔널리즘은 그 전형적인 예가 아닐까?

그렇지만 단일민족국가의 담론이 식민지를 상실한 전후 일본이 아니라 타민족에 대한 침략이 행해지던 제국주의적 상황 안에 존재하는 경우에는 거기서 발휘되는 정치적 효과도 전후의 그것과는 당연히 다른 것이 된다. 제국주의의 사회 상황 속에서 타민족을 멸시하는 태도가 유지되는 한, 단일민족국가론은 자민족을 일등 국민, 타민족을 이등 국민으로 여기는 자민족중심주의의 논리로 작동하면서 제국주의를 뒷받침한다.

이제 우리는 단일민족국가의 논리가 제국주의와 쌍을 이루게 될 때 어떠한 정치적 효과가 발생하는가라는 처음의 질문으로 돌아가게 된다. 이는 단일민족적 국민국가에서 다민족적 제국주의로, 혹은 다민족적 제국주의에서 단일민족적 국민국가로라는 시간적 전개와는 상관이 없다. 그러한

64 津田左右吉, 같은 책, 46~47쪽.

단선적인 시계열에서 벗어나 단일민족적 국민국가와 다민족적 제국주의의 논리가 공존하는 곳에 생겨나는 정치적 효과와 그 공범 관계를 정확히 파악해야 한다. 단일민족국가론이 제국주의와 동시에 발생한 것이라면, 제국주의에서 해방된 뒤의 단일민족국가론 역시—구식민지, 구종주국을 묻지 않고—여전히 제국주의의 그림자에서 자유롭지 못하다고 할 수 있다. 제국주의와 무관한 단일민족주의, 아니면 단일민족국가와 무관한 제국주의라는 것이 도대체 있을 수나 있단 말인가? 제국기에 성립한 쓰다의 역사학은 언뜻 보기에 제국주의에서 해방된 것처럼 여겨지는 단일민족국가의 국민들에게 이러한 물음을 던지고 있다.

2) 제국기의 단일민족국가론

그 후 일본 제국은 1932년의 만주국 건국, 1933년 일본 공산당원들의 천황주의로의 대량 전향, 1935년 조선반도의 심전개발운동, 1937년의 중일전쟁 개시, 그리고 1941년부터는 미합중국을 비롯하여 연합국과 벌인 태평양전쟁 등을 거쳐 총력전 체제에 돌입하는바, 이에 따라 제국의 신민에 대한 사상적 단속도 강화되어갔다.

이런 일련의 흐름 속에서 쓰다의 고대사 관련 저작에 관한 발매 금지 사건이 벌어진다. 쓰다는 도쿄제국대학 교수였던 난바라 시게루(南原繁)의 초청으로 같은 대학 법학부의 초빙강사로서 동양정치사상사의 강좌를 담당하고 있었는데, 1939년 11월의 강의에서 우익 단체인 원리일본사(原理日本社) 소속의 미노다 무네키(蓑田胸喜) 등에게 집요한 질문 공세를 받는다. 미노다는 도쿄제국대학 종교학과를 졸업한 후, 천황기관설(天皇機關說)(독일의 국가법인설에 따라 천황주권설을 비판하고 국가의 통치권은 천황이 아니라 법인인 국가와 그 헌법에 제한된다는 주장. 따라서 통치권은 천황에서 나오는 것이 아니며 천황은 오직 통치권의 최고 기관일 뿐이다—옮긴이)을 주창한 미노베 다쓰키치(美濃部達吉) 등 같은 대학 법학부의 교수들에 대해 "황실의 존엄을 모독한다"며 맹렬한 비난을 퍼붓고 있었다.[65] 그리고 그해 12월에 발행된 기관지 《원리일본》 임시증간호에서 미노다는 "'황기 2천 6백 년' 봉축을 눈앞에 두고 학계에 전대미문의 불상사 발생! (중략) 쓰다 소키치 씨의 대역(大逆) 사상, 신대사·상대사 말살론의 학술 비판"[66]이라는 선전 문구 아래 쓰다의 기기론을 가열하게 공격한다.

> 지금 여기 쓰다 씨의 소론은 일본 국체의 연원 성립과 신대·상대의 사실(史實)을 근본적으로 부정함으로써 황조·황종(皇宗)을 비롯한 14대 천황까지의 존위를, 그리고 신궁·황릉의 본뜻까지를 같이 말살하려 하는데, 이는 국사에 그 유례가 없는 사상적 대역 행위이다.[67]

대역이란 천황이나 황후에게 위해를 끼치는 대역죄를 의미하는데, 1910년 고토쿠 슈스이를 비롯한 사회주의자가 일제히 검거되어 그 이듬해 여러 사람들이 사형된 일은 여전히 많은 국민들의 기억에 새로운 사건이었다. 미노다는 쓰다의 연구를 대역죄에 비견하여 독자들에게 공포감을 환기시키고 쓰다를 비국민으로서 지탄한다.

기관지가 발행된 직후 미노다는 쓰다를 불경죄로 고소하고 이듬해 1월 쓰다는 와세다대학 교수를 사직하기에 이른다. 2월에는 쓰다의 고대사 관계 저작이 발매 금지의 처분을 받고, 3월에는 쓰다 및 그의 글을 출판했던

---

65 家永三郎, 《津田左右吉の思想史的研究》, 373쪽.

66 《原理日本》 제138호(1939)의 표지.

67 蓑田胸喜, 〈津田左右吉氏の神代史上代史抹殺論批判〉, 《原理日本》 제138호, 1939, 23쪽.

이와나미서점(岩波書店)이 출판법 위반의 죄명으로 기소된다. 이에 대해 1942년 5월 도쿄형사지방재판소는 금고 3개월, 집행유예 2년의 유죄판결을 내린다. 쓰다와 이와나미 두 피고는 여기에 항소하지만 어떤 이유에서인지 심리가 진행되지 않았고 공소 그 자체도 자연 소멸하고 만다. 이와 같은 불합리한 경위에 관해 이에나가 사부로는 "짐작건대 사법 당국은 천황제의 개념적 지주와 관련된 근본적 문제가 항소심을 통해 또다시 반복되는 것은 좋을 것이 없다고 여기고, 문제를 어둠 속에 묻어두는 것이 지배 권력에 도움이 된다고 판단한 것은 아닐까"[68]라고 추측한다.

이러한 일련의 과정은 일본 제국이 총력전에 돌입하던 시기에 벌어졌는데, 당시의 전체주의화하던 사회 조류를 상징하는 사건이 1940년 11월의 황기 2천 6백 년 축하 식전이었다. 문부성 교학국(教學局)이 1941년에 간행한 《신민의 길(臣民の道)》에는 식전의 모습이 국민에게 기대하는 정부의 포부와 함께 아래와 같이 기술되어 있다.

세계사는 거대하고 새롭게 움직이고 있다. 우리나라의 역사적 사명에 바탕을 둔 도의적 세계 건설의 이상은 동아신질서 건설을 향한 커다란 발걸음을 통해 그 실현의 실마리를 찾았다. (중략) 기원 2천6백 년의 경사를 맞아 광고(曠古)의 성전(盛典)을 (중략) 궁성 외원(外苑, 외원은 황궁이나 신사의 밖에 있는 부속의 정원을 가리킨다—옮긴이)의 식장에서 〔쇼와(昭和)—필자〕 천황과 황후 두 분 폐하의 교코케이(行幸啓, 주로 천황과 황후가 함께 외출하는 것을 가리킨다—옮긴이)를 삼가 받들어 성대하고 엄숙하게 행했다. (중략) 국민은 조국(肇國)의 연원을 생각하면서 진무(神武) 천황 창업의 웅대한 계획을 마음에 새기고 국사의 발자취를 뒤돌아보며 황국의 끝

68 家永三郎, 《津田左右吉の思想史的研究》, 402쪽.

없는 융성을 경축했다. (중략) 우리나라는 황조 아마테라스 오미카미가 황손 니니기노 미코토(瓊瓊杵尊)에게 신칙을 내리셔서 여기 도요아시하라 미즈노 구니(豊葦原の瑞穗の國, 일본의 고대 신화에서 일본을 아름답게 일컫는 이름으로 신의 뜻에 의해 곡물이 풍성하며 번창하는 곳이라는 뜻－옮긴이)에 강림하게 하시고, 만세 일계의 천황, 황조의 신칙을 삼가 모시며 영원히 다스리게 하셨다.[69]

황기 2천 6백 년이란 서력에 대항하여 일본 제국의 독자적인 역년을 세우려는 시도에서 초대 진무천황이 나라(奈良) 현의 가시하라 신궁(橿原神宮)에 즉위했다고 여겨지는 해로부터 행사가 개최된 1940년까지를 헤아린 것이었다. 정부는 초대 진무천황의 능묘를 비롯하여 관련 사적을 학술 조사의 명목 아래 정비하는데, 천황가의 조상신이 다카마노하라(高天原)로부터 강림했다는 미야자키(宮崎) 현 다카치호(高千穗)의 산봉우리, 그 후손인 진무천황이 동천(東遷)하여 즉위한 장소라는 나라 현의 가시하라 신궁, 그리고 황조신 아마테라스 오미카미를 모시는 미에(三重) 현의 이세 신궁(伊勢神宮)이 관민을 동원한 캠페인을 통해 크게 선전되었다.[70] 내지의 일본인은 물론이고 만주국 황제 부의와 조선사편수회의 최남선 등 제국의 많은 신민들이 이들 진무천황과 관계된 장소를 방문했다.

쓰다의 기기 비판은 이 진무천황의 실재설을 부정하기 때문에 민간의 우익 세력과 당시의 일본 정부에게는 매우 불편한 주장일 수밖에 없었다. 본래 쓰다의 기기 비판은 근대 서양의 합리주의에 적합하게 천황제를 재생

---

69 文部省 教學局, 《臣民の道》, 1941, 29~30쪽.

70 ケネス·ルオフ, 《紀元二千六百年－消費と觀光のナショナリズム》, 朝日新聞社, 2010, 제3장; 千田稔, 《高千穗幻想－'國家'を背負った風景》, PHP新書, 1991; 高木博志, 〈近代における神話的古代の創造－畝傍山·神武陵·橿原神宮, 三位一體の神武'聖蹟'〉, 《人文學報》 83호, 京都大學人文學研究所, 2000.

시키려는 의도에서 이루어진 것이었다. "쓰다의 기기 비판은 일부 사람들이 오해하는 것처럼 천황제에 대한 파괴적 비판을 기도한 것이 결코 아니며, 오히려 천황제의 정신적 지주를 합리적으로 재편성하고 강화하려는 목적을 지닌 것이었다"[71]는 이에나가의 지적은 매우 정확하다. 그렇지만 전국(戰局)이 불리하게 흘러가는 가운데 천황제 국가를 위한 죽음을 국민들에게 요구하던 일본 제국은 기기의 권위를 전면적으로 긍정할 필요가 있었고, 쓰다의 기기 재해석은 허용하기 힘든 것으로 여겨지게 되었다.

미노다와 같은 국수주의자들만이 천황의 비실재성에 관한 쓰다의 주장을 공격한 것은 아니었다. 사노 마나부(佐野學) 등 천황주의로 전향한 옛 마르크스주의자들 또한 "일본이 이 정도로 국가를 바쳐가며 커다란 전쟁에 종사하고, 그 한가운데에서 동아신질서·동아협동체와 같은 정치적 이념을 발견하여 실현에 매진하려는 순간에 (중략) 동양이란 없다고 발언해야 하는 정치적 의미가 어디에 있는가"[72]라며 쓰다의 단일민족국가론을 비판했다. 서두에서 소개했듯이 이미 메이지 전기에도 천황제를 논한 구메의 논문이 필화 사건을 일으킨 적이 있었다. 당시에는 천황제의 근간을 이루는 신도가 동북아시아 전역에 걸친 습속이라는 해석이 일본의 국체를 모독한다는 이유로 재야의 국학자들에 의한 비판이 일어났었다. 하지만 아시아·태평양전쟁이 벌어지자 외려 구메처럼 기기나 신도를 동아시아 전역을 아우르는 것으로 해석하는 쪽이—대동아공영권의 모든 지역을 떠받치는 논리로서—시국에 적합한 것이 되었다. 야마토 왕권이나 일본 민족만의 텍스트로 기기를 이해하는 쓰다의 견해는 지배적 이데올로기에 거스르는 것으로 비추어졌다.

기기와 신도를 둘러싼 이와 같은 담론의 배치로부터, 다민족제국과 단

71 家永三郎, 《津田左右吉の思想史的研究》, 411쪽.

72 某氏(佐野學), 〈新支那思想原理の諸前提の探求〉, 《公論》 1939년 12월호, 25쪽.

일민족국가의 논리가 일본 제국 내에 병존하면서도 당대의 상황에 따라 우익 단체와 정부가 어느 한쪽을 시대적 사조로 전면에 내세우는 변화가 있었음을 알 수 있다. 쓰다의 출현으로 기기라는 말의 세계와의 일체성에서 해방된 '역사'의 공간이 담론으로서 등장했지만, 이 공간은 다시금 기기의 세계에 삼켜지고 있었다. 물론 자유주의나 마르크스주의를 신봉하던 지식인들이 지금 와서 기기를 실재의 역사로 믿는 것이 그들의 합리적 사유와 얼마나 동떨어져 있는지 몰랐을 리가 없다. 그렇지만 이를 비판하는 것은 사회적, 혹은 육체적 죽음을 의미했다. 이로 인해 기기의 권위는 또다시 망막한 〈그와 같이〉의 영역으로 부상해갔다.

전사(戰死)의 불안에 떨던 국민들은—지식인도 포함하여—만세 일계의 천황이라는 상징에서 죽음의 의미를 적극적으로 발견하고자 했다. 교토학파(京都學派)의 철학자 다나베 하지메(田邊元)는 1939년 봄 교토제국대학에서 행한 강연 〈역사적 현실(歷史的現實)〉에서 학생들에게 "역사에서 개인이 국가를 통해 인류적 입장에 영원한 것을 건설하기 위해 몸을 바치는 일은 생사를 넘어 있다. 스스로 죽음을 자유롭게 선택함으로써 죽음을 초월하는 것 이외에 죽음을 넘을 방법은 없다"[73]며, 피할 수 없는 죽음의 운명을 받아들일 각오를 호소한다. 그리고 제국의 신민들이 자신의 목숨을 바쳐야 할 국가는 구체적으로는 만세 일계의 천황으로 체현된다.

> 무릇 천황의 존위는 그저 민족의 지배자, 종족의 수장에 그치는 것이 아닙니다. 일군 만민·군민 일체의 표현에서 드러나듯 개인은 국가의 통일 속에서 자발적인 생명을 발휘하도록 불가분하게 조직된 채 살아가며 (중략) 이것이 우리나라의 자랑스러운 특색인데 그러한 국가의 이념을 체현

73 田邊元, 《歷史的現實》, 1940(黑田寬一 編, 《歷史的現實》, こぶし書房, 2001, 72~73쪽).

하시는 것이 천황이라고 말씀드릴 수 있지 않을까 합니다.[74]

천황제 국가를 위한 죽음 외에는 다른 길이 없었던 "어두운 시대"[75]에도 어떻게든 이성을 간직했던 자들은 1940년대에 들어서 자신의 사상을 표명하는 것이 불가능해지자 스스로 붓을 꺾기에 이른다.[76] 하니 고로(羽仁五郎)나 이시모다 쇼(石母田正) 같은 마르크스주의 역사학자들이 그러했다. 쓰다 역시 1939년 말에 불경죄로 고소된 이후에는 저작의 공표가 거의 불가능해졌다. 일본 제국의 신민들에게 남겨진 선택지는 죽음의 공동체인 천황제 국가를 적극적으로 선양하든가, 소극적으로 묵인하는 것 이외에는 없었다.

이는 내지의 일본인은 물론이고 피식민자들에게도 마찬가지로 주어진 문제였다. 사카이 나오키는 앞서 본 다나베의 교토제국대학 강연에 식민지에서 온 유학생들도 참석했을 가능성을 시사하고, "제국 안에서 차별받던 소수 집단의 국민으로의 통합을 보증하는 이념을 기리는 수사는, 동시에 일본의 제국주의나 일본이라는 국가의 침략성을 내면화하고 일본인으로서 죽을 준비를 소수 집단 출신의 개인들에게 요구하는 제도를 정당화한다"[77] 라며 다음과 같은 사실을 지적한다.

(다나베의 – 필자) '사생(死生)' 강연이 개최된 1943년에는 이미 많은 수

74 田邊元, 같은 책, 62쪽.

75 한나 아렌트, 《어두운 시대의 사람들》, 홍원표 옮김, 인간사랑, 2010.

76 磯前順一, 〈暗い時代に – 石母田正《中世的世界の形成》と戰後日本の歷史學〉, 磯前/ハリー·ハルトゥーニアン 編, 《マルクス主義という經驗 – 1930~40年代日本の歷史學》, 青木書店, 2008.

77 酒井直樹, 〈〈日本人であること〉 – 多民族國家における國民的主體の構築の問題と田邊元の〈種の論理〉〉, 《思想》 제882호, 1997, 11쪽.

의 대만과 조선의 남성 청년들이 '일본 국민'의 병사로 내몰리고 있었을 뿐만 아니라(지원병 제도가 시행되고 있었으나 조선과 대만에서 정식으로 징병제가 행해진 것은 그 이듬해였다. 다만 여기서 '지원'이라는 단어에 어떤 환상을 가지지 않는 것이 중요하다. 제2차 세계대전 중 일본계 미국인의 대다수가 강제수용소에서 빠져나가기 위해 병역을 '지원'했다는 사실을 떠올리자), '일본인'으로서 '국가'에 목숨을 바칠 것을 요구받고 있었으며 실제로 대만과 조선에서 온 다수의 '천황 폐하의 적자(赤子)'들이 태평양과 아시아 각지에서 죽어갔다."[78]

여기에는 국가 권력에 의한 강제적인 전향에 더해 자발적인 전향의 문제가 존재한다. 1920년대까지 일본의 신도를 조선에서 발생한 것으로서 전유하려 했던 최남선조차도 1935년이 되면 "저는 요 근래 처음으로 이세의 대묘(大廟)에 참배하게 되었습니다만 (중략) (이세 신궁의-필자) 내궁(內宮)에도 외궁(外宮)에도 지성을 다하는 참배객이 천백의 무리를 이루고, 각자의 얼굴에 거룩한 감사의 마음이 가득한 것을 보고는 수희(隨喜)의 눈물이 절로 흐르는 것을 참지 못했습니다"[79]라며 천황제를 지지하는 발언을 하지 않을 수 없는 상황에 내몰렸다. "다른 계통에 속하는 신이라도, 혹은 원래는 일본의 권력에 대항하던 반항적인 태도를 취하던 자라도, 일단 각오를 새롭게 다져서 일본 국가와 일체의 관계를 이루게 되면 그 인민도, 그들의 신도, 일본국의 그것으로써 아무런 거리도 가지지 않을뿐더러, 오히려 그 입장과 위세가 전보다 늘고 빛나게 됨은 역사상의 많은 실례가 말해주고

78 酒井直樹, 같은 글, 12쪽.

79 崔南善, 〈日本の信仰文化と朝鮮〉, 《文教の朝鮮》 1935. 3, 96쪽. 최남선에 관해서는 전성곤, 《日帝下文化ナショナリズムの創出と崔南善》, 제이앤씨, 2005; 심희찬, 〈'방법'으로서의 최남선: 보편성을 정초하는 식민지〉, 윤해동·이소마에 준이치 엮음, 《종교와 식민지 근대》 참조.

있습니다"[80]라며 최남선은 천황가의 영광을 찬미한다.

이러한 시대 상황 속에서 도쿄제국대학 인류학교실의 주임교수 하세베 고톤도(長谷部言人)의 일본 민족론이 등장한다. 형질인류학자였던 하세베는 일본 민족을 단순한 문화적 범주 대신 인종으로서의 생물학적 범주에 다시금 집어넣고 '일본 석기시대인이 곧 일본인'이라는 명쾌한 입장을 내건다.

> 그런데 나중에 도래한 한인(韓人)·한인(漢人) 등과 뒤섞여 혼혈을 낳게 된 사태에 그저 얽매여서 일본인을 우리 스스로가 혼혈 민족으로 여기는 것은 심각한 잘못이며, 대동아 건설의 방침에도 악영향을 줄 것에 틀림없다. 요컨대 대동아 건설을 위해서는 먼저 일본인은 태어날 때부터 대동아의 귀중하고 요긴한 특수성을 가지면서도 주위의 모든 여러 민족과 닮아 있는 동시에 그들과 깊은 친근성을 지닌다는 점, 그리고 그들 모두에 대해 항상 친화와 공평을 가지고 대할 수 있는 점이 일본인 본래의 모습임을 직시하는 것이 중요하다.[81]

하세베의 설이 등장하면서 쓰다가 주창했던 문화론으로서의 단일민족 국가론은 재차 인종론으로 정의되었다. 그리고 하세베의 설이 대동아공영권이 번창하던 시기의 담론이었다는 점에 중요한 의의가 있다. 그와 같은 상황에 관해 인류학사를 연구하는 사카노 도루(坂野徹)는 아래와 같이 설명한다.

> 일본의 식민지〔홋카이도(北海道), 대만, 조선, 미크로네시아 등—필자〕라

80 崔南善, 같은 글, 97쪽.

81 長谷部言人, 〈大東亞建設ニ關シ人類學者トシテノ意見〉, 1942, 企劃院提出(土井章監修, 《昭和社會經濟史料集成 16》, 大東文化大學東洋研究所, 1991, 34쪽).

면 어디든지 크건 작건 간에 일본인의 대량 이민이 진행되었다. 다만 (중략) 대동아공영권을 현실화하기 위해서는 소수자에 의한 다수자의 지배 시스템을 확립할 필요가 있었고, 통치 정책상 현지 주민과의 혼혈아가 계속해서 태어나는 상황은 바람직하지 못한 것으로 여겨졌다. (중략) 만약 일본인과 현지 주민의 혼혈이 대동아공영권의 각 지역에서 증가하게 되면 일본인이 '원주민화'하여 아시아인 안으로 안개처럼 흩어져버릴 위험성이 있었다.[82]

하세베의 논의 또한 쓰다와 마찬가지로 일본 제국이 다민족을 지배하는 정치적 상황을 비판하는 것은 아니다. 그러기는커녕 여러 다양한 민족을 지배하게 된 일본 제국이 "식민지 없는 제국"[83]의 이념을 읊조리는 대동아공영권 내에서 각 민족의 서로 다른 특질을 선명하게 분별하고, 이들을 지배하는 일본 민족의 우월성과 순수성을 긍정하려던 것이었다. 이러한 논의가 쓰다처럼 비판받지 않았던 것은 일본 제국의 타민족 지배를 명확히 지지하면서도 일본 인종의 실재성을 분명하게 주장했기 때문이라 추측된다. 쓰다가 기기 기술의 물리적 실재성을 비판한 것과는 정반대로 하세베의 논의는 일본 인종의 실재를 확신시켜주는 객관적·과학적 담론으로 여겨졌고, 우경화하는 일본 제국 내에서 열렬한 환영을 받았다.

다른 한편 하세베의 논리에 대해 당시 교토제국대학 교수로서 같은 형질인류학자였던 기요노 겐지(清野謙次)는 혼혈을 적극적으로 장려하는 입장, 곧 "여러 인종이 그 장점을 가지고 다른 인종의 단점이나 부족한 점을

---

82 坂野徹, 《帝國日本と人類學者－1884～1952》, 勁草書房, 2005, 448쪽.

83 ピーター・ドウス, 〈植民地なき帝國主義－〈大東亞共榮圈〉の構想〉, 《思想》 814호, 1992. 1930～1940년대의 식민지 없는 일본 제국의 상세한 분석으로서는, Prasenjit Duara, *Sovereignty and authenticity: Manchukuo and the East Asian modern*, Lanham: Rowman & Littlefield Publishers, 2003 참조.

채우기 위한" 종족 해방[84]을 제창하여 하세베를 능가하는 높은 인기를 얻고 있었다. 1940년 전후에 이루어진 하세베와 기요노의 대립은—비록 쓰다의 연구와 저작이 발매 금지 처분을 받긴 했어도—여전히 일본 국민의 아이덴티티가 변함없이 단일민족국민과 다민족국민 사이에서 동요하는 이중 구속의 상태에 있었음을 시사한다. 사카노가 지적하는 것처럼 "하세베처럼 혼혈(동화)을 전면 부정하면 황국의 '신민' 사이에 균열을 일으키고 말 수 있었다. 물론 반대로 (기요노처럼—필자) 혼혈을 무턱대고 강조하면 일본인의 아이덴티티가 붕괴될 위험이 있었던바, 일본인이라는 관념의 통일(통일과—필자) (중략) 당시 대동아공영권의 경영이라는 관점에서 일본인의 혼혈을 둘러싼 문제는 중대한 논점"[85]이 되었던 것이다. 하지만 기요노 역시 통일체로서의 일본인의 존재를 의심한 것은 아니었다. 기요노에게 "일본국이야말로 철두철미한 일본인의 고향이다"[86]라는 전제가 흔들리는 일은 없었다. 그리고 이 일본인의 탁월성이라는 상상력을 뒷받침한 것은 물론 아이덴티티 창출 장치로서의 천황제였다.[87]

84 清野謙次, 《日本人種論變遷史》, 小山書店, 1944, 71쪽.

85 坂野徹, 《帝國日本と人類學者》, 145쪽.

86 清野謙次, 《日本民族生成論》, 日本評論社, 1946(1944 탈고), 4쪽.

87 근대 천황제론에 대해서는, 야스마루 요시오(安丸良夫), 《근대 천황상의 형성》, 박진우 옮김, 논형, 2008; 磯前順一, 〈法外なるものの影で—近代日本の'宗教/世俗'〉, 《喪失とノスタルジア》, みすず書房, 2007; 磯前順一, 〈祀られざる神の行方—神話化する現代日本〉, 《現代思想》 41(16), 2013 등을 참조.

4. 전후 일본과 영웅시대론

1) 전후 일본의 단일민족국가론

한국 문학을 연구하는 김철은 한국에서 2000년대에 방영된 다큐멘터리 프로그램을 통해 "이른바 가미카제(神風) 특공대원으로 전사한 조선인 청년"[88]의 목소리를 듣고 일반적인 한국 사람들이 느꼈을 곤혹감을 다음과 같이 소개한다.

> "(다큐멘터리는—필자) 이 가미카제 대원들이 특별히 의식적인 '친일파'들이라기보다는 조금이나마 더 나은 삶을 위해 군대에 지원하고 끝내는 전장에서 사라져간 당시 식민지 출신의 숱한 평범한 청년들에 지나지 않았음을 보여준다. 일제의 전쟁 동원에 희생된 '동포' 청년의 죽음에 대한 해설자의 동정 어린 목소리를 듣는 한편으로, 시청자들은 '천황 폐하 만세'를 외치는 그 '동포' 청년의 마지막 육성을 함께 들어야 한다. 이 기묘한 착종 위에 다시 '친일(파)청산'의 시선이 겹쳐질 때, 이 다큐멘터리를 시청하는 시청자의 의식은 혼란스러워질 수밖에 없다.[89]

이와 같은 '회색지대'에 위치한 피식민자의 기억이 가져오는 순수한 아이덴티티에 대한 강박관념을 김철은 다음과 같이 묘사한다. "이 욕망과 집착의 다른 한편에는, 박탈과 결손으로 얼룩진 식민지의 기억, 오염과 분열로 가득찬 문화적 잡종으로서의 자화상이 자리 잡고 있다. 이 기억들은 몸에 달라붙어 떨어지지 않는 끈적끈적한 오물들이며 도망치는 순간 다시 당

---

88 김철, 〈저항과 절망〉, 《식민지를 안고서》, 역락, 2009, 249쪽.

89 김철, 같은 글, 251쪽.

도하는 악몽들이다."[90] 이 비순수함에서 벗어나기 위해 오늘날의 한국인들은 결코 현전하지 않는 '민족'의 순수성을 찾아 헤매게 되었다고 김철은 지적한다.

> 이 오염의 기억으로부터 벗어나기 위한 손쉽고도 단순한 방법은, 그것을 '나 아닌 것'으로 명명하는 것, 다시 말해, 그것을 나의 기원으로부터 삭제 또는 단절시키는 것이다. 어떤 오염과 분열이 있을지라도 그것은 일시적인 일탈이나 왜곡이었을 뿐, 순결하고 영원한 '나' (중략) 예컨대, '민족'('민족'이 - 필자) (중략) 존재하는 한, '나'는 분열되지 않을 것이다.[91]

대다수의 일본인은 이처럼 일본 제국이 동아시아의 사람들에게 끼친 가해자로서의 역사가 지닌 무게를 이기지 못하고, 단일민족국가 일본이 본래적이고 건전한 형태라고 굳게 믿으려 한다. 그로 인해 신도란 일본열도에서만 확인할 수 있는 '민족종교'라는 담론이 국내외의 일본 연구나 신도 연구에 횡행하게 되었다.[92] 일본 제국이라는 과거는 단지 민족의 건전함에서 일탈한 시기였으며, 식민지에 설치된 신사도 일본인 지배자들을 위한 '해외 신사'에 불과했다는 강변이 반복된다.[93] 일본인이 과거의 침략을 사죄한

---

90 김철, 같은 글, 255~256쪽.

91 김철, 같은 글, 256쪽.

92 Jun'ichi Isomae & Jang Sukman, "The Recent Tendency to "Internationalize" Shinto: Considering the Future of Shinto Studies," *Asiantische Studien Etudes Asiatiques* LXVI-4, 2012, pp. 1081~1098. 磯前順一, 《閾の思考》, はじめに·序章.

93 嵯峨井健, 《滿洲の神社興亡史 — "日本人の行くところ神社あり"》, 芙蓉書房, 1998; 菅浩二, 《日本統治下の海外神社 — 朝鮮神宮·臺灣神社と祭神》, 弘文堂, 2004. 이러한 해외신사론의 문제점에 관한 지적으로서는 다음 논문을 참조하길 바란다. 青野正明, 〈朝鮮總督府の農村振興運動期における神社政策 — 〈心田開發〉政策に關連して〉, 《國際文化論集》 37호, 桃山學院大學, 2007; 磯前順一, 〈國民國家の幻想を越えるため

다고 해도 그것은 일시적인 잘못에 대한 것이고, 전후에 민족종교로 돌아온 신도와 국민의 문화적 상징인 천황제가 이제 와서 문제될 일은 없다고 생각한다. 구제국주의자들의 전후 내셔널리즘이 꿈틀대기 시작하는 것은 바로 이 지점이다. 침략의 과거에 상처 입은 구식민지의 사람들을 보면서 자신들은 상처 없고 건강하다는 환상을 간직한다. 그리고 전후의 일본인들은 자신들이 종주국의 가해자 입장에 서 있었다는 사실을 잘 인정하지 않는다. 반대로 공습으로 인해 본토가 고스란히 불타버린 경험, 혹은 원자력 폭탄이 히로시마(廣島)와 나가사키(長崎)에 떨어진 경험으로부터 피해자 의식을 불러낸다.[94]

여기에는 전전(戰前)의 제국에 대한 역사적 책임을 방기하고픈 인식으로부터 전후의 단일민족국가가 긍정되는 심리적 통로가 존재한다. 전후 일본 사회의 이러한 상황을 고려하면 쓰다의 단일민족국가론이 전시기(戰時期)와는 일변하여 높은 평가를 받게 된 이유도 금세 이해가 갈 것이다. 발매금지였던 쓰다의 저작은 전후가 되고 얼마 지나지 않아 다시 간행된다. 이와나미서점은 1948년부터 1950년에 걸쳐 그때까지의 고대사 관련 저작들을 《일본 고전 연구 상·하(日本古典の研究 上·下)》로 재편집하여 발행한다. 이에나가가 지적한 것처럼 개정 작업을 통해 "전전판에서 천황이 신이라는 사상의 존재를 인정했던 점을 전후판에서는 대폭 수정하고", "인민의 관점에서 황실 존경과 친애의 사실을 강조"하는 변경이 더해졌다.[95]

に〉; 졸고, 〈식민지 조선과 종교 개념에 관한 담론 편성〉, 224~240쪽; 中島三千男, 〈'海外神社'研究序說〉, 《歷史評論》 602호, 2000; 磯前順一, 《記紀神話のメタヒストリー》, 62쪽.

94 磯前順一, 〈無垢なるナルシシズム―《はだしのゲン》と戰後日本の平和主義の行方〉, 《《はだしのゲン》を讀む》, 河出書房新社, 2014.

95 家永三郎, 《津田左右吉の思想史的研究》, 568~569쪽. 전후 일본의 정치적 문맥 속에서 쓰다가 차지하는 사상적 위치에 관해서는, 道場親信, 《占領と平和―〈戰後〉と

그렇지만—김철이 한국인의 아이덴티티에 던지는 물음과 마찬가지로—대체 순수한 일본인이란 누구를 말하는 걸까? "1945년의 이른바 '해방' 이후 한국 사회에서 '일본'은, 새로운 국민적 통합을 위해 없어서는 안 될 존재(였)다. '일본'이라는 '절대악'의 존재에 반사되는 '순결하고 선량한 나'의 모습. 이 자화상이야말로 전쟁과 독재와 부패로 얼룩진 한국인의 곤비한 삶을 견디게 하는 강력한 위안물이(었)다. 그 자화상이 비록 환각에 지나지 않는 것임을 어렴풋이 알게 되었다 할지라도, 그 환각으로부터의 깨어남보다는 차라리 그 속에서의 달콤함을 택하는 것이 훨씬 편한 상태"[96] 라는 문장에서 '해방'을 '패전'으로, '한국'을 '전후 일본'으로, '일본'을 '제국 일본'이나 '군국주의'로 고쳐보면, 김철의 지적은 한국인의 욕망뿐만 아니라 제국의 지배자는 물론 그 누구도 달아날 수 없는 아이덴티티의 병리를 날카롭게 도려내는 것임을 알 수 있다.

다수자들이 순수한 존재가 되기 위해서는 불순한 것으로 상상되는 소수자를 끊임없이 만들어낼 필요가 있다. 이는 그저 소수자를 분리해내면 되는 것이 아니며, 다수자가 다수자로 되기 위해서는 항상 새로운 소수자를 만들어야 한다. 그리고 이는 동시에 다수자에게 다수자가 되고픈 욕망을 주입한다. 일본 제국 또한 피식민자에 대한 착취를 통해 일등 국민이라는 일본 민족의 자의식을 얻을 수 있었다. 그런데 피식민자들에게 제국의 일원으로서 귀속감을 느끼게 하기 위해서는 동일한 제국 신민의 아이덴티티를 그들에게 부여할 필요가 있었다. 일본 제국이 성립하려면 평등과 차별의 원리가 동시에 기능해야만 했다. 이 두 원리를 상호 보완하며 분담하는 다민족제국론과 단일민족국가론이야말로 제국 이데올로기의 양대 축을 이루었던 것이다.

いう經驗》, 青土社, 2005, 7·9장 참조.

96 김철, 앞의 글, 253~254쪽.

쓰다의 단일민족국가론은 이와 같은 상황에서 일본인이 동아시아의 여타 민족과는 다른 탁월한 민족이라는 나르시시즘적 감각을 피식민자들로 둘러싸인 제국의 지배자 일본 민족에게 부여했다. 그리고 식민지를 상실한 전후에는 자신들이 순수하고 탁월한 일등 민족이라는 나르시시즘을 온존시키는 역할을 담당했다. 이 나르시시즘은 제국 내부의 식민지와의 관계로부터 이제 외부에 독립한 다른 국민국가들과의 관계에서 환기된다. 전후의 단일민족국가는 제국주의 시대에 그랬던 것처럼 내부에 존재하는 자국민으로서의 이민족과 마주할 필요가 없어졌기에, 자민족을 자화자찬하는 나르시시즘에 제동을 걸 수 없는 상태에 빠지고 말았다. 적어도 근대 일본에서 이 순수성의 욕망을 만들어온 것이 천황제라는 점은 의심의 여지가 없다. 천황가에 대해 쓰다는 다음과 같이 말한다.

> 오늘날의 표현으로 말하자면 황실은 국민의 내부에서 민족적 통합의 중심점, 국민적 단결의 핵심을 이루는바 국민의 외부에서 그들에 군림하는 것이 아니며, 그 관계는 혈연으로 이어진 일가의 친밀감이지 위력을 통한 압복과 복종이 아니다. 황실이 만세 일계인 근본적 이유는 여기 있으며, 국민적 단결의 핵심이므로 국민과 함께, 국가와 함께 영구할 것이다.[97]

위의 인용문은 다이쇼기에 쓰인 것이지만 쓰다의 이러한 입장은 전후에도 변함이 없었다. 그리고 이미 논한 것처럼 구메나 가케이 등 전전의 다민족제국주의자의 천황제 서술 역시 "이것만큼은 결코 타국에 없는", "만세일계의 황통"[98] 등의 표현에서 알 수 있듯이 쓰다의 주장과 별반 다를 것이 없었다. 단일민족국가와 다민족제국주의 가운데 어느 쪽을 지지하건 간에,

---

97 津田左右吉, 《神代史の新しい研究》, 1913(《津田左右吉全集 別券 1》, 123쪽).

98 井上哲次郎, 《國民道德槪論》, 81·49쪽.

이들 근대 일본의 국민국가를 떠받치던 신념과 제도의 중핵에 계속해서 자리 잡고 있던 것은 바로 천황제였다.

주지하듯이 전후 일본 사회는 냉전기 미합중국의 극동 전략에 포섭되었고, 쇼와 천황의 전쟁 책임은 의도적으로 회피되었다. 그 대신 A급 전범이 처벌을 받음으로써 대부분의 국민들에게는 전쟁에 관한 책임이 없다고 생각하는 것이 가능해졌다. 천황제는 오늘날에 이르기까지 무구한 국민이라는 환상을 지켜주는 이데올로기 장치로서 중요한 역할을 계속해오고 있다. 전후 일본의 이와 같은 인식에 대해 영상 작가 모리 다쓰야(森達也)는 "전쟁은 일부 지도자의 의지만으로 시작되는 것이 아니다. 그들을 지지하는 국민과의 상호작용이 필요한 것이다. 전쟁을 A급 전범에게만 억지로 떠맡겨서는 안 된다. 우리들은 피해자이면서 가해자의 후손인 것"[99]이라며 비판을 가한다. 다만 이러한 비판은 현재의 일본 사회에서는 한낱 소수 의견에 불과하다.

오늘날 대다수의 일본인은 A급 전범을 합사하지 않는 한, 수상의 야스쿠니 신사(靖國神社) 참배는 그리 문제될 것이 없다고 느낀다. 혹은 수상의 야스쿠니 신사 참배가 헌법에 위배된다고 생각하는 경우에도, 메이지 신궁이나 이세 신궁을 참배하는 것에 대해서는 그것이 정교 분리의 헌법 규정에 어긋나는 것임을 알지 못한다. 원자력 폭탄이 떨어졌던 히로시마의 평화기념공원 부근에는 야스쿠니 신사의 지방분사(地方分社)에 해당하는 호국 신사가 있는데, 이 두 건조물이 매우 가까운 거리에 위치하면서 히로시마 시가지에 공존하는 점에 의문을 품는 사람은 거의 없다. 의문은 고사하고 천황제의 비호 덕분에 전후의 전쟁 반대에 대한 맹세를 지킬 수 있었던 것이라며 두 건조물의 관련을 적극적으로 주장하는 경향이 힘을 얻고 있

99 森達也, 〈(あすを探る社會)我々は加害者の末裔である〉, 《朝日新聞》, 朝刊 2014. 1. 30.

다. A급 전범을 이질적인 타자로 배제함으로써 자신들과 천황을 순수한 일본 민족의 본체로 치켜세우려는 순수성의 병리를 여기에서 분명히 확인할 수 있다. 그래서 많은 국민들은 결혼식과 정월의 하쓰모데(初詣, 정월 첫날에 신사나 절을 찾아 참배하는 풍습－옮긴이)를 천황가와 관련이 있는 신궁에서 행하는 것에 별다른 위화감을 느끼지 않는다.

쓰다의 학문이 이러한 전후의 사회 상황 속에서 단일민족국가의 내셔널리즘을 지탱하는 이데올로기적 지주로 부상했다는 것은 쉽게 추측할 수 있겠다. 전후의 지배적 사조 아래 일본의 근대는 민주주의로 일관된 사회라 논해지고, 쓰다의 사상이 등장했던 다이쇼기는 전후 민주주의의 선구로서 높게 평가된다. 그와 동시에 쓰다가 탄압을 받았던 전시기는 민주주의의 이념에서 일탈한 시기로서 부정된다. 하지만 여기에는 자유주의적 민주주의가 가져온 자유가 국내외의 식민지 및 소수 집단에 대한 차별과 착취 없이는 존립할 수 없었다는 점에 대한 인식이 결정적으로 누락되어 있다. 따라서 우리가 물어야만 하는 것은 단일민족국가주의와 다민족제국주의 가운데 어느 것이 옳은가라는 질문이 아니라, 국민이라는 수평의 공동체, 곧 '동질하고 공허한 시간'이 관통하는 상상의 공동체가 스스로 껴안을 수밖에 없는 배제와 차별의 구조이다.

더군다나 오늘날까지 '상기(imagine)'되어온 근대 일본의 사회는 앤더슨이 말한 신이 부재하는 시대의 '공허한 시간'에 의해 구축된 것도 아니다. 이러한 공공의 공간에 인간이 포섭되기 위해서는 일시동인(一視同仁)이라는 천황의 시선에 사로잡힐 필요가 있었다.[100] 국민의 상징인 천황의 눈길이 닿는 것을 통해 그 시선의 대상이 된 자들은 일본 국민으로서 사회적 권리를 부여받는 동시에 균질한 공간에 수용되어갔다. 그리고 여기서 비국민

---

100 喜安朗,《天皇の影をめぐるある少年の物語－戰中戰後私史》, 刀水書房, 2003, 3장.

으로 배제되는 사람들이 동시에 생겨났다. 이는 국민은 자유로운 존재, 비국민은 자유롭지 못한 존재라는 점만을 단순히 의미하는 것이 아니다. 국민 또한 일본 민족의 아이덴티티에 동화되어야만 비로소 어느 정도의 자유를 누릴 수 있다는 점에서는 자신이 가진 잠재적 가능성(potentiality)[101]을 박탈당하고 있는 것이다. 참고로 아감벤 등이 논하는 잠재적 가능성이란 아이덴티티를 부여받아 역사적 문맥 속에 고정되는 과정 자체를 탈구시킬 능력을 의미한다. 이는 타자에게 승인받고 유능한 국민이 되고자 하는 욕망으로부터 자신을 떼어내는 삶의 방식을 가능성으로 제시한다.

물론 국민의 내부에서도 지역공동체나 종교, 또는 직장 등을 통해 다수 집단과 소수 집단의 격차는 무한히 재생산된다. 그러나 일본 사상사가 마루야마 마사오(丸山眞男)가 "자유로운 주체 의식이 없고, 각 개인이 행동의 제약을 자신의 양심 안에 가지지 못한 채 보다 상급자(즉 궁극적 가치에 가까운 것)의 존재에 의해 규정된다"[102]고 평한 것처럼, 유일한 예외인 천황을 지지함으로써 국민들의 아이덴티티도 순진무구한 예외적 존재로서 자기를 긍정하게 되었고, 배제나 차별은 어디에서도 찾아볼 수없는 조화로운 '수평의 공동체'를 상상하는 일이 가능해졌다. 이 나르시시즘에 가까운 국민 공동체에 불편함을 가져다주는 제국의 과거나 구식민지의 존재가 배외주의적 적의의 대상이 되는 것은 당연하다. 결코 현전하지 않을 수평의 공동체라는 환상에 동화된 국민들은 자신들이 소수 집단이나 구식민지의 사람들을 배제하고 있다는 사실, 나아가 자신들의 잠재적 가능성 역시 배제된 채 포섭되어왔다는 현실을 인정하려 들지 않는다.

---

101 잠재적 가능성에 대해서는, ジョルジョ·アガンベン, 〈バートルビー—偶然性について〉, 1993(《バートルビー—偶然性について》, 高桑和巳 譯, 月曜社, 2005) 참조.

102 丸山眞男, 〈超國家主義の論理と心理〉, 《增補版 現代政治の思想と行動》, 未来社, 1956~1957/1964, 25쪽.

이제 쓰다의 중국 멸시는 전후 일본의 국민국가 유지에서 빼놓을 수 없는 상상력의 회수로(回收路)가 된다. 여러 번 언급했듯이 앤더슨은 국민국가를 '상상의 공동체'로 표현하는데, 쓰다의 담론에서 천황제에 매개된 일본의 국민국가와 이를 둘러싼 상상력의 행방을 확인할 수 있는 것이다. 이는 천황제 국가의 역사적 흔적이 새겨져 있는 구식민지에서 그 반동으로 나타나는 단일민족국민국가에 대한 과도한 환상과도 관련이 있을 것이다.

실제로 전시기에 쓰다로부터 가르침을 받았던 한국인 역사가 이기백은 《민족과 역사》(1975)에서 "외래 문화도 새로운 문화의 창조에 공헌 (중략) 하는 것으로 비로소 민족문화의 전통을 더욱 빛나게 할 수 있다"[103]며 민족문화가 외래 문화와의 상호 관계 속에서 형성됨을 논한다. 이기백의 글에서는 역사적 변화체로 민족문화를 파악하는 시점과 "한국 내지 동양이 후진적 사회임은 명백하다"[104]며 일본을 예외로 보는 동아시아 정체사관을, 즉 쓰다 역사학과의 연관성을 발견할 수 있다. 쓰다 역사학의 단일민족국가론을 해방 후의 한국에 도입하여 다민족제국의 지배라는 식민지주의의 그림자에서 벗어나려 하면서도, 거기에 달라붙어 있는 정체사관까지 자신의 담론에 집어넣고 말았던 구식민지 출신 역사학자의 갈등을 여기서 볼 수 있는 것은 아닐까?

단일민족국가는 결단코 다민족제국주의로부터 해방된 것이 아니다. 그래서 동아시아의 단일민족국가론을 다민족제국주의나 탈식민지주의와의 관계에서 재정립할 필요가 있다. 오늘날의 상황에서 쓰다의 담론은 식민지주의에서 해방된 단일민족국가의 이데올로기를 완성시키는 모범이 아니라, 단일민족주의에 잠재된 식민지주의적 욕망을 분명히 파악하기 위한 분

---

103 이기백, 《민족과 역사》, 일조각, 1997.

104 이기백, 같은 책. 이기백과 쓰다의 관계에 대해서는 이성시 선생님으로부터 가르침을 얻었다.

석 재료가 되어야만 한다.

2) 영웅시대론과 주체성

쓰다에게 단일민족이라는 균질한 국민국가의 내부는 조화로 가득 찬 것이었다. 거기에 대립이나 갈등은 존재하지 않는다. 물론 공공성도 발달할 수 없다. 이에 대해 쓰다는 고대의 서사문학 부재를 예로 들어가며 다음과 같이 설명한다.

> 고대의 우리 민족에게는 공공 생활이 없었고, 또한 이민족과의 접촉도 없었기 때문에 민족정신이 긴장할 일도 없었다. 모든 국민을 흥분시킬 만한 전쟁도 없었고 따라서 국민적 영웅이라 부를 만한 인물도 나타나지 않았던바, 국민을 감동시키는 설화의 면면도 없을뿐더러 그런 설화를 낳을 정도의 고조된 정신도 없었다. (중략) 그러므로 문자가 없던 상대에는 시가와 문장을 구비하여 전송되는 서사시 같은 것이 태어나지 못했다."[105]

쓰다는 전투의 기억인 서사문학의 부재는 일본 국민성의 온화함을 나타낸다고 한다. 이는 천황과 호족의 관계에서도 나타나는데, 천황제의 존속 자체가 일본의 조화로운 공동성을 증명하는 존재라고 적고 있다.

> 우리 조상들은 개인으로서나 민족으로서나 생활 면에서 심각한 결핍, 혹은 고통을 느끼지 못할 만큼 부족함 없는 토지에 살았으므로, 결핍을 보충하고 고통을 없애서 생활의 내용을 풍부하게 하려는 노력의 염원이 희박했고, 스스

105 津田左右吉, 《我が國民思想の研究 貴族文學の時代》, 文庫版 제1권, 48~49쪽.

로 자신의 문화를 개발하려는 힘도 약했다. (중략) 많은 호족들이 기꺼이 우리 황실에 귀복했기 때문에 황실과 여러 씨족 사이에는 친화적 관계가 성립했다. (중략) 일반 국민을 보면 국가의 통일조차도 그들의 실제 생활에 어떤 커다란 변동을 주지는 못했던 것 같다.[106]

이에 반해 마르크스주의 역사학자 이시모다 쇼(石母田正)[107]는 1943년에 발표한 〈우쓰호모노가타리 각서: 귀족 사회의 서사시로서(宇津保物語の覺書—貴族社會の叙事詩としての)〉에서 쓰다의 견해에 대립하면서 고대 일본의 영웅시대의 존재를 아래와 같이 말한다.

영웅은 자신이 속한 사회 집단을 전체적으로 대표하기에 그 집단의 정열과 윤리와 결점조차 체현해야만 하는데, 이러한 영웅은 그 집단 자체가 객관적으로 보아 전진적인 역사적 사명을 짊어지고 낡은 구조와 대립하는 단계, 그리고 내부적 대립이 아직 전체를 퇴폐시키지 않은 역사적으로 젊은 집단에서만 태어난다.[108]

쓰다와 같은 영웅시대 부재론이 지시하는 균질적이고 조화로운 공동체의 내부는 인간관계나 공동체가 본래적으로 내포할 수밖에 없는 긴장 관계

106 津田左右吉, 같은 책, 31쪽.

107 이시모다에 관해서는 磯前順一, 〈暗い時代に〉; 〈歷史的言說の空間－石母田英雄時代論〉; 《記紀神話のメタヒストリ－》; 〈日常というリアリティ－石母田正, 《歷史と民族の發見》〉, 《喪失とノスタルジア》; 〈石母田正と敗北の思考－1950年代における轉回をめぐって〉, 安丸良夫·喜安朗 編, 《戰後知の可能性－歷史·宗教·民衆》, 山川出版社, 2010 참조.

108 石母田正, 〈宇津保物語の覺書－貴族社會の叙事詩としての〉, 1943(《石母田正著作集 11》, 岩波書店, 1990, 34~35쪽).

를 그들의 외부로 방출한다. 이러한 관점에서는 내부를 균질적으로 만드는 행위 그 자체가 폭력성을 띠게 된다. 내부를 균질적으로 만들기 위해서는 외부와의 사이에 경계선을 긋고 공동체에 적응하지 못하는 자를 타자로서 외부로 몰아낼 필요가 있다. 그리고 내부의 질서에 복종하는 자들만이 공동체의 구성원으로 승인받는다. 이와 같은 논리적 귀결을 암묵리에 포함하는 쓰다의 논의는 타자의 철저한 배제와 내부 구성원의 동화라는 단일민족 국가 성립을 위한 이론적 전제를 암시한다.

한편 다민족제국은 언제나 이민족들과의 긴장 관계를 내포하기에 끊임없이 상기되는 전투의 기억이 영웅시대로 결정화(結晶化)된다. 이는 일본제국의 내지와 외지 사이에서만 벌어진 일이 아니라 과거의 역사를 보아도 이즈모 민족과 야마토 민족 등, 근대에 들어서 내지로 간주된 지역에서도 이민족 간의 충돌은 계속 반복되고 있었다. 이것이 천황가를 중심으로 한 천손 민족에 의해 일본 민족으로 통일되었다는 것이 제국주의자들이 그린 일본의 영웅시대였다. 이러한 통일 과정에서 전투의 기억이 영웅 서사문학으로 이어져갔다는 것이다. 가령 경성제국대학의 교수였던 국문학자 다카기 이치노스케(高木市之助)는 1933년에 발표한 논문 〈일본 문학의 서사시 시대(日本文學における叙事詩時代)〉에서 헤겔을 따라 영웅시대의 특질을 다음과 같이 정의한다.

> 영웅시대에는 그 전후 시기와 비교하여 여러 씨족 또는 여러 민족 간에 격렬한 접촉이 있었으며 때때로 원정이나 이주가 행해졌는데, 그러므로 전투는 시대를 특징짓는 가장 중요한 영웅들의 소임이었다. 의욕적인 기백이 행동적 영웅시대를 입증하는 최고의 특질이었음은 따로 설명할 필요도 없을 것이다.[110]

나아가 다카기는 고대 일본의 영웅시대의 존재에 대해서 "우리나라의 역사와 전설에서 이러한 영웅시대를 추측해보는 것, 자세히 말해보자면 기기의 내용을 이루는 스사노오노 미코토(素戔嗚尊)나 진무천황, 야마토 다케루노미코토(日本武尊)의 시대를 사실로, 혹은 전설로 여기고 여기에서 당시의 사회 기구나 주종 관계 또는 그 외의 습속과 함께 영웅시대의 모습을 그려보는 것은 불가능하지 않을 것이다"[110]라고 단언한다. 이에 반해 처음부터 일본 민족이라는 균질한 통일체의 존재를 전제하는 쓰다는 영웅시대의 존재를 인정하지 않았다. 제국 일본 안에서 기기라는 똑같은 텍스트가 영웅시대의 존재 여부에 관해서는 서로 대립하는 해석을 낳았던 것이다.

다른 한편 마르크스주의자였던 이시모다는 일본 민족이 다민족을 지배하는 제국주의를 명확히 부정하면서도 다민족제국에 편재하는 민족 간의 긴장 관계를 일본 민족의 내부에 끌어들인다. 이시모다는 제국주의를 긍정하는 다카기의 논의를 받아들이고 이를 계급 대립의 시점에서 일본 민족의 내부에 도입했던 것이다. 이로 인해 일본 민족의 내부는 이질화되고 외부와의 경계선은 활짝 열리게 된다. 다른 민족에게 긴장 관계를 강요함으로써 자기의 내부를 안정시키는 것이 아니라, 도리어 자기의 내부에도 타자와 같은 긴장과 갈등을 집어넣음으로써 내부와 외부, 조화와 갈등의 이분법을 탈구시키는 것이다. 이시모다는 이를 영웅시대라 불렀다.

이시모다는 '반성적 개인'이 "농촌 사회에서 해방된 귀족층에 성립할 것"이라며, '반성, 회의, 비평, 객관적 시야'를 지닌 귀족층과 '집단적 성격'

---

109 高木市之助, 〈日本文學における叙事詩時代〉, 1933(《高木市之助全集 1 吉野の鮎·國見攷》, 講談社, 1976, 92쪽). 쓰다와의 대립 관계에 관해서는 高木市之助, 《國文學50年》, 岩波新書, 1967, 9쪽 참조.

110 高木市之助, 같은 글, 91쪽.

이 강한 '농촌 사회'의 교섭을 통해 그 반성적 비평성이 '공적, 공동적 의식'으로 이어져갈 것이라 보았다.[111] 그리고 이러한 영웅적 주체의 전형을 《헤이케 모노가타리(平家物語)》〔13세기에 성립한 대표적인 중세문학으로서 불교적 세계관에 근거하여 절대적인 권력을 손에 넣었던 다이라씨(平氏) 집안의 흥망성쇠를 그렸다-옮긴이〕에 등장하는 인물 군상에서 찾는다.

> 우리들은 갑자기 태양이 번쩍이는 산야에서 벌어지는 인간과 집단의 격렬한 격투의 무대로 끌려간다. 강인한 육체, 용기, 기략, 개인을 넘어선 집단의 생명과 이를 위한 자기희생은 헤이케 모노가타리를 창조한 새로운 중세적, 도고쿠(東國)적 영웅의 전형적 성격인바, 이는 왕조 말기의 퇴폐한 개인주의, 겁나(怯懦), 무기력의 사회에서는 존재할 수 없었던 인간 형태이다.[112]

여기에서 같은 단일민족주의의 입장을 취하는 쓰다와 이시모다 사이에도 인간의 주체성에 대해서는 근본적인 이해의 차이가 존재했음을 확인할 수 있다. 쓰다와 이시모다의 이러한 대립은 전전의 제국 시절을 넘어 단일민족국가를 표면적으로 내세우는 전후에도 계속되었다. 쓰다는 우연성에 관한 논의를 통해 자신의 영웅시대 부재론을 전개한다.

> 객관적 사실로서 훗날 뒤돌아보면 예측대로 흘러가지 않은 것은 그럴 수밖에 없었던 필연의 이치에 따른 것이지만, 생활하는 사람에게는 (중략) 어디까지나 우연에 불과한 것이다. 게다가 이러한 우연은 다음 우연을 낳는다. 이렇게 생각하면 사람이 하는 일, 세상에 일어나는 일은 모두 '우연'의 연

111 石母田, 〈宇津保物語の覺書〉, 15·18쪽.

112 石母田, 같은 글, 34쪽.

속이라고 볼 수 있다.[113]

쓰다가 말하는 '우연'이란 완전히 필연에서 벗어난 세계를 가리킨다. 그는 인간의 '자유'라는 개념에 대해—"결박에서 벗어나 구속받지 않는다는 의의"는 공유하지만—"도덕에 기초한 (중략) 가르침에 따라 행동하는" 서양 기독교적 이해와는 달리 일본에는 "구속받지 않은 채 자기 마음대로 삶을 보낸다"고 하는, "일반인의 생활 태도로 승인하기 어려운" 의미가 있다고 분석한다.[114] 이에 대해 이시모다는 '필연'과 '우연'은 대립을 이루며 필연 속에 존재하는 자유를 손에 넣기 위해 인간의 주체적 의지와 행동이 있다는 주장을 펼친다. 모든 것이 우연에 불과하다면 인간이 의지를 가질 필요도 없어진다는 것이 이시모다의 생각이었다.

> 성립의 조건이 그대로 존속의 조건이 되는 것은 아니다. 왜냐하면 그 조건이 붕괴된 후에도, 혹은 붕괴된 후에 비로소 인간의 필사적 노력이 시작되기 때문이다. 이 노력이 정치라고 생각한다. 이러한 노력의 성불성, 즉 조건과 노력의 경합이 존속의 문제를 결정한다. (중략) 우연을 필연으로 해석해버리면 역사는 죽을 뿐이다.[115]

"우연이 최대한의 생명을 가지고 약동하는 장소=법칙,"[116] 여기에 인간의 주체적 의사가 개입할 가능성이 생겨난다. 이와 같은 이시모다의 영웅

---

113 津田左右吉, 〈必然·偶然·自由〉, 1950(《津田左右吉全集 20》, 1965, 14쪽).

114 津田左右吉, 〈自由といふ語の用例〉, 1955(《津田左右吉全集 21》, 1965, 80·82·84쪽).

115 石母田, 《中世的世界の形成》, 岩波文庫, 1946(1944 탈고), 283쪽.

116 石母田, 같은 책, 283쪽.

시대론에 대해 같은 마르크스주의 진영에서도 천황제적 제국주의에 말려들고 말 위험성이 높다는 비판이 가해졌다.[117] 이시모다의 논의는 천황제의 근간을 이루는 기기에서 민족 주체성의 흔적을 찾고 있기에, 목적 여부를 떠나 천황을 다시 한 번 영웅의 전형으로서 전면에 나서게 할 위험성을 지니고 있다는 비판이었다. 확실히 다카기에서 이시모다로 이어지는 영웅시대론의 계보를 고려하면, 이 점에서도 제국주의와 단일민족주의의 차이는 종이 한 장 정도에 지나지 않음을 알 수 있다. 이시모다처럼 천황으로 체현된 민족의 의지를 개인 단위로 그 역점을 이동시키면, 제국주의에 내장된 식민지 지배의 폭력은 자민족의 내부를 넘어서 개인이라는 주체의 내부로까지 기어든다. 그 폭력을 자신의 문제로서 감수할 수 있는가, 아니면 자신과는 무관한 것으로 치부하는가에 따라 전후 민주주의의 활용법도 정반대의 결과를 낳게 된다.

이와 같은 "폭력의 예감"[118]을 쓰다처럼 자신의 주체 외부로 내몰면, 결과적으로 폭력 없는 공동체를 일본이라는 단일민족사회의 내측에서 상상할 수 있게 된다. 바로 여기에 상징천황제를 국시로 하는 전후 일본의 국가체제가 많은 '일본인'들에게 압도적인 지지를 받아온 연유가 있다. 국민들은 폭력조차 내포한 개인의 주체적 의사를 방기하고 천황이 상징하는 단일민족국가에 자발적으로 복종함으로써 온순하고 조화적인 국가 공동체를—전전의 제국주의 대신—보지하려 한다. 마치 이 공동체 안에 배제된 비국민이나 소수 집단이라는 이름의 타자는 존재하지 않으며, 하물며 "포섭하는 동시에 배제하는"—"외부는 내부의 배제일 수밖에 없고 내부는 외

---

117 北山茂夫, 〈日本における英雄時代の問題に寄せて〉, 1953(上田正昭 編, 《論集日本文化の起源 2》, 平凡社, 1971); 原秀三郎, 〈日本における科學的原始·古代史研究の成立と展開〉, 《歷史科學大系 1》, 校倉書房, 1972.

118 도미야마 이치로(富山一郎), 《폭력의 예감》, 손지연 외 옮김, 그린비, 2009.

부의 포섭일 수밖에 없는"—[119]성질의 국민화 따위는 없다는 식으로 말이다.

참고로 쓰다의 영웅시대 부재론을 천천히 뜯어보면 "민족정신이 긴장할 일도 없었"기 때문에 "고대의 우리 민족에게는 공공 생활이 없었"다는 기술에서 일본의 공공성 결여에 대한 비판적 뉘앙스를 읽어낼 수 있다. 지금까지 보아온 쓰다의 논의에 따르면 공공성의 부재는 '국민'을 결여한 '민족'기의 상황으로서, 근세 이후에 '국민'이 형성되면 일본에서도 공공성이 확립한다. "쓰다 소키치는《우리 국민사상의 연구(我が國民思想の硏究)》(1916~1921)에서 공공적 국민론이라 할 수 있는 국민론을 전 4권에 걸쳐 전개했는데 (중략) (이를—필자) 진정한 '국민'은 '공공'성의 획득과 함께 성립한다는 관점에서 전(全) 역사를 비판적으로 검토한 것"[120]으로 간주하는 이와사키 노부오의 해석은 쓰다의 공공성 이해를 정확하게 파악한 것이라 할 수 있다.

하지만 그럼에도 쓰다는 조화적 공동체라는 영웅시대가 부재하기에 생겨나는 일본적 특질을 포기하지 않는다. 이에 관해 쓰다는 다음과 같이 논한다. "다행히도 우리나라는 대륙 세력의 영향을 직접 받지 않는 곳에 위치한 섬나라이므로, 특히 정치적 독립에 상처를 입는 일은 이전부터 없었다. 여기에 국민 최대의 긍지가 있다. (중략) 언제나 수입 시대, 모방 시대가 먼저 있고 그 후에 긴 시간에 걸쳐 서서히 국민화가 이루어진다. (중략) 다만 민족 생활의 근거가 단단히 확립해 있어서 (중략) 특색 있는 국민 문화가

---

119 조르조 아감벤, 《남겨진 시간: 로마인들에게 보낸 편지에 관한 강의*Il tempo che resta: un commento alla Lettera ai Romani*》, 강승훈 옮김, 코나투스, 2008; ジョルジョ·アガンベン, 《開かれ—人間と動物》, 平凡社, 2004, 59쪽.

120 岩崎信夫, 〈津田左右吉の中國·アジア觀について〉, 《史潮》39호, 1996, 50쪽.

반드시 그 사이에 발전한다."[121] 온화한 '민족'적 특질이 영웅 자체의 결여로 인해 보존되었기 때문에 중국이나 서양과는 다른 공공성이 '국민 문화'로서 근대에 확립할 수 있었다는 것이다. 그리고 이러한 일본 국민의 공공성을 체현하는 것이 천황제임은 두말할 나위도 없다. 쓰다의 천황제에 대한 발언을 한 번 더 확인해두자.

> 그와 같은 민족이 어떤 시기에 우리 황실 아래로 통일되었다. (중략) 지방적 소군주는 대개 극심한 저항 없이 복종했고, 그 대부분은 예전 그대로 호족으로서 지배하의 토지와 인민을 소유했던 것 같다. (중략) 대체로 한 번 통일된 이후에는 많은 호족들이 기꺼이 우리 황실에 귀복했기 때문에 황실과 여러 씨족 사이에는 친화적 관계가 성립했다. 그래서 황실이 고압적인 태도로 그들을 억압하는 일도 그다지 없었다. (중략) 조금 시간이 지난 뒤에 성립한 것이긴 하나 황실의 본원을 설명하기 위해 만들어진 신대사가 (중략) 황실이 모든 씨족의 종가로서 이들과 같은 조상과 혈통을 가진 국민이라는 일대 가족의 내부에서 그 핵심을 이룬다 하고, 황실의 위엄을 강력히 내비치기보다는 친애의 정을 주로 논하는 것도 역시 이러한 실제의 상태에서 비롯된 것이리라.[122]

공공성이 확립하기 위해선 개인과 공동체 간의 대립이나 긴장 관계라는 폭력으로 전환할 수도 있는 윤리적 계기가 필요하다는 점을 쓰다는 조금도 고려하지 않는다. 내가 곧 너라는 경계선 없는 세계가 천황의 품속에서 망막하게 펼쳐질 뿐이다. 이러한 폭력의 자각을 빠트린 공동체에 대해 프랑스의 철학자 자크 데리다(Jacques Derrida)는 아래와 같은—일본의 단일민

---

121 津田左右吉, 《我が國民思想の研究 貴族文學の時代》, 文庫版 제1권, 46~47쪽.

122 津田左右吉, 같은 책, 38~39쪽.

족국가론을 생각하는 데도 매우 유용한—지적을 한다.

> 담론이 근원적으로 폭력적이라면 담론은 스스로 폭력을 가하고 스스로를 부정함으로써 스스로를 확립할 수밖에 없다. (중략) 이와 같은 의미로서 (중략) 투쟁은 가능한 한 최소한의 폭력이며 최악의 폭력을 억제하는 유일한 방법이다. 즉 원시적이며 논리 이전에 속하는 침묵의 폭력, 낮의 반대조차 되지 못하며 상상할 수도 없는 밤의 폭력, 비폭력의 반대조차 되지 못하는 절대적 폭력의 폭력, 그러니까 순수 무 혹은 순수 무의미를 억제하는 유일한 수단 말이다.[123]

폭력에 대한 이러한 무자각이 보다 열등한 폭력을 낳는다고 한다면, 쓰다의 의도와는 반대로 영웅시대 부재론을 민족성으로 긍정하는 단일민족국가론이야말로—쓰다의 찬동자는 물론 이시모다를 비판하던 마르크스주의자들에게도—무구한 나르시시즘에 대한 욕망을 비대화시키고 그 내부에서 무의식적인 폭력적 배제를 행하게 만들었던 것으로 볼 수 있다. 자신은 무구하다는 환상에 빠져 있으므로 타자에 대한—외부에 우뚝 솟아 있는 타자를 포함하여 내부에 잠재한 타자, 그리고 무엇보다도 나 자신이라는 타자에 대한—상상력을 고스란히 상실한다.

물론 이 나르시시즘에서 쓰다나 이시모다도 자유롭지 못했다. 앞서 논한 쓰다의 중국 멸시는 단일국민국가라는 순수한 내부를 상정하기 위해 그와 같은 상상력을 희생시킨 결과에 다름 아니었다. 이시모다 역시 《중세적 세계의 형성(中世的世界の形成)》에서 "중국에서는 가장이나 장로가 가족 전체를 지배하며 다른 성원은 그 안에서 소가족을 형성하는 경우라도 개인

123 자크 데리다, 《글쓰기와 차이*L'ecriture et la difference*》, 남수인 옮김, 동문선, 2001.

으로서의 독립성은 매우 저급한 데 비해, 우리나라의 족적 결합을 구성하는 각 집안의 가장은 족적 결합으로서 고도의 독립성을 지닌다는 차이가 전자의 정체성과 후자의 활동성을 특징짓는 기초가 되었다"[124]고 한다. 그 또한 일본을 예외적 존재로 보는 아시아적 정체론의 입장을 택함으로써 제국주의와 결별한 단일민족주의의 입장을 확립할 수 있었던 것이다. 서로 대립하면서도 전후 일본의 역사학을 견인했던 두 거물의 단일민족국가론에 제국주의의 그림자가 둘러쳐져 있었다는 점을 잊어서는 안 된다.

다시 확인하지만 민족의 개념은 앤소니 스미스(Anthony D. Smith)가 말하듯이 국민에 선행하여 역사적으로 존재했던 것이 아니다.[125] 오히려 민족은 국민 개념이 가진 균질성을 대리 보충하고 그 단일성을 전복하는 복수성으로서, 혹은 반대로 국민을 포섭하는 그 이질성에 따라 복수성을 뒤집는 단일성으로서—국민 담론의 탄생과 동시에—역사적 과거에 소급하여 상상된 것에 불과하다.

이처럼 민족의 존재를 자연 발생적인 것으로서 제국의 여백에서 찾는 상상의 행위는 근대 안에서 처음으로 생겨났다. 이 욕망이 과거에 투영되는 가운데 우선 본래적 수평의 공동체로서의 단일민족국가가 성립하고, 그로부터 일탈한 결과 제국주의로 이어졌다는 도식이 단일민족국가를 지향하는 일부 국민들의 상상 속에서 그려졌던 것이다. 그렇지만 이 도식이 일본에서 본격적으로 등장한 것은 제2차 세계대전이 종료한 다음이었다. 패배에 의해 식민지를 포기해야만 했던 일본의 국민들은 자신들 국민국가의 기원을 다민족적 제국이 아니라, 그 중핵을 이루던 일본 민족의 단일민족국가에서 구하고자 했다. 바로 여기에 쓰다의 단일민족국가론에 입각한 학

---

124 石母田, 《中世的世界の形成》, 221~222쪽.

125 アンソニー·スミス, 《ナショナリズムの生命力》, 1991(高柳先男 譯, 昭文社, 1998).

문이 전후 일본 사회에서 일약 지배적 담론이 될 수 있었던 계기가 있다.[126]

따라서 외지에 식민지를 가지지 않았던 시대, 메이지유신에서 청일전쟁에 이르는 시기가 건전한 내셔널리즘의 시기로 칭찬된다. 하지만 이미 그러한 국민국가의 여명기에조차 류큐나 에조치(蝦夷地)가 내지 식민지로 포섭되어 있었으며, 실상 다민족적 제국이라 부르는 것이 가능한 상태에 있었다. 결국 단일민족국가와 다민족제국은 표리일체의 관계에 있다. 앞서서 논했듯이 류큐인과 아이누인을 이민족으로 본다면 메이지 초기부터 일본은 다민족제국이었다. 한편 일선동조론의 입장에서 바라보면 조선반도를 식민지로 삼은 시대조차 일본은 단일민족국가가 된다. 이렇게 애매한 양가성 아래에 지금도 국민국가 개념이 존재하는 것이다.

이와 같은 과거의 역사를 인정하면 다민족제국주의는 정의롭지 못하지만 단일민족국가는 건전한 정치제도라는 소박한 이분법적 견해를 취하기란 더 이상 불가능할 것이다. 당연히 단일민족국가는 잘못되었으며 제국주의는 옳다는 그 반대의 견해를 취하는 것도 불가능하다. 왜냐하면 몇 번이나 확인한 것처럼 다민족제국주의와 단일민족주의는 동화와 차별의 논리로서 국민국가를 함께 보완하는 관계에 있기 때문이다. 이 공범 관계를 확인한 후에 양자의 토대를 이루는 국민국가 그 자체를 비판해갈 필요가 있다. 이를 위해서는 국민국가를—단일민족국가와 동일시하는 것이 아니라—제국주의를 동시에 포섭하는 근대의 시스템으로서 좀 더 넓은 시야를 가지고 파악해야만 한다. 국민국가를 근본에서 비판하는 논의로서 김철의 지적을 인용한다.

---

126 전후에 쓰다가 야나기다 구니오(柳田國男) 등과 같이 속해 있던 잡지 《심(心)》의 동인들에 대해서는 다음 문헌을 참조. 久野収·鶴見俊輔·藤田省三, 〈日本の保守主義－'心'グループ〉, 《戰後日本の思想》, 岩波同時代ライブラリ－, 1995.

탈식민지 사회의 '국민화'야말로 피식민자(=노예)에게 해방의 환상을 주는 것, 그를 계속해서 꿈꾸게 하는 것이었다. 모든 삶과 죽음을 '국민', '민족', '국가'의 이름으로 발화하고 환원하는 내셔널리즘의 주체화(=노예화) 전략에 대한 저항은 이제 '길 없는 길'을 가야 하는 절망에 마주 서지 않으면 안 된다. 수많은 다른 다양한 주체 형성의 가능성들을 무시하고 억압하면서 오로지 '국민(민족)적 주체'만을 강요하는 폭력에 저항하기, 증오를 증폭시키고 그것을 통해 자신을 유지하는 사회 체제를 거부하기, 타자의 부정성을 유일한 자기 정체성의 기반으로 삼는 '비주체적'인 '주체 형성'을 거부하기, '국가'가 아닌 다른 세계에 대한 상상력을 조직화하기—이 행동들의 어디에선가 '길 없는 길을 가는' '저항의 주체'들이 나타날 것이다. 그러면 우리는 아마 '한국'과 '일본'의 단일한 '국민 주체'로서가 아니라, 타자를 그 다양하고 복합적인 존재의 가능성들로 받아들이는 평등한 연대(連帶), 제국주의의 진정한 '청산'에의 길을 찾아낼 수 있을 것이다.[127]

김철이 제시하는 이 길이야말로 제국주의와의 거리를 유지하면서도 단일민족국가라는 또 하나의 국민국가에 사로잡히고 마는 일을 회피할 유일한 방도로 보인다. 그것은 천황제적 단일민족국가를 주장한 쓰다와도, 천황제를 비판하면서도 역시 단일민족주의로 회수되었던 이시모다와도 다른 사고를 개척할 것이다. 그러기 위해서는 폭력(gewalt)을 외부에 배제하고 순진무구한 내부(=자기)를 창조하는 것이 아니라, 그러한 폭력을 자기 안의 이질성으로 받아들여서 내부와 외부의 경계를 탈구축하고 각 개인을 정립하는 주체 및 주체 간의 관계를 변용시키기 위한 '힘(force)'으로 바꾸어 갈 필요가 있다.

---

127 김철, 앞의 글, 264~265쪽.

역사학자인 아미노 요시히코(網野善彦)는 비인(非人)이라 불렸던 사람들의 예를 통해, 차별받음으로써 외려 일상의 질서에서 해방되는 중세 일본의 자유의 모습을 다음과 같이 설명한다.

> '게가레(穢)'가 당시 사람들에게 훗날의 '오아이(汚穢)'와 달리 무시무시한 사태를 나타내는 것이었다면, 이를 씻어내는 '기요메(淸目)'의 힘을 가진 이들이 두려움의 대상이 되었던 것은 당연하다(게가레는 죽음, 역병, 월경 등 부정하고 불결한 것을 가리키는데, 단지 일시적인 더러움이 아니라 영속적, 내면적인 비정상적 상태나 생명력의 고갈을 나타낸다. 오아이는 게가레의 상태, 즉 더럽혀진 상태를 가리킨다. 기요메는 이러한 게가레를 정화하는 작업을 말한다. 이들 개념에 관한 더 자세한 설명은 박규태, 《애니메이션으로 보는 일본: 소녀와 마녀 사이》, 살림출판사, 2005년을 참조하길 바란다—옮긴이). 이는 비인이 평민들의 공동체에서 이탈 혹은 배제되고 금기시되던 것과 조금도 모순하지 않으며, 오히려 이러한 사람들은 신불에 직속하면서 '게가레'를 정화하는 힘을 지닌 직업 농민의 일종으로서 사회에 자리 잡고 있었던 것이다.[128]

성성(聖性)과 천시(賤視)는 인간이 되지 못한 자들로 여겨졌던 비인의 정과 부의 측면을 나타내는바, 성스러운 존재이기 때문에 차별받고 차별받기 때문에 성스러운 존재가 될 수 있었다. 그러한 불명예스러운 낙인이야말로 그들을 규제의 법질서에서 해방시키고 자유롭게 한다. 이런 의미에서

128 網野善彦, 《中世の非人と遊女》, 1994(講談社學術文庫, 2005, 95쪽). 다만 아미노는 본래 성스러운 존재였던 것이 점차 천시되기에 이르렀다는 종교학자 미르체아 엘리아데(Mircea Eliade)의 세속화론에 따라 논의를 전개하기 때문에, 성스러움과 비천함의 이중성을 동시에 지닌 존재를 상정하지 못하는 결정적인 한계를 내보인다. 이 이중성이야말로 아감벤이 호모 사케르라 부른 것이리라.

그들의 자유는 쓰다가 지적한 기성의 질서로부터의 자유이긴 하다. 그러나 한편으로—아미노와 마찬가지로 아감벤이 논하듯이—이는 질서 안에서 일정한 역할을 부여하기 위한, 그러니까 포섭되기 위한 배제에 불과하다는 점 역시 사실이다. 천황이건 천민이건 그들이 예외적 존재로 포섭되어야만 공민들의 순수한 아이덴티티가 균질한 공동체의 일원으로 확보될 수 있는 것이다. 다만 공민들도 공동체에 포섭됨으로써 자기 자신의 잠재적 자유로부터는 배제되고 만다. 이와 같은 배제와 자유, 혹은 불평등과 평등이 표리일체가 되어 만들어내는 불균질화의 메커니즘을, 즉 주체성에 관한 논의를 이시모다와 쓰다는—그들의 정치적 입장은 서로 달랐지만 자유주의자라는 점에서는 같았기 때문에—간과하고 말았다. 여기에 제국주의에서 이탈한 전후 일본 사회에 이를 대신하여 미국으로부터 주어진 자유민주주의가 지닌 본질적 한계가 있다.[129]

암묵리에 배제나 동화가 추진되는 오늘날의 사회 상황에서 이러한 불균질화의 메커니즘이 쉬지 않고 작동되고 있음을 조화로운 공동체의 이념으로 은폐하지 않기. 이를 위해서는 자신의 주체에서 폭력의 예감을 말소하지 말고, 그 폭력을 자기 안에 통과시키고 자신과 공동성의 형태를 변용시키는 "복수성(plurality)"[130]의 사고가 필요하다. 복수성의 세계란—일찍이 한나 아렌트(Hannah Arendt)가 상정했던 것처럼—그저 수평으로 펼쳐지는 다양한 개성에 대한 존중만을 의미하지 않는다. 그것은 수직의, 곧 차별이나 격차를 포함하는 폭력으로 가득 찬 상하 관계의 세계이기도 하다. 이러한 곤란함에 직면하여 모순으로 가득 찬 현실은 이미 극복되었다고 착각하거나, 자신을 주류 집단의 안전한 입장에 동화시키려 하거나, 사고 자체

---

129 자유민주주의에 대한 비판으로서 탈랄 아사드의 작업을 참조하길 바란다. タラル·アサド, 《自爆テロ》, 2007(茢田眞司 譯, 青土社, 2008).

130 한나 아렌트, 《인간의 조건*Human condition*》, 이진우 옮김, 한길사, 1996.

를 포기해버리고 마는 "악의 평범성"[131]에 빠져들기 전에, 바로 지금 "멈추어 서야(hesitate)"[132] 하는 것은 아닐까?

(번역: 심희찬)

131 한나 아렌트, 《예루살렘의 아이히만: 악의 평범성에 대한 보고서*Eichmann in Jerusalem*》, 김선욱 옮김, 한길사, 2006.

132 酒井直樹, 〈否定性と歴史主義の時間－1930年代の實践哲學とアジア·太平洋戰争期の家永·丸山思想史〉, 磯前順一/ハルトゥ-ニアン, 《マルクス主義という經驗》, 301쪽.

3부

동양사 연구와 식민주의

4

천황제와 '근대 역사학'과의 틈새

동양사학자 시라토리 구라키치(白鳥庫吉)의 사론/시론과 그 논법

미쓰이 다카시(三ツ井崇)

1. 시작하며

근대 일본의 조선(사) 연구를 흔히 '식민(주의)사관'이라 부르듯이 근대 일본의 조선사 연구에 대한 비판은 주로 조선관/인식/상(像) 비판으로 전후(戰後)[1]부터 오늘날까지 전개되어왔다. 전후 하타다 다카시(旗田巍)를 비롯한 연구자들이 행한 조선사학사 비판은 새로운 조선사의 건설이라는 과제 의식 아래에서 필연적으로 이루어진 것이었으나, '식민사관'을 생산했던 '근대 역사학'에 대한 검토가 충분히 이루어졌다고 보기는 어려우며, '근대 역사학'의 이름 아래 조선 지식인의 지적 영위(營爲)를 역사 속에서 추출할 수 없었다는 점에서 한계를 가지지 않을 수 없었다.[2]

1 여기에서 말하는 '전후'란 일본의 관례에 따라, 1945년 8월 15일 제2차 세계대전이 끝나고 난 뒤의 시기를 가리킨다.

2 미쓰이 다카시, 〈전후(戰後) 일본에서의 조선사학의 개시와 사학사(史學史)상(像): 1950~60년대를 중심으로〉, 인하대학교 한국학연구소 엮음, 《동아시아한국학의 분화와 계보: 복수의 한국학들》, 소명출판, 2013.

그러나 이후 하타다가 제시한 '조선관' 비판의 내용은 그 자체에 대한 깊은 검증을 거치지 않고 오늘날까지 그냥 이어져왔다고 할 수 있다. 물론 그러한 '조선관' 비판이 주창된 시대의 맥락에서 일정한 역할을 했던 것은 인정해야 할 것이다. 다만 그 '조선관'들의 배경에 있는 '근대 역사학'의 가치 그 자체를 의심하지는 않은 채, 결과로 나온 '조선관'만을 줄곧 비판한 감이 없지는 않다. 결국, 그렇다면 필연적으로 '나쁜' 조선관을 주장한 연구자 개인을 규탄하는 데에만 치중한 나머지 이러한 결과를 낳은 제도에 대한 비판의 시점은 차단해버린 것은 아닐까? 당시의 학자들에 의해 표출되던 조선관은 자주 시국에 대응해 나타난 것이었지만, 과연 이러한 문제가 학자 개개인이 시국에 관여한 사실을 규탄함으로써 간단히 해결될 수 있는 문제일까? 그것을 가능하게 한 아카데미즘의 성격으로 한 걸음 파고들어 분석하는 것은 의미가 없는 일일까?

이 같은 문제의식 아래 여기에서는 김용섭(金容燮)이 1966년에 집필한 〈일본·한국에 있어서의 한국사 서술〉이라는 사학사 논문에 주목하고자 한다. 우선 그의 다음과 같은 정리에 주목하자.

> '랑케'의 歷史學은 歷史主義의 立場에서 歷史的現實의 個性化的把握을 基本的인 認識志向으로 삼고 있었던 것이다. 그런데 日本에 輸入된 '랑케' 史學은 上原(우에하라 센로쿠-필자) 教授에 依해서 指摘되고 있듯이 "主로 研究方法의 精緻性 確實性을 배움으로서 歷史研究의 合理化를 꾀하는 것이었다. '랑케'나 '리-스' 歷史學의 形而上學的 基礎로서의 歷史主義는 이를 注目하거나 消化하려고 하지 않았다." 하나의 歷史觀으로서의 歷史主義는 그 自體의 缺陷 때문에 이미 '마르크스' 史學이나 '람프레히트' 史學으로부터의 批判을 받았고, 歷史學派內部에 있어서도 그것에 對한 反省과 檢討가 있어서 여러 學派가 派生하고 있었지만, 日本의 東洋史學은 그와 같은 '랑케'

史學이나 歷史主義의 問題조차도 제대로 받아드리지 못하고 있었다.[3]

그리고 그는 "韓國史學은 日本의 東洋史學에서 그 方法論을 배웠고, 日本의 東洋史學은 '랑케' 史學의 方法論을 導入한데서 이루어졌으므로 韓國史學의 理論的인 基盤은 '랑케' 史學과 그 基으盤로서('基盤으로서'의 오타임―필자)의 歷史主義에 있는 것이라 하겠다"라고 한다.[4] 그러나 그렇기에 "우리는 이러한 貧弱한 理論的인 基盤위에서 實證主義에 滿足하고 있"지만, "實證은 歷史學一般의 基礎條件이며 '랑케' 史學의 專有物이 아닌 것이다"라고 비판했다.[5] 이것은 '조선관'뿐만이 아니라 역사학의 체계 그 자체에 대한 비판이며, 그와 동시에 비판해야 할 그러한 역사학의 체계를 혈육화(血肉化)한 상태에서 새로운 역사학을 구축해나가야 했던 한국인 연구자의 고뇌였을 것이다.[6]

그런데 김용섭은 이러한 수용의 메커니즘에 대해 다음과 같이 설명한다.

專門的인 歷史教育을 받은 史學徒는 1910年代의 末期부터 나오기 始作하였다. 20年代後半期부터는 硏究와 敍述活動에도 從事하였다. 그들은 日本에 留學하여 그곳 大學에서 東洋史學을 專攻하고 돌아왔다. 國內에서도 20年代의 末期부터는 京城大學(京城帝國大學―필자)에서 史學科의 卒業生이

3 김용섭, 〈日本·韓國에 있어서의 韓國史 敍述〉, 《歷史學報》 31, 1966, 147쪽. 철자법이나 띄어쓰기는 원문 그대로이다. 그리고 인용문 중의 ( ) 안 내용은 인용하면서 필자가 추가한 것이다.

4 위와 같음.

5 위와 같음.

6 그런데 이 논문은 1967년 일본의 《조선사연구회 회보(朝鮮史硏究會會報)》 제17호(1967년 8월)에 번역, 전재되었다. 그러나 해제를 보는 한, 일본의 조선사학과 한국의 자국사학 수립 사이에 근본적인 의식의 차이가 있는 것을 엿볼 수 있다. 미쓰이 다카시, 앞의 글 참조.

나오게 되었다. 日本이나 國內에서 史學을 專攻한 이들은 大學課程에서 文獻考證的인 實證史學을 배웠고 史料取扱에 關한 訓練을 받았다. 그들의 스승은 日本人으로서 '官學아카데미즘'의 學風을 세운 東洋史學의 開拓者들이었다. 그리고 그 日本官學者들의 學問的인 系譜는 白鳥(白鳥庫吉—필자)을 通해서 '리-스'의 史學과 連結되고 있었다. 韓國史學界의 開拓者들은 이들 日本人을 通해서 '랑케' 史學의 方法論을 배운 것이라 하겠다. 여기에 '民族史學'과는 달리 近代史學의 訓練을 받은 이들을 中心으로 '랑케流의 實證史學'의 學風이 成立되기에 이르렀다.[7]

여기서 주의하고 싶은 것은 '랑케 사학(리스)—(일본의) 동양사학—한국사학'이라는 계승 관계의 의식이다. 특히 근대성을 표상하는 서양 역사학과의 결절점으로 기능한 사람으로 시라토리 구리키치(白鳥庫吉, 1865~1942)의 이름이 제시되어 있다는 점이다. 물론 김용섭에게는 시라토리는 '식민사학'자였다. 한편, 루트비히 리스(1868~1928)에 대해서는 "史料批判的인 獨逸史學의 方法을 日本에 移植시켰"고, "漢學風의 考證學的史學과 史論時論을 즐기는 啓蒙史學을 止揚시켰"던 인물로 그려진다.[8]

하지만, 필자를 포함한 많은 연구자들이 해명해왔듯이 시라토리는 "史論時論을 즐기"기도 했고, 거기에 아카데미즘으로서의 권위를 부여함으로써 연구로 성립시켰던 경위가 있다. 역사학 체계의 문제로 사학사를 검토할 때에는 이러한 측면을 조금 더 신중히 밝힐 필요가 있을 것이다. 그래서 저자는 일본의 근대 역사학의 수립과 조선 학지(學知)의 문제를 동양사학자 시라토리 구라키치의 사론/시론과 그 논법에 주목하여, 그것을 가능하게 한 역사학이라는 체계의 문제에 접근할 실마리를 찾고자 한다.

---

7 김용섭, 앞의 글, 139쪽.

8 김용섭, 같은 글, 129~130쪽.

2. 대륙 진출 긍정의 논리

1) 일본·조선·만주의 역사적 관계의 키워드: '언어'와 '지리', '혈족'과 '국민성'[9]

시라토리가 주도한 역사 연구의 특징을 꼽으라면 언어 연구와 지리에 대한 시각을 들 수 있을 것이다. 일본과 한반도의 관계에 한해서 말하면, 시라토리는 1890년대부터 1900년대 전반까지는 언어적 유사성이 혈족(血族)적 유사성을 나타내므로 고래로 일본과 한반도의 관계는 깊었으며 민족의 계통도 동계(同系)라고 주장한다. 그러나 러일전쟁 시기를 거치면서, 그는 조·일 관계의 역사는 오히려 소원했으며 민족적으로도 그다지 가깝지는 않다고 견해를 바꾸었다. 그때 제시된 키워드가 '국민성'의 차이라는 것이었다. 그의 스승인 리스는 제국대학의 수업에서 "공통의 언어는 역사적 시간에서 공통된 혈통을 증명하는 것이 될 수 없을 뿐만 아니라, 국민성(nationality)을 형성하기 위한 불가결한 조건도 아니다"[10]라고 강의하였으며, 그런 의미에서는 시라토리는 리스의 영향을 받았던 것으로 추측되기도 한다.

그는 이 '국민성'을 규정하는 요소가 지리적 환경이라고 한다. 지리결정론이라고도 할 수 있는 그의 사고방식은 '남북이원론(南北二元論)'이라는

---

9 이하의 기술에 관한 상세한 내용에 대해서는, 미쓰이 다카시, 〈일본의 동양사학은 어떻게 형성되었는가?: 시라토리 구라키치의 역사학〉, 도면회·윤해동 엮음, 《역사학의 세기: 20세기 한국과 일본의 역사학》, 류미나 옮김, 휴머니스트, 2009를 참조하기 바란다.

10 Ludwig Riess, *Methodology of History*, 도쿄제국대학 강의록, 간행년 불명. 속표지에 "메이지 35년 2월 22일 저자 리스 선생님 혜증(惠贈)"으로 적혀 있으므로 그 이전에 강의된 내용임은 확실하다.

학설에도 반영되었다. 남북 간의 지리적 대립에 '문(文)'과 '무(武)'의 대립 도식을 대응시켜, 거기에 '진보성'의 유무, '문명-미개' 등의 도식을 읽어내고자 했다. 시라토리는 "동아의 역사가 옛날부터 이 이원론에서 도출된다는 견지에 서서 역사상의 사실을 바라보면, 이 양 세력 각자의 소장(消長)은 물론, 서로는 중앙아시아에서 동으로는 만주·조선 및 나아가서는 바다 건너 우리 일본의 역사까지 매우 타당한 해석을 얻는 바가 적지 않다"[11]고 했다. 이 남북이원론의 틀은 이후 일본의 동양사 연구로 이어져갔다.

일본 근대 역사학이 확립되는 과정에서 이미 지리학은 역사학의 보조학과로 자리가 매겨져 있었다. 시라토리도 일찍부터 지리에 대해 관심을 기울였고, 유럽 유학 중에도 베를린대학에서 지질학자이자 지리학자였던 페르디난트 폰 리히트호펜(Ferdinand von Richthofen, 1833~1905)에게 가르침을 받을 정도였다. 그는 당초, 자연환경과 인간과의 관계에서 인간이 자연에 대해 우위에 선다는 견해를 가지고 있었으나, 러일전쟁 후의 지리결정론은 지리적 환경이 인간의 정신을 규정한다는 일방적인 작용 관계만을 인정하게 되었다. 1908년, 시라토리의 건의에 의해 남만주철도주식회사(南滿洲鐵道株式會社, 이하 '만철') 내에 설치된 '만선역사지리조사부(실)〔滿鮮歷史地理調査部(室)〕'[12]는 이러한 지리결정론적인 시각으로 조사할 것이 기대되었을 것으로 생각된다. '만선사(滿鮮史)'의 틀은 이렇게 형성되었던 것이다. 그것은 일본을 한반도나 대륙과의 관계성 속에서 독자적인 존재였다는 주장을 수반하는 모양새가 되었다. 거기에서는 일본의 '국체(國

---

11 白鳥庫吉, 〈東洋史に於ける南北の對立〉, 《白鳥庫吉全集》 제8권, 岩波書店, 1970, 69쪽. 초출(初出)은 《東洋史講座》 제16권, 國史講習會, 1926.

12 정식 명칭이 '조사부'인지 '조사실'인지에 관해서는 여러 견해가 존재하는데, 이노우에 나오키(井上直樹)는 이 점에 관한 상세한 내용은 명확하지 않지만, 당초부터 '만선역사지리조사부'라는 호칭이 있었던 것으로 추측하고 있다. 井上直樹, 《帝國日本と'滿鮮史': 大陸政策と朝鮮·滿州認識》, 塙書房, 2013, 124~129쪽 참조.

體)'가 다른 나라와는 다른 '국민성'을 형성한 것으로 표명되는 등 일본의 '국민사' 형성이 동시적인 과제가 되어 있었던 것이다.

2) '만선'에서 '만몽'으로

그런데 만철의 역사지리 조사 사업은 정책 입안으로의 즉각적 응용이 불가능하다는 이유로 1913년 말에 대장성(大藏省)에 의해 내세워진 조사·연구기관 정리·폐지의 대상이 되었고,[13] 1915년 1월에 조사부가 폐지됨에 따라 사업은 도쿄제국대학 문과대학으로 이관되었던 것은 잘 알려진 사실일 것이다. 그러나 '만선사' 연구 자체가 없어진 것은 아니라, 그 기반이 대학이라는 '관학 아카데미즘'의 장으로 옮겨졌을 뿐이다. 다만 문제가 되는 것은, 이 사업이 왜 국책 회사로서의 만철에서 폐지되었는가이다.

조사부 설치를 결정한 당사자인 고토 신페이(後藤新平, 1857~1929)는 조사부의 폐지에 대해, "새로운 만철 중역(重役)의 근시안적 행위는 참을 수 없을 만큼 의문스럽습니다"[14]라고 불쾌감을 나타냈다. 자신도 학술적 조사의 필요성을 어느 정도 인정했던 고토가 정책 입안에 도움이 안 된다는 이유로 조사부를 폐지하는 것에 대해 유쾌하게 생각할 수 없었으리라는 것은 상상하기 어렵지 않다. 그는 "우리 일본이 남만주에서 횡포를 부린다는 유언비어를 학자의 힘을 빌려 자연스럽게 오해를 풀어가게 된다"고 역사 조사의 필요성을 설파하였고, 그 예로 중국과의 관계에서 영유권이 해결되지 않은 상태였던 간도 문제를 들어, 그것도 "이와 같은 것은 조사를 완료하고 나서 착수하는 순서로 가면 잘못을 안 저지르게 됩니다"라고 말했으

13 安藤彦太郞·山田豪一, 〈近代中國硏究と滿鐵調査部〉, 《歷史學硏究》 270, 1962, 38쪽.
14 鶴見祐輔, 《後藤新平》 제2권, 後藤新平伯傳記編纂會, 1937, 868쪽.

니,[15] '학술적' 조사를 통해 영유의 근거를 더욱 강고하게 뒷받침하려는 자세는, 앞에서 말했듯이 고토의 조사주의와도 충분히 일치했다고 할 수 있다. 조사부 주임인 시라토리도 다음과 같이 말했다.

> 도대체 만주라는 데서는 어떠한 물건을 생산하고, 어떠한 인종이 살고, 어떠한 풍속 습관을 가지며, 또 어떠한 역사를 통해 현재와 같이 되었는가. 이들 각종 방면에서 근본적으로 만주를 연구하여, 그 실제를 지실(知悉)하려는 의지가 각종 계급에서 일어나지 않으면 안 될 터인데, 전혀 이러한 경향을 찾아볼 수 없다는 것은 유독 우리 학계에서의 하나의 결점일 뿐만 아니라, 또 확실히 우리 국민성의 하나의 대결점이라고 생각한다. 어쨌든 일본인은 무엇을 하는 데에서도 사물을 근본적으로 조사하고 그 결과를 실지에 응용하려는 습관이 없다. 이 점이 아직 구미인에게 미치지 못하고 있는 원인으로서 뜻있는 사람이 개탄하지 않을 수 없는 바이다.[16]

이로 미루어 고토와 시라토리는 견해를 같이한 것으로 생각된다. 그의 위와 같은 개탄은 "조선에서 우리나라의 세력을 유지할 수 있느냐 마느냐는 만주에서 우리나라의 획책(劃策)이 타당한지 여부에 따라 결정되는 것이며, 넓은 차원에서 보면 동양의 평화가 유지될지의 여부도 확실히 이 만주 문제에 따라 결정된다고 해도 되는 것이다"라는 확신과 결부되어 있었다.[17] 그리고 다음과 같이 말한다.

---

15 위와 같음.

16 白鳥庫吉, 〈滿洲問題と支那の將來〉, 《白鳥庫吉全集》 제10권, 岩波書店, 1971, 146~147쪽. 초출은 《中央公論》 제27권 제6호, 1912.

17 白鳥庫吉, 같은 글, 146쪽.

만주가 오늘의 상황에 처해 있는 것은 결코 일시적인 현상은 아니다. 이것은 만주가 싹을 틔우고 나서, 즉 만주 역사의 시작부터 이어져온 현상이며, 이미 2, 3천 년의 옛날부터 동일한 이유로, 동일한 현상이 나타나고 있는 것이다. 그렇게 보면 앞으로라 해도 이 상태, 이 관계는 쉽게 변하지는 않는다고 보아야 한다. 그러면 왜 그러한 생태가 되어 있는가 하는 것은 당국의 정치가 및 실업가들이 알아두어야 할 일이며, 이른바 만주 문제를 해결하기 위해서는 가장 이 사실을 마음에 새길 필요가 있다고 믿는 바이다.[18]

참조해야 할 역사로서는 기자조선(箕子朝鮮), 예(濊)·맥(貊), 그리고 그 후예인 고구려, 발해, 거란, 여진 등 북방 민족의 흥망을 염두에 두고, 각각 시대에 만주 지역에서 '간공지(間空地)'(중립지대)가 생겼다는 역사, 지리적 근거로써 (남)만주가 일본과 러시아 사이의 '간공지'임을 설명하려는 것이다. 시라토리에게 "간공지는 세 가지 세력이 어떤 지역에서 균형을 얻을 때가 아니면 일어나지 않는다"[19]는 것이었다. 1912년 시점에서 시리토리가 일본과 러시아 외에 상정한 또 하나의 세력이란 무엇이었을까. 그것은 신해혁명(辛亥革命) 후의 중국의 동향에 관계된 것이었다. 그는 이 중국의 전망에 대해 안정된 국가가 될지 열강에 분할될지의 어느 한쪽이라고 하면서도, 전자의 경우는 또 하나의 세력이 바로 중국이며 후자의 경우는 "영·미·독·불 등"의 "합종연횡(合從連衡)"으로 전망했다.[20] 그러나 어느 쪽이든 만주는 계속 '간공지'라는 것이 시라토리의 견해였다. 이것이 일본과 러시아가 만주의 남북에 대해 서로 권익을 주장하는 현상에 기초한

18 白鳥庫吉, 같은 글, 148~149쪽.

19 白鳥庫吉, 같은 글, 152쪽,

20 白鳥庫吉, 같은 글, 158쪽,

주장임은 틀림이 없다. "(일본과 러시아가—필자) 장춘(長春) 근방을 경계로 만주 땅을 양분하고 있는 것은 오늘날 시작된 일이 아니고 지금으로부터 1,200년 전 고구려 시대에 나타난 것과 동일한 현상이다. 그러기에 만약에 러·일이 서로 그 범위를 넘어서 북쪽에 위치한 것이 남쪽으로 나오고, 남쪽의 것이 북쪽으로 나가는 날에는, 권력의 균형을 깨뜨려 크게 우려할 만한 결과를 낳지 않는다고 볼 수도 없다. 나는 현상 유지야말로 이 방면의 평화를 영구히 지속시킬 수 있는 근거라고 생각하고 있다"[21]고 하는 '만주 중립화론'이었다.

만철역사지리조사부가 폐지된 1915년 1월이라는 시기에 대해서는 한 가지 더 고려해야 할 사실이 있다. 그것은 일본 정부가 위안스카이(袁世凱)에게 제출한 '21개조 요구'의 제2호 안건에서, 남만주·동부 내몽고(東部內蒙古)에서 일본의 우선권(〈남만주 및 동부 내몽고에 관한 조약〉)을 강요했다는 사실이다. 다시 말하면, 일본과 러시아가 만주 권익을 남과 북으로 서로 분단하는 상황에서 다음 진출 지역은 그 서쪽인 내몽고 지역이 된 것이다. 1907, 1910년의 두 차례에 걸친 러일협약을 거쳐 한국·남만주(일본), 외몽고·북만주(러시아)에서 러·일 간의 권익이 확정되어갔는데, 1912년 7월 제3차 러일협약에서는 '내몽고'를 동서로 분할하여, '동부 내몽고'를 일본 측의 권익으로 하는 것이 확정되었다.[22] 나카미 다쓰오(中見立夫)에 의하면 이 시기부터 일본인의 의식 속에 '만몽(滿蒙)'이라는 지역 개념이 생기게 되었다고 한다.[23] 그리고 이 시점에서 비로소 이제는 '만선'이 아니라 '만몽'이라는 지역 개념에 커다란 정치적 의미가 부여되기 시작했다고 나카미가 지

21 白鳥庫吉, 같은 글, 154쪽.

22 메이지(明治) 45년 7월 8일 체결, 〈第三回 日露協約〉, 外務省 編, 《日本外交年表竝主要文書(上)》, 原書房, 1965, 369쪽.

23 中見立夫, 《'滿蒙問題'の歷史的構圖》, 東京大學出版會, 2013, 13~16쪽.

적하는[24] 점에도 주의하고자 한다. 이 연장선상에서 생각해보면, 만철의 역사지리조사부가 정리·폐지 대상이 된 배경도 설명이 가능하고, 이미 1915년 초의 단계에서 '만선'을 연구 대상으로 삼는 조사부의 의의는 희박해졌다고 보는 것도 불가능하지 않다.[25] 하지만, 이후 '만선사' 연구는 도쿄제국대학으로 이관되었으며, 기득권 부분으로서의 '만선' 연구는 계속되어가는 것이다. 되풀이하지만 결코 '만선'이 불필요해진 것은 아니다.

여기서 앞에서 언급한 시라토리의 '만주 중립화론'에 다시 주목해보자. 이노우에 나오키도 밝혔듯이, 만주를 남북 양대 세력의 접점으로 보는 시각은 이미 1907년 이래로 확인되는 것이며,[26] 그 틀 자체는 이 시기에 새롭고 신기한 것도 아니었다. 그러나 이것이 1912년이라는 시기에 발표된 것의 의미에 대해서는 좀 더 검토할 여지가 있을 것이다. 시라토리의 이 논의는 1907년 이래 남만주, 한국 권익을 전제로 성립된 것이었다. 그런데 이미 일본 정부는 '동부 내몽고'로의 진출을 위하여 구체적으로 움직이는 중이었다. 물론 '동부 내몽고'로의 진출은 남북의 '간공지'와는 상관없이 서쪽

24 中見立夫, 같은 책, 14쪽.

25 지금까지 조사부 폐지의 배경으로 설명되는 것은 1913년에 총재, 부총재가 교체되었다는 인사 문제로, 1914년 이후 만철의 경영 체질의 전환이라는 사실이다. 고바야시 히데오(小林英夫)는 "원래 만철은 국책적 측면과 자본의 논리가 끊임없이 교착(交錯)하는 점에 특색이 보였지만, 이 시기가 되면 초창기의 취약한 존립 기반을 보강시키면서 중국 동북 사회 안에서 인지된 기업으로서 안정된 경영 기반을 추구하는 자본의 논리가 전면에 나서기 시작한 것이다. 자본의 논리로 보면 '문무(文武)적 장비'를 실현하는 장치로서의 조사부나 각종 연구기관의 비중이 상대적으로 저하된 것은 어쩔 수 없는 일이었다고 할 수 있다"(小林英夫, 《満鐵調査部の軌跡 1907~1945》, 藤原書店, 2006, 51쪽)고 하지만, 그렇게 말하면 역으로 도쿄제국대학으로의 기부의 의미를 알기가 어렵게 된다. 여기서는 만주라는 지역이 현실의 정치, 외교 공간에서 가졌던 의미와 대비하면서 생각하기 위한 시론을 전개해보았다. 상세한 검토는 별도로 하기로 한다.

26 井上直樹, 앞의 책, 77~79쪽.

으로 진출해가는 것이었다. 그런 시기인 1912년에 주장된 '만주 중립화론'에서는 몽고 문제는 어떻게 인식되어 있었을까?

> 지나(支那)의 혁명의 결과는 시일의 문제라고 했는데, 그러면 그 시일은 어떻게 오는가 하면 이것이 아마 앞으로 외국의 압박이 더욱더 가해져 드디어 몽고도 빼앗기고, 서장(西藏)도 빼앗기고, 만주도 빼앗기는 사태가 되어, 멍청히 있다가는 지나 본부도 위태로워지는 상황에까지 가지 않으면 어렵지 않을까 생각한다. 이렇게까지 압박이 가해지면 지나도 진짜로 뭉쳐서, 어쩔 수 없이 징세를 하지 않으면 안 된다는 것을 자각하게 될 것이다. 어느 범위에서 뭉치냐 하면 18성(省)으로 뭉치는 것이다.[27]

이 글을 보는 한, "몽고도 빼앗기"는 상태가 가정인지 현실 혹은 가까운 장래의 일인지는 파악하기 어렵다. 다만 다음과 같이 말하고 있을 뿐이다.

> 지나가 뭉쳐서 강고한 일국이 되든 혹은 열국에 분할당하는 것으로 가정하든, 그 지나 일국 아니면 열국 세력과 러시아와 일본과의 세력의 충돌점은 반드시 극동의 일각(一角)에 출현하게 될 것이며, 이 일은 동양 역사의 초기에 압록강 남쪽에 나타난 간공지와 동일한 원리여서, 정치가 및 실업가들도 그냥 눈앞의 사실만을 보지 말고 멀리 역사의 구석구석까지 바라보고 결코 장래의 획책을 그르치지 않도록 희망하는 바이다.[28]

위에서도 언급했듯이 시라토리는 '지나'가 하나로 뭉치든 열강에 분할당하든 만주가 '간공지'가 된다는 견해에는 변함이 없다. 일본 정부가 실질

27 白鳥庫吉, 〈滿洲問題と支那の將來〉, 158쪽.
28 위와 같음.

상 만주 지역을 넘어서 '몽고'에 영향력을 미치려고 하는 과정임에도 불구하고 시라토리의 논리에 따르면 일본이 '몽고'를 빼앗는 당사자가 될 수는 없는 것이다. 추측에 불과하지만, 실은 정책 입안에 도움이 안 된다는 만철 조사부 폐지의 이유는 혹시 이러한 국책과 시라토리 사이의 차이에도 나타나 있을지도 모르겠다.

그런데 러시아제국의 붕괴, 중국에서의 내셔널리즘 고양을 배경으로 '만몽' 문제가 실체를 갖지 못하게 되자, 일본은 1922년 워싱턴 국제 군축 회의에서 〈남만주 및 동부 내몽고에 관한 조약〉 중의 경제 투자나 고문 파견의 우선권을 포기하게 되었다.[29] 이러한 사태를 배경으로 "몽고의 지문(地文), 역사, 민족 그리고 생활 상태 등을 연구"[30]하는 것을 목적으로 한 '몽고동호회(蒙古同好會)'라는 조직이 발기되었다(1922년 4월). 이 발기인의 한 사람으로서 시라토리가 이름을 올리고 있는 점은 주의해야 한다.[31] 그 취지문을 보면 다음과 같다.

> 우리나라는 가까이에는 남만주를 사이에 두고 동부 내몽고와 인접하고 있다. 이 지방의 몽고 민족은 그 주거 지대에 따라 농업시대, 목축시대, 반농반목시대로 나눠져 그 얼마쯤은 지나 민족과 협동 생활을 하고 있으나, 다수는 미개 불문(不文)의 원시 상태에 놓여 있다. 이것에 동정하고 유도하여, 그 문화를 진보시키고 그 산업을 발달시켜, 이 민족 및 이 지방의 생활 상태를 향상시킴으로써 그 행복을 도모하는 것은 이것을 세계 문명 및 인도상으로 봐서 그 통치국인 지나와 지나 민족 다음으로 이웃인 우리 국

29 中見立夫, 앞의 책, 51~52쪽.

30 다이쇼(大正) 11년 4월 11일 外秘乙 제99호, 〈蒙古同好會設立ニ關スル件〉, 警視總監發 亞細亞局長 앞, JACAR(아시아歷史資料센터), Ref. B03041019700, 在內外協會關係雜件/在內ノ部 제3권(外務省外交史料館).

31 위와 같음.

민의 의무임과 동시에 일반 공동의 이익이다.[32]

그리고 러시아제국이 없어진 현재, "평화 인도의 관념에 기초하여", "동부 내몽고 및 그곳과 관련된 기타 몽고의 인종, 민족, 역사, 지리, 사회, 경제 등 상태를 각각에 걸쳐 학술적·실제적으로 연구 조사"하는 것을 의도한 것이었다.[33] "남만주를 사이에 두고"라고 하는 것은 여전히 남만주를 '간공지'로 보기 때문일 것이지만, '동부 내몽고'는 이제 '인접' 지역이고, 거기에 사는 사람은 '이웃'이 되었다. 러시아제국이 사라진 상황에서 만주와 동부 내몽고는 실질적인 일본의 세력권에 있다는 것을 표명한 것으로 보인다. 이제야 일본이, '몽고도 빼앗기'는 상황의 탈취자가 되는 것을 표명한 것이다. 이 '몽고동호회'의 활동은 이후 외무성이 주관한 '대지(對支) 문화사업'(1923~)의 일환으로 자리 잡게 된다.[34]

3. 흔들리는 '국민성'론의 기반

1) '근대 역사학'이라는 정체성

오늘날 일본 근대 역사학의 기점을 독일인 역사학자 루트비히 리스가 제국대학 사학과 교사로 착임한 시점에 구하는 것이 정설인 것 같지만, 이 점에 관해서는 독일의 영향을 과대평가하는 것이라는 비판도 있는 것은 알

32 위와 같음.

33 위와 같음.

34 〈對支文化事業ニ關スル各種ノ計劃〉, JACAR, Ref. B05016075400, 支那ニ於ケル文化事業調査關係雜件/外國人ノ文化事業 제2권(外務省外交史料館).

아둘 필요가 있다. 마가레트 멜(Margaret Mehl)은 리스의 영향이 과장되게 거론되는 것 자체가 "정통화를 위해 쓰여진 역사(여기에서는 학문사)의 일례가 아닌가"라고 하며, "일본 학자나 관료가 독일 역사학에 시사를 얻고자 했을 때 그들을 이끈 것은 역사학의 방법론이라기보다는 오히려 수사(修史)가 가지는, 국민국가를 정당화하는 기능이었을지도 모른다"고 지적한다.[35] 또 니시카와 요이치(西川洋一)는 "사학과 학생에게는 리스에 의해 전해진 유럽 역사학의 일반적인 테마 설정이나 연구 방법은 그들 연구의 기본 방향을 규정하는 것이 되었다"고 하면서도, "리스의 역사학의 기초에 있었던 철학적·이론적인 요소가 어느 정도 수용되었는가에 관해서는" 검토를 요한다고 한다.[36] 물론 멜의 분석은 일본 '국사학'에 대한 것이며 동양사학에 적용시키는 것이 타당한가에 대해서는 별도로 검토가 필요하겠지만, 일본 전후 동양사학사의 서술에서도 리스 이후의 아카데미즘인 '실증사학'이 곧 "근대 역사학"이라는 계승 의식은 그 정체성으로 크게 기능하고 있는 것을 감안하면[37] 무시할 수 없는 지적일 것이다.

---

35 マーガレット・メール, 〈明治史學におけるドイツの影響: どれ程意義ある影響だったのか?〉, 東京大學史料編纂所 編, 《歷史學と史料硏究》, 近藤成一 譯, 山川出版社, 2003, 195~196쪽.

36 西川洋一, 〈東京とベルリンにおけるルートヴィヒ・リース〉, 東京大學史料編纂所 編, 앞의 책, 210~211쪽.

37 일본의 조선사학자 아오야마 고료(青山公亮)가 1962년에 쓴 〈일본에서의 조선사학의 금석(日本に於ける朝鮮史學の今昔)〉(《朝鮮史硏究會會報》 4, 1962)이라는 글에서는 일본 조선사학이 메이지 이후의 '근대(역)사학'으로서의 동양사학의 흐름을 계승하여, 조선 통치에 관여해오지 않았다는 식의 계승 의식을 표명하면서 조선사학의 정체성을 주장한다. 뿐만 아니라, 1960년대 일본의 조선(사)학자들이 전전(戰前) 사학사를 회고, 비판하는 데 전제가 된 의식은 역시 '계승'이었다(미쓰이 다카시, 〈전후(戰後) 일본에서의 조선사학의 개시와 사학사상(史學史像): 1950~60년대를 중심으로〉, 38~44쪽). 동양사학의 정치적 기능을 왜소화하여 파악할 뿐만 아니라, '근대'성에 대해서도 전혀 의심을 하지 않는 이러한 계승 의식은 오늘날까지 영향력을 미치고 있는 사고방식이다.

그리고 위와 같은 지적은 리스의 역사학과 시라토리의 그것과 대조해볼 필요성을 암시할 것이다. 특히 시라토리의 사론, 시론과 그 논법의 성립 배경을 이해하기 위해서는 중요한 작업일 것이다. 그러나 양자의 학문 체계의 전체를 총체로서 파악하기에는 필자의 능력은 너무 부족하다. 그래서 아주 지엽적이지만 시라토리의 사론, 시론 중에서 자주 나타나는 '국민성'이라는 키워드에 다시 주목하여 리스의 그것과 비교해보고자 한다.

2) 자신 부재의 '국민성'론: 만주 문제와 천황제

우선 시라토리의 '국민성'론을 정리해보자. '국민성'이란 "그 나라의 위치·경력·경우 등의 관계에 따라 발생하는" "국민의 성질"이라고 정의한다.[38] 그리고 그 '국민성'의 차이는 '정신'에 나타난다는 것이 시라토리류의 '국민성'론이었다. 중국이나 조선의 '국민성'을 '진보성'이 부족한 것으로 보는 한편, 일본의 국민성의 기초는 "어떻게 하면 자국을 진보시킬 수 있는가, 어떻게 하면 자기 나라를 더 좋은 모습으로 만들 수 있을까 하는 것"[39]에 있다고 하여, '진보성'의 유무(바꿔 말하면 '문명-미개'의 도식)를 '정신'의 우열(優劣)이라는 구조 속에서 그려낸다. 신해혁명 후에는 일본과 중국과의 '국체'의 차이를 강조하여, 일본 '국체'의 유구성(悠久性), 불역성(不易性)을 강조해가게 된다.[40]

여기서 시라토리가 쓴 〈남만주에 황조 아마테라스 오미카미를 봉사하

---

38 白鳥庫吉, 〈清韓人の國民性に就て〉, 《白鳥庫吉全集》 제10권, 70쪽. 초출은 《東洋時報》 제118·119호, 1908.

39 白鳥庫吉, 같은 글, 87쪽.

40 미쓰이 다카시, 〈일본의 동양사학은 어떻게 형성되었는가?: 시라토리 구라키치의 역사학〉.

는 사의(南滿州ニ皇祖天照大神ヲ奉祀スル私議)〉라는 논문에 주목하고자 한다. 이 글은 만철 총재 나카무라 제코(中村是公)가 외무성 정무국장 구라치 데쓰키치(倉知鐵吉)에게 송부한 〈남만주에 아마테라스 황태신 봉사에 관한 건(南滿州ニ天照皇太神奉祀ニ關スル件)〉(1910년 7월 26일 작성)이라는 서한(書翰)에 첨부된 문서이다. 이 글에서 시라토리는 먼저 "이미 한반도를 우리 손에 넣었고, 또 남만주에 입각지를 얻어 대륙의 일각을 점유하고, 동양 평화의 중진(重鎭)이 되어, 세계 강국과 어깨를 나란히 하기에 이르렀다"(1쪽. 이하 이 사료에서의 인용은 쪽수만 표시)는 현상 인식을 드러내고 있다. 그리고 그 이유로서 "국민이 상무(尙武)의 기질이 풍부함을 스스로 자랑하고, 싸우면 반드시 이기며, 공격하면 반드시 취함을 스스로 칭찬하는 것도 사실은 이유가 없지는 않다. 그런데 이러한 기상(氣象)은 유사 이래 우리나라 국민이 항상 외방(外邦)에 대해 발양한 바였고, 신공황후(神功皇后)의 원정, 문영(文永)·홍안(弘安)의 역(役)(몽고 습래—필자), 그리고 풍공(豊公)(도요토미 히데요시—필자) 정한(征韓)군과 같은 것이 모두 이 징증(徵證)이 아닌 것이 없다"(2쪽)라고 역사적 근거를 제시하려 한다. 그러나 이렇게 칭찬에 찬 글도 다음과 같은 문장에 의해 유보가 된다. 좀 길지만 인용해본다.

> 그러나 외전(外戰)의 목적을 관철하고 전승(戰勝)의 효과를 확실하게 할지의 여부는 따로 외교의 정략(政略)이 있어서 그것이 타당한지의 여부와 관련되는 경우가 많다. 그래도 우리 섬나라 제국의 위치와 과거에 있어서의 사린(四隣)의 정세와는 스스로 우리나라로 하여금 외방에 대한 관계를 희박하게 하여 그간의 교섭을 적게 했으므로 우리 국민은 고래로 외교에 익숙하지 않고, 따라서 전쟁으로 얻은 것을 정략 때문에 잃어버리고, 피로써 구할 수 있었던 것을 입이나 혀로써 빼앗긴 일이 적지 않다. 고대

에 있어서 한지(韓地) 경영의 실패 및 도요토미 히데요시 정한이 무효로 끝난 일과 같은 것이 다 그렇다고 할 수 있다. 이것이야말로 우리 국민의 일대 단점이었다. 더 나아가, 검극(劍戟)을 휘두르고 교전하든 준조절충(樽俎折衝)하든, 그 목적이 필경 국민의 세력을 외방으로 발전시키려고 하지 않는 것은 없고 그래서 국민의 세력은 우선 경제적 활동에 나타나므로, 외교 면에서 실력이 따라가고 전승하여 경제적 경영으로 이어져가지 않는다면 국민의 발전에 이로운 바는 전혀 없다고 해야 한다. 그렇지만, 이 또한 불행히도, 우리 국민이 능숙한 부분이 아니었다. 고대에 우리나라가 오랫동안 심혈을 기울여왔던 한지를 포기하지 않을 수 없었던 것은 그 경영이 헛되이 정부의 외교적 시설임에 머물렀고 국민의 경제적 발전이 아니었던 것이 그 일대 원인으로, 우리 국민의 실력이 한지에 존재하지 않았으므로 한 번 형세가 변화하고 대륙의 압박이 급격히 가해짐에 따라 드디어 이것을 뒷받침할 수 없게 되었던 것이다. 그 이후 천여 년 동안 우리나라가 반도에 입각할 수 있는 땅을 얻지 못하였고…….(2~3쪽)

시라토리는 자국이 과거 조선반도에 진출하는 데 실패했다고 진단하면서, 실패의 이유를 '국민의 경제적 발전'으로 향한 "우리 국민의 실력" 부족에 있다고 논한다. 여기서 중요한 것은 '한지'가 '외방'이고 '일선동조(日鮮同祖)'적인 의미로서의 동역(同域)성은 부정된다는 점이다. 그리고 그 의미는 다음과 같은 현상 인식에도 나타나 있다.

최근에 와서는 세운(世運)의 추이와 국제간의 경제적 경쟁의 대세가 국민을 자극하여 조금 힘을 신장시켜서, 한지에서 우선 우승의 지위를 차지할 수 있게 하였다. 양대 전역(戰役)은 참으로 이 지위를 옹호하기 위해 일어난 것이라고 해도 되며, 전승의 결과, 반도에서의 우리 세력을 더욱 공고하게 할 수 있었던 이유도 역시 여기에 있다. 전후에 남만주에서의 경제적 세력 수립은 즉 이것을 계승하고 확대시킨 것으로 볼 필요가 있으며, 이제 만한(滿韓)을 통틀어 우리나라의 식민지로 하기에 이르렀다(4쪽).

위 글은 청일, 러일의 "양대 전역"을 거쳐 "한지"에 대한 "우승의 지위"를 확고히 했다고 하면서, 더욱더 그것을 계승하여 "남만주에서의 경제적 세력 수립"에까지 이르고 싶다는 주장이다. 그리고 그것이 "고래로 우리 국민의 단점이었던 외교도 경제적 활동도 이제야 그 면목을 개선하려고 하는 경지에 달"한 것의 증좌로 인정된다는 것이다(5쪽). 여기서는 명기되어 있지 않으나, 이러한 사고방식은 일본의 조선, 만주에 대한 권익 획득의 과정을, 남을 일본, 북을 청과 러시아로 보는 '남북이원론'의 틀로 생각할 것을 요구하는 것이었다.

그러나 "남만주가 우리 손에 들어온 지 이미 수 년이나 됐으니, 국민으로서 그 땅에 이주하는 자가 아직 많지 않"은 상태(5쪽)에서 걱정되는 것이, 그 "국민"이 "이른바 '객지 벌이'에 만족하여 이곳을 뼈를 묻을 땅으로 자손 백년의 계획을 세우자는 각오와 의기를 결한 자가 있는 것은 왜인가"(5쪽)라는 점이다. 왜 걱정이 되는가 하면 "국민"이 "지나 민족"의 문화에 동화되어버릴 우려가 있기 때문이라고 한다. 다시 말하면 중국 대륙의 '지나인'(=한족)이 "북방 민족과의 쟁투사"(9쪽)에서 "항상 패전의 역사가 되었"지만(10쪽), 그 "북방 민족"은 "모두 미개의 민족이라서 설령 무력으로 지나 민족을 압복시키고 정권으로 그들을 굴종시키더라도, 그 언어 문장, 그 제도 문물, 그 풍속 습관의 단 하나만이라도 지나 민족에 미칠 것이 없으므로 항상 그 문화를 숭배하고 모방하지 않을 수 없으며, 무력에 의한 정복자는 문물 면에서는 늘 피정복자가 되지 않을 수 없었던 것"이라고 한다(10~11쪽). 시라토리는 일본 '국민'이 "무력에 의한 정복자"이면서도 "문물 면에서는 늘 피정복자가" 될 것을 두려워했던 것이다. 그리고 그 '국민성'을 유지하기 위해 "전 국민의 숭경(崇敬)의 중심인 황조대신(皇祖大神)을 식민지에 봉사(奉祀)"해야 한다고 한다(14쪽). 결국, "남만주에서의 경제적 세력 수립"에 이르렀다고 해도 아직까지도 '지나 민족'과의 긴장으로부터 벗어나지 못하는 상황이어서 그 의미에서는 남만주는 여전히 "문물 면에서"의 "쟁투"의 장인 것이다. "지나 민족"과 "북방 민족"과의 "쟁투사"와 문화적 '동화'의 논의도 시라토리의 특유한 역사관이라는 것은 이미 지적한 바와 같다.[41] 그것을 현실의 문맥에 맞춰서 응용하려고 한 것이 이 〈남만주에 황조 아마테라스 오미카미를 봉사하는 사의〉의 주지였다고 할 수도 있다.

여기서 '국민성' 담론, 천황제, 그리고 서구 근대와의 관계를 시라토리의 담론 속에 어떻게 읽어나가면 될지를 다시 생각할 필요성이 생기게 되었다. 이러한 사론/시론을 '근대 역사학'과의 관계 속에서 어떻게 파악할 수 있을까? 다음에는 이 점에 관해 리스의 담론을 실마리로 생각해보고자 한다.

3) 리스의 일본관과 시라토리 구라키치

본론에 들어가기 전에 역사학과 시론의 관계에 대한 리스의 인식에 대해 언급해보자.

> 전대(前代)의 역사와 현재 정치와의 구획을 분명하게 하지 않으면 안 된다. 생각건대 역사는 단지 과거에 관여할 뿐이고 이미 끝을 고하고 끝을

41 위와 같음.

맺은 사건에 관여할 뿐이다. 고로 밖으로는 외교의 기밀 및 현재 교섭 중인 사건, 안으로는 세상의 논의에 관련하여 아직 끝맺지 않은 시사와 같은 것은 결코 사학 고구에 합당한 문제가 아니어서 현시(現時)와 만근(輓近)과는 수사학(修史學)의 범위 밖에 속한다.[42]

이런 발언만 보면 역사를 현상 인식으로 동원하려고 했던 시라토리의 논법은 리스의 위와 같은 인식과 거리가 있어 보인다. 그러나 리스는 자기 스승인 델브뤼크에게 보낸 편지에서도 확인할 수 있듯이 일본, 조선, 대만 등의 상황을 주시하고 있었으며, 또 그 관심이야말로 그로 하여금 일본 체류를 연장시킨 동기이기도 하였다.[43] 1896년 5월 7일자 서간에서 다음과 같이 서술한 점이 흥미롭다.

목하, 대만의 행정 조직, 아편(阿片)의 허가와 새로 획득한 섬에 대한 매춘에 관한 일본의 규율의 확장, 토착 만인(蠻人)의 취급과 장뇌(樟腦) 생산의 감시가 사람들의 마음을 흔들고 있습니다. 사(私)기업도 크게 웅비하려는 중이라 제 임시 거처인 이 나라에는 상승 기운에 있는 활기찬 기분이 있습니다. 그리고 모두 희망에 불타 열심히 일하고 있는 셈입니다.[44]

리스는 이러한 일본의 분위기를 "신선한 생명의 역동감"[45]으로 이해했

---

42 ドクトル・リース 述, 志村源太郎 譯, 〈歷史攷究ノ仕組〉, 《國家學會雜誌》 제3권 제24호, 1889, 111쪽.

43 델브뤼크에게 보낸 리스의 서간, 1894년 6월 16일자. 西川洋一, 〈ベルリン國立圖書館所蔵ルートヴィヒ・リース書簡について〉, 《國家學會雜誌》 제115권 제3·4호, 2002, 202쪽; 같은 서간, 1896년 5월 7일자. 같은 글, 206~207쪽.

44 델브뤼크에게 보낸 리스의 서간, 1896년 5월 7일자.

45 위와 같음.

다. 바로 리스 나름대로의 일본 '국민성'론이었다. 뿐만 아니라 프로이센과 비교하여, 1884년쯤을 경계로 프로이센에서는 그러한 "신선한 생명의 역동감"이 상실되었고, "장래에 역사가가 '도대체 왜 그랬을까'를 밝히게 될지" 묻고 있다.[46] 여기에서는 자기 출신국인 프로이센에 대한 비관 의식과 같은 것이 수반되어 있는 것처럼 보인다. 리스는 현재 상황이 장래 역사의 대상이 된다고 생각하고 있었던 것을 알 수 있지만, "장래 역사가가 '도대체 왜 그랬을까'를 밝히게 될지"라는 물음 뒤에는 지금 이 상황을 역사적으로 설명해야 한다는 의식을 엿볼 수도 있겠다. 그런 의미에서는 리스도 역사를 현재 해석에 동원하는 것에 대해 전면 반대한 것은 아니었다고 봐야 할 것이다.

그런데 일본 '국민성'을 리스는 그냥 "신선한 생명의 역동감"으로 긍정적으로만 이해한 것은 아니었다. 그때까지 쓰인 그의 일본 견문록이 1905년에 저서 《일본잡기*Allerlei aus Japan*》로 간행되었는데, 청일전쟁 후로 추정되는 시기에 쓰인 〈일본 문화 발전에서의 하나의 결점〉에서 다음과 같이 서술한다.

> 체제를 일신한 일본이 왜 이렇게 쉽게 중국이라는 거인(巨人)에 이길 수 있었을까. 그 궁극적 이유는 무엇이냐는 물음을 받으면, 일본인이 기세가 더 왕성하고 그 국민정신이 보다 행동력이 풍부하다고 대답할 수밖에 없다. 병기나 장비에 관해서는 중국이 훨씬 더 근대적이었고, 노획(鹵獲)되어 현재 일본으로 회항(回航)중인 '진원(鎭遠)'과 같은 장갑함(裝甲艦)이나 뤼순(旅順) 항에서 아직 하역을 끝내지 못한 채로 일본군 손에 들어간 크루프(Krupp) 사의 최신식 대포 등은 당시에 일본의 기술력을 가지고는

46 위와 같음.

도저히 그런 품질을 갖춘 것을 만들 수는 없었다. 그럼에도 불구하고 이 극동의 소국은 그 긴밀한 조직력, 유럽식 전략, 그리고 병력의 집중으로 우선 조선에서, 이어서 중국에서 승리를 거두었던 것이었다. 일본이 중국보다도 훨씬 더 랑케가 '서구 정신'으로 불렀던 것을 갖추고 있는 것은 명백하다.[47]

리스가 지적하는 "랑케가 '서구 정신'으로 불렀던 것"이란 구체적으로 무엇이었는지는 여기서는 확실히 알 수는 없다. 그것은 차치하더라도 리스는 일본을 전승으로 이끌어간 요원이 물질적 근대화가 아니라, 정신 면에서의 서구화라고 지적하는 한편, "일본인이 서양인에 비해 개성과 자의식의 발달이 매우 뒤떨어져 있다"[48]고 하며, "의연한 개인주의의 확립"[49]이 필요하다고 말한다.

이와 관련하여 '대화혼(大和魂)'에 대해 말한 다음의 기술을 살펴보자.

일본인의 민족정신은 천지(天地)와 더불어 영원히 끊이지 않고 존속해 온 힘으로 여겨지고 있으므로, 그 정신의 진실한 계승자의 혼은 설령 그 육체가 망하더라도 활동을 그치지 않고, 이 세상의 일들에 영향을 계속 미친다고 일본인은 생각한다. …… 예를 들어, 천황(天皇)이 "현재 자신이 이렇게 나라를 다스릴 수 있는 것은 우리 집의 창립자, 우리 왕족의 선조들의 영광스러운 영혼 덕분이다"라고 하거나, 혹은 천황의 신하(臣下)인 일본인이 모두, 예컨대 도고(東鄕) 제독[도고 헤이하치로(東鄕平八郎)－필

47 ルートヴィヒ・リース, 《ドイツ歷史學者の天皇國家觀》, 原潔·永岡敦 譯, 新人物往来社, 1988, 104쪽. 이 자료는 '*Allerlei aus Japan*'를 초역한 것이다.

48 ルートヴィヒ・リース, 같은 책, 105쪽.

49 ルートヴィヒ・リース, 같은 책, 110쪽.

자]이 말했듯이 "나의 성공은 일본의 동일성(아이덴티티)의 존속을 미래 영겁으로 대표하고 계시는 천황의 공덕에 의한 것이다"라고 하기도 했는데, 그들은 일본인의 민족관을 신화적·종교적으로 연구한 인류학이 가르치는 바와 조금도 다름이 없는 언동이다. 선조 숭배, 천황에 대한 존숭, 신체 구석구석에까지 일본 정신(大和魂)이 스며들어 있는 것. 이들이 모두가 하나의 관념으로 되어, 일본인이 일단 유사시에 일을 일으킬 때에는 독특한 긴장감을 그들에게 주는 것이다. 이 관념의 제단(祭壇)에서 개인이 자신을 희생으로 제공하는 것, 즉 '하라키리(할복)'의 의식에서 일본 정신의 도덕적 에너지는 오늘날에도 아직 가장 명료한 존재 증명을 찾아내고 있다.[50]

시라토리의 '국민성'론과 비교해보면, 진보성의 기질이라는 점에서는 리스가 말하는 '서구 정신' 체현에 연결될 수 있는 면도 있었을 것이다. 그러나 그것은 중국과 대비한 상대적인 위치에 불과하고 서구적 관점에서 보면 "뒤떨어져 있"었던 것이다. 시라토리는 '국체'의 유구성이나 불역성을 천황주의의 문맥에서 말했지만, 리스에 의하면 그러한 천황 중심의 질서 안에 있는 '대화혼'은 "일본 국민을 통일하"는 신앙이면서 그것에 수반되는 천황 숭배를 "중국이나 조선에 승리하"는 "어떤 종류의 정치적 종교"라고 규정하지만,[51] 다른 한편에서는 "의연한 개인주의의 확립"에 대한 장애물일 수밖에 없었다. 리스는 델브뤼크 앞으로 보낸 편지에서 일본인 학생에 대한 교육의 곤란함에 대해 쓴 바가 있다. 거기에서는 "그들(학생들—필자)은 제(리스—필자)가 말하거나 혹은 필기시킨 것을 정확히 되풀이하"지만, 그것이 "고차원적인 감정이 따르지 않고", "단지 기억력의 자동적 움직

50 ルートヴィヒ・リース, 같은 책, 76~77쪽.

51 ルートヴィヒ・リース, 같은 책. 140쪽.

임"일 뿐으로, "본래의 정신적인 자유 없이" 이루어지고 있다고 고언을 했던 것과도 관련이 있었을 것이다.[52]

그런데, 시라토리가 국체의 유구성, 불역성을 말할 때, 그것이 중국의 역성(易姓)혁명의 논리와 대비해서 논해지는 것으로, 그런 의미에서 역시 상대적인 관계성 속에서 규정된 성격에 불과했다. 또 그 논법은 중국과의 사이에서 생긴 위기감과 같은 것을 기초로 만들어진 역사관이었다. 앞에서 〈남만주에 황조 아마테라스 오미카미를 봉사하는 사의〉에서 일본 '국민'이 남만주에 진출해도 "문물 면에서는 늘 피정복자"가 될 것을 두려워했고, 그 대책으로서 제기된 것이 '아마테라스 오미카미'의 봉사였다고 논했지만, 바로 거기에 위기감과 천황주의와의 연동성을 간취할 수 있는 것이다. 대개 "문물 면에서는 늘 피정복자"가 되는 것에 대한 두려움이란, 바꿔 말하면 '정신' 면에서 중국적인 것에 동화될 위험성을 말하는 것으로, 그것이 일본의 '국민성'이 중국에 대해 아직 '정신' 면에서 절대적 우위에 서지 못하고 있는 것을 암시한 논리였다.

위에서 언급한 리스의 일본관과 시라토리가 자주 '국민성'을 논하게 된 시기와는 약 10년간의 시차가 있는 것은 유보할 필요가 있으나, 리스의 견문록이 독일에서 간행된 시기가 러일전쟁 후인 1905년경이었다는 사실을 생각하면, 대략 같은 시기라고 보아도 무리는 없을 것이다. 시라토리가 말한 일본 '국민성'은 리스가 전제로 한 서구적 근대의 관점에서의 '뒤떨어짐'에서 과연 벗어날 수 있었는가? 오히려 '국민성'을 강조하면 할수록 근대로부터의 거리를 느끼고 불안정한 '국민성'의 상태를 폭로하게 되고 마는 것은 아닐까?

---

52 델브뤼크에게 보낸 리스의 서간, 1887년 11월 19일자. 西川洋一, 〈ベルリン國立圖書館所蔵ルートヴィヒ・リース書簡について〉, 195쪽.

4. 마치며

시라토리가 전개한 '국민성' 논의에 대해, 필자는 지금까지 '진보'나 '문명' 의식이 발현한 것으로 분석해왔지만, 이번에 발굴한 사료(《남만주에 황조 아마테라스 오미카미를 봉사하는 사의》)에서는 오히려 일본 '국민성'의 결함을 지적하고 있었다. 그것은 남만주에서 접하게 되는 중국의 문화적·정신적 '동화'력(의 역사)에 대한 위기감의 발로이기도 했다. 원래 '남북이원론'의 성격상, 반드시 '남북'의 세력이 대치하는 상황이 상정되어 있다. 일본도 예외가 아니라서 남만주에서 '남북' 대치의 당사자가 되는 이상, 세력권의 경계를 접하는 상대방 측의 영향에 대해서는 민감하지 않을 수 없었던 것으로 보인다. 시라토리는 그 '안정성'을 유지하기 위한 사고방식으로 '간공지'의 논리를 이용한 것이다. 실제로 그의 '만주 중립화론'은 그런 것으로 존재했다.

그러한 현재적 의식을 역사학으로써 근거를 부여하려고 한 것이 시라토리의 사론/시론이었는데, 본 논문에서는 그 논법과 '근대 역사학'과의 관계를 규명하기 위하여 일본 '국민성'을 둘러싼 리스와 시라토리의 견해를 대조해보았다. 리스라는 서양인이 본 일본의 천황 숭배와 그에 뒷받침된 '대화혼'의 정신은 서구적 근대를 이룩하는 데 걸림돌로 비쳤다. 시라토리가 '국체'의 유구성, 불역성을 들어 천황주의를 토대로 말하려고 한 일본인의 '국민성'은 결국, 중국이나 조선의 그것과 차이화시키려고 하는 담론에 불과했다. 시라토리는 일본이 중국 대륙으로 진출해가는 과정에서 그 차이화의 논리를 더욱 강조하게 되었지만, 그것을 주장하면 할수록 리스가 말하는 의미에서의 서구 근대와는 멀어져가지 않았을까 생각된다. 그렇다면, 시라토리가 습득했다는 '근대 역사학'이란 어떤 것이고, 시라토리 사학의 어디가 '근대'적이었는지를 새삼 물어봐야 될 것이다. 다음의 과제는 '근대 역사학'의 일본적 전개로, 마가레트 멜의 말을 빌리면 "일본 학자나 관료가 독일 역사학에 시사를 얻고자 했을 때 그들을 이끈 것"을 일본 동양사학사 안에서 찾아내는 작업이 될 것이다. 아직 큰 과제가 남아 있다.

5

'근대 역사학'으로서의 '만선사'

이나바 이와키치(稻葉岩吉)의 연구 과정을 중심으로

정상우

1. 시작하며: 일본 근대 역사학으로서의 식민주의 역사학

해방 이후 근래까지도 식민지기 일본인들에 의해 연구되어왔던 한국사 연구는 '식민사학' 내지는 '식민주의 역사학' 등으로 불리며 정리되어왔다. 1960년대 이후 제기된 식민주의 역사학에 대한 성찰과 비판은[1] 이후 일본의 일부 역사교과서가 일본의 침략 전쟁과 한국 지배를 미화하며 한국사를 왜곡하는 사건이 발생했을 때 두드러졌다.[2] 이러한 과정에서 식민주의 역

1 이기백, 〈서론〉, 《국사신론》, 태성사, 1961, 1~10쪽; 김용섭, 〈일본·한국에 있어서 한국사서술〉, 《역사학보》 31, 1966; 홍이섭, 〈식민지적 사관의 극복—민족의식의 확립과 관련하여〉, 《아세아》 3월호, 1969; 김용범, 〈한국사의 타율성론 비판—소위 만선사관의 극복을 위하여〉, 《아세아》 3월호; 이기백, 〈사대주의론의 문제점—〈사대주의〉라는 용어와 그 유형의 검토〉, 《아세아》 3월호; 김영호, 〈한국사 정체성론의 극복의 방향—시대구분과 자본주의 맹아의 문제〉, 《아세아》 3월호.

2 이기백, 〈반도적 성격론 비판〉, 《한국사 시민강좌》 1, 일조각, 1987; 강진철, 〈정체성이론 비판〉, 같은 책; 이태진, 〈당파성론 비판〉, 같은 책; 최홍규, 〈일본 식민주의사관의 기원과 극복—일본 역사교과서의 한국사 왜곡의 전사〉, 《경기사학》 5,

사학은 한국사 왜곡과 일본인들의 비뚤어진 한국관 형성의 근원으로 지목되었으며, 한국 학계의 성장과 맞물려 그 문제점과 허구성이 지적되어왔다. 그렇기 때문에 우리는 식민주의 역사학이라는 말을 들었을 때 자연스럽게 '청산' 내지는 '극복'이라는 단어를 떠올린다.

한편 근래 고구려사의 귀속 문제를 둘러싼 논쟁의 과정에서 식민주의 역사학, 그중에서도 '만선사(滿鮮史)'(이하 ' ' 생략)에 대한 관심이 고조되었다. 논쟁이 고구려사와 만주 일대의 역사와 관련된 것이었기 때문에 고구려·만주에 대한 역대의 인식이 어떠했는가에 대한 연구가 대거 이루어지는 가운데 식민지기 일본인 역사학자들이 이와 관련하여 제시했던 만선사에 대한 관심도 높아졌다.[3] 만선사라는 것은 만주(滿洲)와 조선(朝鮮)을 하나로 묶어 이 지역에 대한 역사를 연구·서술한다는 것으로, 1960년대 식민주의 역사학에 대한 관심이 처음 일었을 당시부터 한국사의 타율성을 강조하는 사관이자 일제의 대륙 침략을 합리화하기 위한 것으로 파악되었다.[4] 만선사에 대한 최근의 관심에서도 이러한 시각은 여전하다. 즉 만선사는 러일전쟁 이래 일본의 대륙 침략과 궤를 같이하여 나타난 역사관으로, 한국사에 대한 타율성론만이 아니라 정체성론과의 구분이 어렵다는 지적과 더불어 만선사의 내적 구조와 그 속에서 '조선사'의 모습이 규명되고 있는 것이다.[5]

2001; 정재정, 〈일본 역사교과서 문제와 그 전망〉, 《한국사연구》 116, 2001.

3 이러한 면모는 최근 일본에서 단행본으로 발표된 만선사 관련 연구 성과(井上直樹, 《帝國日本と'滿鮮史'》, 塙書房, 2013)에도 드러나는데, 이 책의 첫 장은 '高句麗歸屬問題と滿鮮史'로, 논의의 시작을 한·중 간의 고구려사 귀속 문제를 소개하며 만선사에 대한 연구의 의의를 설명하고 있다.

4 김용섭, 〈일본·한국에 있어서 한국사서술〉; 김용범, 〈한국사의 타율성론 비판—소위 만선사관의 극복을 위하여〉; 旗田巍, 〈'滿鮮史'の虛像〉, 《日本人の朝鮮觀》, 勁草書房, 1969, 180~198쪽.

5 瀧澤規起, 〈이나바 이와키치(稻葉岩吉)와 만선사(滿鮮史)〉, 《한일관계사연구》 19,

이러한 최근까지의 만선사에 대한 논의들은 다음 두 가지에 동의하고 있다. 만선사관은 일본의 대륙 침략을 합리화하기 위한 역사관이라는 점과 이를 위하여 만주와 조선을 뭉뚱그려 본다는 점이다. 그렇지만 메이지(明治) 이래 일본의 고구려사나 만주에 대한 연구는 그 자체로 침략과 함께 진전되었다고 지적되고 있으며[6] 고구려사나 만주에 대한 연구가 아닌 '일선동조론'과 같은, 당시 일본에서 진행된 조선을 비롯한 주변의 역사 연구 대부분은 침략을 합리화하기 위한 것이라고 평가받고 있다. 그렇다면 침략을 합리화하는 역사학으로서 만선사관을 보는 것은 타당하지만 만선사학만의 특성을 포착한 정의는 아닐 것이다.

한편 흥미로운 것은 만선사에 관한 최근의 논의 중에는 미국 학계의 '신청사'의 문제의식과 만선사관을 비교하며 만선사관에 적극적으로 의미를 부여하는 경우도 있다는 점이다. 즉 만주족의 민족적 정체성을 강조하여 중국 한족과 이들을 구별 지은 '신청사'의 시각과 만주와 조선의 문화적 계통성과 유사성을 강조하며 중국 한족 문화와의 차별성을 이야기했던 '만선사관'의 입론은 서로 상통함에도 불구하고 '만선사관'에 대해서는 식민주의 사관 비판이라는 '정치적 도그마'에서 벗어나지 못한 채 불온한 의미로 받아들인다는 지적이 제기된 것이다.[7]

2003, 115~117쪽; 寺內威太郞, 〈'滿鮮史'硏究と稻葉岩吉〉, 《植民地主義と歷史學》, 2004, 52~56쪽; 櫻澤亞伊, 〈'滿鮮史觀'の再檢討-'滿鮮歷史地理調查部'と稻葉岩吉を中心として〉, 《現代社會文化硏究》 39, 2007, 22~33쪽; 櫻澤亞伊, 〈이나바 이와키치의 '만선불가분론'〉, 《일제시기 만주사·조선사 인식》, 동북아역사재단, 2009; 정상우, 〈稻葉岩吉의 '만선사' 체계와 '조선'의 재구성〉, 《역사교육》 116, 2010.

6 이노우에 나오키(井上直樹), 〈근대 일본의 고구려사-'만선사'·'만주사'와 관련해서〉, 《고구려발해연구》 18, 2004, 352~353쪽.

7 홍성구, 〈'청사공정'의 '청조흥기사' 서술방향〉, 《중국 역사학계의 청사연구 동향-한국 관련 분야를 중심으로》, 동북아역사재단, 2009, 36~39쪽; 유장근, 〈'만청식민주의'를 둘러싼 중·외 학계의 논의〉, 《중국 역사학계의 청사연구 동향-한국

만선사관을 부정할 것인가 긍정할 것인가의 문제를 차치하고서라도 이러한 문제 제기는 그동안 식민주의 역사학에 대한 연구자의 태도를 돌아보게 한다는 점에서 의의가 있다. 즉 넓게는 식민주의 역사학, 좁게는 만선사학을 사고하는 데에 '침략과 지배를 위한 역사 왜곡'이라는 전제하에 무조건적으로 청산과 극복의 대상으로만 평가해왔기 때문에 그 내부의 학문적 논리에 대해서는 무지한 채 무조건적인 비판을 가해온 것은 아닌가 하는 점이다.

뿐만 아니라 식민주의 역사학의 내용에 대한 무지는 식민주의 역사학을 발생시킨 일본 학계와의 학문적 소통에서도 역시 어려움을 발생시킨다. 후발 제국주의 국가였던 일본의 근대화는 국가 주도적 특징을 나타내며 근대화와 제국주의화가 거의 동시에 이루어졌다는 것은 주지의 사실이다. 그런데 이러한 경향은 학문에서도 나타날 수밖에 없는 것이다. 즉 식민주의 역사학은 일본의 대륙 침략이라는 시대 상황에 규정되면서도 일본 근대 역사학의 형성·발전과 동시적으로 전개된 것이었다.[8] 그렇다면 일본의 제국주의화라는 외적 조건과 더불어 일본에서의 근대 역사학의 성립이라는 맥락에서 식민주의 역사학을 고려하는 것 역시 필요할 것이다. 근대 역사학은 '민족'을 주인공으로 하여 그 '발전'의 과정을 '실증'을 통하여 증명하는 것이라 하겠다. 즉 '실증'이라는 방법을 통하여 과거의 왕조, 신분, 지역과 같

관련 분야를 중심으로》, 동북아역사재단, 2009, 228쪽.

8 그렇기 때문에 일본인들에게 근대 역사학은 한국과 같은 침략지의 사람들에게는 식민주의 역사학이며, 일본에서 근대 역사학의 창립자로서 높게 평가받는 이들이 한국에서 대표적인 식민주의 사학자로서 거론되는 것은 이러한 측면을 단적으로 보여주는 사례이다. 일례로 일본에서는 '동양사학'의 정립자로서 평가되는 시라토리 구라키치, 일본 근대 고문서학의 창시자로 알려진 구로이타 가쓰미, 일본 국민사상을 역사학적으로 추구한 양심적 학자로 추앙되는 쓰다 소키치와 같은 인물은 한국에서는 대표적인 식민주의 사학자로서 평가되고 있다.

은 단위가 아니라 새로운 주체로 부상한 민족·국가의 통합을 위하여 '자민족·자국가'를 주어로 역사를 서술하면서 주변의 다른 민족·국가를 타자화하여 '발전/정체'의 일원적 도식 속에서 계서화하는 것이다. 이와 같은 근대 역사학의 성립 과정은 일본의 경우 '동양'의 창출 과정이라고도 알려져 있다.[9] 즉 '객관성', '실증성'을 강조하면서도 아시아를 대상화하여 '동양'을 창출하고 그 중심에 일본을 놓는 것이다. 이렇게 볼 때 만선사학이라는 것은 일본사의 타자로서 만주와 조선의 역사를 재구성한 것이라 하겠다. 그렇다면 만선사의 학문적 논리를 파악하기 위해서는 그 안에서 일본사의 위상을 고려해야만 할 것이다.

이 글에서는 가장 대표적인 만선사 학자로서 거론되는 이나바 이와키치(稲葉岩吉, 1876~1940)의 연구를 중심으로 식민주의 역사학의 일단을 살펴보고자 한다. 그는 스스로도 학자로서 길을 가게 된 이유를 "학문을 위한 학문"이 아니라 "지나(支那) 문제에 자극을 받아 청조사(淸朝史)를 연찬(硏鑽)"[10]하게 되었다고 거리낌 없이 밝힐 만큼 시대 정황과 밀착하여 연구를 진행하면서 스스로를 '만선사가'로서 평가하며 그 학문적 체계화를 시도한 유일한 인물이었다. 이하에서는 우선 이나바의 연구 과정을 추적하며 그의 논의가 어떻게 변화하고 있으며, 어떠한 역사상을 그려냈는지, 즉 그가 말했던 만선사의 체계화 과정을 살펴볼 것이다. 이후 그 속에서 일본사의 위상은 어떻게 설정되고 있는가를 고찰할 것이다. 이를 통하여 만선사의 내적 논리를 규명함과 아울러 제국주의의 시대에 일본 지식인이 동북아시아사를 다루던 한 가지 방식을 살펴보는 단초를 제공하고자 한다.

---

9 Stefan Tanaka, *Japan's Orient: rendering pasts into history*, 1993(《일본 동양학의 구조》, 박영재·함동주 옮김, 문학과지성사, 2004).

10 稻葉岩吉, 〈予が滿鮮史硏究課程〉, 《稻葉博士還曆記念滿鮮史論叢》, 1937, 17쪽.

2. 이나바 이와키치의 연구 과정과 '만선사'의 체계화

이나바는 만년에 학자로서 자신의 과거를 '만선사 연구 과정'이라고 정리할 정도로 스스로를 만선사 연구자로 인식하였다. 그렇지만 학자로서의 길을 나서던 초기 이나바는 '만선사가'라기보다는 '청조사가'라 하겠다.[11] 그가 학자로서 본격적으로 나서게 된 것은 1908년 남만주철도주식회사(南滿洲鐵道株式會社) 산하에 발족된 '만선역사지리조사실(滿鮮歷史地理調査室)'(이하 '역사지리조사실')에 들어가면서부터이다. 시라토리 구라키치(白鳥庫吉)의 주도하에 구성된 '역사지리조사실'은 일본에서 동양사 연구의 일환으로서 만선사가 탄생하여 성장하는 데 결정적인 역할을 한 기관으로, 만주와 조선 경영을 위한 역사와 지리 연구를 위한 곳이었을 뿐만 아니라 일본에서 동양사 연구의 초창기라 할 수 있는 당시, 젊은 연구자를 모으고 연구자로서 성장시키는 역할도 했던 곳이다. 특별히 대학의 사학과에서 훈련받지 않았던 이나바 역시 스승인 나이토 고난(內藤湖南)의 추천으로 '역사지리조사실'에 참여하며 전문 연구자로 거듭났다.[12] 역사지리조사실에서

---

11 이나바 이와키치는 회갑을 맞아 자신의 행적을 회고하며 자신의 연구 과정을 '만선사 연구 과정'이라고 정리할 정도로 학자로서 자신의 정체성을 '만선사'에서 찾았다. 그렇지만 학자로서의 길을 가던 초기, 조선사편찬위원회에 부임(1922)하기 전 이나바의 주요 저작은 아래와 같이 만주와 중국에 관한 것으로 조선은 그의 관심에서 극히 부수적인 것이었다. 《北方支那》(1902), 《淸朝全史》(1914), 《滿洲發達史》(1915), 《最近支那史講話》(1915), 《近世支那十講》(1916), 《支那帝政論》(1916), 《支那の軍政と兵制》(1917), 《支那政治史綱領》(1918), 《近代支那史》(1920), 《對支一家書》(1921), 《支那社會史硏究》(1922).

12 이나바 이와키치와 관련해서는 대학 졸업과 관련한 기록을 찾을 수 없다. 단 그의 회고를 보면 관비 유학생으로 중국에 가게 되면서 나이토 고난을 알게 된 이후 나이토에게 사사받으며 평생의 스승으로 삼았다고 하며, 연구자로서 이나바 이와키치의 길을 열어준 것 역시 나이토였다. 역사지리조사실에는 주로 도쿄제국대학 동양사학과 졸업생들이 들어갔기 때문에 이나바가 가기는 어려운 곳이었다. 하지만

만주에 관한 제1기의 연구 사항은 요대(遼代) 이래의 시기에 대한 것으로, 이나바가 담당했던 것은 명·청 시대의 만주에 관한 것이었다.[13] 때문에 이나바는 역사지리조사실에 7년간 몸담으며 이룬 성과를 바탕으로 《(청조전사(淸朝全史)》(상·하, 1914)와 《만주발달사(滿洲發達史)》(1915)를 간행하였다.

《청조전사》는 명대(明代) 만주 지역에 대한 경략과 여진족에 대한 정책 및 여진인의 변천에서 선통제(宣統帝)의 퇴위까지, 즉 청의 발흥에서 멸망까지, 청대(淸代)를 다룬 최초의 통사라 할 수 있다. 이나바는 그 집필 이유

시라토리가 역사지리조사실을 구성하며 나이토에게 사업의 취지를 알리고 인재의 추천을 부탁했을 때, 이나바는 나이토의 추천을 받아 역사지리조사실에 들어갈 수 있었다. 이러한 상황은 이나바가 조선사편찬위원회에 들어갈 때도 똑같이 반복된다. 조선사편찬위원회를 구성할 당시 이를 총괄하던 구로이타 가쓰미는 나이토 고난에게 인사 추천을 부탁하고, 이때의 추천으로 이나바가 조선에 부임하게 되었다. 한편 역사지리조사실은 이나바와 함께 만주를 담당하는 야나이 와타리(箭內亙), 마쓰이 히토시(松井等), 조선을 담당하는 이케우치 히로시(池內宏), 쓰다 소키치로 구성되었다. 이중 야나이 와타리와 이케우치 히로시는 동경제대 교수, 쓰다 소키치는 와세다대학 교수, 마쓰이 히토시는 국학원대학 교수가 되어 일본의 동양사학계의 중추를 담당하게 된다(이에 대해서는 Stefan Tanaka, 앞의 글, 334~339쪽 참조).

13 만주의 역사와 지리에 대한 역사지리조사실의 첫 성과는 1913년에 발간된 《만주역사지리(滿洲歷史地理)》 1, 2권인데, 제1기 연구 주제인 요대 이래의 만주는 2권으로 발간되었다. 그 이유는 상대(上代)의 사적은 사료의 부족하기 때문에 사료가 풍부한 부분을 먼저 구명(究明)하고, 이를 바탕으로 상대로 소급해 올라가는 방침에 입각했기 때문이다(남만주철도주식회사, 《만주역사지리》 1, 1913, 6~7쪽). 이나바의 연구 역시 〈明代遼東の邊牆〉, 〈建州女眞の原地及び遷住地〉, 〈淸初の疆域〉에서 〈漢代の滿洲〉로 나아갔다. 한편 《만주역사지리》의 내용은 한대(漢代)에서 청초(淸初)에 이르기까지 만주의 강역에 관한 지리를 고증하는 글들이 거의 대부분을 차지하는데 시라토리 구라키치는 서문에서 '역사의 기초는 지리에 있다'며 '사적지리'의 고증이 역사 연구의 첫 걸음임을 강조하고 있다. 이와 같은 역사지리 고증에 대한 집중은 역사지리조사실의 연구 관심이 만주를 통치했던 정치권력의 세력 범위를 확정하는 것이었기 때문이라고 지적된다(塚瀨進, 〈戰前, 戰後におけるマンチュウリア史研究の成果と問題點〉, 《長野大學紀要》 32~33, 2011, 40쪽).

를 "외이(外夷)로서 지나 본부에 군림한 것으로 몽고의 원조(元朝)가 있고 뒤에 바로 청조(淸朝)가 있는 것에 지나지 않는데, 그 통치가 교묘하여 오랫동안 지속한 것은 후자"였으며, 자신은 1905년 아이신교로(愛新覺羅) 씨의 조묘(祖墓)와 영고탑(寧古塔) 일대를 답사한 이래로 이들의 조상이 "지나 본부를 공취(攻取)"하기에 이른 실마리를 발견하고 싶었기 때문이라고 밝혔다.[14] 자신의 말년에 스스로 연구자로서 자신의 첫 걸음은 시대 상황에 밀착해 있었다고 회고하였듯이, 러일전쟁 이후의 시대적 정황은 이나바가 이민족의 중국 지배라는 자신의 연구 주제를 선택하는 데에 상당한 영향을 끼치고 있었던 것으로 보인다.

한편 비슷한 시기 이나바는 '청조'의 근거지인 만주의 역사를 '발달'이라는 이름으로 연구하였다. 명·청대 여진족과 만주에 집중한다는 점에서는 공통되지만 방대한 분량을 과시하는《청조전사》와 달리《만주발달사》는 명대 이전의 만주에 대해서도 언급하며 만주를 중심으로 한 통사를 지향하면서도 좀 더 확대된 시각을 보여주고 있다.[15] 즉 이나바는 '만주발달사'를 "이름대로라면 아시아 한쪽 모서리의 역사이지만 그 내용에 따르면 지나, 만주, 몽고, 조선, 러시아 및 우리 일본인과의 갈등의 일대 기록"이라고 정의하고 있는 것이다.[16] 이는 그가 해명하고자 했던 것이 일본과 중국, 만주, 몽고, 조선, 러시아로 대별되는 대륙의 관계였음을 시사한다. 이러한 점들을 살펴볼 때 연구 초기 이나바의 관심은 '만선'이라기보다는 '만주' 혹은 만주를 중심으로 한 '대륙과 일본'의 관계였음을 알 수 있다. 물론 '만주'(淸

14 稻葉岩吉,《淸朝全史》(上), 早稻田大學出版部, 1914, 3~5쪽.

15 《滿洲發達史》는 중국어로도 번역되었다. 楊成能이 번역하여《東北開發史》(辛未編譯社, 1935)로 간행되었다. 이 번역서는 그 후《滿洲發達史》(萃文齋書店, 奉天, 1940),《滿洲發達史》淸史資料 제2집－開國史料 2 제10책(臺聯國風出版社, 1969)으로서도 간행되었다.

16 稻葉岩吉,《滿洲發達史》, 大阪屋號出版部, 1915, 1~2쪽.

朝)에서 시작된 대륙에 대한 관심은 그 주변의 다른 세력들로 확산되었다. 그런데 그 관심은 '조선'으로 향해 있는 것은 아니었다. "몽고에 우수한 부족이 일어나면 만주를 약취(略取)하고 반대로 만주에 웅강한 국가가 나타나면 몽고를 병탄(倂呑)"하는 관계에 있다며 "만몽(滿蒙)은 불가분"의 관계에 있다고 정리하고 있는 것에서도 드러나듯이, 만주에서 시작된 관심은 우선은 '몽고'를 향해 있었다고 하겠다.[17] 즉 연구자로서 발을 뗀 이나바의 관심은 만주로부터 대륙 안쪽을 향해 있었고, 조선에 대한 관심이 촉발되지 않은 만큼 만선사가로서의 면모 역시 찾아보기 힘든 것이었다.

이러한 이나바가 조선에 대한 관심을 본격적으로 보이기 시작하는 것은 3·1운동 이후였다. 기자·위만조선을 부정하고, 고구려와 백제는 만주계라며 조선인들의 생각처럼 조선의 역사는 오래되지 않았다는 언급으로 본격화된 조선에 대한 관심은[18] "만선의 불가분"을 주장하는 논문으로 확대되었으며, 조선사편찬위원회(朝鮮史編纂委員會)의 사무를 담당하게 되어 조선에 부임하면서 만개하였다. 특히 그는 조선에 부임하던 해인 1922년에 발표한 〈만선 불가분의 사적 고찰(滿鮮不可分の史的考察)〉에서 만주와 조선이 민족적·정치적·경제적으로 하나라는 것을 공표하였다.[19] 이처럼 이나바는 조선 부임과 거의 동시에 만주와 조선의 일체성을 본격적으로 주장한 이래 압록강과 장백산은 국경으로서 의미가 없다는 것을 여러 차례 언급하

17 稲葉岩吉, 《滿洲發達史》, 3~11쪽.

18 이나바 이와키치가 조선과 관련하여 발표한 최초의 글은 1920년에 발표한 〈朝鮮人の民族性を考察して所謂鮮人自覺論に及ぶ〉(《東方時論》 5-2)으로, 저술 목적은 3·1운동 이후 고양된 조선인들의 역사의식을 비판하기 위한 것이었다고 한다(이에 대해서는 井上直樹, 《帝國日本と'滿鮮史'》, 塙書房, 2013, 148~150쪽).

19 이에 대한 자세한 사항은 정상우, 〈稲葉岩吉의 '만선사' 체계와 '조선'의 재구성〉, 7쪽 참고.

며, '만선'의 일체성을 주장하였다.[20]

이후 이나바는 조선에 상주하며 조선사편찬위원회와 이를 계승한 조선사편수회(朝鮮史編修會)의 사무를 총괄하는 한편 조선과 그 주변에 관한 수많은 글들을 쏟아냈다. 당시 이나바는 일본인들이 "조선사를 일본사적(日本史的)으로 관찰하는 편견"때문에 "고대 문화의 내용"은 한국과 일본을 비교하지만 조선의 문화를 연구하는 데에 가장 중요한 것은 "지나 및 만몽 방면의 문화사를 참작"하는 것으로 "대륙 방면의 기록에 비교"하여 "조선사를 동양사화(東洋史化)"해야 할 것을 주장하였다.[21] 즉 조선에 오게 되면서 이나바의 주된 연구 주제는 조선 및 그를 중심으로 한 주변 관계로 변화한 것이다. 그렇지만 당시 조선과 그 주변을 대상으로 한 그의 연구는 시기적으로는 고대사에 한정되어 있었다.[22] 이는 고대사 중심의 한국사 연구라는 당시 일본 학계의 한국사 연구 경향에서 이나바 역시 벗어나지 못하고 있음을 보여주는 것이다.[23]

---

20 稻葉岩吉, 〈滿鮮不可分の史的考察〉, 《支那社會史硏究》, 1922, 303~314쪽; 稻葉岩吉, 〈朝鮮滿洲と支那との關係〉, 《朝鮮文化史硏究》, 雄山閣, 1925, 194~196쪽.

21 稻葉岩吉, 〈序〉, 《朝鮮文化史硏究》, 1~2쪽.

22 1925년 이나바는 조선과 주변에 대하여 1922년 이래 발표했던 논문들을 묶어 《조선문화사연구(朝鮮文化史硏究)》라는 저술을 출판하였다. 조선의 문화적 성질과 조선과 중국, 만주, 일본 등지의 관계에 대한 18편의 논문을 묶은 것인데, 여기서 이나바가 말하는 조선의 문화는 고대 문화이며, 주변과의 관계를 이야기하는 것도 고대에 한정되어 있다. 한편 이나바는 재조(在朝) 일본인 학자들과 교사들이 조선의 역사를 연구·보급할 목적으로 결성한 조선사학회에서 진행한 대중 강연에 수차례 강연자로 나섰는데, 당시 강연 내용은 《조선사 강좌-분류사(朝鮮史講座-分類史)》에 〈조선 민족사(朝鮮民族史)〉라는 이름으로 실렸다. 총 17개의 장으로 구성된 〈조선 민족사〉 가운데 16개의 장은 조선 민족의 주변 환경 및 유래, 한사군, 삼국의 조국(肇國)과 같은 고대사 관련 내용으로 채우고 있다.

23 청일전쟁을 전후하여 일본 학계에서 조선에 대한 연구가 활발히 진행되었다고 한다. 그러나 이는 일본의 기원을 해명하는 데 필요한 고대사가 절대적인 비중을 차지하고 있었으며, 그 외의 시기는 임진왜란으로 대변되는 한일 관계사에 해당하는

1920년대 발표된 글들을 통해 볼 때 이나바는 동북아시아의 역사를 세 개의 민족군, 바로 한민족(漢民族), 몽고 민족〔蒙古民族, 흉노(匈奴)〕,[24] 동호계(東胡系) 민족에 의해 이루어졌다고 보았다. 이중 한민족과 몽고 민족은—이나바의의 표현을 빌리자면—"자발적 문화를 소유한 민족"으로서 "무력뿐만이 아니라 문화에서도 쌍방이 함께 상양(相讓)"한 "동아 대륙의 2대 주인공"인 반면 동호계 민족은 "자발적 문화를 소유하지 못한 민족"이다. 이들 동호계 민족은 몽고 동방 부분과 만주 방면에 근거한 이들로 과거 한때 흉노를 압도했으나 결국 흉노에게 패퇴한 이래 만주 일대로 퇴각한 "대륙에서의 실패자"로서 만주와 조선 민족의 기원을 이루는 이들이다. 이들은 장백산 방면에서 "부여-고구려-발해-금-청"을 형성했다는 것이 이나바의 견해이다.[25] 그런데 이 동호계 민족은 "자발적 문화"를 소유하지 못했기 때문에 국가와 같은 기구를 구성하기 위해서는 자발적인 문화를 가진 이들로부터 문화를 수혈 받아야만 한다. 여기서 반도로 흘러들어 온 민족은 만몽 민족의 영향이 적은 반면 "지나 민족의 문화적 정복"이라고 할 정

부분만이 주로 연구되었다(정상우, 〈조선총독부의 《조선사》 편찬 사업〉, 서울대학교 박사학위논문, 2011, 90~94쪽).

24 이나바는 흉노는 물론 돌궐까지도 모두 몽고 민족으로 파악한다. 특히 흉노를 몽고 민족으로 바라보는 것은 시라토리의 영향으로, 이는 유라시아 역사의 기원을 아시아에 두고자 하는 의도에서 였다고 한다(이에 대해서는 정상우, 〈稻葉岩吉의 '만선사' 체계와 '조선'의 재구성〉, 12쪽).

25 稻葉岩吉, 〈朝鮮民族史〉, 《朝鮮史講座－分類史》, 朝鮮史學會, 1925, 3~16쪽. 이러한 그의 생각은 시종일관 변하지 않고 1930년대에도 여전했던 것으로 확인된다. "내가 생각하기에 동아시아 대륙에서 古來 角逐했던 民族은 漢民族과 匈奴를 主로하며, 匈奴의 東方에 東胡라는 大部族이 있다. 匈奴도 한때는 東胡에 司配되기도 했지만 豆曼單于이 匈奴에서 나와 격파당하여 東胡는 다투어 東北滿洲의 山野로 도망했다. 이것이 滿鮮諸民族의 起原이다."(稻葉岩吉, 〈朝鮮開國の二三の考察〉, 《朝鮮》 226, 朝鮮總督府, 1934)

도로 한민족의 영향을 크게 받는다는 것이 이나바의 견해였다.[26] 이러한 바탕 위에서 그는 고구려, 백제, 신라에 나타나는 중국 문화의 영향을 논술하며 조선 민족의 수동성과 정체성을 논증하고, 조선과 만주, 조선과 중국의 관계와 교통, 낙랑군의 문화, 일본과 조선의 문화적 차이 등을 이야기 했다.

그렇지만 이나바는 아직까지 만선사나 동북아의 역사를 새롭게 해석하지는 못한 것으로 보인다. 조선의 북방인 함경도 지역에 여진의 색채가 짙다며[27] 만선의 불가분성을 이야기하지만, 이것 외에는 반도와 몽고 내지는 반도와 만주의 관계에 대해서는 별다른 언급이 없다. 즉 만선사가 무엇인지 또 앞서 언급한 세 민족의 관계는 어떠한지에 대한 설명에 이르진 못하고 있다. 다만 만선이 불가분임을 전제한 채 조선의 역사를 중국〔漢民族〕과 중국 문화와의 관계 속에서 설명하였으며, 그 출발점은 한사군의 설치였다. 조선 역시 동호계 민족이기 때문에 국가를 형성·발전시키기 위해서는 선진 문화의 수용이 필수적인데, 이것이 한사군을 통해 가능했다는 것이다.

한국사의 시작을 한사군의 설치에 두는 것 내지는 한국사에서 한사군의 영향력을 강조하는 것은 한국사의 타율성을 강조했던 다른 일본인 학자들 역시 부각했던 것으로 알려져 있다.[28] 그런데 이나바는 한사군이 한반도 전체에 걸쳐져 있었다고 주장하며, 이를 일본사와 연결시키고 있다는 점에서 자신만의 특징을 드러내었다. '진번군재남설(眞番郡在南說)'로 정리되는 이나바의 견해는 1920년대 발표한 글들에서 반복적으로 나타나는데,[29] 이는 중국 문화의 영향이 반도 남부의 국가 형성에도 강한 영향을 끼쳤다는 것

---

26 稻葉岩吉, 〈朝鮮民族史〉, 90~91쪽.

27 稻葉岩吉, 〈北鮮に於ける女眞語の地名〉, 《朝鮮文化史硏究》, 345~352쪽.

28 김용범, 앞의 글.

29 稻葉岩吉, 〈朝鮮民族史〉, 39~44쪽. 이 외에도 1920년대 이나바가 발표했던 논문들(〈支那文化より見たる樂浪遺品〉, 《조선》 139, 1926; 〈漢四郡問題の攷察〉, 《조선》 154, 1928)에는 '진번군재남설'이 반복적으로 등장·강조되고 있다.

을 이야기하는 것일 뿐만이 아니라 뒤에서 살펴보듯이 일본의 국가 형성과 중국과 일본의 관계를 설명하기 위한 것이기도 하였다.

그렇지만 1920년대 후반까지 한사군의 설치는 어디까지나 반도와 한(漢)이라는 둘 사이만의 관계로 파악되고 있다. 이를 단적으로 보여주는 것이 위만조선의 멸망에 관한 설명이다. 이나바는 위만조선이 반도 남부의 진번(辰國)과 한의 교통을 가로막고 진번에서 한으로 파견한 사자를 저지했기 때문에 한무제의 공격을 받았다고 주장한다.[30] 이와 같이 만선의 동호계 민족과 한의 관계만으로 당시 주요 사건을 설명하는 것은 수(隋)와 고구려의 전쟁을 설명하는 데에서도 마찬가지이다. 중국의 오랜 내란을 수가 통일했을 때 "지나 본부의 당면 문제"는 "만주와 조선 방면의 일대 왕국을 이룬 고구려"였기 때문에 침략을 벌였다는 것이다.[31]

그런데 이러한 해석은 당시 그가 제시했던 한민족, 몽고 민족, 동호계 민족이라는 세 민족의 관계 속에서 동북아의 역사를 설명하겠다는 목표에 도달하지 못한 것은 물론 새로운 견해라고도 할 수 없는 것이다. 위만조선의 멸망에 대한 그의 설명은 사료에 대한 해석이라기보다는 사실상 《사기(史記)》〈조선열전(朝鮮列傳)〉을 전달해주는 것에 지나지 않는다.[32] 이렇게 볼 때 이나바는 만선의 불가분이라는 전제 속에서 조선의 역사, 특히 고대에 있어 한민족과 반도의 동호계 민족 사이의 관계에 주목하면서 반도로의 한문화(漢文化)의 전파와 영향력만을 강조한 것으로 볼 수 있다. 이는 만선사라기보다는 당시 다른 일본인 연구자들 역시 주목했던 중국과 '반도'의

30 稲葉岩吉, 〈朝鮮民族史〉, 43쪽; 稲葉岩吉, 〈古代朝鮮と支那との交通〉, 《朝鮮文化史研究》, 294~296쪽.

31 稲葉岩吉, 〈支那及滿洲朝鮮と日本との關係〉, 《朝鮮文化史研究》, 227~228쪽.

32 이나바는 이에 대해 "진번의 조선 민족 上書 1건이 禍를 이루어 위만조선은 멸망되기에 이르렀다"고 서술하고 있다(稲葉岩吉, 〈支那及滿洲朝鮮と日本との關係〉, 227~228쪽).

관계사에 가까운 것으로, 이러한 의미에서 이나바는 자신만의 입론을 세우지 못하고 있다고 하겠다.

그런데 이러한 양상은 1930년대를 넘어서면서 변화한다. 1930년대 접어들어 이나바의 연구는 시기적으로 고대사의 범위를 뛰어넘고 있으며 만주에 관한 글들이 증가할 뿐만이 아니라 '만선사'라는 용어를 전면에 부각하며 그 체계화를 시도하기 시작한다.[33] 이는 국제적으로 만주사변의 발발과 뒤를 이은 만주국의 건국으로 만주에 대한 관심이 고조되던 상황만이 아니라 이나바 개인적으로《광해군일기》를 발견해 이를 기본 사료로 한 연구로 박사학위를 취득하며 연구의 폭을 넓혀가던 사정을 반영하는 것이라 할 수 있다.

이들 연구는 만선사적 맥락에서 한국의 역사를 해석한 것이기도 하다. 특히 그의 박사학위논문인 〈광해군 시대의 만선 관계〉는 이미 만선사적 맥락에서 광해군을 옹호했다고 알려져 있다. 즉 성리학적 명분론에 입각해 명의 편에 서지 않고 명의 출병 요구를 거절하며 명과 후금(後金) 사이에서 중립을 지키려 했던 광해군을 '택민주의자(擇民主義者)'라고 옹호했다는 것이다.[34] 뿐만 아니라 이른바 '나선정벌(羅禪征伐)'에 대해서도 효종대 청에

33 사료를 소개·해제하는 것을 주목적으로 하는 글들을 제외하고 1930년대 이나바의 저작을 보면 임진왜란에 관한 것, 박사학위논문인 광해군 시대의 만선 관계, 북벌에 관한 것, 만주 개국 설화 관련, 만몽 제민족(諸民族)들의 건국에 대한 고찰, 만주 사회사와 관계된 것들이 주를 이룬다. 특히 1933년《청구학총(靑丘學叢)》에 네 차례에 걸쳐 연재한 〈만선사 체계의 재인식(滿鮮史體系の再認識)〉은 논문의 이름에서부터 '만선사'를 드러낸, 매우 희귀한 학술 논문이자 만선사의 체계화를 시도한 유일한 연구라고 할 수 있다. 한편 이나바의 박사학위논문인 〈광해군 시대의 만선 관계(光海君時代の滿鮮關係)〉나 효종조에 대한 연구는《광해군일기》를 비롯《비변사등록(備邊司謄錄)》 등의 조선관부의 등록류,《오주연문장전산고(五洲衍文長箋散稿)》,《성호사설유선(星湖僿說類選)》 등 다양한 조선 측 사료를 제시하며 사실 관계를 밝힌 부분이 있다. 이러한 점은 그 해석의 방식과 방향성은 차치하고서 사료의 정리라는 점에서는 높게 평가할 수 있는 부분이다.

34 한명기, 〈폭군인가 현군인가—광해군 다시읽기〉,《역사비평》 44, 1998, 156~159

대한 복수를 위해 키운 병사가 청을 도와 러시아 토벌에 제공된 것은 역사의 아이러니이지만 "선만양국(鮮滿兩國)의 협력으로 러시아의 남하를 저지할 수 있었다는 것은 각별한 흥미를 가지고 주의해야 할 것"이라며[35] 만선의 일체화에 대하여 시종일관 높게 평가하였다.

이는 1930년대 접어들어 이나바가 의식적으로 고대사의 범주를 벗어나 만선사를 사고하려 했다는 것을 말해준다.[36] 특히 그가 집중했던 시기는 17세기였다. 실로 17세기는 이나바가 학자로서 처음부터 관심을 가졌던 청조가 발흥하던 시기로, 청의 대두와 함께 조선과 만주의 접촉이 확연해지는 시기이다. 그렇지만 조선과 만주의 불가분성을 주장하는 데에 새로운 근거나 접근은 없다. 다만 "금사(金史)의 세기(世紀)에는 금태조의 시조 함보(函普)는 고려로부터 왔다"고 되어 있고, 고려사에도 "금태조의 국서(國書) 가운데 금나라 사람의 시원은 우리 땅(즉 고려)에서 발한다"고 기록되어 있다며 고려와 여진이 매우 밀접한 관계였다고 서술하는 것이나 청조의 개국 전설은 함북의 회령을 중심으로 발생한 것일 뿐만 아니라 그 조상은 여진인으로서 조선의 관직을 받았던 것, 단군 설화가 조선의 남부 지방의 산이 아닌 "여진의 태백산"을 택한 것 등을 거론하면서 "장백산 동서에서는 민족이 한 단위〔民族一單位〕이고, 경제 역시 하나〔一單位〕"[37]라고 하는 것을 보아 민족적·정치적·경제적으로 '만선의 불가분'을 이야기했던 1920년대

쪽; 한명기, 《광해군: 탁월한 외교정책을 펼친 군주》, 역사비평사, 2000, 26~31쪽.

35 稲葉岩吉, 〈朝鮮孝宗朝に於ける兩次の滿洲出兵に就いて〉(下), 《青丘學叢》 16, 1934, 56~60쪽.

36 1930년대 이나바는 당시까지 일본에서의 조선사 연구의 문제점으로 "이씨조선 시대의 역사 연구는 전도가 아직 요원"하다는 것을 지적하며, 일본 학계에 조선 시대에 대한 연구의 필요성을 제기하기도 하였다(稲葉岩吉, 1935, 〈朝鮮史研究の過程〉, 《世界史大系》 11, 平凡社, 196~197쪽).

37 稲葉岩吉, 〈滿鮮史體系の再認識〉(上), 《青丘學叢》 11, 1933, 22~23쪽.

의 주장을 반복하고 있다고 볼 수 있다. 이러한 면들을 볼 때 1930년대 접어들어 이나바의 연구는 고대사의 범주를 벗어났지만 여전히 만선의 불가분성을 전제하고, 이를 기계적으로 적용하여 조선과 만주가 가까워지는 사건에 대하여 높게 평가하는 것에 그친다고 평가할 수 있을 것이다.

반면 고대사에 해당하는 부분에서 이나바는 이전 자신의 견해를 부정하며 새로운 견해를 제시하였다. 우선 그는 조선의 역사를 "조선 민족이라는 기구(機構)에 의한 것으로만 해석하는 것"을 "국부적 견해"라고 비판하며, 넓은 의의에서 "동양사의 일부로 보는 전국상(全局上)의 주의(注意)"를 기울여야만 한다고 주장하였다. 이는 조선의 역사를 중심으로 만선사 내지는 이보다 더 나아가 동북아시아사를 사고하겠다는 것이다.

사실 '국부적 견해'나 '전국상 주의'라는 새로운 표현을 썼지만 조선사를 '동양사의 일부'로 보아야 한다는 것은 조선사를 '동양사화'해야 한다고 했던 과거의 견해를 반복하는 것이다. 그렇다면 '국부적 견해'와 '전국상 주의'란 무엇인가? 이나바는 이를 한사군 설치에 대한 해석 방식을 예로 들어 설명하였다. 그런데 이 과정에서 그는 1920년대 자신의 견해를 부정하고 있다. 이나바는 한이 위만조선을 공략하여 한사군을 설치한 것을 위만조선이 조선의 남부와 한 사이의 교통을 가로막고 경제적 이득을 취했기 때문이라고 보는 것, 곧 사료에 즉하여 한사군의 설치를 한민족과 반도의 동호계 민족 둘만의 관계로만 파악했던 과거 자신의 견해를 거부한다. 반면 몽고계 민족인 흉노가 "장성 이북에 반거(盤據)하여" 한민족에게 위협이 됨에 따라 이들을 토벌하기 위해 흉노의 좌완에 있는 만선 방면의 소탕 결과가 한사군의 설치라는 시라토리의 견해를 "전국상 주의"를 기울인 만선사적 해석이라고 높게 평가하였다.[38] 즉 조선의 역사를 단순히 반도의 민

38 稻葉岩吉, 같은 글, 4쪽.

족과 한민족 사이만의 관계에서 해석하는 것이 "국부적 견해"인 것이며 몽고 혹은 이와 연관된 제3의 세력을 함께 고려하는 것이 "전국상 주의"를 기울인 해석인 것이다. 이는 무구검(毌丘儉)의 비(碑)에 대한 견해에도 나타난다. 즉 위(魏)가 고구려를 공격한 것 역시 위와 고구려 둘 사이의 관계에서만이 아니라 오(吳)의 세력을 함께 고려해야 한다는 것이다. 위가 오와 상쟁하기에 앞서 배후의 고구려-요동을 평정한 것으로 볼 때 기공비(紀功碑, 무구검의 비)의 진정한 가치를 평가할 수 있다고 보았다. 이러한 해석 방식은 수와 고구려의 전쟁을 바라보는 데에도 되풀이된다. 앞서 살펴보았듯이 1920년대까지 이나바는 수와 고구려의 전쟁은 통일 후 주변 강국에 대한 경계라고 보았다. 그렇지만 1930년대에 접어들어 이나바는 수가 고구려를 공격한 것은 돌궐(突厥) 때문이라고 보았다. 이나바가 제시한 새로운 견해는 수가 통일을 이루었을 때 흉노의 후신인 돌궐이 강성해지자 이를 견제하기 위하여 돌궐의 좌완을 이루는 고구려부터 소탕한 결과가 수와 고구려의 전쟁이라는 것이다.[39] 특히 1920년대 고구려와 수의 전쟁을 언급하며 "돌궐 등 북방 세력이 존재했지만 이전과 같지 우수하지 못했다"[40]며 돌궐에 별다른 의미를 두지 않았던 것을 고려할 때 고구려와 수의 전쟁에 대한 1930년대 이나바의 설명은 과거 자신의 견해를 완전히 부정하고 있다고 해도 지나친 것이 아닐 것이다.

이러한 내용을 볼 때 이나바는, 적어도 고대사에 한해서는 과거 자신의 견해를 비롯하여 조선과 중국의 관계를 일대일 대응으로 보던 역사를 비판하며 새로운 해석틀을 제시하려 했다고 할 수 있다. 더군다나 이 야심은 만선사 체계를 재구성하겠다는 것을 넘어서서 동북아의 역사를 새롭게 해석하려는 것이었으며, 거기서 만선은 몽고 민족이 강성해져 한민족에게 위협

39 稻葉岩吉, 같은 글, 8~9쪽.

40 稻葉岩吉, 〈支那及滿洲朝鮮と日本との關係〉, 227~228쪽.

이 될 경우 이를 견제하기 위한 침략의 대상으로 위치가 정해졌다고 할 수 있을 것이다.

그렇지만 이후의 역사에 대해 이나바는 더 이상 이러한 구조로 설명하지 못하였다. 좀 더 정확히 말하자면 이나바는 이러한 구조로는 더 이상 설명이 불가능하다고 생각했다. 왜냐하면 "당말 오대에서 북송(北宋)에 들어 아연 별개의 방면으로" 역사가 전개되기 때문이다. 이는 거란(契丹)의 융흥과 신라의 통일(고구려의 멸망)로 인한 것이었다. 신라가 당을 끌어들여 백제와 고구려를 멸망시킨 이후로 신라의 병력은 대동강을 넘지 못했으며, 당의 병력 역시 고구려 멸망 후로는 요서에서 거란에게 위협받고, 요동 획득조차 위험에 빠졌으며 요서도(遼西道)를 상실하게 된다는 것이다. 이후 길림(吉林)의 일각에서는 발해가 창건되고 이는 금, 청조로 연결된다. 한편 송대 이래 중국은 이이제이의 외교를 강화시키며 만선 분리를 노정시켰으며, 이에 호응하여 신라는 통일 이후 지역적으로 대동강 이남의, 말 그대로 반도에 국한될 뿐만이 아니라 고려 말에는 성리학(性理學)을 받아들여 여진인들과 반목하고 그들을 오랑캐라 멸시하면서 만선 분리는 일층 강화되어 반도의 역사는 위축된다는 것이다.[41] 즉 이나바에게 신라의 삼국통일은 "만선 일가의 이상"에 "구열(龜裂)"이 발생한 시작점이었으며 이후 조선의 역사는 한민족 왕조에 의해 조종된 채 만선 분리의 과정 외에 다른 의미를 찾을 수 없는 것이다. 단 17세기 후금(청)의 대두라는 동북아시아 질서 변

41 稻葉岩吉, 〈滿鮮史體系の再認識〉(上)·(中の 一), 《青丘學叢》 11·12. 한편 1920년대 반도에 대한 만몽 민족의 영향은 적다고 보았던 이나바의 견해는 1930년대 들어와 "만몽 방면에서 일어난 세력이 조선반도에 교섭하는 것은 지나 민족의 힘이 반도에 미쳐 측면 견제에 자(資)하는 것을 책동할 때"뿐이라며 과거의 견해를 유지·강화한다. 즉 조선 민족에 대한 한민족의 이이제이(以夷制夷)가 사건의 발생의 동력으로 작용한다고 할 수 있다. 특히 '만몽 방면에서 일어난 세력이 조선반도에 교섭하는 것'은 일본사를 설명하는 데 중요한 요소이다.

동 속에서 한민족 왕조인 명(明)을 추종하지 않고 이전에 비해 평화적이고 호의적으로 대(對)여진 정책을 추진한 광해군과 청과 조선이 힘을 합쳐 러시아–서구를 막아낸 나선정벌은 그가 상정했던 '만선 일가'를 보여주는 눈에 띄는 사건이었다.

이와 같이 1930년대 이나바는 고대사라는 시간적 범주와 만선이라는 공간적 범주를 넘어 동북아시아의 역사를 새롭게 인식하고자 했다. 이 과정에서 조선은 대륙의 한민족이 북방의 민족들이 강성해질 경우 그 견제를 위해 이용되는 침략 혹은 교섭의 대상으로서 그려지게 되며, 신라의 삼국통일은 경계선으로서의 의미를 부여받았다. 즉 신라의 통일 이전 고구려가 존재했을 당시에는 주로 침략의 대상이었으며, 그 이후로는 이이제이에 기초한 외교의 교섭 대상으로 그려진다.[42] 또 동북아시아의 질서가 요동치던 17세기에 주목한 것은 의미가 있는 것이었지만 이것 역시 '만선 불가분'이라는 전제 속에서의 사고일 뿐이었다.

3. 대륙을 조율하는 일본

앞에서도 언급하였듯이 연구의 초창기 이나바는 만주의 역사를 일본과 대륙 사이의 갈등의 역사로 파악하였다. 이후 그는 조선으로 부임하면서

---

42 특히 이나바는 신라의 삼국통일과 북방 민족의 강성에 따라 반도는 한민족의 왕조에게 침략의 대상이 아닌 북방 민족 견제를 위한 회유의 대상으로 변화했으며, 이에 따라 반도에서 전쟁이 사라진다고 보았다. 그런데 이나바는 전쟁을 만선을 하나로 묶어주는 주요한 기재이자 새로운 문화 이입의 계기로 보았다. 이러한 전쟁이 한민족의 대반도 정책의 변화로 사라지게 됨에 따라 조선의 역사는 정체된다는 것이 이나바의 생각이었다(이에 대해서는 정상우, 〈稻葉岩吉의 '만선사' 체계와 '조선'의 재구성〉, 20~21쪽).

만주와 조선에 관한 글을 다수 발표하면서도 끊임없이 일본사에 대해 언급하며 자신의 역사상을 완성시키고자 하였다. 즉 그에게 일본사는 대륙의 역사를 설명하는 또 다른 축이었으며, 대륙의 영향 없이 일본사를 서술하는 것 역시 불가능한 것이었다.

이는 일본의 국가 형성부터 시작된다. 외래 민족이 국가 체제를 성립·발전시키기 위해서는 발전된 한민족(자발적 문화를 소유한 민족)의 문화 유입이 필수였으며, 이는 일본 역시 마찬가지였다. 이나바는 한사군의 설치로 인한 동요로 일본이 중국에 알려지게 되고, 일본 내부적으로는 국가의 통일과 문화의 발전을 이루게 되었다고 보았다. 이나바는 이를 "대륙의 압박은 일본의 개국" 또는 "일본의 행복"이라고 표현하였다. 그러나 이나바는 이렇게 중국의 문화를 수용하여 발전한 일본이 이후 지금의 김해에 일본부를 설치하고 일본부 폐지 후에도 발해와 교통하여 대륙과의 연결을 유지했지만, 이후에는 외교적으로 퇴영했다고 진단했다. 그리고 이에 따라 "일지무역(日支貿易)의 조류를 우매한 관리나 하수(下手)로 희롱"했기 때문에 "시박(市舶)의 불비(不備)"로 인하여 "왜구(倭寇)"가 발생했다며 일본사의 대강을 설명하였다.[43]

이미 1910년대 중반 위와 같은 역사상을 그렸던 이나바는 이후 조선을 중심으로 다수의 연구 성과들을 발표하던 1920년대에 들어서도 대륙과 일본의 관계에 대한 언급을 계속하였다.[44] 이나바는 여전히 동북아시아의 여러 민족은 '지나' 세력을 감수해야 했으며, 이는 바다로 떨어져 있는 일본에게도 예외는 아니라고 본다. 특히 1910년대 이래 일본의 국가 형성에서

43 稻葉岩吉, 《滿洲發達史》, 471~506쪽.

44 1920년대 이나바는 심지어 메이지유신 역시 "근왕(勤王)의 역사"라고만 볼 것이 아니라 당시 "대륙의 형세"를 고려하여 설명해야 한다고 주장할 정도로 대륙과 일본의 관계를 더욱 강조하였다(稻葉岩吉, 〈支那及滿洲朝鮮と日本との關係〉, 265~267쪽).

한사군의 영향력을 중시한 이나바 생각은 고대 조선에서의 일본으로의 문화 전파, 임나일본부 문제와 관련하여 구체화되었다. 그는 고대 조선의 문화가 일본에 영향을 주었다는 견해를 강력히 비판하며, 일본이 받아들인 문화는 한사군의 것임을 강조했다. 특히 진번군은 조선의 남부에 위치했기 때문에〔진번군재남설(眞番郡在南說)〕 일본과 중국의 교통은 과거와 같은 개인적 차원에서가 아니라 관부(官府)의 차원에서 전개되었으며, 그 결과 일본의 사자가 1세기에 낙양(洛陽)에 들어가 광무제(光武帝)를 알현했다고 설명한다.[45] 이처럼 이나바는 한사군의 설치가 일본의 정치적 발전을 이끌어 반도의 조선인들이 '부락시대(部落時代)'를 탈출하지 못했을 당시 통일국가를 조직하여 남선(南鮮)에 '파견관(派遣官)'을 출장시켰다며 '임나일본부'를 설명해냈다.[46] 즉 이나바는 조선의 남부까지 확장되어 있던 한사군을 통해 중국과 일본의 직접 교통의 시기를 획기적으로 앞당길 뿐만이 아니라 일본의 국가적 발전과 일본부의 창건 시기까지도 1~2세기까지 끌어올렸다.[47]

이렇게 대륙으로부터 일본으로의 영향을 이야기하며 일본에서 통일 왕조의 등장 시기를 대폭 끌어올린 이나바는 계속해서 대륙과 일본의 관계에 대해 언급하였다. 일본의 고대 국가 발전과 더불어 특히 1920년대 이나바가 일본의 역사적 과정에서 가장 먼저 주목하는 것은 쇼토쿠태자(聖德太

---

45 稻葉岩吉, 〈古代朝鮮と支那との交通〉, 296~297쪽.

46 稻葉岩吉, 〈朝鮮文化史の側面觀〉, 《朝鮮文化史硏究》, 182~183쪽. 특히 임나일본부를 일본사적 맥락에서 파악하는 것, 즉 일본열도 내부의 통일국가의 형성과 일본부를 동전의 앞뒷면 같은 관계로 파악하며, 이와 연동하여 중국 왕조와의 외교 관계를 설명하는 것은 이성시가 지적하듯이 1945년 이후 20세기 후반까지 지속된 식민주의의 언설이며, 이나바 역시 이러한 언설을 만드는 데 일조하고 있음을 확인할 수 있다(이성시, 〈한국 고대사연구와 식민지주의: 그 극복을 위한 과제〉, 《한국고대사연구》 61, 2011, 196~201쪽).

47 稻葉岩吉, 〈朝鮮民族史〉, 23~27쪽.

子)의 외교였다. 왜냐하면 쇼토쿠태자의 외교는 일본 세력이 처음으로 "지나 대륙에 적극적으로 손을 쓴" 기념비적인 사건이었기 때문이다.[48] 이나바에 따르면 일본은 중국의 문화를 직접 수용하면서 국가적 발전을 이루었는데, 그 결정적 역할을 하게 되는 것이 바로 귀화인이다. 이들 귀화인의 실체는 한사군 설치 이래 반도에 와 있었던 한민족으로, 한 말기의 혼란이나 오호(五胡)의 발흥 등으로 그 수는 더 늘어나 반도의 곳곳에 '콜로니'가 형성되었다고 이나바는 보았다. 그런데 고구려가 강성해짐에 따라 반도에 산재해 있던 '지나의 콜로니'에서 일본으로 귀화하는 이들이 증가하고, 이들에 의해 일본의 문화가 발전하게 된다. 그 대표적인 예가 아직기(阿直岐)와 왕인(王仁)이다. 이들은 백제인이 아니라 반도에 있던 한민족으로 일본에 건너와 문화 발전에 지대한 영향을 미치는데,[49] 아직기의 귀화로 인하여 야마토(大和) 조정에서는 처음으로 기록을 담당하는 이가 등장했고, 왕인이 내조한 이래로 처음으로 문서를 주관하는 관리가 나타났다. 뿐만 아니라 회계 역시 마찬가지였으며, 외교 역시 귀화인이 아니면 담당할 수 없었다. 그런데 야마토 조정은 대륙과의 외교에서는 굴욕적인 모습을 보인다. 이는 외교를 담당한 귀화인들이 야마토 조정이 한자, 한문에 무지하다는 것을 이용하여 외교문을 작성할 때 굴욕적인 언사를 사용했기 때문이다. 더군다나 주로 백제에서 귀화해온 이들은 당시 야마토 조정이 대륙으로 발전하기 위해서는 고구려와 손을 잡아야 함에도 불구하고 자신들의 귀화가 고구려의 압박이었기 때문에 고구려에 적의를 품고 백제를 보호국으로 하여 고구려에 싸움을 거는 외교를 했다고 이나바는 설명했는데, 이러한 외교적 문제점을 일소한 것이 바로 쇼토쿠태자였다. 태자는 수에 대하여 과거의 굴욕적 외교를 일소하고 대등한 외교를 하였는데, 그럴 수 있었던 이유는 "주

48 稲葉岩吉, 〈支那及滿洲朝鮮と日本との關係〉, 229쪽.

49 稲葉岩吉, 〈朝鮮民族史〉, 40~41쪽.

변의 형세를 추단(推斷)하고 아국(我國)의 지위를 충분히 동(働)"하였기 때문이다. 즉 육조를 통일한 수가 발전하고 있던 고구려 정벌을 목표로 하는 것은 자연스러운 것인데, 이를 위해서는 일본이 고구려의 힘을 견제해주어야 하며, 일본과 고구려의 동맹은 중국에게 가장 위협이 된다는 것이다. 쇼토쿠태자는 이러한 정세를 관찰하고 수에 항례한 것으로, 이에 고구려가 감사를 표했으며, 수와 고구려의 전쟁 이후 고구려가 야마토 조정에 전리품이나 부로한인(俘虜漢人), 방물(方物)을 갖추어 보낸 것은 이에 대한 답례였다는 것이다.[50]

한편 이나바는 쇼토쿠태자의 외교를 언급할 즈음 대륙과 일본의 관계에 대한 통사적 조망을 시도하였다. 〈지나 및 만주, 조선과 일본의 관계(支那及滿洲朝鮮と日本との關係)〉가 그것이다. 40쪽이 넘는 상당히 긴 이 논문에서 이나바는, 일본은 동북아시아의 역사적 전개에서 동떨어진 것이 아니라 대륙과 계속해서 영향을 주고받았다는 점을 주장하였다. 이를 위해 그가 특히 부각한 것은 원(元)의 대일본 정책, 일본 해적〔倭寇〕의 발생과 영향, 청의 건국이었다. 즉 이나바는 쇼토쿠태자의 외교와 더불어 이 세 가지 국면을 드러냄으로써 대륙과 일본의 밀접한 관계를 보여주고자 하였다.

쇼토쿠태자 이후 일본은 '보호국' 백제와 '여국(與國)' 고구려의 멸망으로 대륙에 대한 소극적 태도로 일관하지만 몽고의 등장으로 다시 한 번 존재감을 확인할 수 있게 된다. 이나바는 몽고가 일본만을 목적으로 일본 정벌을 감행했다고 보는 것은 오류라고 보았다. 왜냐하면 남송(南宋)과 일본의 관계를 고려하지 않고 있을 뿐만 아니라 쿠빌라이 등장 이후 원의 대외정책은 일본을 포함하여 설명하지 않으면 그 의미가 불완전해지기 때문이다. 남송과 대립 중인 쿠빌라이는 무엇보다도 남송과 일본의 관계에 먼저

---

50 稻葉岩吉, 〈聖德太子の外交－高句麗と日本との關係〉, 《朝鮮文化史硏究》, 275~286쪽.

주의하고, 그 관계를 끊어 남송의 세력 약화를 도모했다는 것이다. 이렇게 볼 때 원이 제주도〔耽羅〕를 점령한 것은 마필(馬匹)을 양성하기 위한 것일 뿐만이 아니라 일본과 남송의 교통을 끊기 위한 것이라는 의미를 갖게 된다.[51]

한편 몽고의 공격은 비록 실패로 돌아갔지만 대륙으로부터의 충격은 일본사에 큰 영향을 미쳤으니, 바로 가마쿠라 막부(鎌倉幕府)의 붕괴와 해적의 발생이다. 몽고군의 침략은 물러갔지만, 이는 막부의 무력에 의한 것이 아니라 신풍(神風)에 의한 것이었다. 그래서 막부는 몽고가 다시 침입한다면 승리를 확신할 수 없었으며, 이에 신불(神佛)에 기원하는 '적국항복(敵國降伏)'이 성행하였다. 그런데 이것이 너무 지나친 나머지 '사령(寺領), 신령(神領)'이 급속히 확대되어 재정상 자멸을 초래했다는 것이다. 이렇게 볼 때 가마쿠라 막부의 붕괴는 몽고의 침입이라는 대륙으로부터의 영향이 미친 결과이다.[52]

그런데 이나바에 의하면 이와 같은 대륙이 일본에 끼친 영향은 역으로 대륙에 영향을 준다. 막부 붕괴 이후의 내란이 벌어지는 속에서 해적이 발생하는데,[53] 이들은 대륙의 역사적 전개에 큰 영향력을 행사하게 된다. 왜구라고도 불리는 일본 해적은 몽고의 지배하에 '실업한 많은 지나인'으로 구성된 '지나 해적'과 결탁하여 동해에서 남중국해에 걸친 해상을 장악했기 때문에 중앙정부와 수도 북경(北京) 사람들의 양식〔糧米〕이 되는 양쯔강 유역의 수확물을 전달하는 방법은 내륙 운하에 의지할 수밖에 없게 되었

51 稻葉岩吉, 〈支那及滿洲朝鮮と日本との關係〉, 233~235쪽.

52 稻葉岩吉, 같은 글, 236~237쪽.

53 일본 해적의 발생에 대해 이나바는 "몽고의 북경 정부가 일본에 준 타격은 간접적으로 가마쿠라(鎌倉) 정부를 붕괴시켰으며, 이것이 남북조의 내란을 야기했고, 여기서 실패한 남조는 해적이 되었기 때문에 몽고인은 일본의 해적을 발생케 한 모(母)"라고 서술하였다. 즉 해적 발생의 원인 역시 대륙의 영향에 의한 것이다.

다. 그런데 이 방법은 많은 비용과 노동력을 필요로 하기 때문에 중국인들의 반란이 일어나고 이는 점차 북경에 대한 '양도(糧道)의 두절'을 야기해 원은 붕괴하기에 이르렀다는 것이다. 즉 원이 가마쿠라 막부에 준 충격은 수십 년 후 왜구라 칭하는 해적단을 야기하여 이제는 역으로 대륙의 역사적 전개에 영향을 준다는 것이다. 특히 이때 발생한 일본 해적으로 인해 청대까지도 해로는 방기된 반면 운하가 선호되었으며, 명대 운하를 관리하는 데에 더욱 주의하게 된 원인도 바로 이들 해적 때문이라고 이나바는 지적했다. 또 이러한 해적에 대해 이나바는 "민족의 세력이 대륙에 미친 역사"로 보자면 "해적 발달 시대"가 최고이며, 그렇기 때문에 "우리 일본인이 해적의 역사를 가지고 있다는 것이 꼭 치욕은 아니"라며 매우 높게 평가하였다.[54]

일본이 대륙에 끼친 영향은 임진왜란과 청의 건국에서는 더욱 극적으로 드러난다. 명은 시종일관 "조선과 만몽이 악수(握手)하는 것"이 자신들에게 위협이 되기 때문에 만선의 접촉을 끊임없이 감시했지만 임진왜란의 결과 "반도는 잔파(殘破)"하여 "만주에 대한 측면 견제력"이 완전히 상실되기에 이른다. 이처럼 일본이 대륙에 준 타격은 "만주인을 북경으로 유치"하는 결과를 낳았다는 것이다.[55]

이처럼 연구의 초창기부터 일본과 대륙 사이의 관계를 통해 역사를 살피고자 했던 이나바의 야심은 1920년대 들어 일본의 개국, 쇼토쿠태자의 대수(對隋) 외교, 몽고의 침략, 왜구, 청의 건국 등과 같은 몇 개의 사건을 설명하며 구체화되었다. 이 과정에서 일본은 대륙의 영향을 받기만 하는 것이 아니라 때에 따라서는 적극적으로 영향을 미쳤으며, 그 결과 원의 멸망, 청조의 흥기와 같은 역사의 주요 장면을 연출했다는 것이 1920년대 이

54 稻葉岩吉, 〈支那及滿洲朝鮮と日本との關係〉, 238~246쪽.

55 稻葉岩吉, 같은 글, 248~252쪽.

래 이나바의 생각이었다.

한편 앞서 살펴보았듯이 이나바가 과거 자신의 견해를 수정하며 만선사의 체계화를 시도했던 1930년대에도 동북아시아사에서 일본사의 위상에 대한 그의 생각에는 별다른 변화가 없는 것으로 확인된다. 오히려 연구 시기가 넓어짐에 따라 이나바가 그리는 일본사의 위상은 시기적으로 더욱 확장되는 가운데 훨씬 공고한 위상을 부여받고 있다. 이제 이나바의 시야는 쇼토쿠태자를 넘어 더욱 먼 과거로 나아가, 위가 히미코(卑彌呼)에게 사신을 보내 금인(金印)을 증여한 것을 포착해내기에 이른다. 이나바에 따르면 위는 오와 상쟁하기 위해 우선 배후인 요동의 공손씨를 평정한 다음, 이듬해에 일본에 사신을 보내고 나서 고구려를 정벌한다. 즉 "동이 제국(諸國)에 유례가 없는 금인의 증여"는 궁극적으로 오를 견제하는 과정에서 나타나는 것으로 "일본의 해동에서의 지위는 한말 삼국시대 무렵 아주 이른 시기부터 중대한 작용을 대륙에 부여했다"는 것이 분명하다는 것이다. 이처럼 1930년대 들어 이나바는 동북아시아의 강자로서 일본의 위상을 2세기까지 소급하였으며, 수에 대한 쇼토쿠태자의 "경수외교(硬手外交)"는 이 연장선상에 있는 것이라고 설명하였다.[56]

뿐만 아니라 이나바는 임나일본부의 폐지는 "외교의 외축(畏縮)"이 아니라 일본 내 불법 전래와 함께 개시된 국가기구 정비로 반도를 돌보지 못한 것이지 일본의 "동양에서의 지위"가 누그러진 것은 아니라고 강변하였

---

56 稻葉岩吉, 〈滿鮮史體系の再認識〉(上), 3~5쪽. 이러한 이나바의 구상은 우연의 일치인지는 모르겠지만 자신이 구상했던 임나일본부의 창건 시기와 일치한다. 앞서 언급했듯이 이나바는 일본이 한사군의 문화를 직접 섭취하게 되어 국가로서의 발전 속도가 매우 빨랐다며, 임나일본부의 창건 시기를 1~2세기까지 끌어올렸다. 이를 종합해볼 때 이나바는 1~2세기 이후 일본이 동북아시아의 강자였다는 역사상을 그렸다고 볼 수 있다.

다.[57] 반도에 대한 일본의 관심은 낙랑·대방 2군이 존재하던 때부터 "대륙 문물의 중계지로서 중시"했지만 통일신라시대가 되어서는 "신라 해적"들이 창궐하여 반도라고 하면 "해적의 본지"라고 생각하고 소극적인 태도로 변하게 된다. 대신 일본은 수·당 2대부터 양쯔 강 하류 지방을 통하여 중국과 직접 교통하였으며, 7세기에는 일본산 보석류가 당의 조정에 보내질 정도로 왕성한 교류가 있었다. 이처럼 양쯔 강 하류 지역을 통해 중국의 문물을 받아들이게 됨에 따라 일본의 "반도에 대한 주의가 게을러"졌지만, 일본은 여전히 견훤이 후백제를 건국하고 신라의 사신이라고 하며 일본에 사자를 보내 조공을 원할 정도로 강성한 해상 세력이었다고 이나바는 주장한다.[58] 이렇게 볼 때 임나일본부의 폐지는 일본 국력의 약화로 인한 것이 아니라 일본이 내정을 정비하고 중국과 직접 교통하게 된 결과로 보인다.

한편 당과 직접 교통하며 일본의 물품이 당의 조정에 미치고 일본에는 중국의 공예품이 미치던 형세는 당에서 오대, 북송, 남송에 걸쳐 점점 발전하였다. 그런데 이는 이후 떠오른 몽고에게는 고민을 안겨준다. 남송을 공격하기 전 쿠빌라이의 유일한 걱정은 해동에 있는 일본으로, 일본과 남송의 관계는 가장 큰 근심거리였다. 이때 쿠빌라이는 "반도의 지형"을 이용하면 유리하다는 것을 깨닫고 고려의 세자를 후대(厚待)하여 그를 호송해 본국으로 보내는 등 고려를 회유하며 제주도를 확보함은 물론 흑산도를 조사했다고 이나바는 지적한다. 이나바는 "흑산 수도 탐사도 제주 경영도 모두 남송으로의 요로(要路)를 파악하는 동시에 일본과 송의 교통을 차단하기 위한 것"이라고 확신하였다. 뿐만 아니라 쿠빌라이는 일본을 초유(招諭)하여 해로를 통해 남송을 공격함으로써 해상의 안전을 도모했다고 덧붙

57 稻葉岩吉, 〈滿鮮史體系の再認識〉(上), 5~6쪽.

58 稻葉岩吉, 《日麗關係》, 岩波講座, 1933, 3~8쪽.

였다.[59] 또한 이나바는 청의 흥기 역시 환관 정치로 인하여 명 조정의 부패가 심한 상황에서 임진왜란에서 정유재란으로 이어지는 7년의 전쟁은 명의 세계(歲計)의 두 배에 달하는 전비를 소요시켰으며 명의 멸망을 가속화시켰기 때문에 "여진인들이 독력(獨力)으로 요동을 탈취했다고 한다면 대망상"이라며, "일본이 대륙 전쟁에 던진 한 개의 돌이 일으킨 파문"이라 표현하는 데에 주저하지 않았다.[60]

이와 같이 이나바는 연구 초기부터 만주 내지는 동북아시아의 역사를 대륙과 일본의 관계사라는 맥락에서 접근하고자 했으며, 이는 그의 연구가 진전됨에 따라 구체화되었다. 이 과정에서 일본은 동북아시아의 강자로서의 위치를 부여받게 되는데, 특히 1930년대에 접어들어서는 해상의 강대국으로서 일본의 위상은 시기적으로 끌어올려졌을 뿐만 아니라 그 위치가 지속된 것으로 그려졌다. 이나바는 쿠빌라이의 일본 초유를 서술하며 "몽고첩장(蒙古牒狀, 즉 국서)"에 대해 "위가 사절을 왜국 여왕에게 보내"어 "동방제이(東方諸夷)의 군장에게는 예가 없"는 "금인자완(金印紫綬)이라는 파격"을 준 것과 "동일한 느낌이 든다"며 고래 일본이 갖는 지위가 일본인이 의식하지 않아도 상당한 것이었다고 서술하고 있다.[61] 즉 2세기 이래 일본은 동북아시아의 역사에 자신들이 생각하는 것 이상으로 영향을 끼치고 있었다는 것이다.

---

59 稻葉岩吉, 〈滿鮮史體系の再認識〉(中の一), 58~73쪽.

60 稻葉岩吉, 〈滿鮮史體系の再認識〉(下), 《靑丘學叢》 14, 1933, 62~65쪽.

61 稻葉岩吉, 《日麗關係》, 30~32쪽. 한편 이나바는 몽고의 침입과 관련하여 "반도를 대륙이 점거하면 일본의 지위에 위태가 생긴다는 것은 이 역에 의해서 명료해졌다"며 일본의 평화를 위해 반도를 점유해야 한다는 것을 시사하고 있다(稻葉岩吉, 〈滿鮮史體系の再認識〉(中の二), 《靑丘學叢》 13, 1934, 92~93쪽).

4. 마치며

지금까지 간략하게 대표적인 만선사학자 이나바 이와키치의 논의를 살펴보았다. 외래 민족으로 중국 본토를 가장 오랫동안 지배했던 청조에 대한 관심으로 학문의 길에 들어섰던 이나바는 조선에 부임하게 된 이래 만선의 불가분성을 이야기하기 시작했으며 조선과 그 주변, 이들의 상호 관계로 연구의 범위를 넓혀갔다.

연구 초기부터 청조와 만주의 역사를 연구하면서도 그것을 대륙과 일본의 관계사로 바라보았던 이나바는 1920년대 조선에 부임하게 되며 주로 조선과 그 주변을 연구하였다. 당시 일본 학계의 연구 풍토가 그러했듯이 그는 주로 고대사를 연구 대상으로 하였지만 다른 일본인 학자들처럼 한일 관계에 집중하기보다는 자신이 이전부터 관심을 기울이고 있었던 대륙과 조선의 관계를 규명하고자 했다. 당시 이나바는 민족적·정치적·경제적 측면에서 만주와 조선의 불가분을 주장하는 한편 반도에 영향을 준 것은 만몽의 민족보다는 한민족이라며 중국의 영향력을 설명하였다. 이처럼 조선의 역사에서 만몽의 영향력보다 중국의 영향력이 훨씬 크다는 것은 만선이 불가분이라던 자신의 주장을 스스로 부정하는 것이기도 하였다. 또 이 시기 만선의 역사를 설명하는 방식은 사료의 해석이라기보다는 전달에 가까운 양상을 보였으며 조선 방면의 민족과 한민족을 일대일로 대응시키는 것으로 조선과 그를 둘러싼 주변의 역사를 어떤 구조에 입각하여 통일적으로 해석하지 못하였다. 이렇게 볼 때 1920년대 이나바의 연구는 조선과 그를 둘러싼 주변과의 관계, 특히 조선에 미친 한민족과 그 문화의 영향력에 대한 것이라 하겠으며, 이러한 의미에서 만선사라 하기 어려운 것이었다.

하지만 1930년대 접어들어서 이나바는 이러한 모습에서 벗어나 조선과 그를 둘러싼 주변에 대한 통일적인 역사상을 제시하고자 했다. 이나바의 표현을 빌리자면 이른바 '전국상 주의'를 기울여 조선의 역사를 동양사의 일부로서 해석하는 가운데, 단순히 민족 혹은 세력 간의 일대일 대응이 아닌 동호계 민족, 한민족, 몽고 민족 삼자의 세력 관계 속에서 사고하는 것이라 할 수 있었다. 그렇지만 이러한 구조는 7세기 이후 적용 불가능하다는 것을 이나바 스스로 시인하고 있다. 신라의 통일로 인하여 만선 분리가 노정되기 때문이다. 그렇기 때문에 이나바 역시 삼국통일 이후의 역사를 서술하면서는 만선을 통일적으로 사고하기보다는 중국 한족의 왕조, 거란이나 여진과 같은 북방 민족, 반도의 민족 등과 같이 개별적으로 바라보고 있으며 중국 한족의 왕조에 의한 이이제이에 따른 만선 분리의 과정으로 서술하는 한편 이러한 질서가 흔들리는 17세기의 역사적 전개에 대해 다대한 관심을 표명하였다. 그러나 이럴 경우에도 이나바의 연구는 만선의 불가분성을 기계적으로 적용하여 여진(청)과 조선의 접근을 높게 평가하는 양태를 나타낸다고 볼 수 있다.

오히려 이나바가 연구의 초기에서부터 연구의 말년인 1930년대까지 시종일관 변치 않고 주장했던 것은 동북아시아의 역사적 전개에서 일본의 위상에 관한 것이었다. 시간의 경과에 따라 이나바는 자신의 주요 연구 대상을 청에서 조선과 그 주변, 만선으로 이동했지만 언제나 대륙과 일본의 관계를 설명하는 데에 부심했다. 또 연구 과정에서 자신의 견해를 바꾸기도 했으며 심지어 과거 자신의 의견과 반대되는 이야기를 하기도 하지만 연구의 초반부터 변치 않았던 것은 대륙의 영향을 받아 개국과 동시에 강국이 된 일본의 역사적 위상에 대한 것이었다. 1920년대 대륙과 일본이 상호 영향을 주고받았던 측면을 강조하던 이나바는 1930년대 이러한 논의를 반복하면서도 대륙에 대한 일본의 영향력, 대륙이 무시할 수 없었던 해양의 강자로서 일본의 모습을 시기적으로는 2세기까지 소급하는 한편 그것이 시종일관 지속되었다는 역사상을 제시하였다. 일본의 이러한 위치에 대해서는 고대사를 넘어 이나바 자신도 만선 분리가 가속화되었다고 하며, 만선사적 시각이 아닌 이이제이에 근거하여 역사적 상황을 설명하는 데 급급했던 것으로 보이는 중세에도—원의 일본 초유와 침략, 청조의 흥기—관철되는 것이었다.

이렇게 보자면 이나바가 체계화했던 만선사라는 것은 1930년대에 접어들어 나타나는 것으로 아나바 스스로도 인정하듯이 7세기 이후에는 존재할 수 없는, 오히려 7세기 이후는 만선 분리사라고 하는 것이 실체에 가까운 것이라고 할 수 있다. 또 만선사를 구조화하며 이나바 스스로가 자신이 가졌던 과거의 한계를 벗어나 한민족, 몽고 민족, 동호계 민족의 관계를 설명하는 과정에서, 그가 제시하는 주요한 국면—한사군의 설치, 삼국의 각축, 수당과 고구려의 전쟁은 모두 일본의 개국과 해동의 강자로서 일본의 위상을 설명하는 것과도 연결되어 있다고 볼 수 있다. 즉 만선사라는 이름으로 정리된 이나바의 연구는 만선의 불가분성을 강조하는 것을 넘어서서 동북아시아의 역사를 일본과의 관련성 속에서 설명하는 것이기도 했다. 그렇다면 이나바가 추구했던 만선사라는 것은 7세기 이전에 존재했던 것으로, 일본을 중심으로 한 동북아시아의 재구성이라고 할 수 있을 것이다.

4부

조선사 연구와 식민주의

6

근대 역사학과 식민주의 역사학의 거리

이마니시 류(今西龍)와 역사가의 '사랑'

심희찬

1. 시작하며

'식민주의 역사학'을 떠받치던 두 군데의 공적 기관, 조선사편수회와 경성제국대학에서 각각 수사관과 교수로 재직했던 스에마쓰 야스카즈(末松保和)는 1979년 76세의 나이에 위장 쪽에 큰 수술을 받는다. 그는 이를 계기로 생겨난 심경의 변화를 일종의 자서전에 기록한다. 그런데 이 자서전이란 것이 우리가 일반적으로 떠올리는 그것과는 조금 다르다. 스에마쓰의 자서전은 연표로 구성되어 있는데 가령 "1904, 메이지(明治) 37, 1세, 8월 10일 출생", "1911, 메이지 44, 8세, 4월 나라(奈良)심상소학교 입학", "1917, 다이쇼(大正) 6, 14세, 4월 나라심상소학교 졸업, 다가와(田川)중학교 입학"이라는 식으로 기술되어 있는바, 즉 자신의 일생을 객관적인 실증이 가능한 연표 위에 새겨 넣고 있는 것이다. 특히 주목할 부분은 위에서 말한 1979년의 기사인데, "오나미(大波) 위장외과 병원에 입원", "니시쿠보(西窪) 병원으로 이동", "수술", "퇴원" 등이 적혀 있고 "S〔쇼와(昭和)를 가리킴-필자] 54"라는 연호 아래에 "갱생 1"이라는 새로운 기원이 표시되어 있다.[1] 아마 스에마쓰는 수술과 회복, 퇴원에 이르는 과정을 새로운 탄생으로 여겼던 듯하다. 흥미로운 것은 오직 자신만의 독자적인 연호가 시작되고 있을 뿐, 여기에 어떠한 개인적인 감상이나 기술이 없다는 점이다. 삶과 죽음의 경계선을 느꼈을 법한 커다란 수술 후에, 이 76세의 노인은 감정적 설명을 택하기보다 그저 묵묵히 연대기를 작성한다. 참고로 이 자서전은 조선사편수회가 간행한 《조선사》와 거의 동일한 구조를 지니고 있다.[2]

자신의 삶을 연대기의 틀 속에 밀어 넣고 거기서 산출된 사실을 가지고 지나온 길을 반추하는, 혹은 그렇게 함으로써만 자신의 삶을 반추하는 것이 가능했던 스에마쓰의 이 기묘한 '역사학자스러움'을 어떻게 생각해야 할까? 식민주의 역사학의 핵심 인물 가운데 한 명이며 조선사의 왜곡에서 "역사의 왜곡치곤 너무나 유치하고, 단순하고, 속이 들여다보이는 방법"을 이용했을 뿐만 아니라, "쓰다 소키치(津田左右吉) 이래 일단의 일인(日人) 학자 중에서도 가장 치밀하게 그러나 가장 억지와 허위에 의해서 한국 고대사를 왜곡·말살하려는 사람이었다"는 평가를 받기도 했던 스에마쓰가,[3] 실증과 사료에 뒷받침되는 연대기 없이는 자신의 인생조차 사고할 수 없었던, 또는 자신의 삶에 대해서도 주관적인 해석이나 설명을 배제하고 객관적인 사실만을 나열하려 했던, 그야말로 지독한 역사학자이기도 했다는 사

---

1 武田幸男, 〈(解說)末松保和先生のひとと學問〉, 《末松保和朝鮮史著作集 1-新羅の政治と社會(上)》, 吉川弘文館, 1995, 301쪽.

2 조선사편수회에 관한 본격적인 연구로서는, 김성민, 〈조선사편수회의 조직과 운용〉, 국민대학교 대학원 국사학과 석사학위논문, 1987 ; 정상우, 〈조선총독부의 《조선사》 편찬 사업〉, 서울대학교 대학원 국사학과 박사학위논문, 2011 ; 졸고, 《〈朝鮮史編修會〉の思想史的考察-植民地朝鮮·帝國日本·〈近代歷史學〉》, 立命館大學大學院文學研究科博士論文, 2011 참조.

3 최재석, 〈末松保和의 신라상고사론 비판〉, 《한국학보》 12권 2호, 1986, 129·190쪽.

실은 어떻게 이해할 수 있을까?

식민지에서 그 나라의 역사를 지배자, 통치자가 적는 것에는 모순이 있습니다. 출발은 정치의 방편이었습니다만, 나중에는 그렇지 않은 방향으로 점차 발전해갔다고 생각합니다. 그런 점에서 총독부의 관리가 조선을 통치하는 것과, 역사가가 조선의 역사를 편찬하는 것에는 커다란 입장의 차이가 있었습니다. 총독부의 녹봉을 받았던 역사가는 "어용학자'로 불립니다만, 이것이 모두 옳다고는 생각되지 않습니다.[4]

조선총독부의 기획하에 진행되었던 조선사편수회의 사업에 정치적 이데올로기가 덧씌워져 있던 것은 인정하면서도 "총독부의 관리가 조선을 통치하는 것과, 역사가가 조선의 역사를 편찬하는 것에는 커다란 입장의 차이가" 있었다고 하는 스에마쓰의 발언은, 어찌 보면 "너희들이 공부를 제대로 하지 않아 그렇게 말하는데, 식민지라는 것은 영국의 인도 지배 같은 것을 말하는 것이다. 일본은 조선을 식민지로 한 적이 없다. 조선을 일본의 일부로 하고 조선인을 일본인으로 한 것뿐이다"[5]라는, 한 식민지 관료가 패전 후 일본의 조선사 연구자들에게 내뱉은 몰지각한 꾸중을 떠올리게도 한다.

그러나 패전 후 일본의 조선사 연구를 재출범시켰다고 해도 과언이 아닐 하타다 다카시(旗田巍)가, 새로운 조선사 연구의 사명으로서 "지금부터

---

4 末松保和·旗田巍·幼方直吉·宮田節子, 〈座談會 朝鮮史編修會の事業〉, 旗田巍 編, 《シンポジウム 日本と朝鮮》, 勁草書房, 1969, 80쪽.

5 김효순, 《역사가에게 묻다: 굴절된 한일 현대사의 뿌리 찾기》, 서해문집, 2011, 152쪽.

우리들의 연구는 이러한 왜곡을 확인"[6]할 것과 "조선사의 연구를 바른 궤도에 올려놓을 것"[7]을 내걸면서도, 한편으로는 "전전(戰前)의 일본인에 의한 연구 축적은 커다란 것이었다. 오늘날 우리들의 연구 속에도 이것은 자각의 여부를 떠나서 이어지고 있으며, 장래의 연구 역시 이를 무시해서는 진전할 수 없을 것이다. 예전의 연구에는 계승하여 장래에 물려주어야 할 것이 포함되어 있으며, 이를 어떻게 활용할 것인가는 연구자의 역량에 달려 있다"[8]고 하여 조선의 역사를 왜곡했을지언정 식민주의 역사학이 행한 문헌 고증과 사료 실증의 성과는 도리어 높게 평가하는 장면에서,[9] 우리는 위에서 스에마쓰가 말한 역사가의 '입장'이란 것을 떠올리게 된다. 이를 그저 식민주의 역사학자의 파렴치한 정색이라고 비난하는 것은 쉬운 일이겠으나 여기에는 더욱 복잡하고 까다로운 층위에 존재하는 어떤 인식론적인 문제가 숨겨져 있는 것 같다. 즉 실증과 고증이라는 과학적이고 객관적인 연구 방식을 중시하는 '근대 역사학'이 식민주의 역사학과 관계하는 방식 말이다.

이러한 사정을 염두에 두면서 이 글은 다음과 같은 질문을 제기하고자 한다. 제국 일본의 조선사 연구, 곧 소위 식민주의 역사학이라 불려온 영역에 주어지는 자리는 어째서 항상 역사학의 외부인 것인가? 식민주의 역사학은 근대 역사학이라는 어떤 특정한 시기에 성립한 근대 학제의 특질과는 대립되는 특수한 성격을 지니고 있는가? 혹은 그것의 일그러진 형상인가?

---

6 旗田巍, 〈日本における朝鮮史研究の傳統〉, 旗田巍 編, 1969, 2쪽.

7 旗田巍, 〈'滿鮮史'の虛像－日本の東洋史家の朝鮮觀〉, 《日本人の朝鮮觀》, 勁草書房, 1969, 181쪽.

8 旗田巍, 〈日本における朝鮮史研究の傳統〉, 1쪽.

9 참고로 하타다 다카시의 조선사 연구에 관한 자세한 기술로서는 三ッ井崇, 〈전후 일본에서의 조선사학의 개시와 사학사상(史學史像)〉, 《한국사연구》 제153호, 2011; 졸고,

단적으로 말해 패전 후 일본의 조선사 연구, 그리고 해방 이후 한국의 한국사 연구는 식민주의 역사학을 근대 역사학의 사생아로 만드는 과정을 통해 자신의 정통성을 구축해온 것은 아닌가? 식민주의 역사학이 커다란 문제들을 안고 있다고 한다면 이는 근대 역사학 그 자체의 문제와 관련지어 바라보아야 하는 것은 아닐까?[10]

1952년, 스에마쓰와 마찬가지로 조선사편수회, 경성제국대학의 사업에 깊이 관여했었던 후지타 료사쿠(藤田亮策)는 식민지 조선에서 이루어진 '고적 조사 보존 사업'은 "반도에 남긴 일본인이 가장 자랑스러워해야 할 기념비의 하나"라며 다음과 같이 말한다.

> 그저 일본인만을 위한 것인지, 조선과 조선인의 영원한 행복이 도외시된 것인지 어떤지, 백 년 후의 역사가가 바른 해석을 내리리라 생각한다.[11]

비록 후지타의 이 언급으로부터 아직 백 년이 지나지는 않았지만, 이제 우리가 그의 제언에 대답할 때가 왔다. 이 글에서는 조선사 연구에서 스에마쓰 그리고 후지타의 선배에 해당하는 이마니시 류(今西龍)의 생애와 학문을 검토하는 것으로 그 대답을 대신해보고자 한다.

---

10 즉 식민주의 역사학에 대한 기왕의 비판들은 식민주의 역사학 그 자체의 해체적 독해라기보다는, 오히려 근대 역사학과 우리들의 역사인식에 대한 근본적인 물음을 가로막는 어떤 "구멍마개"의 역할을 행해왔던 것은 아닐까? "구멍마개"에 관해서는 슬라보예 지젝(Slavoj Zizek), 《전체주의가 어쨌다구?*Did somebody say totalitarianism?*》, 한보희 옮김, 새물결, 2008 참조.

11 藤田亮策, 〈朝鮮古蹟調査〉, 黑板博士記念會 編, 《古文化の保存と研究》, 吉川弘文館, 1953, 325·326~327쪽.

2. 우라시마와 통사

1906년 가을의 어느 날, 신라의 고도를 답사하기 위해 조선의 경주에 건너온 이마니시 류는 거대한 유적과 조우한 순간의 감동과 흥분을 다음과 같이 표현한다.

> 경주여, 경주여, 십자군 병사가 예루살렘을 바라본 심정이 바로 지금 내 마음일 것이다. 나의 로마는 눈앞에 있다. 내 심장이 고동을 치기 시작했다. 열 살 때 산촌 마을의 학교에서 《사략(史略)》을 읽었을 때부터 바다 건너 서북 구름 안에 가려진 비밀의 나라, 보물의 나라를 보고 싶다, 가고 싶다고 생각해왔는데, 이제 내가 다가간다, 그가 다가온다. 내 심장이 고동을 친다. 전세(前世)를 본 느낌이다. 나는 우리 신라로 다시 돌아왔다.[12]

이어서 일본의 설화를 들어 "지금이야말로 꿈, 옛날이야말로 현실. 우라시마(浦島)가 돌아간 고향은 황폐해졌다"[13]는 감상을 전하는데, 이미 앞선 해에 조선통감부가 설치되고 제국 일본의 본격적인 식민지 지배가 서서히 이루어지고 있던 당시에, 현재의 황폐한 경주를 꿈이라 하고 과거의 "보물의 나라"인 신라를 현실로 여기는 이마니시의 감각은 식민자의 오리엔탈리즘적 환상에 다름 아닐 것이다.

---

12 이마니시 류, 《신라사연구》, 이부오·하시모토 시게루 옮김, 서경문화사, 2008, 501쪽. 이 책은 '한인(韓人)'을 '한국인'으로 번역하고 있는데 당시의 '한인'이라는 용어 '가라비토(からびと)'는 현재의 '한국인'과는 함의가 다르다고 판단되기에 원문을 따랐다.

13 이마니시 류, 같은 책, 501쪽. 이마니시가 비유로 삼고 있는 설화는 우라시마 타로(浦島太郎)가 용궁에서 3년을 보낸 후 고향에 돌아와 보니 지상에는 수백 년이 지났고 고향은 황폐해져 있었다는 이야기이다.

찬란한 신라의 환영에 젖어 있는 이마니시에게 "조심하십시오. 여기는 산적이 출몰하는 곳입니다. 지난달에 일본인 한 명이 피살되었습니다"라는 마부의 충고는 귀에 들어오지 않았는데, 이는 아마도 허리춤에 찬 총과 함께 "나라를 위해, 또한 세상을 위해, 신은 죽이지 않을 것이다. 한(韓)의 들판에서"라는 말에서 알 수 있듯이 조선에 대한 그의 막연한 기대와 사명감 때문이었으리라.[14] "마음에 아무 염려도 없이 나를 은근하게 맞아준 더럽기 그지없는 예의 한인 여인숙에서 냄새나는 저녁을 먹었다. 마부에게 술값을 주고 같이 잤던 한인 몇 명에게 소고기 통조림을 주었더니, 참으로 좋은 일본 양반이라고 하며 담배 연기를 길게 내뿜는다. 말이 잘 통하지 않아 서로 웃었다"며 "세상 어디에서도 변하지 않는" "사람의 정"을 느꼈다는 회상에서는 제국 일본의 지식인과 식민지 조선의 서민들 사이에 이루어진 차별적 교류의 일단을 엿볼 수 있다.[15]

"가르쳐야 할 사람들이고 이끌어가야 할 사람들"인 "한인을 좋아하고 한인을 사랑한다"는 이마니시의 고백은 식민지 조선에 대한 계몽주의적 시선에 입각한 것이긴 하지만 거짓된 감정은 아닌 듯하다.[16] "나는 한국(韓國)의 아이, 나그네이다. 촛불이 꺼져 창문의 윤곽만 알아볼 수 있고, 닭소리만 앞마당에서 크게 들려온다. 밖을 바라보니 조생종 벼 논을 통해 불어오는 바람이 몸으로 느껴진다. 구름 사이에 별이 두세 개"[17]라는 기술은 역사학자에게는 보기 힘든 시적 표현인바, 이는 곧 조선이 이마니시에게 아련한 감성을 자극하는 대상이었음을 알려준다. 스스로를 "한국의 아이, 나그네"로 여기는 서정적 감각은 동시대의 일본 지식인들에게서 찾아보기

---

14 이마니시 류, 같은 책, 498~499쪽.

15 이마니시 류, 같은 책, 499~500쪽.

16 이마니시 류, 같은 책, 500쪽.

17 위와 같음.

힘든 독특한 감각인데, 이마니시에게 조선은 어떤 존재의 의미를 부여해주는 장소이기도 했던 것 같다. 제국의 아이덴티티 구축에 식민지라는 타자에 대한 감각—남성적 애정과 연민—이 깊이 관여하는 것은 잘 알려져 있으나,[18] 문제는 이것이 실증주의를 기반으로 하는 근대 역사학 속에서 어떻게 전개되는가라는 점이다. 이하에서는 우선 조선에 대해 무한한 애정을 가지고 있던 이마니시의 발자취를 정리해볼 것이다.[19]

1875년 기후(岐阜) 현 이비(揖斐) 군 이케노마치(池野町)의 촌장 이마니시 분고(今西文吾)의 장남으로 8개월 만에 태어난 이마니시는, 원래 료야(了哉)라는 이름이었는데 중학생 시절에 스스로 이름을 류(龍)로 바꾸었다. 그의 집안은 대대로 무사를 지낸 지역의 지주 집안으로서 경제적으로 꽤 유복한 편이었다. 기후 중학교에서 교사에 대한 항의를 주동한 일로 학교에서 쫓겨난 뒤 도쿄의 중학교로 옮긴 이마니시는 이고(二高)를 거쳐 1899년에 도쿄제국대학에 입학한다. 당시 그의 아버지는 아들이 실과(實科)에

18 특히 酒井直樹, 《日本/映像/米國－共感の共同體と帝國的國民主義》, 青土社, 2007의 제1장 〈映像, ジェンダ-, 恋愛の生權力－慰安婦問題に向けて〈國體の情〉〉은 좋은 참고가 된다.

19 이마니시 류의 생애에 관해서는 今西春秋, 〈今西龍小傳〉, 國書刊行會, 1972; 《京城帝大史學會會報 故文學博士今西教授追悼號》, 京城帝大史學會 編, 1933; 林直樹, 〈今西龍と朝鮮考古學〉, 《青丘學術論集》 제14호, 1999; 田中俊明, 〈今西龍〉, 江上波夫 編, 《東洋學の系譜 제2집》, 大修館書店, 1994; 박성봉, 〈今西龍의 韓國 古史研究와 그 功過〉, 《한국학》 제12호, 1976 등을 참조했다. 이마니시의 주요한 저작으로는 《신라사연구》(近沢書店, 1933), 《백제사연구》(近沢書店, 1934), 《朝鮮史の栞》(近沢書店, 1935), 《朝鮮古史の研究》(近沢書店, 1937), 《고려사연구》(近沢書店, 1944), 《高麗及李朝史研究》(《고려사연구》의 증보판, 國書刊行會, 1974) 등이 있다. 이마니시는 1932년에 사망하는데 발행 연도에서 알 수 있듯이 그의 저작들은 모두 사후에 간행된 것으로, 주로 선생과 동료들 그리고 후학들이 논문과 유고를 모아서 발표한 것이다. 이마니시의 저작에 대한 해설로서는 杉山二郎, 〈《今西龍著作集》 全四券〉, 《조선학보》 제57호, 1970; 村山正雄, 〈國書刊行會版 《今西龍著作集》〉, 《조선학보》 제61호, 1971; 末松保和, 〈《高麗及李朝史研究》〉, 《조선학보》 제78호, 1976 등이 있다.

진학하길 원했으나 이에 따르지 않고 사학과를 선택했다고 한다.[20]

대학 시절의 이마니시는 고고학에 관심을 가졌는데 인류학 교실에서 고고학, 인류학을 공부하고 《도쿄인류학회 잡지》에 고향 유적에 관한 단문을 게재하기도 했다.[21] 조선에도 많은 관심을 가지고 있었고 재학 중 조선에 관한 논문을 집필한 적도 있지만,[22] 본격적인 조선사 연구는 1903년 대학원에 진학한 뒤에 이루어진다. 당시 그의 지도교원이었던 쓰보이 구메조(坪井九馬三)의 영향으로 조선사를 전공하기로 한 이마니시는 1906년 쓰보이의 지시로 경주를 답사하기 위해 단신으로 조선을 향한다.

이마니시의 답사는 조선에서 행해진 일본 학자의 고고학적 조사의 초창기 형태를 알려주는 매우 귀중한 사례로서, 당시의 성과는 〈경주의 신라 분묘 및 그 유물에 대하여(慶州に於ける新羅の墳墓及び其遺物に就て)〉, 〈신라 구도 경주의 지세 및 그 유적, 유물(新羅舊都慶州の地勢及び其の遺蹟遺物)〉 등으로 각각 정리되어 《인류학 잡지》(제269호, 1908)와 《동양학보》(제1호, 1911)에 발표되었다.

이와 같이 이마니시의 조선사 연구는 고고학적 조사에서 출발했는데, "경주의 현장을 직접 답사하고 육조시대의 신라를 적나라하게 관찰하려고

---

20 이마니시는 도쿄의 중학교로 옮긴 뒤 아버지에게 역사학 잡지인 《사해(史海)》를 심심풀이로 읽고 있다는 내용의 편지를 보낸 적이 있는데, 어린 시절부터 역사에 어느 정도 관심을 가지고 있었음을 알 수 있다. 참고로 현재 기후 현의 이마니시 생가에는 그 손자인 이마니시 분류(今西文龍) 씨가 살고 있으며, 도쿄 시절에 부모와 주고받은 수십 통의 편지를 발견할 수 있었다. 이들 편지에는 아버지와의 의견 충돌이 자주 나오는데 이마니시의 성장기를 엿볼 수 있는 중요한 자료라고 생각된다. 자료의 열람을 선뜻 허락해준 이마니시 분류 씨에게 감사의 뜻을 전한다.

21 今西龍, 〈美濃國の揖斐郡片山付近の古墳〉, 《東京人類學會雜誌》 제196호, 1902.

22 도쿄제국대학 사학과 2학년 시험 논문으로 〈欽明天皇以前に於ける日本と朝鮮三國等との關係〉라는 제목의 글을 1902년에 제출했다.

꽤 고심했으나"[23] 당시엔 아직 고고학적 발굴 기법과 제도 등이 발달하지 못한 점도 있어서 별다른 성과를 거두지는 못했다. "아무리 파보아도, 결국에는 폭약까지 설치해보았지만 아무것도 나오지 않았"[24]고, "이렇게 신라사의 출발점을 파악한다는 목적을 달성하지 못했던 이마니시"는 "두찬과 부회가 끝이 없는 후세의 한국 사적을 통해 도태하고 가치 없는 자갈 속에서 사금 입자를 찾아내는 것 이외에는 연구의 길이 없다고 자각하게 되었다."[25] 그 후에도 이마니시는 발굴 조사 사업에 몇 번인가 참가하여 김해에서는 구로이타 가쓰미(黑板勝美)와 함께 조선 최초의 패총을 발견하기도 하지만,[26] 발굴 조사에 한계를 느낀 그는 연구의 중점을 서서히 "한국 사적을 통해 도태하고 가치 없는 자갈 속에서 사금 입자를 찾아내는 것", 곧 문헌학적인 사료 비판으로 옮겨가게 된다.

이마니시는 조선의 전설이 "엄청나게 많으면서도" 그 "분란이 심한 점"을 깨닫고,[27] 이렇게 잡다한 전설을 정리하고 비정하기 위해 고고학, 인류학적 견지를 배경으로 문헌 고증을 실시하는 방향으로 나아가게 되는데, 그런 그의 눈에 "두찬과 부회가 끝이 없는 후세의 한국 사적"의 심각한 예로서 비추어졌던 것이 바로 '단군 전설'이었다. 이마니시는 1910년 조선 병합을 테마로 기획된 《역사지리 임시증간호》에 〈단군의 전설에 대하여(檀君の傳說に就て)〉라는 제목의 글을 발표하는데, 이는 그에게는 최초의 문헌학적 논문이었다.[28] 조선 고대사 연구에 힘을 쏟았던 이마니시에게 '단군 전설'은 평생의 연구 테마이기도 했던바 〈단군의 전설에 대하여〉를 고쳐

23 坪井九馬三, 〈서문〉, 이마니시 류, 《신라사연구》, 14쪽.
24 今西春秋, 〈今西龍小傳〉, 3쪽.
25 坪井九馬三, 〈서문〉, 이마니시 류, 《신라사연구》, 14쪽. 필자 개역.
26 今西春秋, 〈今西龍小傳〉, 3쪽.
27 坪井九馬三, 〈서문〉, 이마니시 류, 《신라사연구》, 14쪽.
28 今西春秋, 〈今西龍小傳〉, 3쪽.

쓴 〈단군 전설고(檀君傳說考)〉는 학위논문의 중심 논제가 되었으며—이마니시는 일본에서 조선사로 박사학위를 받은 최초의 역사가이다—1929년에는 여기에 다시 수정과 가필을 더한 소책자 〈단군고(檀君考)〉를 자비로 출판한다.

1913년, 이마니시의 실력을 높게 평가하고 있던 나이토 도라지로(內藤虎次郞)는 하마다 고사쿠(濱田耕作)의 구미 유학으로 비어 있던 교토제국대학 고고학 교실에 이마니시를 초빙한다. 학부 졸업 후 결혼을 올리고 자녀를 두고 있던 이마니시는 홀로 교토로 부임하여 강사 및 고고학 교실의 물품 감수를 인계받게 된다. 특히 나이토와 두터운 관계를 맺게 되는데 1917년의 현지 조사 이후, 발굴 조사 사업에는 거의 관여하지 않고 오로지 문헌 고증에만 몰두하게 되는 데에는 나이토의 영향이 컸던 것으로 보인다.

1916년에 그의 인생은 커다란 전기를 맞이하게 되는데 조선총독부가 기획하던 《조선반도사》 편찬 사업[29]에 촉탁으로 임명되면서 본격적으로 식민지 조선의 역사서 편찬 사업에 관여하게 되었던 것이다. 이마니시는 그 후로도 1922년의 '조선사편찬위원회', 1925년의 '조선사편수회'의 《조선사》 편찬 사업에서 고대사 부분의 기술을 맡는 등 핵심적인 역할을 담당하게 된다.

여기서 한 가지 짚고 넘어가고 싶은 점이 있는데, 1922년부터 2년 동안 중국, 영국, 프랑스 등에 유학한 이마니시가 중국에서 커샤오민(柯劭忞) 등을 만나 커다란 감흥을 얻고 돌아왔다는 점이다. 유학에서 돌아온 이마니시는 나이토의 저택에서 벌어진 회합에 참가하여 다음과 같이 그 흥분을 논했다고 한다.

29 조선총독부의 《조선반도사》 편찬 사업에 대해서는 장신, 〈조선총독부의 조선반도사 편찬 사업 연구〉, 《동북아역사논총》 23호, 2009가 자세하다.

청대통사(淸代通史) 같은 두꺼운 책을 쓰는 사람은 대체 어떤 노대가(老大家)일까 궁금해했더니 아직 젊디젊은 청년이었기에 깜짝 놀랐습니다. 커샤오민은 물론이고 지나(支那) 대가들의 학문은 정말 크고 넓습니다. 마치 태산처럼 그 뿌리부터 높이 세워져 있어요. 거기에 비하면 우리들은 대나무 장대처럼 가냘프기 그지없지요.[30]

커샤오민을 비롯하여 중국의 '통사' 서술에서 느낀 놀람과 흥분을 열심히 설명하는 위의 인용문은, 이마니시의 '근대 역사학'적 시도들이 서구에 출자를 두는 실증주의적 방법에 더하여 '직서주의'나 '청조 고증학'과도 깊은 관련을 지니고 있음을 예시하고 있다. 다만 이 글에서 더욱 중요한 점은 이마니시가 '통사'라는, 곧 오늘날에도 여전히 근대 역사학의 서술 방식을 크게 규정하고 있는 해석의 체계에 깊이 탄복하고 있다는 점이다.[31] 이마니시가 예로 들어 설명하는 《청대통사》란 소일산(蕭一山)이 1921년부터 저술하기 시작한 역사서인데 당시 그의 나이는 겨우 20세에 불과했다. 이마니시는 1922년에 중국에서 《청대통사》의 고본을 읽고 그 다음 해에는 직접 서문을 쓰기도 했다. "이 제국(청나라—필자)의 건설이 없었더라면 서력(西力)의 동진에 대해 우리 아시아는 과연 오늘날 어떤 모습을 하고 있었을까? 청대의 문훈무공(文勳武功)은 역사상 하나의 위대한 장관을 이루고 있다"[32]며, 그만큼 청나라의 역사는 광대하고 복잡하기에 '통사'의 서술 역시 매우 곤란하다고 지적한 후 다음과 같이 논한다.

---

30 宮崎市定, 《遊心譜》, 中央公新社, 2001, 290쪽.

31 가령 일본의 이와나미서점이 출판한 《岩波講座 東アジア近現代通史》(전 11권, 2011)는 동아시아에 대해 지금까지의 역사 서술을 넘어서는 새로운 역사인식을 주장하면서도 여전히 "통사"라는 제목을 버리지 못하고 있다.

32 蕭一山, 《淸代通史》, 中華書局, 1923, 3쪽.

이러한 때 소(蕭) 선생은 이 곤란한 저술에 뜻을 두어 《청대통사》를 지었고, 나는 우연히 베이징에 손님으로 머물던 중 그 고본을 볼 수 있었다. 내가 이를 읽어보니 매우 번잡한 옛 사료를 자기 안에 잘 융화시키고 수많은 새로운 사료를 추가하였으며 기술의 안배가 잘 이루어져 상세하고 바르다. 실로 종래에 볼 수 없던 좋은 책으로서 이 책의 공간은 세상에 커다란 이익을 가져올 것이다. 다만 임금이 꺼리는 일을 직서하지 않는 것은 동양의 문화적 정신으로서 우리들이 따라서는 안 될 일이지만 여기서는 논하지 않겠다.[33]

이마니시는 기전체가 아닌 편년체로 이루어진 《청대통사》를 크게 칭찬하며, 특히 사료의 수집과 정리의 노고를 높게 평가하는 와중에 임금이 꺼리는 일이라도 직서해야 한다는 식의 발언을 한다. 여기에는 그 실천 여부는 차치하고라도 그의 '실증주의'에 대한 신념이 잘 드러나 있다고 할 수 있다. '통사'를 편년체로 기재하는 것, 즉 연대기적인 시간의 직선적 흐름에 각종 사항—지리의 특성, 제도의 변화, 문화의 흐름, 대외 관계 등—을 나열하여 한눈에 역사 전체를 통괄하려는 이러한 시도는 이마니시의 조선사 연구를 특징짓는 일관된 흐름인데, 이는 달리 말하면 그 기원과 현재라는 하나의 커다란 틀 속에 조선의 역사에 산재하는 다양한 사실들을 조합하고 밀어 넣으려는 작업에 다름 아니었다고 할 수 있다. 신라, 백제, 고려 및 조선에 관한 그의 연구들은 대부분 순서적으로 '통설', '개설', '약사(略史)' 등 전체적으로 일관된 이야기를 먼저 바탕으로 제시하고, 이후에 각각의 세부 사항에 대한 고찰이 덧붙여지는 구조로 진행된다.

여기서 반드시 지적해두고 싶은 점은 이와 같은 서술 방식은 당시의 역

33 蕭一山, 같은 책, 3쪽.

사 연구를 지배하던 상징적 담론이었으며, 조선의 역사를 둘러싸고 벌어진 식민지 조선의 지식인과 제국 일본의 역사학자들의 논쟁 역시 언제나 이러한 담론의 바깥으로 나아가지는 못했다는 점이다. 제국 일본이 도입한 담론 내에서만 논쟁이 이루어지고 혹은 강제되었다는 점에—그리고 이것이야말로 식민지 지식인들의 욕망의 대상이었다는 점에—이미 조선의 역사를 둘러싼 인식의 불균형이 존재했던 것이다.[34]

다시 이마니시의 약력으로 돌아가보자. 1926년에 경성제국대학에 학부가 개설되자 이마니시는 법문학부 조선사 제1강좌의 교수로 임명되어 식민지 조선에서 조선사를 강의하게 된다.[35] 그는 이미 1919년 무렵에 《조선반도사》의 고대사 부분에 관한 원고를 탈고했으며 이를 바탕으로 교토제국대학 등 여러 곳에서 강연을 행한 것으로 보이는데,[36] 경성제국대학에서 이루어진 강의의 내용도 아마 이와 대동소이할 것으로 생각된다. 비록 "첫 해의 조선사학 전공은 신석호(申奭鎬), 김창균(金昌鈞), 일본 학생 셋을 합쳐 다섯 명"[37]이 있을 뿐이었으나, 이마니시는 대학교수로서 조선에서의 연구생활을 즐겼던 것으로 보인다. 다음에서 신석호의 회상을 보자.

> 이마니시(今西龍) 교수는 우리나라 고서를 굉장히 사들였고, 책 사는 데는 돈을 아끼지 않았다. 그로부터 들은 얘기인데 한번은 인사동 한남서

---

34 이 점에 관해서는 졸고, 〈鬪入の歷史學, あるいは破綻する普遍－崔南善の朝鮮史研究をめぐって〉, 《일어일문학》 제53집, 2012 참조.

35 당시 조선사 제2강좌를 맡은 것은 오다 쇼고(小田省吾)였으며, 이후 후지타와 스에마쓰가 각각 제1강좌와 제2강좌의 후임으로 부임한다. 경성제국대학에 관한 최근의 연구로서는 정근식 외, 《식민권력과 근대지식: 경성제국대학 연구》, 서울대학교출판문화원, 2011 참조.

36 장신, 〈조선총독부의 조선반도사 편찬 사업 연구〉, 375쪽.

37 이충우, 《京城帝國大學》, 다락원, 1980, 110쪽.

림(翰南書林)이라는 고서점에서 《삼국사기(三國史記)》 한 권을 발견했다. 《삼국사기》 초판은 이태조(李太祖) 때 박혔으나 모두 없어져 한 권도 전해 내려오지 않고 있으며, 종종본(中宗本, 明나라 연대로 正德本으로 부른다) 만 해도 국보급에 해당한다. 특히 이마니시 교수가 찾아낸 중종본은 정조(正祖) 때 실학파로 유명한 순암(順庵) 안정복(安鼎福) 선생이 주석을 써넣기도 한 것이어서 금상첨화격이었다. 고서점 주인은 20원을 내라고 했다. 그때 20원은 3개월 하숙비에 맞먹는 돈이었다. 이마니시 교수는 대뜸 책을 팔아도 책값이나 알고 팔라고 하면서 20원을 달라는 책값으로 50원을 내놓았다. 그는 교토제국대학 교수로 있으면서 조선사를 연구하려고 여러 차례 조선에 드나들면서 책을 수집했던 것이다.[38]

물론 이는 굉장히 귀중한 자료이며 돈으로 가치를 매길 수는 없겠지만, 이마니시는 어쨌든 책값에 대한 '3개월 하숙비'의 요구에 6개월치 이상의 하숙비를—진정한 가치를 알아보는 고상한 연구자로서—지불해가며 자료를 수집했던 것이며, 이렇게 모은 장서 및 수집품은 현재 교토대학과 나라(奈良)의 덴리(天理)대학에 나뉘어 보관, 전시되고 있다.[39] 또한 이마니시는 조선의 유적에 대해서도 특별한 애정을 가지고 있었는데, 그의 아들인 이마니시 슌주(今西春秋)가 1930년의 여름 약 두 달간 조선에 머문 기록을 남긴 일기에는 "벽제관(碧碲館)"(碧蹄館의 오자로 보임—필자)에 일본군의 전승기념비를 세우려 한 근방의 일본인들에 대해 이마니시가 반대하여 결국 없었던 일이 되었고 이로 인해 조선인들의 존경을 샀다는 일화가 남겨

38 이충우, 같은 책, 110~111쪽. 그러나 《高麗史硏究》에는 이마니시가 구입한 순암 수택본이 《삼국유사》라고 되어 있다. 아마도 신석호의 착각이라 판단된다.

39 이들 목록은 《이마니시 류 장서목록(今西龍藏書目錄)》에 기재되어 있다. 기후 현의 생가에서 발견한 목록으로 전 4권으로 이루어져 있으며 아들인 이마니시 슌주(今西春秋)가 아버지의 기록을 보완, 작성한 것으로 보인다.

져 있다.[40]

하지만 경성제국대학 교수와 교토제국대학 교수의 겸임은 그에게 커다란 심적·육체적 부담을 안긴 것으로 보이며, 여기에 더해 가족이 있는 기후까지 돌봐야 했던 삼중 생활은 결국 그를 뇌출혈로 쓰러뜨리기에 이른다. 1932년, 57세의 나이에 강의를 위해 교토에 머물던 중 쓰러진 이마니시는 그 후 다시는 일어나지 못했다.

후학들로부터 "창업의 난관을 돌파해"냈으며 "조선사로 시작해 조선사로 끝을 본" "조선사학의 개척자"라 불렸던 이마니시는,[41] 그 명성에 걸맞게 아들의 이름을 신라의 왕 김춘추에서 따왔으며 결혼 후에도 조선의 관습을 따라 부인의 성인 오다(織田)를 이마니시로 바꾸지 않았다고 한다. 그가 죽은 후 교토제국대학의 제자들과 동료들은 신라 양식의 탑을 본뜬 묘비를 세워줬는데, 이는 조선을 향한 그의 진실한 애정과 이에 대한 동료들의 깊은 공감을 보여주는 일화라 하겠다. 잘 알려진 것처럼 조선 고대사 연구는 물론 《삼국유사》, 《삼국사기》, 《동국여지승람》, 《고려도경》 등의 영인본을 출판했고, 유적·유물조사에도 열심이었던 이마니시가 조선사 연구에 남긴 커다란 족적은 부정할 수 없다.

그런데 문제는 통사의 서술 방식에 입각해있는 한, 다시 말해 근대 역사학의 체계를 선택하는 순간, 그의 조선사 연구는 현재의 역사적 상태—즉 제국 일본에 병합된 식민지 조선—를 과거로 거슬러 올라가며 추인하는 방법적 틀에서 벗어날 수 없었고, 그로 인해 그의 조선사 연구는 동시에 조선의 식민지적 상태를 확인하는 작업이 되어버린다는 역설이었다.[42] 통사

40 마찬가지로 기후 현의 생가에서 발견했다. 또한 이마니시는 다른 식민지와 달리 조선에서 특히 도굴이 심함을 아들에게 한탄하기도 한다.

41 小田省吾, 〈故今西文學博士の學問と事業に就て〉, 京城帝大史學會 編, 1933, 16쪽.

42 필자는 이전에 이 문제를 고찰한 적이 있다. 졸고, 〈實証される植民地, 蠶食する帝

의 서술이란 달리 말해 역사적 사건들이 내포하는 어떤 가능성들을 모두 부정하고—즉 현재만을 긍정하며—이들을 모두 일관된 하나의 스토리 속에 집어넣은 후 뚜껑을 닫아버리는 행위에 다름 아닐 것이다.

물론 이마니시는 이에 대해 어떠한 위화감도 느끼지 못했던 것으로 보이며, 이러한 역설은 그에 대한 해방 이후의 한국 역사학계의 평가를 분열시킨다. 가령 "韓國古代史 抹殺·歪曲의 기초를 다진 자"[43]의 반대편에는 "수많은 日人學者가 말하자면 過(허물)투성이었던 데 비하여 상당한 功도 이야기될 수 있는 드문 學者 중의 한 사람"[44]으로서의 이마니시가 있다. "近代的" "學問的"[45]인 견지에 입각한—"극단적"인 "史料批判"의 경향을 지니고 있긴 했으나—"近代史學의 방법으로 韓國古代史 연구에 착수했던" 이마니시와,[46] 한국의 고대사 연구에 "變態的인 過程"을 가져오고 그 "主體的" 파악을 가로막았던 일본인 학자들을 대표하는 이마니시가 공존한다.[47] 조선사의 해석에서 "아전인수적 태도마저 엿보"이는 그의 연구가 "일제 식민통치를 학문적으로 뒷받침하는 범위 내에서 이루어진 점"[48]은 부정의 여지가 없으나, 이와 동시에 "도락다운 도락이 없고 오직 고서를 모으는 것만이 단 하나의 즐거움"[49]이었으며 "일찍이 조선에 나와 조선 고대사를 연구하고 자료를 수집한 탓으로 조선의 문화 인식에 대해 정당한 평가를 할 수 있었"[50]던 것 역시 이마니시였다.

國－今西龍の朝鮮史研究とその軌み〉, 《季刊 日本思想史》 76號, 2010.

43 최재석, 〈今西龍의 韓國古代史論批判〉, 《한국학보》, 13권 1호, 1987, 3쪽.

44 박성봉, 〈今西龍의 韓國古史 硏究와 그 功過〉, 37쪽.

45 이기백, 〈百濟王位繼承考〉, 《역사학보》 제11집, 1959, 3쪽.

46 이기동, 〈百濟 王位交代論에 대하여〉, 《백제연구》 제12호, 1981, 18쪽.

47 김철준, 〈韓國古代史 硏究의 回顧와 展望〉, 《동방학지》 제6호, 1963, 77쪽.

48 이부오·하시모토 시게루, 〈책을 소개하며〉, 이마니시 류, 《신라사연구》, 8쪽.

49 今西春秋, 〈今西龍小傳〉, 4쪽.

50 이충우, 《京城帝國大學》, 163쪽.

이처럼 이마니시에 대한 평가는 마치 진자의 추처럼 양극단을 왕복하고 있는데, 한쪽 끝에는 식민주의 역사학이, 다른 한쪽 끝에는 그와는 상반되는 '바람직한 역사학'으로서의 근대 역사학이란 것이 있다. 그리고 바로 이 운동의 중심축이 되어 있는 것이 역사학 전반을 규정하는 근대적 담론일 것이다. 따라서 이 진자 운동의 역설을 돌파하기 위해서는 역사학의 담론적 성격을 물어야만 할 것인데, 이를 위해서는 또한 대상에 애정을 가지고 합리적·객관적인 실증 작업에 임하는 역사학자의 자세가 동시에 식민지 지배에 공헌한다는 역설의 구조를 밝혀내야할 필요가 있다.[51] 이는 다시 말해 이마니시의 조선사 연구가 식민주의 역사학이면서 근대 역사학이기도 하다는 모순을 내포하게 되는 지점을 추적하는 작업이기도 하다.

3. 'Community of nations'

우선은 사카이 나오키(酒井直樹)의 다음과 같은 비유를 보자.

우리들은 실증적인 역사의 임계에 봉착해 있다고 해도 좋다. 실증적인 사료의 수집과 검증을 시작하기 전에 국민사는 사전에 국민사의 대상 영역을 상정해야만 하기 때문이다. 근대의 도서관에 비유해서 말하자면, 일본사에 관한 서적을 경제학이나 전자공학의 서가에서 찾지는 않는 것처럼 역사가는 이미 일본사의 사료가 있을 법한 영역(아카이브)을 상정하고 있

51 식민지주의의 장치 가운데 하나로서 "역사와 역사 이야기의 식민성'을 지적하는 니시카와 나가오(西川長夫)의 지적은 여전히 중요하다(《新식민지주의론》, 박미정 옮김, 일조각, 2009, 38쪽).

는 것이다.[52]

국민사, 혹은 일국사에 대한 사카이의 이러한 비유는 역사와 역사 서술이 지닌 담론적 성격을 정확하게 꼬집고 있다. 우리는 사카이의 비유를 다음과 같이 바꾸어 말할 수 있을 것이다. 즉 역사가 역사 서술에 선행하는 것이 아니라, 오히려 그에 대한 기록과 수집, 정리라는 서술적 행위가 어떤 역사를 낳는 것이라고 말이다. 역사는 역사학이 다루어야 할 어떤 소여가 아니라 도리어 역사학의 내부에 존재하는 것이며, 역사 서술을 통해서 비로소 역사가 실체로서 등장하는 것이라고 말이다.[53] 역사 서술이야말로 역사가 현현할 수 있는 토대를 제공한다고 말이다. 이와 같이 역사와 역사 서술의 관계를 전도시켜 생각하는 것은 "게임 플레이를 하는 동시에 게임의 성립, 즉 룰을 의심하는 일"[54]에 다름 아닐 터, 우리들은 역사 서술이라는 게임에 임하기 전에 게임을 규정하는 룰부터 우선 의심해볼 필요가 있다.

이마니시가 조선사 연구를 통해 드러내고자 한 것은 어쩌면 자신이 "한국의 아이, 나그네"가 될 수 있는 토대를 구축하는 것, 곧 좋아하고 사랑하는 '한인'의 역사를 실증적으로 구성하여 그 의미와 자신의 존재를 되새겨 보는 작업이었을지도 모르겠다. 이마니시는 '한인'이 '일본인'인 자신과 한없이 가까운 존재이기를 바랐다. 그는 1910년에 내놓은 자신의 첫 문헌학

52 酒井直樹, 〈ナショナル·ヒストリ-を學び捨てる－誰が誰に向かって歷史を語るのか〉, 酒井直樹 編, 《歷史の描き方① ナショナル·ヒストリ-を學び捨てる》, 東京大學出版會, 2006, xiii쪽.

53 예컨대 윤선태는 식민지 조선에서 '통일신라'가 발명되는 과정을 추적하고 있는데, 이 글은 제국과 식민지에서 성립한 근대 역사학의 본질을 생각하는 데 매우 중요한 시사를 제공한다(〈'통일신라'의 발명과 근대 역사학의 성립〉, 《신라문화》 제29호, 2007).

54 이성시, 〈역사학의 역사성을 생각한다〉, 김항·이혜령 편, 《인터뷰: 한국인문학 지각변동》, 그린비, 2011, 279쪽.

적 논문인 〈단군의 전설에 대하여〉에서 이미 '한인'을 '일본인'으로부터 갈라놓는 북방 민족설을 강하게 비판하고 있는데, 이는 앞으로 논하겠지만 남방민족설의 근거를 마련하는 동시에 근대 역사학을 정초하는 작업이었다. 그리고 또한 제국 일본의—근대 역사학을 통한—식민지 조선 지배를 정당화하는 작업이기도 했다.

이마니시가 바라본 조선 고대사는 "Community of nations"[55]라는 질서가 경합하는 여러 민족의 흥망성쇠를 규정하는 역사였다. 'Community'라는 용어를 구체적으로 어떤 의미로 파악하고 있는지 본인이 논하고 있지 않기에 그 의미를 확정하긴 곤란하나, 서로 다양한 민족('nation'의 의미는 오늘날의 민족과 매우 가깝다)들이 경쟁하며 변화해가는 하나의 장으로 보는 것이 가장 타당할 것이다. 그리고 이 조선반도를 배경으로 하는 민족들의 공동체에서 주인공 역할을 맡는 것이 바로 "오늘날 조선 민족의 주체를 이루는" "한(韓)종족"[56]과, 이를 끊임없이 후원하고 보살펴주는 '일본 민족'이다. 이마니시의 조선 고대사에 관한 기본적인 시점은 "인종적으로 매우 밀접한" "조선인과 일본인이"[57]—때로는 연대하고 때로는 서로 소홀하면서도—이들과는 전혀 다른 종족에 속하는 '부여(扶餘)종', '예맥(濊貊)족' 그리고 '지나'의 여러 민족과 어떻게 투쟁해왔는가에서 출발한다.[58]

다만 이는 조선반도의 역사를 그저 일본사의 범위 안에 구겨 넣기 위한 것은 아니었다. 이마니시는 "병합 전의 조선사는 명백히 동양사의 일부분을 이루고 있으며 그 연구의 진로는 동양사의 방향을 취해야 하기에 조선

---

55 이마니시 류, 《朝鮮史の栞》, 107쪽.

56 이마니시 류, 같은 책, 84쪽.

57 이마니시 류, 같은 책, 65쪽.

58 주로 조선인 학자들이 내세운 '북방민족설'과 이에 대항하기 위한 일본인 학자들의 '남방민족설'의 경쟁에 대해서는, 정상우, 〈조선총독부의 《조선사》 편찬 사업〉 제1장 '《조선반도사》 편찬 사업 계획의 수립과 추진'이 자세하다.

학 혹은 조선사를 연구하려는 사람은 먼저 동양사, 특히 지나학의 큰 줄기를 이해해야만 한다"[59]고 하여 조선사를 동양사의 일부로서 보려는 관점을 명확히 하고 있다. 이렇게 이마니시는 기본적으로 병합 전의 조선사와 일본사를 분리하여 바라보고 있었으나, 그렇다고 해서 조선인과 일본인을 완벽히 분리된 존재로 여기는 것 역시 아니었다.

> 한(韓)민족과 일본 민족은 태고에 하나의 민족을 이루고 같은 곳에 거주했지만, 대이주(大移住)의 결과 하나는 반도에 하나는 섬에 정주하여 거주지가 달라졌으며, 많은 시간이 흘러 하나는 한민족이 되고 하나는 일본 민족이 되어 다른 삶을 살게 되었으나, 이 양 민족은 여전히 종족을 달리하지는 않는다.[60]

이마니시는 역사 이전, 즉 선사시대에 두 민족이 하나였음은 "언어, 체질을 보면 의심할 수 없"지만 "원시시대에 일본인과 조선인이 같은 땅에 살며 같은 언어, 풍속을 가졌던 시대가 있었다"는 등의 논의는 인종의 문제이지 역사가 다룰 문제가 아니라며 '일한동역론'과는 분명한 선을 긋는다.[61] 그는 '한인'과 '일본인'이 같은 민족에 출자를 두고 있음을 확신하면서도, 문헌 고증으로 다룰 수 없으며 다분히 추측이 포함되어야 하는 선사시대의 사실에 대해서는 기술을 꺼렸다. 이마니시는 '한인'과 '일본인'의 관계에 대한 토대를 어디까지나 객관적이고 합리적인 실증과 고증의 반석, 즉 역사학의 위에 세우려고 했다.

그리고 이와는 반대로 '예맥족'과 '한인'은 서로 완전히 다르다고 주장한

59 이마니시 류, 《朝鮮史の栞》, 2쪽.

60 이마니시 류, 《朝鮮半島史》 제1편, 1919(추정), 12オ・ウ.

61 이마니시 류, 《朝鮮史の栞》, 65~66쪽.

다. 그리하여 구성원은 각각 조금씩 다르지만 어쨌거나 '한인'을 중심으로 하는 백제(마한), 신라(진한), 가야(변한)와, '부여종'의 한 갈래인 '예맥족'의 국가 고구려가 서로 분리된다. 'Community of nations'란 바로 이들 각 민족에 중국 민족과 일본 민족을 더한 것이다.

> 부여, 예맥, 한, 일본은 민족상에 커다란 일단을 이루지만 부여, 예맥은 퉁구스족으로서 이른바 만주족이라 칭해야 하는 것으로, 이들과 한·일본과의 사이에는 뚜렷한 격절이 있다.[62]

즉 'Community of nations'는 '남조·일본·백제'가 '북조·고구려'와 '서로 대치'하는 상황을 가리키는 것이기도 했는데,[63] "조선사는 한(韓)민족의 역사이지만 여기에는 오늘날의 조선 민족을 혼성하는 부여(扶餘)종의 고구려, 백제의 역사도 포함되어야 한다. 그리고 한 발 더 나아가 한민족만이 아니라 극동 제 민족에 중대한 영향을 끼쳤던 반도에서의 지나 군현의 성쇠도 설명되어야만 한다"[64]는 발언에서 알 수 있듯이, 결국은 '한민족'을 중심으로 수렴될 공동체이기도 했다. 이마니시는 현대의 조선 민족은 기본적으로 혼성으로 이루어져 있지만 그 중심은 어디까지나 '한민족'에 있다고 여겼다.

조선반도에는 이와 같이 고대 이래 다양한 민족이 혼재했으며 '한인'들의 국가인 신라가 이들을 통일하고 흡수함에 따라 오늘날까지 이어지는 조선 민족의 조상이 되는바, 여기에 일본 민족이 미친 영향은 대단히 중요하고 결정적인 것이었다. 요컨대 이마니시는 조선사의 토대를 중국사나 일본

---

62 이마니시 류, 《朝鮮半島史》 제1편, 13ウ.

63 이마니시 류, 《朝鮮史の栞》, 107쪽.

64 이마니시 류, 같은 책, 64쪽.

사에서 구하지 않고, 말하자면 한민족에 기원을 두는 조선 민족 그 자체가 경험해온 역사 안에서 찾으려고 했던 것이며 이 토대에 새겨져 있는 일본 민족의 의미를 되살리고자 한 것이다.

이마니시에 의하면 'Community of nations'의 시대에 일본이 조선반도와 맺는 관계는 매우 특수한 것이었다. 신라와 백제 사이에 존재했던 가야는 일본 조정의 보호를 받고 있었으며, 나아가 4세기 중엽이 되면 백제 역시 일본의 보호하에 놓이게 된다. 당시에는 조선반도에 '미코토모치(宰)'[65]가 주재하는 등 일본 민족과 조선반도의 한인은 매우 밀접한 연관을 지니고 있었는데, 이와 같은 조선의 일본에 대한 오랜 의존이라는 식민지주의적 언술을 이마니시는 "일본이 백제를 사랑한 것은 자연스런 정"[66]이었다며 단순한 정치 이상의 심급으로 이끈다. 이마니시의 조선 고대사에 관한 여러 기술들을 보면 '한인'에 대한 일본 민족의 애정이 매우 남성적·제국적인 것으로 비유되고 있음을 쉽게 알 수 있는데, 예를 들면 "태도가 애매하고 사휼(詐譎)을 반복하는" "교활"한 백제이기에 이들을 "버리자는 거동도 있었지만" 그들이 위기에 처할 때마다 일본은 "정의"에 입각하여 언제나 "능동적"으로[67] 자신들의 "국력을 돌아보지 않고 다대한 원호를 행했다"[68]는 식이다. 달리 말하면 이마니시의 조선 고대사 연구는 조선과 일본이 고래로 맺어온 애증의 관계를 검증하는 과정이었다고도 할 수 있다. '한인'이 "북방 민족의 완건(頑健)한 신체에 지나의 문화를 집어넣었던"[69] 그 강한 고구려 등에 의해 멸망됨 없이 오히려 조선반도를 지배하기까지에 이른 것

65 천황의 명을 받아 임지에 파견되는 관리를 말한다.
66 이마니시 류, 《朝鮮史の栞》, 103쪽.
67 이마니시 류, 같은 책, 111~113·106·95쪽.
68 이마니시 류, 《백제사연구》, 1쪽.
69 이마니시 류, 《朝鮮史の栞》, 184쪽.

은 이와 같은 일본의 넓고 깊은 아량 덕분이었다.

> 광개토왕 대부터 장수왕 대에 걸쳐 강대한 고구려가 남쪽에서 뜻을 얻지 못한 것은 실로 일본이 백제를 보호한 덕분이다. (중략) 고구려가 신라의 존립을 용서했던 것은 강대한 일본에 대한 번병(藩屛)을 세우기 위함이었다. (중략) 만약 이 시대에 일본의 보호가 없었다면, 다시 말해 일본의 강대함이 없었다면 마한, 변한의 종족뿐만 아니라 진한을 포함한 모든 한종족은 북방 민족의 혼종으로 이루어진 경강(勁强)한 고구려 민족에게 유린되었을 것이며, 오늘날의 조선 민족 역시 볼 수 없었을 것이다.[70]

이마니시가 그려낸 'Community of nations'는 매우 도식적인 것이었는데, 강대한 일본의 "은총"의 덕을 보기 위해 "신공황후 이후 백제, 가야는 형제의 연을 맺고 천황을 군부로서 우러르기에 이르렀"[71]고 이를 통해 '일본 민족+한민족'의 연합군이 북방 민족과 대치했다는 내용으로 이루어졌다. 이마니시의 입론에 따르면 사실 일본 입장에서는 한민족을 돕는다 한들 별다른 이익을 기대하기 어려웠다. 신공황후는 신라를 정벌하고 가야 지방의 한민족으로 이루어진 여러 소국의 명맥을 유지시켜주었지만, 당시의 "일본의 문화는" "고구려의 아래에 있었다고는 해도 백제와는 그다지 현격한 차이가 없었고" 신라는 "그 문화가 한참 뒤쳐져 있어서 일본에 비할 바가 못 되었"기 때문에, 백제나 중국에서 만들어진 그저 "진기한 것"이 일본에 바쳐질 뿐 커다란 경제적·정치적 효과는 없었다는 것이다.[72] "세간에서는 일본의 문화가 반도에서 왔다고 말하는데, 이는 사실이긴 하지만

---

70 이마니시 류, 《朝鮮半島史》 제2편, 20オ·ウ.

71 이마니시 류, 《朝鮮史の栞》, 102쪽.

72 이마니시 류, 같은 책, 103쪽.

반도에서 일본에 온 것은 반도의 문화가 아니다. 지나의 문화가 반도를 경유해서 온 것에 불과하다."[73] 이처럼 그다지 유익한 효과를 기대할 수 없는데도 일본이 조선반도의 "형제"를 도와준 것은 오직 일본의 "선조 전래의 정신", "위대한 민족정신의 발현"에 다름 아니었다.

> 그것은 실로 제도(帝道)에 근거한 원호였으며, 물질적으로 바라는 것이 있어서가 아니었다. 그리하여 이 제도의 발휘는 세계적 대제국인 당에 대하여 이와는 도저히 비교도 되지 않는 소국 일본이 길항하여 한 발자국도 물러나지 않고 전쟁에 임하게 했으며, 아시아의 제 민족 대부분이 당 제국에 신복(臣服)하는 데 비해 홀로 일본만이 자신의 독립을 행동으로 표시하여 커다란 국난의 도래를 초래했다. 다만 이는 선조 전래의 정신을 잊어버리지 않고 자손들이 나아가야 할 길을 제시해주었다. 이 미약하고 잔파(殘破)하여 부흥의 희망이 없는 백제를 도와 저 강대한 당과 싸웠다는 것에 비견될 만한 위대한 민족정신의 발현은 국사의 다른 시대에는 보이지 않는다고 해도 과언이 아니다.[74]

이러한 이마니시의 터무니없는 고대사 인식에 문제가 매우 많은 것은 두말할 필요조차 없으며, 사실 관계의 시비를 가려내는 일 또한 굉장히 중요할 것이다. 다만 이마니시의 역사 서술이 지니는 합리성과 그 '공과'를 철저하게 분석하는 작업은 물론이거니와, 이러한 인식의 기반을 제공한 논리를 고찰하는 작업 또한 이에 못지않은—혹은 더욱 커다란—중요성을 가질 터이다. 위 인용문에서 알 수 있듯이 이마니시는 "가르쳐야 할 사람들이고 이끌어가야 할 사람들"인 '한인'을 좋아하고 사랑하는 자신의 감정,

73 이마니시 류, 《백제사연구》, 15~16쪽.

74 이마니시 류, 같은 책, 1~2쪽.

그리고 그들과 함께 느낀 "세상 어디에서도 변하지 않는" "사람의 정"의 근원을 고대 일본의 "제도(帝道)"에서 구하고 있다. "세계적 대제국인 당에" 맞서 "미약하고 잔파하여 부흥의 희망이 없는 백제를" 도울 수 있었던 것은 오직 "일본의 안녕과 한종족의 행복을 위하는 것 외에는 아무것도 필요로 하지"[75] 않는 순연한 정신, 즉 "제도"의 존재 덕분이었다. 여기에 식민지 지배가 그 내적, 외적인 기반을—역사 연구를 통해—개인적인 "사랑"과 초월적인 "제도"에서 찾게 되는 장면을 볼 수 있는 것은 아닐까?

셀 수 없는 "유린을 겪으면서도" "끈질기게 나라를 유지한" "경탄"스러운 한민족과[76] "독립국"으로서 "제국주의"의 정신을 한시도 잊은 적이 없는 일본 민족이,[77] "물질적" 조건에 구애되지 않는 위대한 정신 "제도"에 근거하여 "양 민족의 강대와 복지"[78]를 위해 결합한 것이 바로 조선 병합의 역사적이고 현재적인 의의이다. 조선 병합은 조선 민족을 제압하고 지배하기 위한 것이 아니다. 무엇보다도 그들은 지배와 압제에 굴복하지 않는다.

> 이를 일시적으로 구부릴 수는 있어도 꺾을 수는 없다는 데에 조선 민족의 특질이 있다. 유구한 태고부터 좁은 반도에 거주하고 그 지리적 관계로 인해 강대한 적난(敵難)에 숱하게 조우하면서도 오늘날에 이르기까지 민족을 유지해온 우리 조선 민족을 경시하는 자가 있다면, 그는 역사를 모르는 무식한 패거리에 불과할 것이다.[79]

---

75 이마니시 류, 《朝鮮半島史》 제2편, 20ウ.

76 이마니시 류, 〈檀君考〉(1929), 《朝鮮古史の研究》, 1937, 72쪽.

77 이마니시 류, 《朝鮮史の栞》, 189쪽.

78 이마니시 류, 《朝鮮古史の研究》, 118쪽.

79 이마니시 류, 같은 책, 72쪽.

비록 약하고 변덕스러우며 때로는 교활하지만 "우리 조선 민족"은 절대로 꺾이지 않는다. 이마니시에게 조선은 이미 '그들'이 아니다. 그것은 '우리'이며 '나'이다. 물론 앞서 지적했듯이, 이마니시는 신화적 기술에 근거한 심정적인 '일선동조론'을 거부한다. 하지만 오히려 이로 인해 이마니시는 '일선동조론'이 다다를 수밖에 없는 궁극적 도착증의 상태, 그러니까 대상과의 합일에 대한—그와 나의 식별이 불가능해지는 지점에 대한—욕망이 조금씩 고개를 치켜드는 순간을 예시하게 되는 셈이고, 동시에 일선동조론의 비과학적·비합리적·비실증적 측면을 노골적으로 상징하게 된다.[80] 따라서 조금 과격하게 말해보자면 적어도 이 발언 안에는 민족적 차별은커녕 피식민지민'으로의' 동화를 꿈꾸는 제국 일본의 역사학자가 있다.

지금까지 본 이마니시의 주장에 제국주의적 폭력성이 적나라하게 드러나고 있음은 새삼 지적할 필요도 없을 테지만, 그런데 이 제국주의가 심각한 짝사랑에서 출발한다는 점은 어떻게 생각해야 할까?[81] 우리는 여기서

---

80 그러므로 우리는 이를 통해 '일선동조론'에 관해 지금까지와는 전혀 다른 설명을 개진할 수 있다. 즉 그것은 조선의 모든 것을 일본의 내부에 집어넣으려는 대단히 폭력적인 발상이었다는 지금까지의 관점 대신에, 그 폭력성이란 순수한 일본의 국사에 조선의 역사라는 이질적인 타자를 강제적으로 흡수시키는 작업을 통해 오히려 일본의 국사를 비틀고 어그러트릴 파괴적 장소를 열어젖히고 마는, 다시 말해 조선의 역사에 전복의 계기를 제공함으로써 조선의 역사는 물론 일본의 국사마저 붕괴시키는 이중적 폭력성에 다름 아니었다고 말이다. 필자는 이러한 역설적인 폭력성을 '선일동조론'으로 표현한 적이 있다. 졸고, 〈방법으로서의 최남선: 보편성을 정초하는 식민지〉, 윤해동 편, 《종교와 식민지 근대: 한국종교의 내면화, 정치화는 어떻게 진행되었나》, 책과함께, 2013.

81 이마니시는 '한인'에게 교활하고 변덕스러우나 불굴의 의지를 지닌, 불가사의하고 매력적인 여성에 대한 남성적 환상을 투영하며, 이와는 반대로 '일본 민족'에게는 넓은 아량으로 이를 이해하고 이끄는 도덕적 남성에 대한 남성적 환상을 부여하고 있는 듯하다. 이는 어쩌면 예외(강한 아버지로서의 북방 민족)를 추방하고 전체(일본 민족과 한인의 공동체)를 구축하려는 근대 역사학의 남성적 주체성을 비유적으로 보여주는 것인지도 모르나, 이에 대한 논의는 이 글의 주제를 너무 멀리까지 확

제국 일본과 식민지 조선의 '역사'를 둘러싼 병리적 상태를 엿볼 수 있는 것은 아닐까? 고상하고 계몽주의적인 제국 일본의 역사학자가 식민지 조선에 대한 자신의 애정을—차별적인 역학에 지배되던 당시의 지배 관계를 뛰어넘는 심급에서, 즉 역사주의적으로—확정하려는 이러한 시도는, 거꾸로 현실에 엄연히 존재하는 차별적 구조를 역사적으로 고정시키는 작업이 되고 만다. 두 민족의 '사랑'의 역사성은 한일 병합이라는 뚜껑으로 덮이고 애증은 제국의 도리로 귀환한다—근대 역사학은 식민주의 역사학으로 귀환한다.

'Community of nations', 즉 이마니시가 바라본 조선 고대사는 한민족과 일본 민족의 애증과 제도가 뒤엉키면서도 행복한 결합에는 이르지 못한—제국을 완성시키지 못한—"대단히 한탄스러운"[82] 시대였다.

> 일본과 한종족은 그 본원을 거슬러 올라가면 동일하므로, 서로 바다를 사이에 두고 떨어져 거주한 뒤 많은 시간이 경과하면서 일본과 한으로 나누어진 데 지나지 않는다. 만약 이 시대에 신라인에게 종족의 관념이 있었다면 일본과 한이 지금을 기다리지 않고 이 시대에 규슈 지방이 그랬던 것처럼 일본 조정하에 통일되었을 것이다(태고 때 함께하다가 분리된 같은 민족은 다시 혼일 융합된다). 이미 1600년 전에 조선반도와 섬에 걸친 대제국을 형성한 대국가로서 대륙에 문화국을 출현시켜 끊임없이 행복과 영예를 향유하였을 것이다. 그러나 하나는 섬나라를 벗어나지 못하였고 다른 하나는 조선반도를 벗어나지 못하였을 뿐만 아니라 대륙 국가의 일본에 대한 번병이 되어 형제를 배척하는 직을 받들어 그 존립을 구하고, 임금은 신하가 되고 백성은 배신(陪臣)이 되어 항상 대륙에 있는 국가들의 흥망이

장시키기에 여기서 다루지는 않겠다.

82 이마니시 류, 《朝鮮史の栞》, 106쪽.

있을 때마다 병화를 겪었으며, 백성은 우마와 함께 살육·약탈을 당하는 지경에 처해 있었다. 이는 함께해야 하는 자와 함께하지 않은 데서 기인한 화이다.[83]

"함께해야 하는 자와 함께하지 않"았음으로 인해 엄청난 고통을 받아오면서도 이를 인내하고 민족을 유지해온 '한인'. 비록 상당히 늦어지긴 했지만 "함께해야 하는" 일본 민족과 함께할 수 있게 된 지금은 "대제국을 형성한 대국가로서" "끊임없이 행복과 영예를 향유"할 일만 남았다. 이마니시가 여러 저술에서 조선, 중국, 일본의 수많은 자료와 유물, 기록을 자유자재로 넘나들며 문헌 고증, 사료 비판을 행한 것은 이처럼 자신의 애정의 근원과 조선사의 토대를 결부시키기 위한 것이었으며, 이는 곧바로 일본 민족과 조선 민족이 힘을 합친 '대제국'이 공통의 적인 중국(신체적·문화적으로 우수한 북방 민족)과 대결한다는 현재적 상황을 과거에서 충전하는—역사 그 자체의 꺼림칙한 꿈틀거림과 쉰 소리를 제거해버리는—통사 서술의 작업이었다.[84] 이처럼 제국의 도리야말로 일본 민족과 한민족이 함께 걸어가야 할 길이거니와, 애석하게도 사람들은 이 점에 둔감하다.

각설하고 부여 함락 후의 유민의 분투 같은 것에서는 실로 분함을 느낀

83 이마니시 류, 《朝鮮半島史》, 제1편(친일반민족행위진상규명위원회, 《친일반민족행위관계사료집 V》, 2008, 196~197쪽에서 재인용).

84 해리 하루투니언(Harry Harootunian)은 "현재"를 역사와 역사 서술의 즉자성, 그리고 과거의 사실성 속으로 밀어 넣는 이러한 "부르주아적 역사학"은 "시간성"으로부터 도약의 계기를 무화시킨다고 논한다. 그러므로 현재를 과거에서 충전하는 것이 아니라, 현재라는 시간성에 의해 과거를 충전하는 것이 맑스주의 역사학에 주어진 과제라고 주장한다(〈マルクス主義の歴史叙述を書き直す－現在による過去の充填〉, 磯前順一/ハリー·ハルトゥーニアン 編, 《マルクス主義という經驗－1930~40年代日本の歴史學》, 青木書店, 2008).

다. 그것은 국사의 광영이기도 하고 반도사의 광영이기도 하다. 작고 보잘것없는 반도의 한 구석에서 고국(古國)의 부흥을 위해 칼이 부러지고 활이 떨어져도 계속하여 당과 신라의 대군과 분투한 백제 유민의 의열(義烈)은 조선 민족의 광화(光華)이며, 이를 구호한 일본의 행동은 일본 민족의 명예이다. 나는 이를 말하는 자가 적음에 유감을 느낀다.[85]

4. 사라지는 매개자와 목에 걸린 가시: 단군과 광개토대왕

조선사의 통사를 이루는 토대를 구축하려 했던 이마니시의 시도는 과거의 사실을 현재의 상황으로 환원시킨다는 점에서 근대 역사학이면서 식민주의 역사학이었다. 이와 같은 그의 조선사 연구는 단군 전설의 분석에서 완성되고 광개토대왕릉비에 대한 검토에서 좌초하는데 마지막으로 이 점을 살펴보도록 하자.

잘 알려진 바와 같이 이마니시가 식민주의 역사학자로서의 면모를 분명히 드러내는 지점이 바로 '단군 부정론'이다. 당시에 단군을 연구한 조선인, 일본인 학자의 수는 결코 적지 않은데, 일반적으로 실증주의의 분야에서는 이마니시, 그리고 신화학의 분야에서는 최남선을 가장 특출한 성과를 올린 인물로 꼽을 수 있겠다. 이마니시는 앞서서 단군을 연구했던 다른 일본인 학자와 마찬가지로 단군 전설을 허구라 단정 짓고 이를 꼼꼼히 논박하는데, 그 실증적 완성도는 가히 최고의 수준이었다고 할 수 있다.[86] 그가 단군 전설을 부정한 것은 앞서 본 조선사의 토대와 무관하지 않은데, 북방

85 이마니시 류, 《백제사연구》, 2~3쪽.

86 일본인 학자들의 단군론에 대해서는 전성곤, 《日帝下文化ナショナリズムの創出と崔南善》, 제이앤씨, 2005 참조.

민족의 신화인 단군 전설은 오늘날의 조선 민족과는 하등의 관계도 없다는 것이 주된 요지였다. 이마니시가 세상을 떠나기 3년 전인 1929년에 간행된 〈단군고〉의 내용을 중심으로 잠시 그의 실증적 작업을 따라가보자.

이마니시에 의하면 단군 전설은 후대에 윤색되고 개찬된 것으로 예전부터 지금과 같은 형태로 존재해온 것이 아니다. 이것은 가공된 허구의 이야기에 지나지 않는다. 그러나 "신화 전설의 연구는 물론 이를 역사 사실로서 연구해서는 안" 되지만, "그 시대의 지식, 사상, 풍속을 연구하여" "전설의 근간이 되는 것과 부착물을 구별하여" "사학의 참고로 이용"할 수는 있다.[87] 이는 이마니시가 신화를 역사학의 대상으로 바라보고 있었다는 것을 의미한다.

그는 단군 전설이 실려 있는 《삼국유사》에서 저자인 일연이 근거로 제시하는 《위서(魏書)》에 단군의 기사가 등장하지 않으며, 사료적 가치가 더 높은 《삼국사기》에도 단군은 보이지 않을뿐더러 저자인 김부식이 단군의 존재조차 모르고 있었다는 점을 지적한다. 이것이 고려와 조선을 거쳐 다소 합리적으로 개작되었고, 오늘날에는 '단군교'나 '대종교' 등이 생겨나 단군을 '조선 민족의 조신(祖神)'으로 모시려는 움직임까지 보인다는 것이다.[88]

> 최근에는 이와 반대로 기자(箕子)를 말하는 자가 없고 오직 단군을 존숭, 신앙하고 있는데 결국에는 단군을 조선 민족 유일의 주신으로 신앙하는 대종교, 단군교라는 종교까지 등장하기에 이르렀다. 그리고 일본인 가운데에도 스사노오노 미코토(素盞嗚尊)가 단군이라는 멍청한 설을 제창하는 자도 생겨났다. 혹은 스사노오노의 유적이 조선에 있다는 자도 있다. 심한 경우에는 스사노오노와 단군을 조선에 합사하여 일본과 조선의 종교

87 이마니시 류, 〈檀君考〉, 101쪽.

88 이마니시 류, 같은 책, 2쪽.

적 결합을 기도하려는 자까지 나타나기에 이르렀다.[89]

"스사노오노 전설과 단군 전설 사이에는 어떠한 관계도 없다"고 단정 짓는 이마니시는, "인도 우두산(牛頭山)의 천왕이 수적(垂跡)"한 것이 스사노오노라는 것 자체도 "무당의 무리"들이 돈을 벌기 위해 만들어낸 이야기에 불과한데, 하물며 "우두의 조선어 발음이 우연히도 소시모리(曾茂梨)가 됨을 가지고 우두천왕의 칭호는 조선 소시모리에서 왔으며 따라서 단군과 동일한 신이라는 설"은 일고의 가치도 없다고 잘라 말한다.[90] 일본의 국조 아마테라스 오미카미(天照大神)와 조선의 국조 단군을 동시에 봉재(奉齋)하려던 '신궁봉경회(神宮奉敬會)'도 비판의 대상에 오른다. 단군이 조선 민족과는 무관하다는 것을 그들이 모르거나 혹은 무시하기 때문이다.

"스사노오노가 조선을 경영"했다는 등의 주장 역시 "귀동냥으로 배운 패거리"가 유포한 어리석은 이야기일 뿐이다.[91] 하지만 이러한 주장은 고대 일본과 조선의 친화성을 강조해주는 것으로 이마니시에게도 유익한 언술은 아닌가? 그러나 이러한 주장은 "학계에서 받아들여서는 안 되는 것"[92]으로서, 학술적 증명이 수반되지 않은 뜬소리들은—비록 자신의 주장을 뒷받침해줄 만한 유리한 내용이 거기에 포함되어 있다 하더라도—그저 배척해야 할 따름이었다. 이마니시에게 가장 중요한 준거는 어디까지나 근대 역사학이었다.

단군 전설이 가진 신화성을 부정하고 실증적으로 해부하여 형해화하는

89 이마니시 류, 같은 책, 99쪽. 단군과 스사노오노의 합사에 관해서는 아오노 마사아키, 〈조선총독부의 신사정책과 '유사종교': 국가신도의 논리를 중심으로〉, 윤해동 편, 2013이 상세하다.

90 이마니시 류, 같은 책, 109쪽.

91 이마니시 류, 같은 책, 117쪽.

92 이마니시 류, 같은 책, 122쪽.

작업은, 북방 민족의 색채를 강하게 띠는 단군 전설을 그가 구축해놓았던 조선 고대사의 토대에서 내모는 과정이기도 했다. 단군은 이제 역사라는 무대에서 퇴장해야만 한다. 조선 민족의 역사적·민족적 주체로서 고양된 단군을 매몰차게 쫓아내는 이마니시의 역사학은 명백히 식민지주의적이었다. 최남선이 '단군신화'에만 엄격하게 적용되는 그들의 학문적 잣대를 "양도(兩刀) 병용의 기막힌 솜씨"라며 비꼬았던 것처럼,[93] 이마니시 역시 일본의 신화를 역사학의 법정에 세운 적은 없었다. "일본에서는 남북조가 합일된 때"라는 자신의 표현이 혹시나 불손하게 비추어지지는 않을까 염려하여, "한말씀 드리자면 남북조 합일은 그저 일반적으로 말하는 단어를 사용한 것입니다. 정통의 조정은 오직 하나가 있을 뿐입니다"고 덧붙일 정도이다.[94]

물론 구메 구니타케(久米邦武)와 쓰다 소키치의 경우에서 볼 수 있듯이 일본에서 '황실'과 관련된 사항을 역사학의 대상으로 삼는 것은 매우 위험한 일이었다. 하지만 다음의 회상에서 알 수 있듯이 그 이전에 이마니시는 충성스러운 제국의 신민이기도 했다.

> 이마니시 선생은 충효의 마음이 지극히 깊은 분이었습니다. 황실을 존경하고 국체를 중히 여겼으며 조종(祖宗)을 숭상하는 지정(至情)은 몇 번이나 저를 감동시켰습니다. 서재에는 망극한 메이지 천황의 성영(聖影)이 봉게(奉揭)되어 있었는데, 황송하게도 황실에 들어가는 것이라며 숙연히 옷깃을 바로잡았습니다.[95]

93 최남선, 〈단군론〉, 1926, 《육당 최남선 전집 2》, 현암사, 1974, 97쪽.

94 이마니시 류, 《朝鮮史の栞》, 180쪽.

95 藤塚鄰, 〈故今西教授追悼の辞〉, 京城帝大史學會 編, 앞의 책, 1933, 24쪽.

"서재에" "메이지 천황"의 사진을 걸어놓고 "황실에 들어가는 것이라며 숙연히 옷깃을 바로잡"던 이마니시의 단군 부정은 식민주의 역사학자의 분열된 인식을 보여주고 있다. 이렇게 도착적인 상태에서 이루어진 이마니시의 단군 전설 연구는 조선사의 토대에서 단군을 추려내는 작업이었는데, 이로 인해 단군은 자신을 지우면서 식민주의 역사학과 근대 역사학을 중개하는 '사라지는 매개자'의 역할을 담당하게 되었다. 단군 부정론 이후에 식민지 조선의 지식인이 근대 역사학의 영역에 접근하기 위해서는 단군 전설이 지닌 신화성을 무효로 만들어야만 했기 때문이다. 즉 단군은 신화를 역사에서 분리하는 규준점—혹은 신화에서 역사로 나아가기 위한 매개자—이 되는 것으로, 식민지 조선에 잔재하는 전설과 설화의 세계는 이를 기준으로 근대 역사학의 세계에서 쫓겨나게 되었던 것이다. 단군 전설이 내포하는 모든 의미는 이제 자신을 근대 역사학에 내어주면서 사라진다. 인간과 신화는 직접성을 잃고, 신화성은 추상과 의미의 세계에 자리를 잡는다. 이하에 인용하는 조선사편수위원들의 회의는 단군이 사라지는 매개자로서 기능하기 시작하는 과정을 잘 보여준다.

최 위원(최남선—필자): (전략) 다음으로 단군, 기자는 조선사의 매우 중요한 부분임에도 불구하고, 본회의 조선사는 이를 수록해야 할 제1편에 단지 할주나 두주로만 기재해두었을 뿐입니다. 잔무를 정리할 때 정편이나 보편에 단군, 기자에 관한 사실을 편찬하고 싶습니다.

이나바 위원(이나바 이와키치—필자): (전략) 본회의 편찬 방침으로서 채용한 편년체 형식에서는 이를 어디에도 집어넣을 수가 없습니다. 즉 무슨 왕, 몇 년, 몇 월, 며칠에 입각해야 하는데, 이를 판단할 연차가 없으므로 저희들로서는 고심을 거듭한 끝에 결국 수록하지 않았던 것입니다.

최 위원: (전략) 단군, 기자는 그 사실(史實)만에 집착하지 말고 그 사상적·신앙적인 발전을 정리해서 별편으로서 편찬하고 싶습니다.

구로이타 위원(구로이타 가쓰미—필자): 단군, 기자는 역사적 인물이 아니고 신화적인 것으로서 사상적·신앙적으로 발전한 것이기에, 사상, 신앙의 방면에서 따로 연구해야 하는 것이며, 따라서 편년사에서는 다루기 어렵습니다.[96]

이마니시의 단군 전설 연구는 조선 민족에게서 북방 민족의 그림자를 지우는 동시에 과학적이고 합리적인 역사 서술의 확립을 노리는 것이었는데, 그 과정 자체는 물론 식민지주의의 전개에 다름 아니었다. 단군 조선을 문헌학적 증명이 불가능하다는 이유로 조선의 기원에서 잘라내는 작업은, 조선 민족의 기원을 역사학의 내부에 새롭게 세우면서 동시에 기원의 신화가 가진 초월성을 제거하는 것이기도 했다.[97] 이를 통해 순수한 '한인'의 역사는 그 출발점을 획득하게 되었고, 일본 민족과의 병합에 이른 현재의 상태가 설명 가능한 통사 또한 비로소 구상될 수 있었다. 물론 단군은 그 후에도 여전히 조선 민족의 주체성 형성에 커다란 역할을 행했지만 그것은 어디까지나 신화성을 잃고 역사화된 단군이었다.

이처럼 단군 전설을 조선 민족의 통사 바깥으로 추방하고 일본 민족과 한민족의 역사를 전체적으로 아우르려 한 이마니시였지만, 이는 담론적 역

---

96 朝鮮史編修會 編, 《朝鮮史編修會事業槪要》, 1938, 221~230쪽. 회의는 1934년에 열렸다.

97 그렇다고는 하지만 단군은 근대 역사학의 주변을 망령처럼 계속 배회하고 있었다. 그것은 언제든지 근대 역사학을 뒤흔드는 불온한 존재로 화할 수 있었다. 단군의 망령적인 성격에 주목하여 이를 식민지 조선이 정초하는 보편성의 흔적으로 파악한 것이 바로 최남선이었다. 이 점에 관해서는 졸고, 〈방법으로서의 최남선: 보편성을 정초하는 식민지〉 참조.

사에 불과했으며 따라서 완벽히 밀봉될 수도 없는 것이었다. 이소마에 준이치(磯前順一)가 논하듯이 균질적이고 동일한 것으로 채워지는 담론이란 있을 수 없으며 거기에는 언제나 "이질성이 여백과 과잉으로서 생겨난다."[98] 새삼 논할 필요도 없겠으나 통사에는 주로 예외로 표현되는, 그 안에 담겨지지 않는 수많은 이질성들이 존재하고, 이들은 언제나 담론 전체에 균열과 착란을 일으킨다. 이마니시가 단군을 내쫓아가며 건설했던 일본 민족과 한민족의 애증의 공동체에 파열음을 일으키는 불온한 존재가 바로 광개토대왕릉비였다.

1913년에 광개토대왕릉비를 현지 조사한 이마니시는 2년 후, 와세다대학에서 출판된 구메의 《일본고대사》에 〈광개토경호태왕릉비에 대하여(廣開土境好太王陵碑に就て)〉라는 논문을 부록으로 발표한다. 광개토대왕릉비에 관해서는 오늘날까지 많은 논쟁이 벌어지고 있으나, 당시만 해도 일본이 조선반도에 군대를 보내 백제와 신라를 신민으로 삼고 고구려와 전투를 벌였다는 비의 내용은 조선 침략의 역사적 정당성을 뒷받침하는 유력한 근거로서 이해되고 있었다. 이것만 보면 광개토대왕릉비는 이마니시가 구상한 조선 고대사를 뒷받침하기에 매우 적합한 자료가 되는 것 같다. 그런데 이마니시는 광개토대왕릉비를 다루는 데에 언제나 주저를 느끼고 있었다. 왜일까?

> 이 비에는 결락된 부분이 적지 않고 비면은 풍우에 침식되어 작은 요철이 생겨났으며 새겨져 있는 글자에는 얕은 의미밖에 없다. (중략) 보수할 때 원래 글자의 자획에 많은 주의를 쏟았다고도 생각되지 않기에 이 비문을 사료로 삼아 역사를 고증하려는 자는 깊은 경계를 가질 것을 요한다.[99]

---

98 磯前順一, 《喪失とノスタルジア－近代日本の余白へ》, みすず書房, 2007, 48쪽.
99 이마니시 류, 〈廣開土境好太王陵碑に就て〉, 1915, 《朝鮮古史の研究》, 1937, 454~

이는 철저한 고증과 사실 확인을 중시하는 이마니시의 평소의 신념을 나타내는 발언으로 볼 수 있지만, 'Community of nations'에 관한 자신의 논거를 확실하게 증명해줄 수 있는 자료를 "이 비석의 기사는 고대사 연구의 중심 자료이지만, 문자의 마모가 심하여 읽기 어려운 부분이 있다. 밝혀내기 어려운 지명이 있어 학자들이 아직 충분한 연구를 하지 못하고 있다. 다만 이 비석의 내용이 가진 성격을 보면 공적을 칭송하는 내용이므로 과장된 표현들이 많다는 지적에서 자유로울 수 없어 그대로 사실로 받아들일 수 없을 것이다"[100]라고 하여 처음부터 적극적인 해석을 꺼리는 태도를 취하는 것은 언뜻 이해가 가지 않는다.

이는 광개토대왕릉비가 이마니시가 구상한 조선 고대사의 토대를 확증하면서도 동시에 이를 내파한다는 양가적인 측면에 기인하는 것으로 보인다. 광개토대왕릉비에 새겨진 글자들의 존재는 'Community of nations'에서 일종의 '목에 걸린 가시'와 같은 것이었다. 내부에 존재하면서도 결코 삼켜지지는 않는, 그래서 빼내야 하지만 빠지지도 않는 그런 타자적 존재 말이다. 이마니시에게 비문의 내용 가운데 '왜'가 바다를 건너 백제와 신라를 신민으로 삼았다는 기사는 바람직한 것이었을지 모르나, 문제는 고구려가 백제와 신라를 속민으로 삼고 있었다거나 왜를 물리치고 가야 지역을 수복했다는 등의 기록이었다.

특히 고구려군이 왜군을 궤멸시켜 무수히 많은 사상자를 냈다는 기록에 대하여 "이 부분의 비석에는 결손이 많아 상세한 점이 불명확한 것은 유감이다"[101]라며 분석을 피하고 있다. 사에키 아리키요(佐伯有淸)가 지적한 것

455쪽.

100 이마니시 류, 《朝鮮半島史》 제2편, 14ウ.

101 이마니시 류, 〈廣開土境好太王陵碑に就て〉, 470쪽.

처럼 이마니시는 이 비문에 "수보(修補) 혹은 만들어낸 문자"[102]가 있음을 인식하고 있었으나, 이것의 의미가 무엇인지는 오랜 시간 그를 괴롭힌 것 같다. 광개토대왕릉비에 대한 첫 논문으로부터 15년 이상이 흐른 1930년부터 1932년에 걸쳐 쓴 〈백제사 강화(百濟史講和)〉에서 이마니시는 "이 비에 대해 나는 다이쇼 4년에 와세다대학에서 출판된 구메 박사의 일본 고대사에 부록으로 적은 적이 있으나, 그다지 쓸 기분도 들지 않았고 서둘러 쓴 것이기에 연구가 부족하다. 그 뒤에 새로 쓰려고 마음먹었지만 아직도 쓰지 못했다"[103]고 하여 비문 연구에 대한 고충을 토로한다. "그다지 쓸 기분도 들지 않았고" "아직도 쓰지 못"한 것은, 어쩌면 이마니시가 담론의 내부에 존재하는 이질적인 타자와 대면하고 당황을 느꼈다는 방증은 아닐까?

분명 광개토대왕릉비는 "고대사 연구의 중심 자료"로서 일본 민족과 한민족의 애증의 관계에 대한 이마니시의 구상을 저 깊은 곳에서부터 떠받칠 수 있다. 그러나 이는 일본이 고구려에 참패함으로 인해 조선반도에서 물러나게 되었다는 것을 인정할 위험을 지닌다. 이마니시는 일본이 조선반도를 떠나게 된 것은 내부적인 사치와 연이은 실정, 그리고 백제와 신라의 교활함 때문이지 북방 민족인 고구려에 패했기 때문은 아니라고 강변한다.[104] 그렇다고 해서 광개토대왕릉비의 기사를 단군 전설에 대한 연구에서 그랬던 것처럼 날조와 윤색에 불과하다고 하면, 일본 민족과 한민족의 관계에도 의심의 눈초리가 향해질 수 있다. 이처럼 광개토대왕릉비는 강대한 북방 민족에 대하여 한민족과 일본 민족이 힘을 합쳐 대항했다는 조선 고대사의 토대를 구축하면서 붕괴시킨다.

그러나 만주사변의 발발 등 정국이 불안하게 흘러가는 가운데, 이마니

---

102 佐伯有清, 《研究史 廣開土王碑》, 吉川弘文館, 1974, 180쪽.

103 이마니시 류, 《백제사연구》, 92쪽.

104 이마니시 류, 《朝鮮史の栞》에 실려 있는 〈朝鮮史概說〉을 볼 것.

시는 이 목에 걸린 가시를 억지로 삼키기에 이른다. 1930년대 초반에 저술된 〈백제사 강화〉에서 이마니시는 광개토대왕릉비의 분석을 통해 "고려군(高麗軍)은 결국 일본, 백제, 가야의 제군(諸軍)에 퇴격되었"다고 하고, 고구려가 일본을 패퇴시켰다는 내용을 "당시의 일본군이 활동한 곳은 남조선에 한정되지 않고, 의외로 먼 북방까지 이르고 있었다는 사실을 알 수 있다", "일본의 반도에서의 활동이 사적에 전해지는 것보다 넓다는 점이 증명된다. 일본이 백제를 도왔기 때문에 고구려는 남하의 욕망을 이루는 것이 불가능했던 것"[105]으로—실증적 작업을 통해—둔갑시킨다. 광개토대왕릉비에 새겨진 문자들을 'Community of nations' 안으로 집어삼켰던 것이다. 북방 민족에게 일본 민족이 패하고 한민족이 북방 민족의 지배하에 들어가게 되었다는 것은, 언젠가—혹은 가까운 시일 내에—벌어질지 모를 중국과의 전쟁에서 제국 일본이 패배하고 사랑하는 조선 민족이 이반할 수 있다는 사태에 대한 알레고리일지 모른다. 어쩌면 여기에 이마니시가 15년 이상 다루어오지 않았던 광개토대왕릉비 해석을 삼켜버린 이유가 있는 것은 아닐까? 그리고 이것은 역사 연구를 통해 피식민지민을 삼켜버리는 폭력적인 행위에 다름 아니었다.

5. 마치며

조선 고대사의 틀을 주조하고 과거에 벌어진 사실들을 그 안으로 밀어 넣은 후 이에 부합하지 않는 단군 전설 등을 제거한 이마니시의 조선사 연구는, 결국 통사의 구조를 어긋나게 하는 내부의 타자를 망각하려는 과정

105 이마니시 류, 《백제사연구》, 102~104쪽.

이기도 했다. 이는 그의 조선사 연구가 철저히 식민지주의적이었음을 보여주는 사례이지만, 다른 한편으로 오늘날의 근대 역사학의 형식 자체에 대한 비유가 되기도 한다. 우리들이 하고 있는 게임은—그리고 이 글이 지금 하고 있는 이 게임 역시—주체와 내용만이 바뀌었을 뿐, 형식은 대부분 그대로 유지되고 있는 것이 아닌가? 아르튀르 랭보(Arthur Rimbaud)의 표현을 빌리자면 "이것들은 모두 한 배에서 태어난 개새끼들이다."

이마니시의 조선사 연구는 근대 역사학이자 식민주의 역사학이었다. 그런데 해방 이후 한국의 한국사 연구와 일본의 조선사 연구는 식민주의 역사학과의 단절을 선언함으로써 자신의 출발점을 정비할 수 있었다.

> 일찍이 우에하라 센로쿠(上原專祿) 씨는 (중략) "인식의 근거는 대상에 대한 사랑(Sympathy)'에 있으며, "사랑에는 여러 가지 형태가 있겠지만 대상에 대한 사랑 없이는 인식도 없다'고 하여 "메이지(明治)부터 태평양 전쟁까지 사랑이란 것에 뿌리내린 조선 인식이 없었다는 말로 일괄할 수 있'는 것은 아닌가라고 했다. 나아가 "사랑이 태어나기 위해서는 조선 민족과 일본 민족이 공히 같은 문제를 가지고 있다는 인식이 커다란 의미를 지닐 것"이라 했다. 이 말에 담긴 의미를 우리들은 깊이 생각해야 할 것이다.[106]

이처럼 하타다 다카시는 '대상에 대한 사랑'을 새로운 조선사 연구의 출발점으로 제시한다. 나아가 제국 일본의 조선사 연구에 내포된 문제로서 어떤 '일그러짐'을 지적한다.

106 旗田巍, 〈日本における朝鮮史研究の傳統〉, 16쪽.

> 순수한 학문의 연구를 지향하려고 생각한 사람들의 연구의 내면 깊은 곳에 파고든 일그러짐이다. (중략) 이는 연구자 자신이 의식하지 못할 만큼 뿌리 깊기에 뽑아내기도 어렵다.[107]

즉 '순수한 학문의 연구' 깊은 곳에 스며든 '일그러짐'을 뽑아내는 것이 전후 일본의 조선사 연구에 주어진 과제라는 것이다. 그러나 이때 사실은 하타다는 문제를 완전히 잘못 이해하고 있다. 사태는 정반대인 것이다. '대상에 대한 사랑'을 통한 '순수한 학문의 연구'에 이데올로기적이고 정치적인 '일그러짐'이 스며든 것이 아니다. '대상에 대한 사랑'과 '일그러짐'은 반목하는 것이 아니라 서로가 서로를 구성하는 요소들이다. 뒤틀리지 않고서 어떤 대상을 사랑하는 일이 가능할까? 즉 '일그러짐'이야말로 '순수한 학문의 연구'를 가능케 하는 지지대인 것이다. 이마니시의 역사학은 어느새 식민지주의적으로 일그러지고 만 것이 아니다. 식민지주의와 역사학은 서로가 서로를 구성한다. 역사학자로서 이마니시는 뒤틀려질 수밖에 없었기에 대상을 향한 순수한 접근이 가능했던 것이다. 그래서 이마니시는 '순수한 학문의 연구'라는 역사가—즉 사라지는 매개자(역사가는 죽음을 느끼는 순간에도 자신의 주관적 관념을 일절 논하지 않고 그저 실증적·객관적인 연구를 통해 역사와 현실을 매개한다)—로서의 본분을 다함으로써 식민지 조선이라는 타자를 자신 안으로 삼킬 수 있었다. 그러나 이것은 결코 소화되지 않으며 그렇다고 빼낼 수도 없는 '목에 걸린 가시'를 잊어버리려는 허구적 실천에 불과했다. 우리는 여기서 근대 역사학이 성립하는 순간 붕괴하기 시작한다는 역설적인 상황의 예시를 발견할 수 있을지 모른다.

---

107 旗田巍, 〈'滿鮮史'の虛像〉, 181쪽.

7

3·1운동 직후 잡지 《동원》의 발간과 일선동원론

장신

1. 시작하며

1919년 3·1운동이 일어나자 일제는 군대와 경찰 등 무력을 이용하여 무자비하게 진압하고, 피검자에게는 가혹한 처벌을 단행했다. 이와 함께 독립사상의 근원을 제거하기 위해 민족자결주의를 비판하거나 조선 독립이 불가능하다는 논리를 유포시켰다. 당시 일제가 조선인에게 조선 독립의 불가능함을 역사적으로 증명하기 위한 논리 중 하나로 적극 이용했다는 게 '일선동조론(日鮮同祖論)'이었다.

1960년대에 하타다 다카시(旗田巍)는 '일선동조론'을 일본인의 한국관, 구체적으로는 일본사학자의 한국관으로서 주목했다. 그는 '일선동조론'을 "한국 병합 후에 일본이 한국 지배 정책으로 삼은 동화정책·내지연장 정책에 딱 들어맞는 사고"라 지적하면서, 일본의 한국 병합 단계에 '일선동조론'이 강하게 주장되었음을 밝혔다. 또 3·1운동 직후에도 역시 강하게 주장되었다면서 기다 사다키치(喜田貞吉)의 〈일선양민족동원론〉을 예로 들

었다.[1]

1974년에 '일선동조론'을 한국 학계에 처음 소개한 이만열도 하타다의 의견을 받아들여 3·1운동 이후 '일선동조론'의 영향력을 강조했다. 곧 3·1운동 이후 일제가 '일선동조론'을 정책적으로 뒷받침했으며, 그때 역사적 정당성을 뒷받침하는 논리를 제공한 학자가 기다였다. 이때 주장된 '일선동조론'은 이후 카나자와 쇼사부로(金澤庄三郎)의 《일선동조론》(1929)에도 영향을 미쳤고, 1930년대 후반 황국신민화 정책과 민족말살 정책의 연원이 되었다는 것이다. 기다를 주요한 논자로서 비정하고 분석한 점은 동일하지만 일선동조론의 강조 주체가 일제였다는 점이 하타다와의 차이점이라 볼 수 있다. 또 기다의 학문적·정치적 영향력을 구체적으로 지적한 것도 특징이다.[2]

이만열이 임나일본부설과 함께 '일선동조론'을 소개·비판했지만 이때까지만 해도 식민사관이 아닌 왜곡된 고대 한일 관계론의 하나였다. 일찍이 식민사관 극복 문제를 제기한 이기백은 식민사관을 반도적 성격론, 사대주의론, 당파성론, 문화적 독창성 결여론, 정체성 이론 등으로 분류했고,[3] 식민사관 비판을 특집으로 삼은 1969년 3월호 《아세아》도 반도사관, 사대주의론, 만선사관, 정체성론 등으로 구분했다.[4] 이만열은 1979년에 발표한 논

1 하타다 다카시(旗田巍), 《일본인의 한국관》, 이기동 옮김, 일조각, 1983, 37~40쪽.

2 이만열, 《한국근대역사학의 이해: 민족주의사학과 식민주의사학》, 문학과지성사, 1981, 304~305, 309쪽(원출전은 이만열, 〈고대 한·일 관계론의 검토: '임나문제'와 '일·선동조론'을 중심으로〉, 《문학과 지성》 제16호, 1974. 이 내용은 2007년에 발간된 같은 저자의 《한국 근현대 역사학의 흐름》, 푸른역사, 517~520쪽에도 실려 있다).

3 이기백, 〈식민주의적 한국사관 비판〉, 《민족과 역사》, 일조각, 1978, 11쪽(원출전은 이기백, 〈서론〉, 《국사신론》, 일조각, 1961).

4 홍이섭, 〈식민지적 사관의 극복〉; 이용범, 〈한국사의 타율성론 비판〉; 이기백, 〈사대주의론의 제문제〉; 김영호, 〈한국사 정체성론의 극복의 방향〉 등.

문에서 '일선동조론'을 식민사관의 범주에 포함시켰고,[5] 이후 일선동조론에 관한 학계의 정설처럼 수용되었다.[6] 일본 학계에서 일선동조론이 일본인·일본 민족의 기원을 찾는 일본 인종론 연구로 이어진 것과는 다른 현상이었다.[7]

사실 '일선동조론'은 사학사적 의미보다 일제의 한국 침략과 지배라는 정치사(또는 지배정책사)적 의미가 크게 부각되었는데, 최근 이 부분에 대한 학계의 비판이 일고 있다. 그 흐름의 하나는 '일선동조론'을 그 발생 시기부터 침략주의와 결합시키는 것에 대한 비판이다. 미쓰이 다카시(三ッ井崇)는 원래 일선동조론이 역사학, 언어학, 인류학 등의 영역에서 일본 민족론의 학문적 가설이었는데 청일전쟁을 전후한 시기부터 한국 침략 과정을 시대적 배경으로 성립하면서 정치적 요소와 결합했다고 보았다.[8] 세키네 히데유키(關根英行)는 한국인과 일본인의 혈연관계나 문화가 같다는 '사실적 명제'와 한국인이 일본인에게 흡수되어야 한다는 '당위적 명제'를 구분하면서, 한국 병합 이전에 두 명제는 표리일체가 아니었다고 주장했다.[9]

또 다른 흐름으로서 '일선동조론'과 동화정책의 관련성에 의문을 품기도 한다. 미야지마 히로시(宮嶋博史)는 '한일 합방' 후 일본이 조선 지배의

---

5 이만열, 〈일제 관학자들의 한국사 서술〉, 《한국사론 6: 한국사의 의식과 서술》, 국사편찬위원회, 1979.

6 송찬섭, 〈일제의 식민사학〉, 조동걸·한영우·박찬승 엮음, 《한국의 역사가와 역사학 하》, 창작과비평사, 1994, 317쪽; 이철성, 〈식민지기 역사인식과 역사 서술〉, 《한국사의 이론과 방법(1): 한국사 23》, 한길사, 1994, 126쪽.

7 대표적인 연구논저로서 다음 책을 참고할 것. 구도 마사키(工藤雅樹), 《研究史 日本人種論》, 吉川弘文館, 1979; 오구마 에이지, 《일본 단일민족신화의 기원》, 조현설 옮김, 소명출판, 2003.

8 미쓰이 다카시, 〈'日鮮同祖論'의 학문적 기반에 관한 시론: 한국병합 전후를 중심으로〉, 《한국문화》 제33호, 서울대 한국문화연구소, 2004, 247쪽.

9 세키네 히데유키, 〈한일 합병 전에 제창된 일본인종의 한반도 도래설〉, 《일본문화연구》 제19호, 동아시아일본학회, 2006.

이념으로 내세운 것은 일시동인(一視同仁)이며 동화정책은 그 정책적 표현이라면서, 이 이념과 정책은 일선동조론이 아니라 정체론을 바탕으로 했다고 주장했다.[10]

이상의 비판은 앞으로 더 검토될 여지가 있지만 사학사로나 지배정책사로나 '일선동조론'의 불안정성을 지적했다는 점에서 의미가 있다. 앞서 보았듯이 하타다와 이만열은 "3·1운동 이후에 일제가 일선동조론을 정책적으로 지원했다"고 주장했다. 필자의 연구는 통설과 달리 '일선동조론'과 일제의 통치 정책이 긴밀하게 결합되지 않았음을 증명하는 것이다. 이를 위해 우선 '일선동조론'의 부각 시기를 셋으로 구분했다. 곧 정한론이 제기되던 때부터 한국 병합 직후까지, 3·1운동 직후, 1937년 중일전쟁 발발 이후의 셋으로 나누고 각각의 시기마다 일한동역론(日韓同域論), 일선동원론(日鮮同源論), 동근동조론(同根同祖論)을 대응시켰다. 이 글에서 검토하려는 '일선동조론'은 일선동원론이다.[11]

이를 위해 본문을 네 개의 절로 구성했다. 첫 번째 절은 '일선동원론' 제창의 배경이 된 잡지 《동원》[12]의 발간 목적과 주체를 분석한다. '동원'의 확산이 경성일보사 사장의 개인적 결단에서 비롯되었음을 알게 될 것이다.

---

10 미야지마 히로시, 〈일본 '국사'의 성립과 한국사에 대한 인식〉, 김용덕·미야지마 히로시 공편, 《근대교류사와 상호인식 I》, 고려대학교 아세아문제연구소, 2001, 442~443쪽.

11 일선동역론과 동근동조론은 필자의 다른 논문들을 참고하기 바란다. 장신, 〈일제하 일선동조론의 대중적 확산과 素戔嗚尊 신화〉, 《역사문제연구》 제21호, 2009: 장신, 〈일제 말기 동근동조론(同根同祖論)의 대두와 내선일체론의 균열〉, 《인문과학》 제54집, 성균관대학교 인문과학연구소, 2014.

12 이 자료를 복사해서 필자에게 보내준 교토대학 인문과학연구소 미즈노 나오키(水野直樹) 교수에게 이 자리를 빌려 감사드린다. 교토대학 외에 국립중앙도서관에 《동원》 제1호와 제3호, 연세대학교 도서관과 국사편찬위원회가 제2호를 소장하고 있다. 아단문고에도 제1호와 제2호가 소장되어 있다.

두 번째와 세 번째 절은《동원》에 글을 투고한 학자들의 '동원론'을 정리했다.《동원》에 수록된 글들은 공통적으로 조선 민족 단일설을 바탕으로 한 '민족자결'에는 비판적이지만 합의된 '동원' 개념에 이르지 못했음을 밝혔다. 이것은 '동원'뿐 아니라 '동조'도 단일한 역사상으로 정의할 수 없음을 말하는 것이다. 마지막 네 번째 절에서는 이데올로기 정책의 추진자인 조선총독부의 '동조' 인식을 살펴보았다. 조선총독부는 고대 한일 관계를 '왕래' 또는 '교통' 수준으로 정리할 뿐 혈연이나 조상의 공통점을 강조하는 역사상을 주장하지 않았음을 증명할 것이다. 결론적으로 3·1운동 직후에 제기된 '일선동원론'은 수많은 학설 중의 하나로서 조선총독부는 필요에 따라 학설을 선별적으로 통치에 활용했을 뿐이었다.

2.《동원》의 발간과 가토 후사조

《동원》은 1920년 2월 경성 동원사에서 창간되었다. 2월 13일 오후 6시에 경성의 남산호텔에서《동원》의 창간을 축하하는 피로연이 개최되고, 잡지 발행의 동기와 취지 등이 설명되었다.[13] 2월 15일자《경성일보》와《매일신보》1면에는 각각《동원》발행의 취지를 설명하는 가토 후사조(加藤房藏)의 글과《동원》발행의 의미를 짚은 사설이 실렸다.[14]

《동원》한 부의 정가는 50전이었다. 회비(구독료)는 두 종류로서 보통회원은 1년에 6원, 찬조회원은 24원이었다.[15] 확인된 찬조회원은 조선은행 총

13 〈同源披露盛況〉,《매일신보》1920. 2. 15(2).

14 가토 후사조,〈《同源》發行に就て〉,《경성일보》1920. 2. 15(1);〈雜誌 同源의 新刊에 就하야〉,《매일신보》1920. 2. 15(1).

15 〈規約〉,《동원》제1호, 1920. 2, 판권지.

재 미노베 슌키치(美濃部俊吉), 동양척식회사 이사 마쓰히라 나오히라(松平直平), 경성상업회의소 부회두 구기모토 도지로(釘本藤次郎), 백작 이완용, 자작 민영휘, 후작 윤택영, 자작 윤덕영, 남작 한창수, 남작 이윤용 등이다.[16]

매월 발행을 목표로 하고 논문 사정에 따라 격월 발행을 계획했지만[17] 4월에 제2호, 12월에 제3호를 발간한 뒤 종간했다. 전 3호의 서지 사항은 아래와 같다.

〈표 1〉《동원》의 발행 현황

호수	발행 연월일	편집인	발행인	인쇄인	총 면수
제1호	1920년 2월 11일	가토 후사조	후지무라 다다스케	방태영	70
제2호	1920년 4월 30일	가토 후사조	후지무라 다다스케	방태영	92
제3호	1920년 12월 10일	가토 후사조	후지무라 다다스케	방태영	93

인쇄소는 경성부 태평통 1정목 경성일보사였고, 판매소(賣捌所)는 경성일보사 대리부를 비롯해 오사카야(大阪屋), 이와마쓰도(巖松堂), 니칸쇼보(日韓書房), 우시보야 등이었다. 동원사 또한 당분간이란 단서를 달았지만 경성일보사 내에 자리를 잡았다. 편집인 가토는 경성일보사 사장, 발행인 후지무라 다다스케(藤村忠助)는 경성일보사 지배인 겸 이사, 인쇄인 방태영(方台榮)은《경성일보》에 부속된《매일신보》편집국장대리였다.[18]

이상에서 보듯이《동원》은, 당시 경성일보사 사장 가토가 발간과 경영에 깊게 관계했다.[19] 가토는 일본《산요신보(山陽新報)》의 주간으로 있다가

16 〈贊助員〉,《동원》제2호, 1920. 4, 92쪽.

17 〈規約〉,《동원》제1호, 판권지.

18 후지무라 다다스케 편, 〈社員名簿〉,《京城日報社誌》, 경성일보사, 1920, 13~14쪽.

19 〈同源披露盛況〉,《매일신보》1920. 2. 15(2).

1918년 7월부터 1921년 2월까지 경성일보사 사장으로 근무했다.[20] 가토는 재직 중에 3·1운동을 겪은 뒤 일본인과 조선인의 융화를 위한 활동에 적극 나섰다. 대표적으로 1921년 1월부터 당대 최대의 영향력을 행사하던 내선융화 단체 대정친목회의 고문으로 활동했다.[21] 또 《경성일보》 1919년 11월 25일부터 29일까지 〈내지인에게 계고(戒告)함과 아울러 조선인의 자성(自省)을 촉구한다〉를 연재하고, 1920년 8월 28일부터 10월 8일까지 총 31회에 걸쳐 〈조선의 현상과 장래〉를 《매일신보》와 《경성일보》에 연재했다.[22]

《동원》이 제3호로 종간된 이유는, 원고난도 있지만 창간과 운영에 결정적 역할을 한 가토가 1921년 2월에 갑작스럽게 《경성일보》를 사임한 것과 관련 있다.[23] 《동원》이 창간되었을 때 《매일신보》와 《경성일보》가 이를 비중 있게 다룬 것도, 사장의 관심과 지시에 따른 것이었다. 달리 말해 《동원》의 발행과 동원론의 확산에 조선총독부가 깊게 개입한 게 아니라 경성일보사 사장 개인의 의지가 크게 반영되었음을 알 수 있다.[24]

가토가 《동원》 발행에 나선 이유는, 아래 취지문에 나와 있듯이 일본과 조선이 동종동근(同種同根)임을 학문적으로 연구하여 이를 일본인과 조선인에게 주지시키기 위함이었다.

---

20 정진석, 《언론조선총독부》, 커뮤니케이션북스, 2005, 88~89쪽.

21 장신, 〈대정친목회와 내선융화운동〉, 《대동문화연구》 제60호, 성균관대학교 대동문화연구원, 2007, 372쪽.

22 이 글은 연재가 끝나자마자 1920년 11월에 경성일보사에서 《朝鮮騷擾の眞相》이란 제목으로 출판되었다.

23 가토의 퇴사는 기존 《매일신보》 임원들과의 불화에 따른 것으로서 갑작스럽게 이루어졌다. 정진석, 앞의 책, 107쪽.

24 《경성일보》와 《매일신보》는 조선총독부 기관지였으므로 조선총독부의 감독 아래 있었다. 따라서 《동원》의 발간을 가토 개인이 아니라 조선총독부의 의지로 해석할 수도 있다. 그러나 기관지라 할지라도 총독부의 총론에는 동의하되 총론 범위 내에서 각론을 자유롭게 전개할 수 있었다는 게 필자의 견해이다. 이것은 이 논문의 범위를 벗어나므로 조만간 별고에서 다룰 예정이다.

일본 민족과 조선 민족이 同根에서 나와 同種에 속한다는 것은 고전·신화와 전설에 근거해 대개 미루어 알 수 있다. 또 근래 지리학, 역사학, 고고학, 인류학, 언어학 등의 과학적 연구 결과 많은 사실을 발견한 것은 사람들이 아는 바이다. 그런데도 이 문제에 대해서 학술상 아직 확연한 단정을 내리기에는 이르지 못해 硏鑽·攻究의 여지를 남겨놓은 것도 매우 많다. 이에 조선인의 대다수는 日韓 양자가 同源分流의 민족임을 알지 못할 뿐 아니라 上代의 명확한 일한 관계의 사실도 부인하여 양자가 처음부터 無關係·沒交涉하다고 妄信하고, 심하게는 공공연히 異民族이라고 떠들고 있으니 어찌 不學無識이 크지 않는가. 이것이 내가 평소 깊이 느끼던 바이다. 지금 이에 스스로 발기한 잡지 《同源》을 발간하여 日韓 兩族이 同種同根임을 학술적으로 연구하는 기관으로 삼고, 동시에 이 사실을 內地人에게 널리 알리는데 쓰려고 한다. 다행히 동지들이 나의 微衷을 헤아려 여기에 찬동하여 나의 뜻을 이루도록 한 것은, 직간접으로 內鮮融和 사업에 공헌함이 결코 작지 않음을 확신하는 것이다.[25]

그러나 가토는 취지서에서 완곡하게 표현한 것과 달리 〈서언〉에서는 동종동근을 확신하고 있었다. 두 종족의 동근동원(同根同源) 여부에 대해 의론이 구구하지만, 근원이 동일함을 긍정할 논거가 자못 확실한 데 비해 그것을 부정할 이유는 심히 박약하다는 것이었다. 설령 백보를 양보해서 일한동조(日韓同祖)를 말하기 어렵다 하더라도 두 종족이 지구상에 유일하게 친근한 종족임을 부인할 수는 없다고 가토는 주장했다.[26] 이때 '동원'은 일본 민족과 조선 민족의 근원이 동일하다는 의미로 사용되었다. 눈여겨볼 점은 동

25 가토 후사조, 〈《同源》發行の趣旨〉, 《동원》 제1호, 1920. 2, 1쪽; 취지문의 한문 번역본은 다음 기사 참고. 〈同源披露盛況〉, 《매일신보》 1920. 2. 15(2).

26 가토 후사조, 〈《同源》發行の序言〉, 《동원》 제1호, 1920. 2, 2~4쪽.

근, 동원, 동조를 엄밀히 구분하지 않고 비슷한 의미로 혼용하고 있는 것이다.

가토의 《동원》 발행 계기는 3·1운동 당시에 나온 '민족자결', 곧 "조선인과 일본인은 본래 다른 민족으로서 조선인이 일본인의 치하에 있는 것은 이민족의 압제를 받는 것이다. 따라서 우리 조선인은 민족자결주의에 기초하여 일본에게서 벗어나서 독립국을 부흥시키지 않으면 안 된다"는 주장을 보고 이를 반박하는 증거를 널리 조선인에게 알리려는 것이었다.[27] 달리 말해 '민족자결'의 바탕이 된 이민족(異民族)이라는 주장을 반박하는 모든 논리가 동원으로 귀결되었다.

《동원》은 〈규약〉에서 "상대(上代)의 일한 관계를 과학적으로 연구하는 것을 목적으로 하는 순수한 학술 잡지"임을 강조하면서 중세 이후의 일한(또는 내선) 관계를 다룬 논문이나 기사도 취급한다고 밝혔다. 그러나 양 민족의 동종동근을 예정해놓고 학술 연구를 표방한 까닭에 학술적이지 못하다는 비난도 당시에 있었다.[28]

《동원》 제1호에서 제3호까지의 필진과 논문은 〈표 2〉와 같다.[29]

《동원》의 언어는 일본어를 원칙으로 하고 필요할 경우 한문을 사용했기 때문에 주 독자층은 일본인과 '조선의 지식 계급'에 한정되었다.[30] 한문 번역은 구래의 양반 계층을 대상으로 한 것인데, 〈발행 취지〉 외에 다카하시 도루(高橋亨)의 〈단군 전설에 대하여〉 등이 한문으로 번역되었다.[31] 그

---

27 가토 후사조, 〈《同源》發行の序言〉, 1~4쪽; 〈《同源》發行に就て〉; 〈雜誌 同源의 新刊에 就하야〉.

28 기다 사다키치, 〈日鮮兩民族同源論梗概〉, 《동원》 제3호, 1920. 12, 2쪽.

29 그 외 기고를 약속했지만 게재되지 못한 필자는 金澤庄三郎, 西川權, 三浦周行, 小田幹次郎, 渡邊彰, 谷井濟一, 黑板勝美, 三上參次, 今村鞆, 辻善之助, 山崎直方 등이었다. 〈本誌寄書家〉, 《동원》 제2호, 1920. 4, 92쪽.

30 〈規約〉, 판권지.

31 다카하시 도루, 〈檀君傳說攷〉, 《동원》 제1호, 1920. 2, 18~25쪽.

〈표 2〉《동원》에 게재된 논문과 필자

필자	제목	제1호	제2호	제3호	비고
다카하시 도루	단군 전설에 대하여	○			《매일신보》 번역
도리이 류조	日鮮人은 同源이다	○			《매일신보》 번역
	有史 以前의 일한 관계			○	
아유가이 후사노신	同本異末	○	○	○	
야기 소자부로	民族과 方圓	○	○		
야마다 다카오	조선에서 사라져 日本內地에 전해진 崔致遠과 金雲卿의 詩	○			
구일암주(九日庵主)	九日庵雜記	○	○		
화락진인(和樂陳人)	屑袋	○			
나카무라 미사키(中村三笑)	日鮮關係와 俚諺	○			나카무라 겐타로(中村健太郎)의 필명
	內鮮俚諺의 對照		○		
	日韓同域의 증거		○		
	通信使 乘船의 注意書		○		
시데하라 다이라	同源史徵		○		《매일신보》 번역
오다 쇼고	朝鮮半島 最初의 危機와 日本		○		
오구라 신페이(小倉進平)	먼저 조선어의 연구로부터		○		
이마제키 덴보(今關天彭)	朝鮮詩歌漫評		○		
대멱서실주인(對覓書室主人)	단군 전설에 대한 조선 학자의 비평		○		
가토 후쇼(加藤扶桑)	일한 관계 사실		○		가토 후사조(加藤房藏)의 필명
창옹(蒼翁)	鷄林漫筆		○		
기다 사다키치	日鮮兩民族同源論梗概			○	《유도》 번역
세노 마구마(瀨野馬熊)	江戶時代에서 朝鮮信使의 道中			○	
오기야마 히데오(荻山秀雄)	朝鮮信使가 사용한 일본지도			○	
계(18)		8	12	5	

렇지만 수록된 글 중에서도 '동원'을 주장하는 글은 다른 조선인에게도 널리 알리기 위해 한글로 번역되어 《매일신보》에 게재되었다.[32] 비교적 양이 많은 기다의 〈일선양민족동원론경개〉(이하 '경개'로 줄임)도 한글로 번역되어 1921년 7월에 발행된 유도진흥회 기관지 《유도(儒道)》 제3호에 실렸다.[33] 가토는 《동원》을 발행하기 전에도 이미 도리이 류조(鳥居龍藏), 야마다 다카오(山田孝雄) 등의 글을 《매일신보》에 연재하였다.[34] 이 외에도 가토는 재직 중에 《경성일보》에 일본과 조선의 관계를 다룬 학자들, 곧 시라토리 구라키치(白鳥庫吉), 하야시 다이스케(林泰輔) 등의 글을 실었다.[35]

3. '일선동원' 주장자의 인종론

〈표 2〉에서 보듯이 《동원》에는 필명을 포함하여 모두 열여덟 명의 필자가 글을 기고했다. 이중에서 〈규약〉에 언급된 '상대의 일한 관계'를 다룬 필자는 다카하시, 도리이, 아유가이 후사노신(鮎貝房之進), 야기 소자부로(八木奘三郎), 시데하라 타이라(幣原坦), 오다 쇼고(小田省吾), 가토 후쇼(加藤扶桑), 기다 등이다. 이 절에서는 《동원》의 취지에 가장 적합한 글을 기고한

---

32 도리이 류조, 〈日鮮人은 同源〉, 《매일신보》 1920. 2. 18(1); 다카하시 도루, 〈檀君傳說에 對하야(1~4)〉, 《매일신보》 1920. 3. 6~9(1); 시데하라 히로시, 〈日鮮同源史徵(1~2)〉, 《매일신보》 1920. 5. 5~6(1) 등.

33 《유도》의 번역본에는 《동원》에 실려 있던 〈1장 서언〉과 〈2장 동원의 의의〉가 생략되었다.

34 도리이 류조, 〈東亞의 同人種地帶(전 3회)〉, 《매일신보》 1919. 4. 28(2)~30(2); 야마다 다카오, 〈古代史와 內鮮融和〉, 《매일신보(전 4회)》 1919. 5. 20(1)~23(1).

35 하야시 다이스케, 〈朝鮮の歷史(1~5)〉, 《경성일보》 1920. 4. 16(1)~21(1); 시라토리 구라키치, 〈歷史上より見たる朝鮮の統治(1~2)〉, 《경성일보》 1921. 1. 3(1)~5(1).

필자 중에 앞에서 언급한 가토를 제외한 기다와 도리이의 동원론을 살펴본다.

1) 기다 사다키치의 동원론

구도 마사키(工藤雅樹)는 기다를 이단적인 학풍의 소유주로서 독특한 기기(紀記) 해석에 근거하고 고고학 자료도 구사하면서 독자의 인종론을 전개한 학자로 평가했다.[36] 기다 민족론의 골자는 《일본서기》와 《고사기》 등의 일본 문헌에 나타나는 하야토(隼人), 쿠마소(熊襲) 등과 중국 사료의 왜인(倭人)을 모두 서방 민족으로 보고, 이 서방 민족과 동방 민족인 에미시(蝦夷)를 천손 종족(天孫種族)인 야마토조정(大和朝廷)이 정복·동화했다는 틀로서 일선동조론도 그의 민족론의 주요한 골자의 하나였다.[37]

기다는 이미 강점 당시에 "조선인을 야마토 민족에게 결합시켜 동화·융합시키는 가장 유력한 고리"로서 일한동종설(日韓同種說)을 언급했다.[38] 1919년에 창간된 《민족과 역사》의 발간 취의서에서 기다는 "일본 민족은 하나의 완전한 복합 민족"이며 일본의 정치가와 교육가 등은 "신부(新附) 제 민족의 완전한 동화·융합"을 거두어 충량한 국민으로 만들 사명을 가지고 있음을 강조했다.[39] 이후 그는 일본 민족과 조선 민족의 개념과 성립, 양자의 관계 등을 집필하다가[40] 동원사의 청탁을 받고 자신도 그 목적에 공명

36 구도 마사키, 〈はしがき〉, 앞의 책, 6쪽.

37 구도 마사키, 같은 책, 246~247쪽.

38 기다 사다키치, 〈韓國併合と教育家の覺悟〉, 《歷史地理(臨時增刊 朝鮮號)》, 三省堂書店, 1910, 134쪽.

39 기다 사다키치, 〈《民族と歷史》發刊趣意書〉, 《民族と歷史》 제1권 제1호(東京: 1919. 1), 1919, 6~7쪽.

40 기다 사다키치, 〈'日本民族'とは何ぞや－日本民族の概念を論ず〉, 《民族と歷史》 제

한다면서 이전의 글을 종합하여 〈경개〉를 작성했다.[41] 《민족과 역사》 제6권 제1호에 실린 〈일선양민족동원론〉에는 일본인 독자를 위해[42] 〈경개〉에는 없는 '일본어와 민족', '일본의 신화와 민족'을 보완했다.

〈경개〉에서 기다는 현재의 조선 민족을 "선주(先主) 한인(韓人), 곧 왜인계와 만주 방면에서 남하한 부여계, 중국에서 도래한 한족(漢族)이 주된 요소로서 이들이 혼합하여 이루어진 것"으로 보았다. 또 "일본 민족도 부여계통과 비교적 가까운 관계를 가졌다고 믿는 천손 민족, 하야토(隼人)·왜인·이즈모(出雲) 민족 등으로 불린 야요이(彌生) 계통의 민족, 여기에 동탁(銅鐸)을 보냈다고 인정되는 진인(秦人), 곧 진한(秦韓)의 고한족(古韓族), 그 후 대방에서 도래한 신한인(新韓人) 등으로 불린 한족(漢族) 등이 서로 섞이고 동화·융합하여 성립한 것"이었다.

기다의 주장은 이처럼 "일본 민족과 조선 민족은 본래의 요소가 거의 동일"한 데다 그 이후에도 서로 통혼, 이주 등으로 섞여서 실제상 전연 동일한 민족이라 해도 지장 없다는 것이었다. 따라서 3·1운동의 발발을 일본인의 조선인에 대한 대우가 적절하지 못한 데서도 기인하지만, 양자가 원래 동원임을 생각하지 못하고 서로 이민족으로 여겨 물과 기름이 서로 섞이기 어려운 생각을 함에 지나지 않는다고[43] 글을 쓴 목적을 뚜렷이 밝혔다.

〈경개〉보다 먼저 쓴 글에서 기다는 외형·언어·풍속 기타를 볼 때 전혀 별개이며 또 지방에 따라서 많거나 적게 밀집하여 생존하는, 이처럼 서로

1권 제1호; 〈'朝鮮民族'とは何ぞや－日鮮兩民族の關係を論ず〉, 《民族と歷史》 제1권 제6호, 1919. 6; 〈日本民族の成立〉, 《民族と歷史》 제5권 제2호, 1921. 2; 〈日本民族の成立(中)－社會組織上より見たる〉, 《民族と歷史》 제5권 제3호, 1921. 3; 〈日本民族の成立(下)－社會組織上より見たる〉, 《民族と歷史》 제5권 제4호, 1921. 4 등.

41 기다 사다키치, 〈日鮮兩民族同源論〉, 《民族と歷史》 제6권 제1호, 1921. 7, 5쪽.

42 기다 사다키치, 같은 글, 6쪽.

43 기다 사다키치, 〈日鮮兩民族同源論梗槪〉, 《동원》 제3호, 1920. 12, 38쪽.

다른 것을 가리켜 '민족'이라 불렀다. 이 민족을 상고, 곧 수만 년 또는 수십만 년 전의 옛날로 거슬러 올라가면 그 시작은 동일하다고 보았다. 이후 각지로 흩어져서 기후와 자연에 따라 변화를 받았지만 최초는 동일동근(同一同根)이라는 것이었다.[44] 이어 같은 글에서 기다는 일본 오쿠니누시노미코토(大國主命)의 자손이 조선에 식민하여 일대 민족을 이룬 사실을 들어 일본 민족과 '가장 가까운 동근동종(同根同種)의 종족'이라 했다.[45] 결국 기다에게 전 인류는 동근동종인데 그 가깝고 먼 차이밖에 없는 것이었다.

바로 이 점이 기다 동원 개념의 독특한 부분인데, 기다는 '동원'을 단순히 기원을 같이한다는 의미로서 지구상의 모든 인류에 해당하는, 곧 '모든 인류는 동원'이라는 매우 막연한 개념으로 정의했다. 그러면서 일본과 조선이 '동원'이라 했을 때, 이를 비교상의 문제로 보았다. 이 견지에서 보면 실제의 '동원'은, "일본과 조선 양 민족은 비교적 가장 가까운 공동의 조선(祖先)을 가진 것, 곧 비교적 가장 좁은 의미에서 '동원'이었다. 달리 말해 오늘날 일체의 인류는 하나의 줄기에서 나온 큰 가지·작은 가지의 끝자락이어서 일선 양 민족은 그 가장 가까운 작은 가지"이며 "가장 가까운 관계를 가졌다"는 의미에서 동원(同源)이었던 것이다.[46]

그런데 하타다가 밝혔듯이 기다의 글에서는 일본과 조선뿐 아니라 만주와 몽고의 제 민족을 포함한 '동조(同祖)'가 되어 있었다.[47] 기다의 '동원'은 일본의 제국주의 침략에 따라 얼마든지 그 대상을 확대할 수 있는 고무줄 같은 개념이었음을 알 수 있다.[48] 결국 기다의 글은 그 장황한 서술에도 불

---

44 기다 사다키치, 〈民族の同化〉, 《朝鮮公論》 제8권 제7호, 1920. 7, 27쪽.

45 기다 사다키치, 같은 글, 29쪽.

46 기다 사다키치, 〈日鮮兩民族同源論梗概〉, 6~8쪽.

47 하타다 다카시, 앞의 책, 40쪽.

48 〈일선양민족동원론〉의 논리적 역사적 결함에 대해서는 다음 글을 참고. 이만열, 〈고대 한·일 관계론의 검토: '임나문제'와 '일·선동조론'을 중심으로〉, 306~307쪽.

구하고 "한국의 병합은 결코 이민족을 새로이 결합시키는 것이 아니고 한 때 떨어져 있던 것을 원래대로 복귀"시킨 것이었다는 주장만 강한 이미지를 남겼다.[49] 그것은 《동원》이 요구하는 바이기도 했다.[50]

2) 도리이 류조의 동원론

도리이는 〈일선인은 동원이다〉를 쓰게 된 동기로서 요시노 사쿠조(吉野作造) 등이 기관 잡지에 "일본인과 조선인은 인종이 달라서 혹 위험한 일을 했다 하더라도 이인종(異人種)으로 법을 적용치 아니치 못한다"는 발언 중에서 다른 인종이란 점을 대반격하기 위함이라고 밝혔다. 그는 조선인과 일본인은 다른 인종이 아니며 동일군(同一群)에 포함할 동민족(同民族)이라면서 이것은 인종학상·언어학상의 움직일 수 없는 사실이라고 주장했다. 더욱이 "일선인이 동일 민족"이라는 사실은 구미의 거의 모든 인종학, 언어학, 역사학 등의 학자가 말하는 바라고 덧붙였다. 그 증거는 "체질, 언어, 신화, 전설 등이 명백히 보여줄 뿐 아니라 고고학 조사의 결과"로서 유사 이전부터 일본과 조선의 관계가 있음이 확실히 증명되었다고 도리이는 주장했다. 나아가 동일한 민족이 분리해서 각각 독립할 이유가 없다면서 '민족자결'상 조선인은 일본인에게서 분리·독립해야 한다는 주장을 큰 오

49 기다 사다키치, 〈日鮮兩民族同源論〉, 69쪽.

50 가토 후사조의 '동원' 이해도 기다 사다키치와 유사했다. "조선 민족과 일본 민족이 同源同種인지 안인지는 즉답ᄒᆞ기 不能ᄒᆞ나 同源同種이라 ᄒᆞᄂᆞᆫ 事ᄂᆞᆫ 可得ᄒᆞ리라. 少ᄒᆞ야도 最히 近似ᄒᆞᆫ 민족이라 ᄒᆞᆷ은 疑를 容치 못ᄒᆞᆯ 바오, 조선 민족이 세계 중에 제일 近ᄒᆞᆫ 親類側의 민족을 索ᄒᆞ면 그것은 일본 민족이라. 일본 민족이 此를 索ᄒᆞᆯ지면 그것은 조선 민족인 事ᄂᆞᆫ 명백ᄒᆞ니라." 가토 후쇼, 〈朝鮮現狀及將來(9)-所謂民族自決說〉, 《매일신보》 1920. 9. 9(1).

해에서 비롯된 것이라 일축했다.[51]

도리이의 주장은 1919년 4월 28일부터 30일까지 《매일신보》에 연재한 〈동아의 동인종지대〉에도 잘 나와 있다. 이 글은 제1부제를 '불합리한 조선의 민족자결운동'으로 붙여 3·1운동의 한 계기가 된 민족자결주의를 전면 부인했다. 곧 조선인은 민족자결할 이유가 없다는 것인데, 제2부제인 '동부서백리(東部西伯利), 조선, 만몽, 일본 각 민족의 동인종(同人種)을 제창함'이 그 이유였다.

도리이는 조선과의 관계를 병합이 아니라 공동(公同)으로 부르면서 영국의 인도나 이집트 점령, 미국의 필리핀 점령과는 그 성격을 달리한다고 주장했다. 인종은 '내지'와 같고, 언어도 기원을 같이하고 언어학상 문법은 지금도 같으며 석기시대의 관계는 일본과 깊은 관계가 있다고 하였다. 여기에 기존 자신의 연구 성과를 덧붙여 "조선인, 몽고인과 내지인과는 동종족(同宗族)"인 것을 자각하기를 바란다면서, 일본 민족은 "대륙자(大陸者)와 남방제도(南方諸島)"에서 온 자의 결합이라 결론지었다.[52]

도리이는 1910년 강점 당시만 해도 일본인과 조선인의 계통적 관련성이 증명되지 않은 성급한 주장이라고 했지만, 1916년에 발표한 〈고대 일본 민족의 이주 발전의 경로〉에서 고유 일본인, 말레이 인종, 인도차이나인 중에서 한반도 도래계인 고유 일본인이 현대 일본인 중에서 가장 큰 비중을 차지한다고 발표했다. 곧 한반도에서 도래한 정복 민족이 긴키(近畿) 지방에 발판을 굳혔다는 한반도 경유 도래설을 주장했다. 이 학설은 1918년에 나온 《유사(有史) 이전의 일본》을 통해 널리 알려졌다.[53]

---

51 도리이 류조, 〈日鮮人は《同源》なり〉, 《동원》 제1호, 1920. 2, 26~28쪽; 鳥井龍藏, 〈日鮮人은 同源〉, 《매일신보》 1920. 2. 18(1). 이름의 井은 居의 誤植이다.

52 도리이 류조, 〈東亞의 同人種地帶(전 3회)〉.

53 박순영, 〈일제 식민주의와 조선인의 몸에 대한 '인류학적' 시선〉, 《비교문화연구》

이러한 도리이의 주장은 조선총독부 촉탁으로서 1911년부터 1915년까지 여러 차례 조선을 답사하고 조사하면서[54] 얻은 결론으로 보인다. 특히 그는 1915년에 과거 예맥국인 강원도 지역을 답사한 후, 한일 관계의 시원을 종래의 학자들이 주장하던 삼한시대나 신라시대보다 더 고대로 올렸다. 그의 표현을 빌리면 "余는 종래의 학자보다 日鮮 兩國의 관계를 最히 古ᄒᆞ다고 해석ᄒᆞ는 자이니 然則 彼 素戔嗚尊의 曾尸茂梨로써 上下 日鮮間의 聯絡을 繫할 필요도 無케"[55] 되었다. 스사노오노 미코토(素戔嗚尊) 신화가 역사 이전인 신대(神代)인데 이것을 더 높여 석기시대까지 소급한 것이다.

원래 도리이는 고유한 일본인은 누구인가라는 문제의식에서 출발하여 고유 일본인의 흔적을 일본과 조선뿐 아니라 몽고와 동부 시베리아(연해주)에서 발견했다.[56] 이것이 일한동원(日韓同源) 주장의 근거로 되었는데 그 외연은 사실상 일한만몽동원(日韓滿蒙同源)까지 확장되는 것이었다. 그의 주장은 옳고 그름을 떠나서 기다와 마찬가지로 잡지 《동원》의 취지에 아주 잘 부합하는 것이었다.

4. '조선단일민족' 비판론

학자마다 역사상이 다를 수밖에 없지만 《동원》 필자들도 '동원'을 이해

제12집 제2호, 서울대학교 비교문화연구소, 2006, 65쪽.

54 도리이 류조의 답사 일정과 조사 지역은 다음 글을 참고. 정상우, 〈1910~15년 조선총독부 촉탁(囑託)의 학술조사 사업〉, 《역사와현실》 제68호, 한국역사연구회, 2008, 248쪽.

55 도리이 류조, 〈朝鮮民族에 就ᄒᆞ야〉, 《매일신보》 1915. 9. 4(1); 도리이 류조, 〈人類學上より觀たる朝鮮〉, 《경성일보》 1916. 1. 5 新年號 제2(1).

56 구도 마사키, 앞의 책, 212~222쪽.

하는 방식에 차이를 보였다. 《동원》의 발간 취지에 공명하여 조선인의 민족자결을 비판하는 방법은 여럿 있었다. 기다나 도리이는 양 민족 근원의 동질성을 강조했다. 그에 비해 이 절에서 살펴볼 필자들은 조선과 일본의 동질성을 강조하기보다 조선 민족의 단일성을 비판함으로써 민족자결의 근거를 무너뜨리고자 했다.

우선 시데하라는 조선과 내지 관계는 다른 나라의 식민지와 본국 관계와 다르다는 점을 지적했다. 그 차이점은 유교, 불교, 풍속, 인정상의 공통점을 가지고 있으며 인종으로도 쌍방 모두 서로의 혈액을 혼합하여 대체로 동일한 특징을 나타낸다고 보았다. 또 역사적·언어적으로도 연락을 가졌다면서 스사노오노 미코토가 네쿠니(根國)에 가서 소시모리에 거하였다는 《일본서기》의 기사를 증거로 내세웠다. 또 신라 시조 박혁거세를 일본인인 호공(瓠公)으로 간주하여 박혁거세가 일본에서 도래했다고 주장했다. 이하 백제의 멸망 때까지 일본이 조선의 각 나라를 보호한 역사적 사실을 들면서 근대에 일본이 조선을 보호한 게 일조일석(一朝一夕)의 일이 아니라 연원이 오래되었음을 강조했다.[57]

시데하라의 주장은 새롭게 연구된 게 아니라 이미 강점 당시에 제기했던 것이었다. 여기에서 주목할 것은 양자의 오랜 연원이 조선 전체에 해당되는 게 아니었다는 점이다. 그의 주장을 보면, 조선 민족은 신라의 삼국통일 이전까지 한강을 경계로 남과 북으로 크게 나뉘었다. 북은 대륙에서 이주한 민족의 근거지였고, 남의 반은 원래부터 토민(土民)이 할거한 곳으로서 일본과 가장 밀접한 관계를 지닌 곳이었다. 그리고 두 지역의 차이는 1910년 현재까지도 조선 민족의 외양에서 차이를 보였다.[58] 시데하라는 다

57 시데하라 다이라, 〈同源史徵〉, 《동원》 제2호, 1920. 4, 1~9쪽.

58 近代アジア教育史研究會 編, 《近代日本のアジア教育認識 資料篇 제6권－明治後期教育雜誌所收 中國·韓國·臺灣關係記事》 제1부 韓國の部(6), 龍溪書舍, 1999, 359쪽(원

른 글에서도 고려를 "북방의 전통을 계승하여 반도 남방의 종족인 신라·백제와 그 내용을 달리한다"고 서술했다.[59] 그에게 일본과 관계를 맺은 조선 민족은 조선의 남쪽에만 해당되었다.

단군 전설을 연구한 다카하시는 연구 목적을 "단군 전설은 일반 선인(鮮人)이 신앙함과 같은 형태"인지를 학술적·역사적으로 밝히는 데 있다면서 조선인이 신앙하는 단군 전설을 "단군이 조선인 전부의 조왕(朝王)이요, 조선 민족의 시원(始原)"이라고 하였다.[60] 단군은 한말 이래 1910년대를 거쳐 3·1운동 이후에도 '유기체적 민족정신과 민족 일치 대동단결의 상징'으로 민족주의자의 의식에 깊이 박혀 있었다.[61] 곧 다카하시의 연구 목적은 단군을 시조로 하는 조선의 단일민족설을 비판하는 것이었다.

다카하시는 단군 전설을 "반도 북부에 불교가 전래하여 국민 상하를 물론하고 신앙한 이후에 구성"된 것으로서 하나의 소설 또는 옛이야기(古談)에 지나지 않는다고 보았다. 곧 단군 전설을 역사적 사실이나 그것을 반영하는 신화로 간주하지 않을 뿐 아니라 한반도의 남부와는 관계없는 것으로 치부했다.[62] 같은 의미에서 시데하라도 "대륙 민족이 반도에 들어올 때 개국 신화를 전"한 것으로 보았다.[63]

이러한 견해는 조선 민족의 기원을 서로 다른 두 가지로 보는 데서 기인

출전은 시데하라 다이라, 〈日韓關係の沿革〉, 《太陽》 제16권 제12호, 1910. 9).

59 시데하라 다이라, 〈日韓交通の概要〉, 《歷史地理(臨時增刊 朝鮮號)》, 三省堂書店, 1910, 15쪽.

60 다카하시 도루, 〈檀君傳說に就きて〉, 《동원》 제1호, 1920. 2, 5쪽; 다카하시 도루, 〈檀君傳說에 對하야(1)〉, 《매일신보》 1920. 3. 6(1).

61 이지원, 《한국 근대 문화사상사 연구》, 혜안, 2007, 64~70, 118~122, 129~133, 221~231쪽.

62 다카하시 도루, 〈檀君傳說に就きて〉, 9쪽; 다카하시 도루, 〈檀君傳說에 對하야(2)〉, 《매일신보》 1920. 3. 7(1).

63 近代アジア教育史研究會 編, 앞의 책, 359쪽.

했다. 이들은 조선반도의 북쪽은 부여·고구려·맥(貊) 등의 퉁구스인으로 구성된 반면, 남쪽은 신라로 대표되는 한종(韓種)이라고 주장했다. 처음에는 퉁구스가 우세했지만 후에 신라가 일어나 한종이 강해지고 통일이 되면서 남북이 섞여 비로소 "민족적 차별의 자각"이 사라졌다는 것이다. 또한 민족에 남북 두 기원이 있는 것처럼 고조선의 전설에도 명백한 두 기원이 있다면서 북의 주몽 전설과 남의 혁거세 전설을 예로 들었다.[64]

앞서 다카하시의 글이 한문과 한글로 번역되었음을 밝혔다. 한말 교과서에 단군을 역사적 실재로 기술하여 보통 교육을 받은 조선인이면 단군을 조선사의 시조로 당연히 알고 있었다. 반면에 신식 교육을 받지 않은 유림 등 구지식인은《삼국유사》나《동몽선습》등 구래의 한문 서적을 통해 단군을 학습했다. 신지식인이《매일신보》에 한글을 번역함으로써 단군 인식의 수정을 목표로 했다면, 한문 번역은 구지식인을 겨냥한 것이었다. 다카하시는 조선과 일본의 동원이나 유사성을 주장하진 않았지만 민족자결의 근간이 되는 '조선단일민족설'을 부정했다.

오다는 '상고사의 숨겨진 사실'이라는 부제가 붙은〈조선반도 최초의 위기와 일본〉이라는 논문에서 그 위기를 4세기 말엽부터 5세기에 걸친 "부여 종족의 일종인 고구려족의 남하"라고 썼다. 그의 주장을 요약하면 고구려 광개토왕은 국력이 왕성해지자 한반도 남부도 차지할 생각을 갖고 이를 위해 일본 세력을 이 방면에서 구축할 필요를 느꼈다. 이에 앞서 광개토왕은 신라와 백제를 굴복·복속시킨 후 임나를 공격하여 일본의 근거지를 뺏는다는 계획을 세웠다. 이처럼 유사 이후 최초의 위기를 맞은 한족(韓族)을 위해 일본은 막대한 생명과 재산의 손해를 감수하면서 고구려를 공격했다. 이것이 일본의 자위를 위해, 한족 보존을 위해 다한 최초의 노력이었다. 이

64 다카하시 도루,〈檀君傳說に就きて〉, 13쪽;〈檀君傳說에 對하야(4)〉,《매일신보》 1920. 3. 9(1).

로 인해 한족(韓族)은 북족(北族)의 병탄을 면하여 반도의 중심 종족이 되었고, 이후 다른 종족을 합동하여 현재의 조선 민족을 이루었다.[65]

동원이란 주제와 관련해 이 글을 읽으면, 과거 조선에는 부여족과 한족(韓族)이 있었으며 일본과 관련 있는 쪽은 한족이었다. 달리 말하면 일본은 조선 남부에 영향을 미치고 있었던 반면에 북부와는 적대적이었다. 일본과 조선 간의 최초의 교통은 한무제 때로 추정하며 이후 신공황후의 삼한 정벌 이후 350여 년간 임나일본부를 설치하여 한반도의 남부를 지배하고 속국으로 삼았다고 오다는 주장했다.[66] 오다가 쓴 글의 행간을 읽으면 한족과 일본 민족은 그 기원을 같이하지 않음을 알 수 있다.

5. 조선총독부의 '동조' 인식과 '동원' 활용

학계의 통설은 병합 때 절정을 이룬 '일선동조론'이 3·1운동을 계기로 다시 고조되고 조선총독부가 이를 적극적으로 정책에 반영했다는 것이다. 그러나 앞에서 보듯이 3·1운동 이후 제기된 '일선동조론'은 일한동원론의 형태로 나타났다. 동원론을 강조한 주체도 《경성일보》 사장 가토와 그에게 공감한 학자들이었다. 《경성일보》와 《매일신보》가 조선총독부의 기관지였으므로 두 신문에 발표된 내용을 조선총독부의 견해로 간주할 수 있다는 주장도 가능하다. 하지만 가토가 경성일보사 사장을 사임한 이후 《동원》이 폐간되고 만 사정을 감안하면 조선총독부의 관련성은 멀어진다.

일찍이 하타다는 '일선동조론'을 "단순한 동문·동종론이 아닌, 일본인

65 오다 쇼고, 〈朝鮮最初危機と日本〉, 《동원》 제2호, 1920. 4, 20~22쪽.

66 오다 쇼고, 〈朝鮮歷史講演〉, 朝鮮總督府學務局, 《大正4年 12月 公立普通學校教員講習會講演集》, 1915, 23~24, 27쪽(〈조선역사강연〉만 따로 쪽수를 매겼음).

과 한국인은 동일한 조선(祖先)에서 나온 가까운 혈족이며, 또한 거주 지역을 같이해서 국토의 구별이 없었던 관계"로서 "일가(一家)·일족(一族)의 피로 맺어진 근친성을 주장"한다고 정리했다. 동시에 '일선동조론'이 '일선동종론'이나 '일선동역론'으로도 불렸음을 지적했다.[67] 이는 '일선동조론'이 단일한 개념이 아니라 범주를 달리하는 여러 내용의 총칭이었음을 말해준다. 그렇지만 한국에서는 일선동조론을 대개 '동일한 민족' 또는 '동일한 시조'로 이해하고 있다.[68]

하타다의 정리에서 다시 시작하면 조선총독부는 3·1운동 직후뿐 아니라 그 이전에도 흔히 알려진 '일선동조론'과 일정한 거리를 두었음을 시사한다. 우선 병합을 전후한 시기의 '일선동조론'은, 일본과 조선이 국가 또는 통치 영역을 같이했다는 일한동역론(日韓同域論)으로 정리할 수 있다. 역사시대 이전인 신대(神代)부터 아마테라스 오미카미(天照大神)의 동생인 스사노오노 미코토가 조선을 점령하여 지배자로서 통치했다는 게 일역론이었다. 한때 세력을 잃었지만 그것을 복구(회복)한 게 신공황후의 삼한 정벌이었다.[69]

일역론에서 스사노오노 미코토나 신공황후는 일본의 해외 진출 또는 대외 팽창 역사에서 선구자로 다루어졌다. 그 뒤를 잇는 인물이 도요토미 히데요시(豊臣秀吉)와 메이지 천황이었다. 이들은 청일·러일전쟁을 거치면서 일본인의 해외 침략을 고무하고 정당화시키는 역사상의 위인이었다. 그렇지만 병합 후 통치 대상이 된 조선인에게는 점령자 또는 침략자의 이미

67 하타다 다카시, 앞의 책, 37~38쪽.

68 김기승, 〈식민사학과 반식민사학〉, 한국역사연구회 엮음, 《한국역사입문 ③: 근대·현대편》, 풀빛, 1996, 408쪽; 한영우, 《역사학의 역사》, 지식산업사, 2002, 310쪽.

69 장신, 〈일제하 日鮮同祖論의 대중적 확산과 素戔嗚尊 신화〉, 367~373쪽.

지였다.

조선총독부의 고민은 바로 여기에서 시작되었다. 무단통치로 상징되듯이 무력을 바탕으로 하지만 그것만으로 통치의 안정을 이룰 수 없었다. 게다가 조선은 식민지가 아니며 병합을 통해 새로운 국민으로 재탄생했음을 강조하면서 과거 '식민지인' 또는 '피지배인'으로서의 역사를 드러내 저항과 반발을 불러일으키는 것도 어리석은 일이었다. 동화주의를 표방했지만 고대 한일 관계는 새롭게 정리되어야만 했다.

1910년대에 조선총독부는 중등학교와 일본인이 다니는 소학교에서 일본 역사를 가르쳤을 뿐 조선인 학생이 배우는 보통학교에서는 역사 과목을 두지 않았다. 대신에 보통학교에서는 국어 과목에 역사 교재를 삽입하여 역사를 가르쳤다.[70] 일본인 소학생이 배우는 《심상소학 국사(尋常小學國史)》가 순전히 일본사 위주였음에 비해 《보통학교 국어독본》에는 옛날부터 한일 관계가 친밀했음을 시사하는 이야기가 주종을 이루었다.

그중의 하나가 〈스사노오노 미코토〉였다. 그 본문을 보면, 스사노오노 미코토는 아마테라스 오미카미의 동생으로 이즈모(出雲)에서 머리가 여덟 개 달린 사람을 잡아먹는 큰 뱀을 처치한 뒤 보검을 대신에게 바쳤다. 이어 스사노오노 미코토는 조선에도 간 적이 있으며, 내지(일본)에 많은 나무를 심고 그것으로 조선을 왕래하는 배를 만들었다.[71] 《심상소학 국사 상권》에는 "素戔嗚尊은 신들에게 추방되어 出雲에 내려"온 사실만 서술했는데,[72] 《보통학교 국어독본》에는 이즈모 다음에 조선을 추가해 신대(神代)부터 일본과 조선이 왕래했음을 보여주고자 했다.

---

70 장신, 〈한말·일제강점기의 교과서 발행제도와 역사교과서〉, 《역사교육》 제91집, 2004, 12~14쪽.

71 조선총독부, 《보통학교 국어독본 권4》, 1913, 53~55쪽.

72 문부성, 《심상소학 국사 상권》, 1920, 3쪽.

한편 전문학교나 실업학교용 국어독본에도 일본사의 개요를 간략히 수록했다. 곧 "우리나라와 유사 이전부터 서로 교통·왕래하여 순치보거(脣齒輔車)의 관계에 있던 조선반도"[73]라거나, "조선반도와 내지는 신대의 옛날부터 서로 왕래하였"[74]다고, 상세하지는 않지만 같은 내용을 서술했다. 이처럼 1910년대의 교육 현장은 일본과 조선의 왕래가 신대, 곧 역사 이전 시대부터 빈번하였음을 강조했다. 하지만 민족이나 시조를 같이한다는 '동조'의 의미는 찾을 수 없다.

이것은 한국 병합의 당위성을 역사적으로 정당화할 목적으로 1915년 7월부터 중추원에서 추진한 조선반도사 편찬 사업도 마찬가지였다. 이 사업의 편찬 방향은 세 가지였는데 그중의 첫 번째가 "일본인과 조선인이 동족이라는 사실"을 밝히는 것이었다. 〈조선반도사편찬요지〉에는 "疆域이 서로 인접해 있고 **인종이 서로 같으며**(강조 표시는 인용자. 이하 같음) 그 제도 또한 쌍방이 서로 떼어놓을 수 없을 정도로 비슷하여 **혼연한 일대 영토를 구성하고** 상호간에 이해 휴척을 함께하여왔던 것"이라고 썼다. 위 인용문에서 "인종이 같다"는 것은, 중추원 서기관장 고마쓰 미도리(小松綠)의 표현을 빌리면 동종(同種), 곧 같은 황인종 또는 동(銅)인종이라는 의미였다.[75] 달리 말해 동족은 동조보다 동문동종에 가까운 의미였다.

"혼연한 일대 영토를 구성"했던 때는 아무리 높여 잡아도 신대가 아닌 신공황후의 삼한 정벌에 따른 임나일본부를 설치했을 무렵이었다. 〈편찬요지〉의 작성에 참여한 세 명의 조선반도사 편집주임, 곧 미우라 히로유키(三浦周行), 구로이타 가쓰미(黑板勝美), 이마니시 류(今西龍) 중 동역론자는

73 조선총독부, 《전문학교 국어독본 권1》, 1917, 45쪽.

74 조선총독부, 《실업학교 국어독본 권2》, 1918, 64쪽.

75 장신, 〈조선총독부의 朝鮮半島史 편찬 사업 연구〉, 《동북아역사논총》 제23호, 2009a, 364쪽.

미우라뿐이었다. 구로이타와 이마니시는 《일본서기》와 《고사기》의 신화에 근거한 동역론을 비판했다. 동역론을 부정한 구로이타는 일본부 설치를 복고가 아닌 사실상 일본과 조선의 첫 만남으로 보았다.[76] 이로 볼 때 총독부는 조선반도사 편찬 계획을 세울 때도 동조 또는 동역을 명확히 표현하는 것을 회피했음을 알 수 있다.

동조 또는 동역에 대한 총독부의 이러한 태도는, 일본과 조선을 다른 민족 구성체로 간주한 데서 연유했다. 3·1운동 직후 학무국장 세키야 데이사부로(關屋貞三郎)는 조선인 사이에서 "오랜 역사와 자신만의 민성(民性)을 가지고 풍속과 관습이 다른 조선사회를 십수 년 만에 일본인과 같은 심정을 가지게 하고 같은 풍속과 관습으로 고치게 하려는 것"을 동화로 오해한다면서, 그것은 동화의 본래 취지와 다를 뿐 아니라 그렇게 생각할 수도 없는 것이라 잘라 말했다. 설사 조선인의 풍속과 관습 등에 폐가 있어도 조급하게 개화(改化)할 수 없는 것은 누구라도 바로 이해할 수 있는 일이라고 덧붙였다. 다만 조선 사정을 잘 모르는 일본에서 바로 전임해온 사람들이 왕왕 그런 생각을 하는데 앞으로 충분히 주의를 할 각오라고 밝혔다.

그러면서 세키야는 조선총독부에서 말하는 동화를 간단히 말해 조선인에게 "국민적 정신을 주는 것, 곧 일본 국민이라는 자각을 얻도록 하는 것"이라 정의했다. 그리고 그때의 동화는 "조선인을 바로 내지인으로 도야시키려는 것"과는 다르다고 확실히 밝혔다.[77] 세키야의 발언은 단순한 입발림이 아니었다. 그는 조선총독부의 교육 행정을 총괄하는 학무국장이었다. 조선총독부는 1918년부터 연차적으로 고등보통학교에서 사용할 수신교과서를 편찬했다. 4학년이 사용하는 《고등보통학교 수신교과서 권4》는 1922

76 장신, 같은 글, 364~365쪽.

77 세키야 데이사부로, 〈朝鮮人教育に就きて〉, 《조선교육연구회잡지》 45, 1919. 6, 7~9쪽.

년에 간행되었다. '국민'은 제19과에 설명되어 있다.

교과서의 내용을 요약하면, 국가가 발전함에 따라 풍속·습관·문화 수준·언어·혈통이 다른 종족으로 구성된 대국가(大國家)가 형성되는 것은 동서고금의 역사가 증명하고 있는데, 그 대표적인 나라로 영국과 미국을 들고 있다. 교과서는 이 나라들이 여러 종족의 인민으로 구성되었으면서도 완전히 융합해 혼연일체를 이루고 있다고 설명하면서, 곧 대국가는 일민족 일국가인 경우도 있겠지만 대부분 다민족 일국가 체제를 이루고 있음을 강조한다. 이어 일본이 대국가로 발전하는 과정을 서술한다.

> 고대 일본 국민은 大和民族 외에 種種의 인민을 포함했으나 수천 년간 황실의 仁政 아래 공동생활을 계속해왔기 때문에 오늘날에는 완전히 융합하여 그 사이에 조금의 구별도 없게 되었다. 또 고대 조선에도 種種의 인민을 포함해 살았으나 수천 년간 융합하여 오늘날의 조선인으로 된 것이다. 지금 우리 일본은 대일본으로서 공전의 발전을 거두어 세계 대국으로 인정받고 내지인·조선인 외 대만인·樺太人 등을 포함하여 국민은 일등국의 국민으로서 세계에 그 면목을 보장받게 되었다. 우리 7천만 일본 국민은 서로 협동융화하고 본분을 다하여 국운을 왕성하게 하고 각자의 행복을 증진시키는 것을 계획하지 않으면 안 된다.[78]

이 서술을 보면 대화 민족을 중심으로 황실 아래 발전해온 일본 민족과 역시 여러 종족이 융합해 이루어진 조선 민족을 확실히 구분해놓았다. 그리고 현재의 대국가 일본은 일본인과 조선인 외에도 대만인과 화태인 등 다민족으로 구성된, 세계의 추세에 발맞추어 나가는 일등국이라 설명했다.

---

78 조선총독부, 〈제19과 일본국민〉, 《고등보통학교 수신교과서 권4》, 1922, 90~93쪽.

곧 조선인은 일본인이 아니라 7천만 일본 국민의 일원으로서 그 역할을 충실히 할 것을 강조했다.

일본 민족과 조선 민족의 근본적 차이는 역사 서술에서도 나타났다. 보통학교의 역사 교육은 1920년 11월에 개정된 조선교육령과 보통학교규칙에 근거하여 1921년 4월 신학기부터 실시되었다. 이때 문부성 편찬의 《심상소학 국사》(상·하권)를 기본으로 하여 일본사를 가르치고, 《심상소학 국사 보충교재》(권1·2)를 이용해 조선사를 가르쳤다. 조선사의 시작은 〈상고의 조선반도〉에서 아래와 같이 서술되었다.

> 옛날 반도 북부를 朝鮮이라 부른다. 지나에서 기자가 와서 그 땅의 왕이 되었다고 한다. 그 후 위만이라는 사람이 이 지방에 들어와 기자의 후손인 準을 내쫓고 나라를 빼앗았다. 위만의 손자 우거 때에 한무제가 이를 공격하여 멸망시키고 그 땅에 4군을 두었다. 이로부터 수백 년간 반도의 대부분은 지나의 領地로 되었다. 漢은 그 당시 지나의 國名으로서 무제가 조선을 취한 때는 우리 開化天皇(제9대) 때이다.
>
> 반도 남부에는 韓종족이 살고, 마한·진한·변한의 세 종족으로 나눈다. 모두 다수의 小國을 이루었으나 후에 이르러 마한은 백제국으로 되고, 진한은 신라국으로 되고, 변한은 가라 등의 나라들로 되었다. 가라 등의 나라들을 가리켜 하나로 任那諸國이라 부른다. 이상의 나라들은 모두 일본과 매우 가까워서 바다를 건너 일찍부터 서로 교통했다.[79]

교사용 지도서를 보면, 조선반도의 연혁은 북부와 남부로 크게 나뉘어서 근본을 달리했다. 북부는 중국에서 온 사람이 통치하여 중국의 속국 또

---

79 조선총독부, 《심상소학 국사 보충교재 권1－아동용》, 1920, 1~2쪽.

는 영토로 되었다. 남부는 조선인의 선조인 한종족이 살던 땅으로서 일찍부터 일본과 밀접한 관계가 있었음을 가르치는 게 교수 요지였다.[80] 현재의 조선인은 단일한 종족으로 구성되지 않았고, 일본과도 서로 왕래하는 등 밀접한 관계를 맺었을 뿐이었다. 1910년대와 마찬가지로 시조를 같이하는 동조도, 신대부터 일본이 조선을 지배했다는 동역을 의미하는 서술을 찾아볼 수 없다.

한편 1920년 4월 중추원은 도쿄 제일고등학교 교수 이마이 히코사부로(今井彦三郎)에게 조선반도사 편찬 사무를 촉탁하면서 일한고사(日韓古史)의 조사를 맡겼다. 1년 뒤인 1921년 4월 "일선 양 민족의 동원을 밝혀 친밀했던 과거의 관계를 증명할 목적"으로 조선반도사 편찬의 부대사업으로서 '일한동원사' 편찬에 착수했다. 이마이를 담당자로 임명하고 3년 안에 편찬하는 것을 목표로 했지만 여러 사정으로 1924년에 중단되었다.[81]

《동원》이 종간(1920년 12월)된 지 4개월 만에 편찬 계획을 세운 것이라든지 '일한동원사'라는 표제에서 보듯이 조선총독부가 '동원론'의 확산에 적극적으로 개입한 것으로 볼 수도 있다. 또 1920년 2월 도리이도 인류학, 언어학, 역사학 등의 일선인 동원이란 사실을 증명하는 조사 기관의 설치를 총독부에 요구했다.[82] 기존 연구도 조선총독부가 "일본과 한국 관계를 일선동조론의 입장에서 파악하고 있음을 분명히 보여주는" 증거로 이 계획을 들었다.[83]

그런데 조선총독부는 '일한동원사'의 편찬 목적을 "친밀했던 과거의 관

80 조선총독부, 《심상소학 일본역사 보충교재 교수참고서 권1》, 1920, 1쪽.

81 조선총독부중추원, 《조선구관제도조사 사업개요》, 1938, 160쪽.

82 도리이 류조, 〈日鮮人은 同源〉, 《매일신보》 1920. 2. 18(1).

83 이영호, 〈일제의 한국인 동화정책과 일선동조론〉, 《제2회 한국학 국제학술회의 논문집》, 인하대학교 한국학연구소, 1996, 56~57쪽.

계를 증명"하는 데 두었다. '일한동원사'는 "내선 관계 사적에 대해 유익한 자료를 수집하여 임시로 편찬·인쇄·배부"한다는 계획에서 알 수 있듯이 통사나 개설서가 아닌 자료집이었다. 수록될 자료는 "내선 간에 친밀한 관계가 있었음을 증명하는 신화, 전설, 史乘의 事實"과 "내선 간에 이주하거나 혹은 왕래한 인물의 閱歷 및 事蹟" 등이었다.[84] 양 민족의 교류와 친선에 강조를 두었을 뿐 동질성을 강조하고 있지 않다. 이 시기에 발행된 조선총독부 편찬 교과서의 서술과 크게 다르지 않았다. 곧 조선총독부는 잡지 《동원》의 취지가 아니라 새롭게 용례를 넓혀가던 '동원'이라는 용어의 정치성에 주목한 것이었다.

이전에도 '동원'이 전혀 쓰이지 않은 것은 아니나 《동원》의 발간을 계기로 기다, 시데하라, 도리이 등이 '동원'을 표제로 내걸었다. 보통 동계(同系)로 쓰던 언어학에서도 '일선 양 언어의 동원'이라고 표현했다.[85] 다보하시 기요시(田保橋潔)는 경성제국대학 교수로 부임한 지 얼마 되지 않았는데도 '일한동원론'을 여러 차례 들었다면서[86] 이 용어가 조선에서 널리 쓰이고 있음을 알려준다. 1929년 '동조'를 전면에 내건 가나자와의 《일선동조론》이 발간되었지만 아직 학계나 사회의 시민권을 얻지 못하였다. 오히려 《일선동조론》은 내선 동원의 주요한 근거로 이용되었다.[87] '동조'는 1937년 내선일체 정책이 전면 실시되면서 '동근동조'의 형태로 사용되었다. 1920년대부터 1930년대 전반기에 한일 두 민족의 동질성을 강조하는 용어

84 그 외 수록될 자료는 "내지에 있는 조선인 귀화촌의 事蹟"과 "언어, 문자, 미술, 공예, 습관, 종교, 법제, 유적, 유물 등에서 본 내선 관계"였다. 조선총독부중추원, 앞의 책, 160쪽.

85 오구라 신페이, 〈先づ朝鮮語の研究より〉, 《동원》 제2호, 1920. 4, 34쪽.

86 다보하시 기요시, 〈歷史と言語〉, 《文教の朝鮮》 제33호, 1928. 5, 7~13쪽. 이 글에서는 일반적인 '同源' 대신에 '同原'으로 표기하고 있다.

87 최병협, 〈內鮮同源史話(四)〉, 《재만조선인통신》 51·52합집, 47쪽.

의 시민권은 '동원'의 차지였다.

6. 마치며

1920년 2월 잡지 《동원》이 창간되고 일선동원론이 제창되었다. 《동원》은 3·1운동의 한 계기였던 '민족자결' 이론을 반박하기 위해 일본과 조선이 동종동근, 곧 이민족이 아니라 같은 민족이었음을 학문적으로 증명하여 조선인과 일본인에게 널리 알리는 것을 목적으로 했다. '순수한 학술 잡지'를 표방했지만 목적에서 보듯이 매우 정치성을 띠었다.

《동원》의 편집인 가토는 발간과 경영, 원고 청탁, 편집 등을 주도했다. 당시 그의 직책이 경성일보사 사장이었던 까닭에 인쇄부터 판매까지 경성일보사의 시설을 두루 이용했다. 3·1운동에 충격을 받은 가토는 대정친목회 고문 활동, 《매일신보》와 《경성일보》에 장기 연재한 논설 등 내선 융화 활동에 적극적으로 나섰다. 《동원》 발행도 그 일환이었다. 하지만 그의 퇴임 후에 《동원》의 발간이 중단된 것에서 알 수 있듯이 《동원》은 총독부와 교감 속에 이루어졌다기보다 가토 개인의 의지가 강하게 반영된 잡지였다.

《동원》은 일본과 조선의 '동원'을 주장했지만 합의된 '동원'을 도출하는 데는 성공하지 못했다. 논자에 따라 일본과의 '동원' 대상이 한반도의 남부에서 한반도 전부, 나아가 만주와 몽고를 포괄하기도 했다. 또 시기적으로도 석기시대부터 실재하지 않은 신대(神代), 삼국시대에 이르기까지 다양했다. 오히려 《동원》에서는 일본과 조선의 '동원'을 주장하기보다 조선 민족의 '동원'을 부정하는 주장도 함께 게재되었다. 민족 기원이나 한일 고대사를 바라보는 관점은 다르지만 민족자결의 바탕인 조선 민족단일설을 비판하는 데는 일치했다.

《동원》의 발간 취지에 학자들이 동의한 것과는 달리 조선총독부는 적극적으로 나서지 않았다. 역사를 조선 통치에 이용하려는 뜻은 있었으나 그 역사상이 달랐다. 총독부는 흔히 일선동조론으로 불린 일본인 학자들의 다양한 학설을 조선 통치에 적합하게 재구성했다. 강점 전후의 일한일역론은 일본인의 대외 팽창을 고무시킨, 달리 말해 침략을 정당한 것으로 인식시켰지만, 통치 초기에 조선인의 반발을 우려해 총독부에게 수용되지 못했다.

조선총독부는 조선 교육령에서 '충량한 국민의 양성'을 목표로 삼았다.[88] 조선인을 일본인의 역사성을 체득한 완전한 일본인으로 만드는 것, 곧 '조선인의 일본인화'보다 일본 국민으로서의 자질을 함양시키는 데 목적을 두었다. 그 언어와 문자, 인종, 풍습 등의 여러 가지 유사점에도 불구하고 총독부는 일본 민족과 조선 민족의 역사적 차이를 인정했다. 따라서 총독부는 역사 교과서에 두 민족의 오래된 교통(왕래)의 역사를 중심으로 기술했다. 1920년대 초 총독부의 '동원' 차용은, 그 역사상보다 잡지 《동원》에서 제기된 '동원'의 정치적 함의를 수용한 것이었다. 또한 새로운 역사 용어로서 저변을 넓혀가던 '동원'을 통해 고대 한일 관계의 친연성을 강조하려는 의도였다. 실제로 1920년대 초부터 1930년대 중반까지에는 '동원'이 두 민족의 동질성을 강조하는 용어로 사용되었다.

88 '일본인으로의 동화'와 '충량한 국민의 양성'의 차이에 대해서는 다음 글을 참고. 고마고메 다케시, 《식민지제국 일본의 문화통합》, 오성철·이명실·권경희 옮김, 역사비평사, 2008, 120~142쪽; 이연숙, 《국어라는 사상: 근대 일본의 언어인식》, 고영진·임경화 옮김, 소명출판, 2006, 299~306쪽.

5부

의학과 문학의 식민주의

8

경성제국대학 의학부, 식민지 의학 교육과 헤게모니 경쟁*

정준영

1. 시작하며

1926년 의학부와 법문학부를 개설한 경성제국대학(이하, 경성제대)은 식민 권력과 영욕을 함께했던 일제강점기 유일의 '종합대학(university)'이었다. 물론 이 말은 경성제대가 식민지 조선에서 유일한 고등교육기관이라는 의미는 아니다. 경성제대가 설립되었던 당시, 식민지 사회에는 이미 의학, 공학, 농학, 법률 등의 분야에서 '전문학교' 형태의 고등교육이 실시되고 있었다. 1926년 시점에 식민지 조선에는 이미 관립전문학교 다섯 곳과 사립전문학교 다섯 곳이 식민 당국의 인가를 받은 상태였다.[1] 하지만 이런 전문학

* 이 논문은 〈식민지 의학 교육과 헤게모니 경쟁: 경성제대 의학부의 설립과정과 제도적 특징을 중심으로〉, 《사회와 역사》 85집, 2010을 대폭 수정, 보완한 것이다.

1 1926년 당시 식민지에서 전문학교로 인가받았던 학교들의 구체적인 내역은 다음과 같다(괄호 안은 설립 인가일). 관립 5개교: 경성의학전문학교, 경성고등공업학교(이상, 1916년 4월), 수원고등농업학교(1918년 4월), 경성법학전문학교, 경성고등상업학교(이상, 1922년 4월). 사립 5개교: 연희전문학교, 세브란스연합의학전문

교들과는 제도적으로 차별화되는 것이 제국대학이었다. 일본의 제국대학은 서구의 근대 지식 및 과학기술 중에서도 '국가에 수요(須要)'한 것을 선별적으로 수용, 연구하는 특권적 엘리트 기관이었다. 전문학교와는 진학 계통이 달랐을 뿐만 아니라, 지식의 수용과 생산에서 독점적인 역할을 수행했다.

따라서 식민지에 세워진 제국대학을 바라보는 식민지인들의 시선은 혐오와 선망이 뒤섞인 양가감정에 가까운 것이었다. 이들은 설립 당시부터 경성제대가 자신들의 불만을 억누르고 호도하는 이데올로기적 국가기구(Ideological State Apparatus: ISA)이며 진학 경쟁을 빙자하여 식민지인들을 교육 기회로부터 배제하는 차별 장치라는 점을 간파하고 있었다. 하지만 경성제대의 설립이 가졌던 또 다른 측면, 즉 우월한 연구 기반과 엄밀한 실증적 연구를 바탕으로 압도적인 학문적 권위로 군림했다는 점까지를 부인하기는 어려웠다. 실제로 경성제대의 설립을 계기로 식민 사회에서도 실증성을 핵심으로 하는 과학관이 강력한 힘을 얻게 되었다.[2] 경성제대를 단순히 식민 권력의 통치 이데올로기를 과시하는 도구로만 볼 수 없다는 시각이 설득력을 얻게 되는 것은 이 지점에서이다. 근대적 지식 체계의 생산(연구)과 배분(교육)에서 독보적인 권위를 확보하고 이를 통해 식민지인들 사이에 식민 지배의 정당성을 납득시키고자 했다는 점을 주목한다면, 경성제대를 식민 당국의 헤게모니 프로젝트의 일종으로도 이해할 수 있지 않을까?[3]

특히 경성제대 중에서도 의학부는 처음부터 과학적 권위의 확립에 초점을 맞추어 설립되었다. 법문학부가 식민지인들의 '정치화', '급진화'를 의

학교(이상, 1917년 4월), 보성전문학교(1922년 4월), 이화여자전문학교(1926년 4월), 숭실전문학교(1926년 6월).

2 박명규, 〈지식운동의 근대성과 식민성〉, 한국사회사학회, 《지식변동의 사회사》, 문학과지성사, 2003, 134쪽.

3 경성제국대학의 설립과 전개를 식민지 헤게모니 프로젝트의 차원에서 정리한 연구는 정준영, 〈경성제국대학과 식민지 헤게모니〉, 서울대학교 박사학위논문, 2009 참조.

식해 본토의 제국대학보다 축소된 형태로 설립되었지만, 의학부는 처음부터 강좌 및 교원의 수, 학생의 규모 등에서 본토 제국대학에 못지않은 규모로 출발했다. 당시 '세계적인 세균학자'로 인정받던 시가 기요시(志賀潔)가 의학부의 설립 과정에 체계적으로 관여했었고,[4] 체질인류학 등 일부 분야의 연구들은 학문적 명성의 측면에서 단기간에 식민지라는 제약을 넘어서기도 했었다. 이런 성과는 그 밖의 의과대학 설립을 허용하지 않았던 식민지적 상황을 감안해보면, 훨씬 더 두드러지게 보이기까지 한다.

그렇다면 식민 당국은 왜 식민지에 제국대학, 특히 일본 본토에 필적하는 제국대학 의학부를 설립했던 것일까? 물론 식민지에서 "의학이 그 자체로 식민화하는 힘이며, 정치적 권위와 사회적 통제의 강력한 자원"이 된다는 점[5]을 감안한다면, 식민 당국이 경성제대 의학부를 설립하고 이를 적극적으로 지원했던 것은 새삼 당연한 것인지도 모르겠다. 하지만 같은 일본의 식민지라고 해도, 말라리아를 비롯한 열대 풍토병 문제가 식민 통치에서 훨씬 더 시급한 과제가 되었던 대만에서는 1936년에 와서야 다이호쿠제국대학(臺北帝國大學)에 의학부가 설치되었다. 1926년 시점에 식민지 조선에 제국대학 의학부가 설치되었다는 사실에는 단지 식민 통치를 위해 의학적 헤게모니 확립이 필요하다는 설명만으로는 충분하지 않은, 무언가 석연치 않은 구석이 도사리고 있는 것이다.

이 글이 식민지 의학 교육을 둘러싸고 식민사회 내부에서 전개되고 있었던 헤게모니 경쟁의 양상에 주목하는 것은 이런 '석연치 않음'과 관련이

---

4 식민지 조선에서 시가 기요시가 어떤 활동을 전개했는지에 대해서는 마쓰다 도시히코(松田利彦), 〈시가 기요시(志賀潔)와 식민지 조선〉, 《한림일본학》 25집, 2014에서 상세하게 논의되고 있다.

5 Arnold, David, "Medicine and Colonialism," Bynum and Porter eds, *Companion Encyclopedia of the History of Medicine*, vol. 2, London: Routledge, 1993 참조.

없지 않다. 경성제대 의학부에서 조금 시야를 넓혀보면, 당시 조선 사회에서는 선교 의료 기관이 일제의 관립 의료 기관과 치열하게 경합하고 있었던 사실이 눈에 띈다. 특히 선교 의료 기관은 선교 모국의 지원과 조선인들의 지지를 바탕으로 의학 교육에서 '전문학교' 수준을 넘어 '대학' 설립을 모색하기도 했다. 의학 교육의 주도권을 둘러싼 다툼으로까지 보이는 이러한 경쟁의 압력이 총독부 주도의 경성제대 의학부 설립 과정에 일정한 영향력을 미치지 않았을까 하는 것은 그리 추측하기 어렵지 않다. 식민 권력은 왜 제국대학 의학부를 식민지에 설립하는 것을 서두를 수밖에 없었을까? 그리고 이런 헤게모니 경쟁의 흔적은 경성제대 의학부의 제도 속에 어떻게 투영되었을까? 이 글이 초점을 맞추는 것은 바로 이 두 지점이다.

경성제국대학 의학부의 설립 과정 및 제도적 특징에 관해서는 현재 상당한 연구 성과들이 축적되어 있다. 의학부의 설립 경위에 대해서는 이미 선구적인 연구들[6]이 존재하며, 최근 일본 학계에서도 본격적인 관심을 드러내고 있다.[7] 의학부에서 수행된 구체적인 연구 활동에 대해서는 정신의학,[8] 한약연구,[9] 이비인후과학,[10] 체질인류학,[11] 위생학[12] 등 일부 분야를 중

---

6 기창덕, 《한국근대의학 교육사》, 아카데미아, 1995; 이충호, 《한국 의사 교육사 연구》, 국학연구원, 1995; 박윤재, 《한국 근대의학의 기원》, 혜안, 2005.

7 마쓰다 도시히코, 〈京城帝國大學の創設〉, 酒井哲哉·松田利彦 編, 《帝國日本と植民地大學》, ゆまに書房, 2014.

8 이나미·이부영, 〈서양정신의학의 도입과 그 변천과정(2): 일제강점기의 정신의학(1910~1945)〉, 《의사학》 15(2), 2006; 민성길·이창호·이규박, 〈일제시대 조선총독부의원과 경성제대의 정신의학자들의 연구〉, 《신경정신의학》 54(2), 2015.

9 신창건, 〈경성제국대학에 있어서 한약연구의 성립〉, 《사회와 역사》 76, 2007.

10 장근호, 〈개항에서 일제 식민통치로부터의 해방까지 이비인후과학의 도입과 전개 과정〉, 서울대의학과 박사학위논문, 2008.

11 박순영, 〈일제 식민주의와 조선인의 몸에 대한 '인류학적' 시선: 조선인 신체에 대한 일제 체질인류학자들의 작업을 중심으로〉, 《비교문화연구》 12(2), 2006; 김옥주, 〈경성제대 의학부의 체질인류학 연구〉, 《의사학》 17(2), 2008; 정준영, 〈피의 인종

심으로 식민지적 '지식-권력'의 구체적인 작동 방식에 대한 검토가 이루어졌다.

대체로 이런 연구들은 경성제대 의학부를 식민지 의학사 및 의학 교육사의 맥락 속에 포착할 수 있게 했다는 점에서 크게 기여한 바가 있지만, 식민지 헤게모니의 확보를 둘러싼 식민 사회 내부의 경합과 식민 당국의 기획이라는 좀 더 장기적인 시야에서 설립과 운영이 가지는 의미를 가늠하는 데에는 아무래도 한계가 없지 않았다. 더욱이 시선을 의학부에만 한정하다 보니, 의학부와 법문학부, 그리고 1941년 신설된 이공학부를 포괄하고 있는 경성제대 그 자체의 존재 의의에 대해서는 상대적으로 제한적인 시각만을 제공해주었던 것도 사실이다.[13] 이 글이 이들 기존 연구의 성과를 적극적으로 반영하면서도 경성제대 의학부의 설립 과정과 제도적 특징을 '경성제대 속의 의학부'라는 관점에서 주목하고자 하는 것도 이 때문이다.

주의와 식민지의학: 경성제대 법의학교실의 혈액형인류학〉, 《의사학》 21(3), 2012.

12 愼蒼健, 〈京城帝國大學醫學部の植民性とは何か: 衛生學教室の社會醫學教室について〉, 《科學史研究》 48, 2009.

13 이와 같은 경향은 교육학, 역사학 분야에 대한 경성제대 연구에서도 마찬가지로 발견된다. 경성제대의 기본적인 성격을 규명하고 있는 기존의 연구들(馬越徹, 《韓國近代大學の成立と展開: 大學モデルの傳播研究》, 名古屋: 名古屋大學出版會, 1997; 鄭圭永, 〈京城帝國大學に見る戰前日本の高等教育と國家〉, 東京大學 教育學研究科博士論文, 1995; 정선이, 〈경성제국대학의 성격 연구〉, 연세대학교 박사학위논문, 1998; 朴光賢, 〈京城帝國大學と'朝鮮學'〉, 名古屋大學博士論文, 2003 등)도 의학부를 언급하고 있기는 하지만 전반적으로는 법문학부에 분석의 초점이 맞추어져 있는 경우가 많았다.

2. 식민지 의학 교육의 두 가지 형태: 의학전문학교와 제국대학 의학부

전문학교와 제국대학은 같은 고등교육기관이라 하겠지만, 당시 일본 교육 체제의 맥락에서 이 두 기관은 차별적인 위상과 특징을 가진다는 점은 앞에서 잠깐 언급했다. 이러한 사정은 의학 교육 영역에서도 크게 다르지 않았다. 의학전문학교와 제국대학 의학부는 기본적으로 의사를 양성하는 교육기관이라는 점에서는 취지를 같이했지만, 세부적으로 들어가면 서로 교육 계통이 달랐을 뿐만 아니라, 교육 기간, 교육 예산, 연구 조건 등에서 차이가 현격했기 때문이다. 따라서 1926년 경성제대 의학부가 설립되었다는 사태가 어떤 의미를 가지는지를 이해하기 위해서는 이와 같은 의학전문학교와 제국대학 의학부의 차이를 먼저 명확히 해둘 필요가 있다.

개화기 이래 서양 의학을 도입하고 이에 입각하여 의료인을 양성하려는 시도가 이어져왔다는 것은 널리 알려져 있다. 그런데 식민 통치가 시작된 이후 의학교의 설립이 식민 당국에 의해 엄격하게 통제, 관리되었다는 것도 엄연한 사실이다. 경성제대 의학부가 설립될 당시, 전문학교로 인정받은 의학교는 총독부가 설립한 경성의학전문학교(이하 '경성의전')와 서양인 선교사들이 설립한 세브란스연합의학전문학교(이하 '세브란스의전')가 전부였다. 이들 학교는 1916년 4월 〈조선총독부전문학교관제〉(칙령 제80호)가 공포된 이후에야 비로소 독립된 의학교로 인정받는다. 조선총독부의원에 부속했던 의학강습소가 이 칙령에 의거해서 1916년 경성의전이 되었고, 사립세브란스병원의 의학교 또한 1916년 의학 교육을 위한 재단법인을 구성하여 이듬해 세브란스의전으로 인가를 받았다.[14] 이들 학교는 경성제대

14 기창덕, 앞의 책, 63~84쪽.

의학부 설립 이전까지 식민 사회에 두 개뿐인 공식 의학교로서 의사 면허, 교원 자격, 병역 등에서 각종 특혜를 받게 되었다.[15]

그런데 신설된 제국대학 의학부는 이처럼 특혜가 많은 의학전문학교와도 차별화되는, 훨씬 더 특권적인 엘리트 교육기관이었다. 먼저, 교육 목표가 확연히 달랐다. 경성의전과 세브란스의전은 사회적으로 필요로 하는 전문 인력을 단기간에 양성하는 전문학교였다. 다시 말해 교육의 목표는 임상의사의 양성에 있었다. 1916년의 〈경성의학전문학교규칙〉(총독부령 제27호)에 따르면, 경성의전은 "질병·진료의 지식, 기능을 구비한 의사를 양성"하는 것을 목표로 했으며, 세브란스의전은 "우리들의 목적은 한국의 일상사에 직면하는 여러 가지 문제를 해결할 수 있는 임상가를 키우는 것"으로 규정되었다.[16] 이들이 의학 각 분야의 이론적 지식보다는 임상적 치료

15 당시 일본의 교육 체제에서 의학전문학교의 학생은 몇 가지 특혜를 부여받을 수 있었다. 먼저 전문학교로서의 특혜가 있는데, 졸업할 때까지 병역을 연기받을 수 있었고, 졸업 후에는 관련 과목의 중등학교 교원 자격을 부여받을 수 있었다. 그리고 의학교 고유의 특혜도 있는데 일본 문부성의 지정을 받은 학교 졸업자는 졸업과 동시에 일본 전역에서 활동할 수 있는 의사 면허를 자동으로 부여받을 수 있었던 것이다. 물론 이런 특혜는 경성의전과 세브란스의전에 동일하게 부여되지도 않았고, 그 의미도 달랐다. 가령 병역 연기 특혜의 경우에는 경성의전의 조선인 학생이나, 조선인 학생만 있었던 세브란스의전에는 아무런 의미가 없었다. 그리고 의사 면허의 특혜에 대해서는 경성의전은 전문학교 승격 이전부터 조선에서 활동할 수 있는 총독부 의사 면허의 특혜는 이미 가지고 있었는데, 전문학교 승격을 계기로 문부성 지정 학교의 특혜도 받게 되었다. 다만 처음에는 5년제 중학교를 졸업했던 일본인에게만 문부성 지정 학교의 특혜가 부여되어서 조선인 학생들의 반발을 불러일으켰다. 이런 차별은 제2차 조선교육령을 통해 조선인과 일본인 사이의 교육 격차가 해소되면서 사라지게 되었다. 한편 세브란스의전은 전문학교 승격 이후에도 의사 면허 특혜를 부여받기 위해서 식민 당국의 요구를 계속 수용해야 했는데, 1924년에는 총독부 지정 학교가, 1934년에는 문부성 지정 학교가 되었다. 식민지 의학 교육기관의 구체적인 정비 과정에 대해서는 박윤재의 논의가 참고가 된다. 박윤재, 〈일제 초 의학 교육기관의 정비와 임상의사의 양성〉, 《의사학》 13(1), 2004.

16 기창덕, 앞의 책, 76쪽.

에 필요한 지식과 경험을 중시했던 것도 당연했다. 조선총독은 1916년 3년 〈경성의학전문학교의 교수상 주의를 요하는 사항〉이라는 훈령(제16호)을 경성의전 교장 앞으로 보냈는데, 이에 따르면 기초의학의 교육은 "실험, 실습에 중점을 두어 정확한 지식, 기능을 습득"하게 하고, 임상의학의 교육은 "과다한 질병에 대하여 실지의 경험을 얻게 하는 데" 있다. 한편 수학, 물리학, 화학 등 기초 학문은 의학 습득에 기초가 되는 것만을 가르쳐 "번다한 사항을 가르치거나 형식에 흐르는 일이 없"도록 하고, 의학에 필수적인 독일어도 "실제 필요치 않은 난해의 문장, 문구를 가르치는 일이 없"도록 주의할 것을 당부했다.[17] 이러한 임상 실습 중심의 교육은 세브란스의전도 다르지 않았다. 규정에 따르면 학생들은 수술을 보조하거나 직접 환자를 할당받아 진료를 수행하는 존재였다.[18]

반면에 경성제대 의학부는 "국가에 수요(須要)한 학술의 이해 및 응용"을 배우고, "그 온오(蘊奧)를 공구(攻究)"하는 것을 목표로 했다. 즉 의학전문학교가 배제했던 "고원(高遠)한 학리(學理)"를 폭넓게 배우고, 본격적인 연구를 통해 의학 발전에 기여하는 것을 강조했다. 임상의 양성을 넘어서 새로운 의학 이론 및 기술의 창출도 지향했던 것이다. 따라서 임상을 강조하는 의학전문학교와는 달리, 임상 강좌의 실습보다도 해부학, 병리학, 생리학, 의화학 등 기초 강좌의 실험과 연습이 중시되었다. 요컨대 제국대학 의학부는 기초 지향, 이론 지향 교육을 추구했다는 점에서 의학전문학교와는 달랐고, 그 자체로 의학적 지식과 이론을 생산하는 연구기관이기도 했던 것이다.

---

17 이러한 교육 지침은 1916년의 〈경성의학전문학교규칙〉에서도 일부 확인된다. "敎授는 기초의학과 임상의학을 막론하고 쓸데없이 高遠한 學理를 게으르게 하지 말고, 簡明을 主旨로 하여 유용한 日新의 지식, 기능을 가르쳐야 한다."

18 기창덕, 앞의 책, 75~84쪽.

둘째, 교육 계통과 교육 기간에도 현격한 차이가 있었다. 의학전문학교가 직업적 전문교육을 실시하는 '실업 계통'의 교육으로 분류되었던 반면, 제국대학 의학부는 인문 계열의 교육으로 분류되었기 때문이다. 제국대학의 전문교육은 원칙적으로는 '고등보통교육'을 이수한 자들을 대상으로 실시되었다. 따라서 졸업에 필요한 교육 기간이 달랐던 것은 당연했다. 1926년 당시, 의학전문학교를 졸업하기 위해서는 초등교육(소학교/보통학교) 6년→중등교육(중학교/고등보통학교) 5년→전문교육 4년, 도합 15년의 교육 기간이 소요되었다. 하지만 경성제대 의학부를 마치고 '의학사'가 되기 위해서는 중등학교 졸업 이후, 3년(또는 2년)간의 예과 교육을 더 필요로 했다. 의학전문학교보다도 2~3년 정도 교육 기간이 길었던 것이다. 당시 일본의 교육 체제가 대체로 '교육 연수(教育年數)'를 기준으로 교육 단계를 구별했던 것을 감안한다면, 교육 기간이 길었던 제국대학 의학부가 의학전문학교와는 '격(格)이 다른' 학교로 취급받았던 것은 무리도 아니었다.[19]

셋째, 교육 예산의 면에서도 의학전문학교는 제국대학 의학부와 비할 바 못되었다. 가령 1929년 당시, 경성제대의 학부 경상예산은 2,081,120엔이었는 데 반해, 경성의전과 세브란스의전의 경상예산은 각각 302,385엔, 302,385엔에 불과했다. 그리고 이러한 차이는 당시 재학생 수와 대비해보면 더욱 현격하게 드러난다. 당시 경성제대 학부 전체의 재학생 수는 552명(조선인 166명)이었던 반면, 경성의전은 357명(조선인 99명), 세브란스의전은 140명(전원 조선인)이었다. 이를 1인당 경상경비로 환산하면, 경성의전이 847엔, 세브란스의전이 2,337엔이었고 경성제대는 무려 3,770엔이었

19 그리고 이러한 학교 '격(格)의 차이'는 해방 이후 이른바 국대안을 둘러싸고 벌어진 내부 갈등의 숨은 동기가 되기도 했다. 국대안을 둘러싼 당시의 상황에 대해서는 강명숙의 논의를 일부 참조할 수 있다. 강명숙, 〈미군정기 고등교육 개혁〉, 서울대학교 박사학위논문, 2002.

다.[20] 미국 내 후원자들의 지원을 받았던 세브란스의전의 1인당 경상경비가 경성의전에 비해 2.75배나 많다는 사실이 눈에 띄지만, 그럼에도 경성제대의 경상경비는 다른 의학전문학교를 압도하는 수치였다. 더욱이 여기에는 예산 규모가 상대적으로 작았던 법문학부까지가 포함되어 있었다.[21] 설립 초기 대학 예과를 포함한 경성제대의 경상경비는 총독부 학무국 예산의 60퍼센트 이상을 차지했으며, 경성의전을 포함한 관립 학교 전체 예산의 두 배에 가까웠다. 예산의 규모 면에서도 제국대학 의학부는 의전에 비해 압도적인 규모와 특권을 가지고 있었던 것이다.

이와 같은 제국대학 의학부의 특권적 성격은 일차적으로는 일본 특유의 교육 체제에서 기인하는 것이라 할 수 있다. 일본은 메이지유신 이후 근대적 교육 체제를 구축하면서부터 제국대학을 집중적으로 육성하는 정책을 채택했다. 한국 사회와 마찬가지로 서구 열강에 의해 강제로 문호를 개방할 수밖에 없었던 메이지 일본은 '식민지'로 몰락하는 운명을 피하기 위해 무엇보다도 근대 과학 지식의 수용에 사활을 걸었는데, 취약한 사회적 기반을 감안해 특정 기관에 가능한 재원을 집중하는 방식이 불가피했던 것이다.[22] 따라서 제국대학에 예산을 비롯한 물질적 지원이 집중되었고, 졸업생에 대한 특전, 연구의 독점 등 특권이 부여되었다. 당연히 대학의 설립과 운영에 막대한 비용이 소요되었다. 그렇다면 왜 식민 당국은 식민지에 이와 같은 특권적 대학을 설립하려 했던 것일까?

물론 당시 식민지의 상황에서 의학 교육기관의 증설은 분명 불가피했

---

20 이상의 수치는 조선총독부 학무국의 《朝鮮諸學校一覽》, 1929년 판에서 추출한 것이다.

21 경성제국대학의 대학 재정 구조 및 그 특징에 대해서는 정준영, 앞의 글, 132~141쪽 참조.

22 天野郁夫, 《大學の誕生》 上, 中公新書, 2009, 11~88쪽.

던 측면이 있었다. '의사 부족' 문제가 심각했고 기존의 의학전문학교만으로는 의사를 공급하는 데 한계가 명확했기 때문이다. 하지만 이것만으로는 왜 식민 당국이 경성제대를 설립했는가에 대한 대답으로는 충분하지 않은 것 같다. 식민 당국의 입장에서는 막대한 비용이 드는 제국대학 의학부를 설립하는 대신, 의학전문학교를 몇 개 증설하거나 기존의 경성의전을 단과대학으로 확대, 개편하는 편이 훨씬 효율적이었기 때문이다. 그것도 아니라면 총독부 부립대학과 같이 형식적으로 간소하고 유연성을 가진 대학을 설립한 후 여기에 의학교를 설치하는 것도 하나의 방안일 수 있었다. 이러한 현실적인 대안을 제쳐두고 식민 당국은 제국대학 설립을 밀어붙였고, 결국에는 실현시켰다. 이것은 세계사적으로도 유례를 찾기 드문 사례인데, 당시에 제국 권력이 식민지 현지에 대학을 설립하는 것 자체는 그다지 특별하다고 할 수 없겠지만[23] 본토의 최고학부(最高學府)를 식민지에 그대로 이식하는 경우는 전혀 없었기 때문이다.[24]

게다가 1922년 《동아일보》를 중심으로 추진되었던 민립대학 설립 운동에 대응하기 위해 경성제대가 설립되었다는 기존의 통념[25] 또한 많은 연구들이 지적했듯이, 허구에 불과했다.[26] 민립대학 설립 운동은 1922년 조선교육령의 공포를 계기로 촉발되었지만, 총독부의 대학 설립 추진은 시기적으로 이보다 앞서기 때문이다. 이미 3·1운동 직후에 식민 지배자들 사이에는

23 대영제국은 이미 19세기 중엽 영국령 인도에 대학을 세우기 시작하여, 1924년 당시에는 이미 인도 전역에 15개, 미얀마에 1개, 홍콩에 1개의 대학을 설립한 상태였고, 미국령 필리핀과 프랑스령 인도차이나반도에도 대학이 설립되어 있었기 때문이다. 서구 제국주의 열강이 아시아 식민지에 설립한 대학들에 대해서는 Ashby, *Universities: British, Indian, African. A Study in the Ecology of Higher Education*, Cambridge: Harvard University Press, 1966 참조.

24 馬越徹, 앞의 책, 20쪽.

25 京城帝國大學同窓會 編, 《紺碧遙かに》, 耕文社, 1974 참조.

26 鄭圭永, 앞의 글; 정선이, 앞의 글 참조.

대학 설립이 불가피하다는 인식이 확립되어 있었고, 문화 통치를 표방했던 사이토(齋藤實) 총독부는 등장과 동시에 정무총감 미즈노 렌타로(水野鍊太郎)를 중심으로 설립 계획을 착수했다.[27] 그렇기 때문에 기존 연구들은 경성제대 탄생의 계기로 '내지연장주의'[28]로 대변되는 일본 본토에서 식민통치 기조의 변화를 드는 경우가 많다.

하지만 당시 상황은 식민통치의 변화만 가지고 막대한 비용이 소요되는 대학 설립을 추진했다고 설명하기에는 대단히 불리했다. 당시 일본의 재정 상황은 이른바 1차 세계대전의 '전쟁 특수' 이후의 경제 위기 때문에 초긴축 상태에 있었기 때문이다. 설립 구상 단계부터 대장성 등 일본의 재정 당국은 대학 설립에 난색을 표명했다.[29] 게다가 일본 본토 및 재조(在朝) 일본인들의 여론도 그리 우호적이라고 하기는 어려웠다. 초등교육 시설마저 충분하지 않는 상황에서 식민지에 대학을 설립하는 것은 시기상조라는 입장이 지배적이었다.[30] 총독부는 이런 불리한 조건에도 불구하고 대학 설립을 밀어붙였다. 1923년 4월에는 대학 예과 부지 선정 및 건물 건설 작업에 착수했고, 11월에는 대학 창설 준비위원회를 공식 발족했다. 그리고 1924년 5월 천황의 칙령으로 경성제대 설립을 공식적으로 확정지었다. 공식적인

---

27 정준영, 앞의 글, 96~100쪽.

28 당시 일본에서는 1919년을 전후하여 종전까지 정치적 주도권을 장악해왔던 야마가타, 테라우치 등의 이른바 번벌(藩閥) 정치 세력이 몰락하고, 의회를 중심으로 한 하라 다카시(原敬)의 정우회가 주류로 부상하게 되었다. 조선을 의회정치의 간섭을 받지 않는 정치적 '사유물'로 간주해왔던 번벌 세력에 대한 비판도 본격적으로 제기되었는데, 본토의 제도를 식민지에도 그대로 도입하여 통치의 정당성을 획득해야 한다는 이른바 '내지연장주의'의 등장도 이러한 정치적 맥락 속에서 이해될 수 있다. 당시 일본의 국내 정치적 맥락에 대해서는 李炯植, 〈'文化統治'初期における朝鮮總督府官僚の統治構想〉, 《史學雜誌》 115편 4호, 2006 참조.

29 실제로 조선총독부는 1922년 예산부터 대학 건설 비용 계상(計上)을 시도했지만, 대장성 등 재정 당국의 반대에 의해 무산되었다.

30 渡邊豐日子, 〈朝鮮教育の側面觀〉, 《文教の朝鮮》 1934년 10월호.

설립 준비 기간은 6개월, 구상 단계까지 포함해도 4년 반이라는 단기간에 대학 설립이 실현된 것이다. 이것은 1919년 이후 비슷한 시기에 대학 설립을 구상했지만 그 실현은 1928년에야 가능했던 대만의 사례와 대조된다.

따라서 총독부가 대학 설립을 서둘렀던 이유를 설명하기 위해서는 좀 더 포괄적인 접근 방식이 필요할 것 같다. 경성제대 자체의 구체적인 설립 과정만을 초점을 맞추는 기존의 시각에서 벗어나, 1910년대 이래 조선사회 내부에서 대학 설립을 둘러싸고 벌여졌던 경합 양상, 특히 '근대적' 의학 교육을 둘러싼 헤게모니 경쟁의 양상을 좀 더 넓은 시각에서 살펴볼 필요가 있는 것이다.

3. 의학 교육을 둘러싼 경쟁: 경성제대 의학부의 등장

1) 1910년대 고등교육 정책의 부재와 의사 면허

1920년대 초반 조선총독부가 대학 설립을 서둘렀던 것과 대조적으로, 1910년대의 총독부는 '간이(簡易)'와 '실용(實用)'을 강조하면서 조선인들의 고등교육기관 설립 요구를 외면했었다는 것은 잘 알려진 사실이다. 조선총독부는 1911년 제1차 〈조선교육령〉 공포를 통해 식민 교육의 청사진을 제시한 바 있는데, "비근한 보통교육을 베풀어 한 사람으로서 일할 수 있는 인간을 만드는 데 주안점을 두"었다.[31] 즉 기본적인 초등교육과 실업교육에 역점을 두는 대신, 고등교육에 대해서는 철저하게 설립을 억제할 것을 천명했던 것이다. 가령 제1차 조선교육령 중에서 25조부터 27조까지

31 高橋賓吉, 《朝鮮教育史考》, 帝國地方行政學會 朝鮮支部, 1927, 365쪽.

의 조항은 전문학교의 설립 가능성을 열어두고 있는 규정이지만, 곧이어 공포된 〈조선교육령 시행에 관한 유고(朝鮮教育令施行に關する論告)〉(훈시 86호)에서 식민 당국은 "아직 보통교육의 발달이 충분하지 않기 때문에 세부적인 규칙은 훗날로 넘긴다"라고 하여 당분간 전문학교의 설립 자체를 불허하겠다는 입장을 취했다.

물론 의사, 법률가, 엔지니어 등과 같은 식민 통치에 필수적인 전문 인력은 전문학교가 없더라도 양성할 필요가 있었다. 여기에서 식민 기관에 '전문학교 수준'에 준하는 과정을 포함하는 부속 강습소를 설치하고 졸업생들에게 자격을 부여하는 편법이 동원되었다. 의학 교육과 의사 양성이 그 전형적인 사례였다. 총독부는 강점 직후 이미 통감부 시기에 대학 의원에 부속되었던 의학교를 총독부 의원 부속 의학강습소로 격하시켰다. 즉 고등교육기관에서 요구되는 최소한의 교육학적 목표의 설정, 교육 계통과 단계의 설정이 필요 없는 일종의 직업양성기관이 고등교육기관의 역할을 대신하게 한 것이다.[32] 식민 당국은 의학강습소 등의 양성기관을 독립적인 고등교육기관으로 인정하지 않는 대신, 그 졸업자들에게는 '고등교육' 수준에 준하는 교과를 수료했다는 자격을 부여했다. 총독부는 1913년 〈의사규칙〉을 공포했는데, 첫 졸업생이 배출되었던 1914년 3월 총독부 지정을 통해 이들에게 무시험으로 총독부 의사 면허증을 교부했던 것이다.[33]

32 따라서 당시 의학강습소는 전문학교 수준의 교과가 가르쳐진다는 것을 인정받았을 뿐, 독립적인 교육기관으로는 인정받지 못했다. 그리고 실제로도 설립 당시에는 교육을 전담하는 직원이 2명뿐이었고, 실제 강의는 병원의 임상의들이 분담하고 있어서 의학교라고도 말하기 힘든 형편이었다. 기창덕, 앞의 책, 65쪽. 의학강습소가 '의학교'로서의 내실을 갖추기 시작했던 것은 의학교 내부에서 전문학교 승격을 본격적으로 모색하기 시작했던 1914년 이후였다. 그리고 이와 같은 방침은 법률, 공학, 농학 분야의 경우에도 마찬가지였다.

33 《조선총독부관보》 1914년 3월 7일자.

그런데 고등교육기관을 인정하지 않는 총독부의 입장은 곧바로 위기에 봉착하게 되었다. 미국인 선교사들이 중심이 된 미션스쿨이 이처럼 총독부의 억압에 의해 '공백 지대'가 된 고등교육 부문을 집요하게 파고들었기 때문이다. 이들은 선교 전략의 차원에서 식민 당국이 외면했던 조선인들의 '고등교육' 요구에 적극적으로 부응하려 했다. 토착 교회에서 사역할 현지인 목회자 양성뿐 아니라, '일반 신자'를 대상으로 자유교양 교육과 전문교육을 실시하는 고등교육기관, 즉 '칼리지'의 설립을 적극적으로 모색하기 시작했던 것이다.[34] 특히 호러스 언더우드(Horace Underwood)와 올리버 에비슨(Oliver Avison)이 중심이 되어, 서울에 비(非)신도까지를 포함하는 기독교 고등교육기관의 설립이 모색되기도 했다. 이것은 식민 당국의 입장에서는 식민 통치의 위기와도 직결되는 위협적인 상황이었다. 총독부가 '간이'와 '실용'을 강조하는 사이에 근대 지식의 수용을 둘러싼 경쟁에서 오히려 서양인 선교사들과 이들과 결합된 조선인들이 주도권을 행사할 가능성이 높아졌기 때문이다.

식민 당국이 1915년 전문학교 설립을 불허하던 기존 방침을 철회하고, 의학강습소를 경성의전으로 승격시키는 등 관립전문학교의 설립을 적극 추진했던 것은 이와 같은 헤게모니 경쟁이 야기한 불가피한 결과였다. 총독부는 1915년 이미 실현 단계에 이른 서울의 기독교 연합 칼리지에 대해서는

34 다만 모든 서양인 선교사들이 '기독교 문명론'에 입각한 고등교육 및 의료 선교의 확산에 적극적이었던 것은 아니었다는 점도 지적할 필요가 있다. 자립적인 기독교 공동체의 건설에 무엇보다 우선순위를 두었던 평양 중심의 '보수적'인 선교사들은 이들 '문명적 시설'들이 오히려 기독교의 토착화에 방해가 된다고 보기도 했던 것이다. 1910년대 초반 현장 선교사들과 미국의 선교 본부 사이에서 갈등의 소재가 되었던 이른바 '칼리지' 문제는 그 단적인 예이다. 칼리지 문제에 대해서는 리처드 베어드(Richard Baird), 《리처드 베어드의 한국선교》, 김인수 옮김, 쿰란, 2004 참조.

'악명 높은' 〈개정 사립학교규칙〉(총독부령 24호)을 통해 식민 교육 체제로의 편입을 강요하는 한편, 같은 날 공포된 〈전문교육에 관한 방침(專門教育に關する方針)〉(훈시 16호)을 통해 사립전문학교 설립의 가능성을 열어놓는 등 회유도 모색했다.[35] 그 결과, 서울의 기독교 연합 칼리지는 1917년 4월 '연희전문학교'라는 사립전문학교의 형태로 식민지 교육 체제에 편입되었다.

2) 세브란스의전의 '기독교 종합대학' 모색

그런데 이렇게 미션스쿨이 사립전문학교로 인정받는 것이 가능해진 상황에서, 특히 주목할 만한 행보를 보인 것은 세브란스연합의학교였다. 1913년 북장로회를 중심으로 각 선교 교단의 연합 체제를 구축했던 세브란스연합의학교의 경우, 식민 당국의 입장 변화는 새로운 계기로 작용했다. 당시까지 세브란스는 의학 교육 수준의 높고 낮음과는 무관하게 식민 당국의 '인가'를 받지 못하는 등 적지 않은 제약에 직면해 있었기 때문이다. 그중에서 가장 큰 제약으로 작용했던 것은 의사로서의 자격을 부여받지 못했다는 것이었다. 의학교의 학력을 인정받지 못했기 때문에, 세브란스의 졸업생들은 의사 시험에 합격해야만 총독부 의사 면허를 부여받을 수 있었다. 물론 졸업생들의 시험 성적은 나쁘지 않았지만[36] 의학 교육의 목표가 의사 양성임을 감안했을 때, 이런 제약은 의학교의 존재 의의와도 직결되는 사안이라 하겠다. 그런데 세브란스가 전문학교로 인정받으면 사정은

35 정준영, 〈1910년대 조선총독부의 식민지교육정책과 미션스쿨: 중고등교육의 경우〉, 《사회와 역사》 제72집, 2006, 225~226쪽.

36 〈의사규칙〉이 공포된 첫 의사 시험에서 모두 13명의 합격자가 배출되었는데, 그중에서 8명이 세브란스 출신이었다. 《매일신보》, 1914년 10월 11일자 참조.

확연히 달라진다. 조선 내에서의 의사 면허, 더 나아가 일본 전역에서의 의사 면허를 졸업과 동시에 자동적으로 부여받게 될 가능성이 생긴다는 의미이기 때문이다. 실제로 경성의전은 전문학교 승격 이전에 이미 총독부 지정 학교였지만, 승격과 동시에 문부성 지정을 획득해 5년제 중학교를 마치고 입학한 일본인 졸업생부터는 제국 일본의 어디서든 의사 활동이 가능한 면허를 자동으로 받을 수 있게 되었다.

따라서 전문학교 인가가 가능해진 1916년 시점부터 세브란스연합의학교가 본격적으로 식민 당국의 요구에 맞추어갔던 것은 당연했다. 에비슨은 1916년 4월, 총독부의 교육 방침에 맞추어 교수진을 강화하는 한편, 재단법인을 구성하여 총독부에 설립 인가를 청원했다. 식민 당국은 즉각 이를 받아들여 사립 의학전문학교로 인가했지만, 의사 자격과 관련하여 핵심이 되는 총독부 지정은 학교의 시설 미비를 이유로 보류 처분을 내렸다. 세브란스의전으로서는 기부자들의 적극적 지원, 각종 의료 수입 사업을 바탕으로 더욱 공세적으로 교세(校勢)를 확장할 수밖에 없었는데, 이것은 《조선제학교 일람》 등의 자료를 통해서도 여실히 드러난다. 세브란스의전의 경상경비는 1918년 63,988엔에서 1919년에는 82,741엔, 1920년 105,500엔으로 매년 25퍼센트 이상 확대되는 양상을 보인다. 게다가 이것은 재학생 수가 네 배 이상 많았던 경성의전의 그것을 훨씬 상회하는 것이기도 했다. 경성의전의 경상경비는 1918년에는 30,336엔에 불과했으며 이후 총독부의 적극적인 지원으로 급격하게 확대되긴 했지만, 1919년 41,523엔, 1920년 84,269엔으로 세브란스의전에는 크게 미치지 못했다.

더 나아가 에비슨은 이러한 교세 확장을 바탕으로 1921년 7월에는 50만엔의 기금을 기반으로 학교 내에 치과의학교 설립을 청원했다.[37] 치과의사

---

37 〈齒科醫專門學校, 에비신氏가 50萬圓을 내어 設立한다고 해〉, 《매일신보》 1921년 7월 5일자; 〈朝鮮齒科醫專設立申請中〉, 《경성일보》 1921년 7월 5일자. 《경성일보》에

의 면허 취득을 규정한 〈치과의사 시험규칙〉이 1921년 2월 공포되었지만, 무시험 면허 취득이 가능한 교육기관이 없었던 점에 착안했던 것이다. 에비슨은 치과의사 면허에서 총독부 지정을 먼저 받아냄으로써 당시 보류 상태에 있었던 총독부 의사 면허에 대한 지정을 재촉하는 효과를 기대하는 한편, 장기적으로는 교장으로 겸임했던 연희전문과 통합하여 기독교 종합대학(university)을 설립하려는 의도를 가지고 있었던 것이다.[38]

이런 세브란스의 동향은 당시 경성의전 교수로 있었던 사토 고조(佐藤剛藏)의 회고에서도 확인되듯이, 식민 통치자들의 입장에서는 심각한 위기로 받아들여졌음이 확실하다. 앞서도 살펴보았지만, 조선총독부는 이미 1910년대부터 고등교육기관, 특히 대학 설립과 관련해서 능동적인 주도권을 가지지 못했고, 오히려 서구 제국주의 열강과 연결된 서양인 선교사들, 그리고 이들과 결합한 조선인 신도의 움직임에 수동적으로 대응하는 양상을 보였다. 게다가 1919년 3·1운동은 식민 통치의 총체적 위기를 적나라하게 드러내는 사건이었다. 식민 당국은 철저하게 이반된 식민지인들의 민심을 되돌리는 한편, 조선 지배에 대해 악화된 국제 여론, 특히 서구 열강의 '비판적' 시선을 무마할 필요성도 있었다. 이미 식민 당국과 미국인 선교사, 조선인 지식인들 사이에서 '헤게모니 경쟁'의 영역[39]이 되어 있었던 대학 설립 문제와 관련하여 위기를 '일거에' 타개할 특단의 조치가 불가피했던 것이다.

따르면 신청 중인 학교는 조선인을 본과로 하고, 일본인 희망자를 청강생으로 하며, 수업 연한은 3년으로 계획되어 있었다.

38 사토 고조, 《朝鮮醫育史》, 佐藤先生喜壽記念出版, 1956, 78쪽.

39 박명규·김백영, 〈식민지배와 헤게모니 경쟁: 조선총독부와 미국 개신교 선교세력 간의 관계를 중심으로〉, 《사회와 역사》 제82집, 2009, 11~24쪽.

3) 대학 설립을 둘러싼 경합과 경성제대 의학부

이것을 명백하게 보여주는 증거가 1922년 1월 25일에 있었던 제2차 〈조선교육령〉 칙령안에 대한 추밀원 본회의의 심의 내용이다. 국가 원로들로 구성된 추밀원은 천황의 자문 기관으로서 천황의 이름으로 공포되는 칙령 중에서 특히 전쟁과 같은 군사적 결정, 외국과의 조약, 교육 등 주요 안건을 심의하여 천황에게 자문하는 역할을 담당했다. 메이지 헌법에 따르면, 이와 같은 국가적 사안은 천황 대권의 영역에 속하는 것이기 때문에 제국의회의 협찬(協贊)을 거치지 않고 추밀원의 심의를 거쳐 천황이 선포하도록 규정하고 있는데, 이것은 추밀원의 국가 원훈들이 천황의 이름으로 중대 사안을 제국의회의 견제 없이 결정한다는 것을 의미했다. 다시 말해, 추밀원은 천황 대권을 구실로 제국의회의 견제 없이 무소불위의 권력을 행사할 수 있었던 것이다. 1930년대 중반까지 추밀원은 원로 정치의 본산으로서 내각과 제국의회 위에 군림하는 사실상의 옥상옥(屋上屋)이었다.[40]

그리고 식민지의 교육 기조를 확정하는 교육령의 개정은 이들 추밀원의 관할 사항이었다. 추밀원 자문의 절차는 먼저 고문관들 중 전문가들로 구성된 위원회가 개최되어 사안에 대한 대략의 방침을 결정한 후, 전체 고문관들이 참여하는 본회의에서 최종 심의를 거쳐 칙령의 최종적 형태를 확정하는데, 아무래도 허심탄회하게 논의되는 위원회에서 결정되는 방침이 최

40 추밀원의 기능과 권한, 당시 일본 사회에 미친 영향력에 대해서는 久保義三, 《天皇制國家と教育政策》, 勁草書房, 1979 및 由井正臣 編, 《樞密院の硏究》, 吉川弘文館, 2003 참조. 참고로 제국의회의 '협찬'이란 '동의(consent)'를 의미하는데, 메이지 헌법 제정 당시부터 논란이 되었던 '천황의 입법권 행사에 대해서 가지는 제국의회의 승인(承認)'의 권리가 가지는 군신동치(君臣同治)적 어감을 완화하기 위해 사용된 표현이다. 三谷太一郞, 〈滿州國國家體制と日本の國內政治〉, 《岩波講座 近代日本と植民地 2: 帝國統治の構造》, 岩波書店, 1992, 184~187쪽 참조.

종적인 자문에 미치는 영향이 적지 않았다. 조선교육령과 대만교육령을 더불어 심의했던 1922년 1월의 추밀원 자문회의도 크게 다르지 않았다. 그런데 '내지준거(內地準據)'에 입각하여 식민 교육 체제를 전반적으로 개편한다는 것을 골자로 했던 조선교육령과 대만교육령 개정 법안을 심의하는 과정에서 정작 추밀원 고문관들의 골머리를 썩였던 것은 식민지 대학의 설립 문제였다. 고문관들의 발언 대부분은 교육령보다는 대학 설립의 필요성 및 여파에 할애되고 있었던 것이다. 그것을 단적으로 보여주고 있는 것이 본회의를 시작하면서 위원회의 심의 결과를 보고하는 위원장의 발언이었다. 그의 발언은 다음과 같은 희망 사항과 더불어 끝난다.

> 이번 조선 및 대만에서 대학 제도를 인정해 관·공·사립대학을 설치할 수 있는 길이 열린 결과, 만에 하나 외국인이 경영에 관계하는 불완전한 사립대학이 관립대학보다 먼저 설립되는 것과 같은 일은 통치상으로 생각해서 크게 우려할 만한 일이 되지 않을까 두렵다. 즉 당국에서 그 사이에 대처하는 장치를 그르치지 않기를 本官들은 간절히 희망하는 바이다.[41]

식민지에 대학을 설립하는 것은 당시 국가 원훈들 사이에서도 아직은 '시기상조'라는 여론이 강했던 것은 어렵지 않게 확인할 수 있다. 하지만 그럼에도 추밀원은 대학 설립의 승인을 포함하는 교육령 개정안을 원안대로 통과시킬 수밖에 없었는데, 그 이유가 이 인용문에 잘 나타나 있다. 다시 말해, 아무리 시기상조라고 해도 "외국인이 경영에 관계하는 불완전한 사립대학이 관립대학보다 먼저 설립되는 것"만은 피해야 하며 따라서 사실상 대학 설립의 허용을 포함하는 식민지 교육령의 전면 개정을 승인한다

41 〈一. 朝鮮教育令, 一. 臺灣教育令〉, 《樞密院會議記錄》, 大正 11년 1월 25일.

는 것이다. 당시 일본을 좌지우지했던 핵심 엘리트들조차도 사립대학의 출현을 얼마나 경계하고 있었는지를 잘 보여주는 대목이다.

그런데 당시의 역사적 상황을 고려해보면, 고문관들이 지칭하는 "외국인이 경영에 관계하는 불완전한 사립대학"이 무엇이었는지 짐작하기는 어렵지 않다. 우리에게 잘 알려져 있는 민립대학 설립 운동이란 것은 제2차 조선교육령이 통과된 이후에야 비로소 본격적으로 전개되었던 움직임이라 할 수 있고, 시선을 돌려 일본의 또 다른 식민지였던 대만을 둘러봐도, 이곳 선교사들의 교육 선교는 비교적 취약하여 현지에서 대학 설립이 모색되었다는 확실한 증거는 발견되지 않기 때문이다. 1910년대 이래 서양인 선교사들을 중심으로 추진된 기독교 칼리지의 설립 추진, 더욱 최근으로는 1921년 세브란스의전을 모태로 기독교 종합대학을 모색했던 에비슨의 시도를 제외하고는 이 발언에 부합되는 '불온한' 시도라 할 만한 것은 사실상 없었다고 할 수 있다.

결국 식민 당국이 대학 설립을 서둘렀던 것은 1910년대 이래 계속되어 왔던 총독부와 외국인 선교사, 그리고 조선인들 사이의 헤게모니적 경합에서 공세적인 주도권을 장악하기 위한 시도로 이해될 수 있다. 그리고 이러한 해석은 식민 당국이 대학을 설립하는 데에서 제국대학이라는 형식과 위상에 집착했는가의 의문에 대해서도 납득할 만한 실마리를 제공해줄 수 있다. 일본과 중국, 구미 유학을 통해 급속하게 급진화·좌경화되는 경향을 보였던 조선인 유학생들을 식민지에 묶어놓기 위해서는, 더 나아가 경성의전을 압도하는 교육 투자를 통해 종합대학으로의 발전을 모색하고 있던 서양 선교사들을 좌절시키기 위해서는 본국 최고학부라는 제국대학의 위상이 필요했던 것이다. 더욱이 일반 조선인 민중들에게는 식민지를 본국과 다름없이 취급하겠다는 강력한 정치적 제스처를 취할 필요도 있었다. 이와 같은 중층적인 정치적 고려의 결과로서 출현했던 것이 구제고등학교를 대신한 대학 예과와 법문학부와 의학부로 구성된 경성제대였다.

특히 경성제대 의학부의 설립은 식민지 사회에서 적지 않은 영향력을 행사하고 있던 선교 의료 기관들을 견제하고, 근대 의학의 권위를 독점적으로 확보하기 위한 시도라는 의미를 가졌다. 실제로 제국대학 의학부의 설립이 구체화되는 상황에서 총독부는 에비슨의 대학 승격 시도를 좌절시키는 한편, 의사 면허에 대한 '지정'을 매개로 세브란스의전에 대한 통제를 강화하기 시작했다. 그리고 의사 면허의 '지정'이 절실했던 세브란스의 입장에서도 타협은 불가피했다. 에비슨은 학사 행정 전반을 학감 오긍선에 맡기고 배후로 물러날 수밖에 없었으며, 총독부의 방침에 따라 학칙과 교육 과정을 개편해야만 했다.[42] 그 결과가 1923년 2월 24일 총독부 지정이었고, 1934년 4월 10일 문부성 지정이었다. 세브란스의전 졸업자들은 1923년 이후부터는 조선에서 통용되는 의사 면허를, 1934년 이후부터는 제국 일본 전역에서 통용되는 의사 면허를 자동적으로 부여받게 되었던 것이다.

이상에서 살펴보았듯이, 경성제대 그중에서도 경성제대 의학부의 설립은 식민지 의학 교육을 둘러싸고 총독부, 서양인 선교사, 조선인들 사이에서 벌어진 '헤게모니 경쟁'의 산물이었다. 경쟁에 참여했던 식민지 행위자(colonial agency)들 사이에는 상호 갈등이 주로 일어났지만, 상호 모방과 타협도 없지 않았다. 심지어 근대와 전통의 축을 둘러싸고 엘리트들 사이에 상호 공모의 여지도 없지 않았다. 그리고 이와 같은 '헤게모니 경쟁'의 흔적은 경성제대 의학부의 설립 과정뿐만 아니라, 제도적 특징에도 각인되어 있었다.

---

42 사토 고조는 다음과 같이 회고하고 있다. "세브란스의전의 문제도 까다로워짐에 따라 에비슨 교장도 매우 곤란하여 협조를 의뢰한 적이 있다. 아마도 (중략) 세세한 것까지 총독부의 지시, 감독을 받아야 했으므로 힘이 빠졌을 것이다." 사토 고조, 앞의 책, 79쪽.

4. 제국적 권위와 식민지적 이해의 길항: 경성제대 의학부의 제도적 특징

경성제대의 제도적 특징은 단적으로 말한다면 형태적으로는 일본 본토의 제국대학과 사실상 거의 차이가 없었다는 점이다. 하지만 이처럼 크게 문제가 없어 보이는 이 첫 문장은, 경성제대가 식민지에 설립되었으며 따라서 그 존립 기반이 총독부의 식민지적 이해에 있었다는 점을 고려해보면, 의외로 문제적일 수도 있다는 사실을 깨닫게 된다. 조선총독부의 대학 설립 추진이 식민지적 이해에 기반하고 있다면, 왜 굳이 설립과 유지에 막대한 인적·물적 비용을 감수하면서까지 '제국적인 보편'을 표방하는 형태의 대학을 설립할 수밖에 없었을까 하는 의문이 제기되는 것이다.

물론 이미 설립 과정에서도 살펴보았지만, 일차적으로 그 이유는 헤게모니 확보를 위한 경쟁에서 비롯되었다. 조선인의 고등교육 요구를 충족시킴과 동시에, 식민 통치의 문명성과 과학성, 그리고 시혜성(施惠性)을 식민지인들에게 납득시키기 위해서라도 식민 권력은 대학을 통해 보편성과 과학성과 제국적 권위를 표방할 필요가 있었다. 경성제대의 제국적 위상과 학문적 권위가 높아질수록, 동화정책의 실현을 대내외에 과시한다는 식민 권력의 의도는 이데올로기적으로 효과를 발휘할 수 있을 터이다.

그런데 이러한 식민 당국의 기획이 문제가 없는 것은 아니었다. 제국대학이 표방했던 학문적 보편성과 엄밀성, 그리고 자율성이란 것이 총독부가 의도했던 식민지적 이해관계와 반드시 합치되리라는 보장은 없기 때문이다. 제국적 지향과 과학적 지향은 경우에 따라서는 식민지적 이해와 충돌할 가능성이 없지 않았고, 실제로도 경성제대라는 제도적 장(場)은 항상 내부적으로 균열과 갈등의 가능성을 내포하고 있었다. 다시 말해, 제국적 지향과 식민적 지향 사이에 존재하는 미묘한 결의 차이는 대학을 구성하고 있는 행위자들 사이에도 대학의 지향을 둘러싼 경쟁과 타협, 공모의 여지를 남겨두고 있었던 것이다. 그리고 이것은 제국대학의 설립을 야기했던 헤게모니 경쟁의 역설적 결과이기도 했다.

그렇다면 이러한 균열과 갈등은 경성제대 의학부의 제도적 특징 속에 어떻게 반영되어 있었을까? 여기서는 제국대학의 특권적 제도였던 교수와 강좌를 중심으로 이를 검토하고자 한다. 뒤에서 자세히 설명하겠지만, 제국대학의 교수는 기본적으로 국가 관료였고, 교육에 국한되었던 전문학교 등 다른 고등교육기관의 교수들과는 달리 교육자임과 동시에 연구자였다. 따라서 제대 교수의 특권적 위상은 강좌제라는 특유의 제도에 의해 보장되었다. 연구자로서 교수의 신분을 보장하고, 교수의 연구 책임을 분명히 하기 위해 도입된 강좌는 특정 학문 분야의 이름으로 국가에 의해 정해지는데, 따라서 강좌의 구성은 제국대학이 다루어야 할 학문 분야의 범위를 드러낸다. 결국 이것은 국가에 의해 보장된 학문 체제, 즉 관학 아카데미즘으로 자리 잡게 된다. 경성제대 의학부의 교수진의 구성이 어떠한 특징을 가지고 있는가, 강좌 구성이 드러내는 바는 무엇인가 하는 문제가 각별한 의미를 가지는 것은 이 때문이다.

1) 의학부 교수진의 구성과 '식민지 경험'

경성제대 의학부가 본격적으로 출범한 것은 1926년이지만, 초대 교수의 진용이 완성된 것은 1929년을 전후한 시점이었다. 대학 예과의 수료자들이 학부에 입학하는 시점인 1926년 4월에는 먼저 해부학, 생리학, 병리학, 약리학, 의화학, 미생물학, 위생학 등 기초의학 계열의 강좌교수들이 임명되었다. 의학부의 1, 2학년 수업은 이들 기초의학이 중심이었기 때문이다.[43] 의학부 학생들이 임상수업에 들어가는 1928년 4월부터는 본격적으로 임상

의학 계열의 강좌교수들이 임명되기 시작했다. 1928년 6월 이후에는 기초의학 및 임상의학 계열의 교수 26명의 충원이 완료되었을 뿐만 아니라, 이들 교수를 보좌하는 조교수들 인선도 대체로 마무리되었다.[44] 이후 교수들의 퇴직과 이직에 의한 교체는 있었지만, 이때 확정된 교수진 구성의 전체적인 골격은 1945년 경성제대의 '폐교' 때까지 유지되었다.

그렇다면 신설된 경성제대 의학부에 교수로 자리 잡았던 일본인들은 어떤 이들이었고, 구성 방식에서는 어떤 특징이 있었을까? 먼저 의학부의 초대 강좌교수 24명들에 한정해서, 이들의 나이와 조선에 건너온 시기를 살펴보면 〈표 1〉과 같다.

초대 의학부 교수들의 출생 연도를 살펴보면, 전체 26명 중 1880년부터 1893년까지가 20명으로 다수(76.9퍼센트)를 점하고 있었다. 임용 당시의 나이가 1889~1893년 출생자들이 30대 후반(10명), 1880~1888년 출생자들이 40대(10명)였다는 것을 감안한다면, 경성제대 의학부는 대체로 30대 후반 이후의 중견 연구자들을 교수로 임용했다는 것을 알 수 있다. 다음으로 이들이 조선에 건너온 시기를 살펴보면, 1926년 이후, 즉 의학부 교수가 되기 위해 조선에 건너온 사람은 3명에 그치는 반면, 1920년대 초반에 건너온 사람이 16명, 1910년대 후반에 건너온 사람이 5명이었다. 사토 고조처럼 식민화 이전에 현해탄을 건너와 활동했던 사람도 있었다. 다시 말해,

---

43 1926년 학부 개설과 더불어 임명된 교수는 의학부장을 비롯하여 해부학, 약리학, 생리학, 미생물학 각 2명, 병리학, 의화학 각 1명 등 모두 11명으로 모두 기초의학 계열의 교수였다. 이듬해인 1927년에는 병리학, 위생학, 내과, 외과 분야에 각 1명이 충원되었는데, 임상 분야 중에서 내과와 외과가 먼저 개설된 것은 '진단학 및 실습(내과)', '외과학총론' 등의 수업이 2학년부터 실시되기 때문이었다.

44 경성제대 의학부의 교수, 조교수의 재직 상황에 대해서는 정준영, 〈경성제국대학과 식민지 헤게모니〉, 서울대학교 박사학위논문, 2009, 270~273쪽의 교수표 및 강좌표를 참조할 것. 아울러 의학부 교수들의 데이터 또한 이것을 바탕으로 분석하였다.

〈표 1〉 초대 의학부 교수진의 출생 및 내선(來鮮) 연도

의학부	출생 연도									합계
	1879 이전	1880 ~ 1882	1883 ~ 1885	1886 ~ 1888	1889 ~ 1891	1892 ~ 1894	1895 ~ 1897	1898 ~ 1900	1900 이후	
초대 교수진	1	3	3	4	9	2	3	1	0	26
비율(%)	3.8	11.5	11.5	15.4	34.6	7.7	11.5	3.8	0	100

의학부	내선 연도					합계
	1907 ~ 1915	1915 ~ 1919	1920 ~ 1923	1924 ~ 1925	1926 ~ 1928	
초대 교수진	2	5	6	10	3	26
비율(%)	7.7	19.2	23.1	38.5	11.5	100

초대 교수진은 일본 본토에서 직접 뽑아오는 대신, 식민지에서 의료나 의육(醫育), 의학 연구의 경험을 가진 자들로 충원되었던 것이다.

이것은 초대 교수들의 주요 경력에서 더욱 현저하게 드러난다. 〈표 2〉는 이들의 출신 학교와 주요 경력을 정리한 것이다.

이들의 교수 이전의 주요 경력을 살펴보면, 경성의전 교수 출신자가 12명으로 절반 가까운 비중을 차지했음이 확인된다. 그런데, 경성의전 경력자는 그 범위를 강사 또는 촉탁 등으로 범위를 확대해보면 훨씬 더 늘어난다. 게이오대 강사로 있다가 1929년 4월 의학부에 부임한 법의학의 사토 다케오(佐藤武雄), 규슈제대 조교수로 있다가 1928년 〈내과학 제3강좌〉 교수로 부임한 시노자키 데쓰시로(篠崎哲四郎), 도호쿠제대 조교수로 있다가 1928년에 의학부로 부임한 정형외과의 나카무라 료조(中村兩造)를 제외하면, 대부분은 재외 연구원으로 해외 유학을 떠난 시기를 제외해도 최소 1~2년간 경성의전 강사, 촉탁을 역임했기 때문이다. 대체로 식민지를 경험한 의학자들이 많았던 것이다. 마지막으로 교수들의 출신 학교를 살펴보면, 제국대학 출신자가 26명 중 22명으로 그중에서 도쿄제대 출신자는 모

〈표 2〉 초대 의학부 교수진의 출신 학교 및 주요 경력

학력 구성			교수 이전 주요 경력		
출신 학교(학부)	인원	비율(%)	근무처(상세)	인원	비율(%)
도쿄제대 의학부	14	53.8	경성의전 교수	12	46.2
도쿄제대 이학부	1	3.8	제국대학 조교수·강사	4	15.4
교토제대 의학부	5	19.2	관립의전 교수	2	7.7
규슈제대 의학부	2	7.7	관립의대 강사	1	3.8
의학전문학교	3	11.5	게이오대 강사	3	11.5
기타	1	3.8	제국대학 조교	4	15.4
합계	26	100	합계	26	100

두 15명이었다. 그 외에는 당시에는 관립 의과대학이 되어 있었던 나가사키(長崎), 아이치(愛知)의전 출신자가 3명, 그리고 학부의 학력 배경이 불분명한 사람이 1명이었다.

그런데 이런 의학부 교수진의 구성적 특징은, 같은 학교 법문학부의 교수진 구성과 비교해보면 더욱 확연하게 드러난다. 법문학부 교수진의 구성은, 출생 연도의 측면에서 보면 40대 후반 및 50대의 교수가 중심이 된 문과계와 30대 미만의 신진들이 많았던 법과계가 뚜렷이 구별되었고, 식민지로 건너온 시기는 소수의 총독부 관료 출신을 제외하고는 1924년 이후 '제대 교수'가 되기 위해 현해탄을 건너온 경우가 대부분이었으며, 교수 이전의 경력 또한 본토에서 고등교육기관의 교원이나 행정·법률 관료를 역임한 이들이 많았기 때문이다.[45] 게다가 법문학부 교수들의 출신 학교는 초대 교수 73명 중 3명을 제외하고 모두 도쿄제대였다. 다시 말해, 일부 총독부 관료 출신 교수들을 제외하고 대부분이 제대 교수가 되기 위해 현해탄을

45 정준영, 앞의 글, 146~150쪽.

건넌 이른바 '수입조(輸入組)'들이었으며, 학문적 배경과 지향 모든 면에서 '도쿄 지향적'이었던 법문학부와 비교해보면, 의학부 교수진의 구성은 여러 측면에서 상당히 대조적이었던 것이다. 그리고 의학부 교수 구성의 이러한 특징은 앞서 살펴보았던 '헤게모니 경합'과도 무관하지 않았다.

식민 당국이 선교 의료 및 의학 교육기관과의 경합 속에서 '근대적' 의료 체제에 대한 주도권을 확보하기 위해 고심했다는 사실은 이미 지적한 대로이다. 근대 의학 지식을 갖춘 임상의가 절대적으로 부족한 식민지의 상황에서 단기간에 현지인 의사를 양성하고 총독부 주도의 의료 체계를 공고히 하는 것은 긴급한 과제로 부상했음은 물론이다. 더군다나 식민지의 토착 질병 등에 의해 일본인 및 일본 본토가 피해를 입는 것을 막기 위해서 식민지의 질병 상황에 대한 본격적인 연구기관도 구축할 필요성도 있었다. 학부 설립 이전에 인문·사회과학 분야에서 학술적 지식을 가르치고 연구하는 기관이 사실상 전무했고, 따라서 일본 본토의 학문적 성과를 과시할 필요가 있었던 법문학부와는 달리, 의학부의 교수 구성이 대체로 '식민지에서의 경험'을 중시하는 양상을 보였던 것도 이런 사정과 무관하지 않았다. 기존 식민지의 의료 체계 및 의학 교육 체계와의 연속성이 상대적으로 강하게 반영된 교수 구성이라고 할 수 있는 것이다.

2) 교수진 구성의 제국대학적 지향과 시가 기요시

하지만 동시에 경성제대 의학부는 식민지에 최초로 건립되는 기관으로서 제국대학으로서의 위상에 부합되는 명성과 학문적 지향이 필요했으며, 교수의 구성에도 이것을 반영해야만 했다. 당시에도 전문학교를 비롯한 고등교육기관의 교원들에 대해서도 '교수'라고 호칭하는 것이 일반적이었지만, 제국대학 교수, 그중에서도 강좌를 담임하는 정교수는 이런 '교수'들과 현격하게 구별되는 특권적 존재였고 따라서 이들 교수진을 구성하는 것은 학교 전체의 성격 형성과 결정적인 관련을 가지기 때문이다.

사실 교수의 역할과 위상 자체가 제국대학의 핵심적인 제도적 특징 중 하나였다. 물론 제국대학 교수는 학생들에게 "학술의 이론 및 응용을 교수"한다는 면에서는 다른 '교수'들과 동일하게, 가르침을 베푸는 교사였다. 하지만 제국대학은 "학술의 온오를 공구"하는 연구기관이기도 했기 때문에 교수는 자기 분야에서 권위를 인정받는 연구자일 필요가 있었다. 더욱이 제국대학은 "국가의 수요에 응"하는 특권적인 국가기관이었기 때문에, 높은 관등을 부여받은 고급 관료로서 교수들은 자신들의 교육 및 연구를 안정적으로 수행할 수 있는 특권적인 제도적 장치를 보장받을 수도 있었다. 제국대학 특유의 강좌제와 이에 바탕을 둔 교실(또는 연구실) 체제가 그것이다.[46]

여기에 의학부의 교수는 임상 의료 및 연구 실험을 수행하는 의학부 부속 의원의 의사라는 역할이 더해졌다. 강좌 및 교실이 교육과 연구뿐만 아니라, 임상 의료를 위한 실질적인 조직 단위가 되었기 때문이다. 다른 학부보다 훨씬 규모도 크고 내부 위계도 엄격했던 의학부 교수가 여기에 '봉건 영주'처럼 군림했음은 물론이다. 따라서 이런 특권적인 교수진을 어떻게 구성하는가 하는 문제는 신생 대학이 제국대학으로서의 위상을 확립하는 데 사활이 걸린 과제일 수밖에 없었다. 일단 임명된 교수는 강좌 및 교실이라는 제도적 특권을 통해 강력한 자율성을 부여받을 터이기 때문이다.

여기서 주목할 필요가 있는 것이 경성제대 의학부 탄생에 실질적인 산파(産婆) 역할을 했던 세균학자 시가 기요시(志賀潔)라는 인물이다. 1920

46 제국대학 특유의 강좌제가 일본에서 도입된 경위 및 제도적 특징에 대해서는 寺崎昌男의 논의를 참조할 것. 寺崎昌男, 〈舊制大學總論〉, 《寫眞集: 舊制大學の青春》, ノーベル書房出版社, 1984; 寺崎昌男, 《プロムナード東京大學史》, 東京大學出版會, 1992.

년 10월 총독부 의원장이 되어 조선에 건너와 경성의전 교장, 중앙위생회 위원 등을 겸임했던 시가는 당시 식민 당국이 표방했던 '문화 통치'에서 또 하나의 상징적 존재였다. 그는 제국대학 의학부를 졸업한 후, 페스트균의 발견자로 저명했던 기타사토 시바사부로(北里紫三郎)의 연구소 조수로 학문적 경력을 시작해 약관 27세에 세계 최초로 적리균을 발견해 국제적인 명성을 얻었다. '세균학의 대가'로서 그의 명성은 이미 당시 일본 사회 내부에서도 확고했다. 그런 그가 총독부 의원장으로 부임한다는 사실이 알려졌을 때 식민 사회가 큰 놀라움과 기대를 보였던 것은 당연했다.[47] 훗날 한 잡지는 당시 분위기를 이렇게 전했다. "당시의 시가 박사의 인기는 그야말로 살아 있는 신과도 같았다. 지금까지의 총독부의원 원장은 역대로 군의계(軍醫系)였지만, 시가 박사에 의해 그 관례를 깨어졌다. 게다가 세계적 학자였던 동씨(同氏)였기 때문에, 시가 박사가 조선에 건너온 것이 불가사의할 정도였다. (……) 그 무렵 동씨에 대한 존경과 숭배는 당시를 아는 사람들에게는 너무 선명해서 결코 잊기 어려운 점일 것이다."[48] 이런 그였기 때문에 사이토 총독부는 종전까지 육군 군의부(軍醫部)가 사실상 장악하고 있었던 총독부의원을 민간으로 이양하는 작업을 맡긴 것으로 보인다.[49] 식민 통치의 '문화성'과 과학적 권위를 과시하는 데에서 그가 적임으로 비쳐졌던 것이다.

따라서 경성제대 의학부를 제국대학의 위상에 부합하게 만드는 실질적인 작업도 그에게 맡겨진 것은 당연했다. 총독부의원 원장 착임 후 구미의

---

47 시가 기요시의 조선 부임 당시의 분위기에 대해서는 〈志賀博士 十五日着任, 北里博士も同行〉, 《경성일보》 1920년 10월 14일자 및 〈細菌學の兩大家, 志賀博士と北里博士〉, 《경성일보》 1920년 10월 16일자 등 당시 신문의 논조를 참조할 수 있다.

48 春秋子, 〈城大教授物語(八): 志賀總長の辭任と後任問題〉, 《朝鮮及滿洲》 1931년 8월호.

49 京城帝國大學同窓會 編, 앞의 책, 613~615쪽.

의과대학 및 의학 교육 실태를 시찰한 그는 초대 의학부장 내정자로서 의학부의 강좌를 구성하고 교수들을 임명하는 데 깊숙이 관여했다. 이것은 초대 의학부 교수진의 구성에서도 명확히 드러난다.

우선, 초대 의학부 교수들 중 경성의전의 교수, 강사 출신이 다수를 점했다는 점은 이미 언급했지만, 이들 중 과반수가 경성의전 교장이었던 시가에 의해서 임명된 사람들이었다. 26명의 초대 교수들 중 그에 의해 임명된 자들은 모두 16명으로, 전체 교수들 사이에서도 60퍼센트가 넘는 비중을 차지했다. 앞서 〈표 1〉에서 교수들의 내선 시기를 살펴보았지만, 이들이 조선에 건너왔던 시기가 1920년 이후로 집중되는 양상을 보이는 것도 이것과 무관하지 않다.

둘째, 초대 의학 교수들 중에서는 기타사토 시바사부로와 깊은 관련을 가졌던 의사 조직, 연구소, 대학에 몸담은 적이 있는 인물들이 상당수 확인된다는 점이다. 기타사토 시바사부로는 일본 위생 정책의 기초를 마련했던 인물로 평가된다. 그런데 그의 활동은 도쿄제대를 중심으로 한 관학 아카데미즘과의 경쟁, 대립 속에서 전개된 것이기도 했다. 그가 각기병과 관련된 논쟁에서 육군 군의부 및 도쿄제대 의학부와 대립했던 것은 잘 알려진 사실이며, 그가 주도했던 전염병연구소의 활동 또한 도쿄제대 의학부와의 치열한 경쟁의 산물이기도 했다. 이런 대립 관계는 1914년 전염병연구소가 기타사토의 의견과는 무관하게 도쿄제대의 부속연구소로 이관되는 사건이 일어남으로써 정점에 이르게 되었는데,[50] 그와 그를 따르는 제자들은 전염병연구소를 떠나 사립 기타사토연구소를 세우는 한편, 후쿠자와 유키치(福澤諭吉)의 적극적인 지원 속에서 1917년 게이오대학에 의학부를 설립하게 된다. 기타사토의 핵심 제자였던 시가가 기타사토와 이력을 같이했음은 물

50 横田陽子, 〈日本近代における細菌學の制度化: 衛生行政と大學アカデミズム〉, 《科學史研究》 48, 2009 참조.

론이다.[51] 시가가 교수 인선의 과정에서 얼마나 적극적으로 '자기 사람'을 임용하려 했는지는 현재 남아 있는 자료로는 확실하지 않다. 하지만 교수 인사에서 결정적인 권한을 가졌던 시가의 입장에서, 교수 후보자의 자질을 검증하기 위해 자신의 인적·지적 네트워크를 활용하는 것은 지극히 당연한 일이었고, 이것은 직간접적으로 의학부 교수들의 이력 속에서 드러나기 마련이다.

실제로 경성제대 의학부 교수들 중에서 기타사토의 전염병연구소, 1914년 이후 기타사토연구소를 거쳤던 인물로는 1907년부터 2년간 전염병연구소의 기수(技手)를 역임했던 〈위생학 강좌〉의 와타히키 아사미츠(綿引朝光), 전염병연구소 촉탁과 기타사토연구소 조수를 역임했던 〈미생물학 제2강좌〉의 고바야시 하루지로(小林晴治郎), 기타사토연구소 부수(副手)로 출발하여 게이오대학 조수가 되었던 〈신경과학 강좌〉의 구보 기요조(久保喜代三) 등이 대표적이었다. 게이오대학에서 학문적 경력을 쌓은 사람들도 많았는데, 〈해부학 제2강좌〉의 쓰사키 다카미치(津崎孝道), 〈병리학 제2강좌〉의 고스기 도라이치(小杉虎一), 신경과의 구보 등은 조수 출신이었고, 〈법의학 강좌〉의 사토 다케오와 병리학의 고스기는 강사 출신, 〈내과학 제1강좌〉의 이와이 세이시로(岩井誠四郎)는 조교수 출신이었다. 〈생리학 제2강좌〉의 오쓰카 도키치(大塚藤吉)도 1921~1923년 사이에 게이오대학 생리학연구실에 적을 두었다. 〈의화학 강좌〉의 사토 고조도 기타사토가 활발하게 활동하던 시절의 동인회(同仁會) 의사로 조선에서의 경력을 시작했기 때문에 넓게 보면 기타사토 및 시가 기요시의 네트워크로부터 크게 벗어나

51 사실 그가 총독부의원 원장으로 부임하게 된 동기 또한 기타사토의 권유 때문이었다. 애초 사이토 총독부는 총독부의원 원장에 기타사토를 염두에 두고 있었지만, 게이오대학 의학부 설립에 여념이 없었던 기타사토는 자기 대신 직계 제자를 추천했다는 것이다. 高橋功, 〈志賀潔のこと〉, 京城帝國大學同窓會 編, 《紺碧遙かに》, 耕文社, 1974, 613~615쪽.

지 않았다.

물론 이렇게 충원된 의학부 교수들이 시가 기요시를 중심으로 뭉쳐서, 적극적인 의미에서 의학부 내부에 파벌을 형성했는지는 확실치 않다. 하지만 일본 의학계 내부에서 시가 기요시 및 그의 스승 기타사토의 학문적 위상 자체가 도쿄제대 의학부와 대립하는 비주류의 이미지가 워낙에 강했던 것은 확실하고, 실제로 교수 충원 과정에서도 '동인회-전염병연구소-게이오대학 의학부' 출신이 적지 않았기 때문에, 의학계 안팎에서 이들을 하나의 파벌로 보는 시각이 있을 수 있는 것도 무리는 아니었다. 실제로 당시 식민지 언론에서는 이들을 '시가 벌(志賀閥)'로 통칭해서 부르기도 했다.[52] 그리고 이런 경향은 조교수까지 대상 범위를 넓혀 보면 훨씬 더 두드러지게 나타난다. 본토에서는 제대 의학부와 대립적이었던 기타사토 계열의 학자들이 경성제대 의학부 교수진을 형성하는 데에는 '주류'로 부상했던 것이다.[53]

셋째, 의학부 교수진들의 출신 학교가 도쿄제대 의학부에 편중되지 않았다는 사실도 시가의 학문적 위상, 즉 비주류적인 측면과 관련해 주목된다. 앞서 〈표 2〉에서 교수들 중 도쿄제대 출신이 15명으로 과반을 넘었다는 사실은 이미 확인한 바 있다. 그런데 이 표에서 또 하나 주목해야 할 사실은 의학부 교수 중 비(非)제국대학 출신자의 비중이다. 모두 4명이었는데 전체적으로는 15퍼센트를 넘고 있다. 더욱이 비제국대학 출신자는 분석의 범위를 조교수까지 확대해보면 더욱 두드러지게 나타난다. 의학부의 초대 조교수는 모두 28명이었는데, 이중에서 도쿄제대 출신은 14명, 즉 50퍼센

---

52 春秋子, 앞의 글.

53 당시 '시가 벌'로도 불릴 만한 이들을 파악해보면, 시가 자신을 포함하여 의학부 초대 교수진 중 최소 11명, 42.3퍼센트나 되었다. 특히 이들은 시가의 전문 분야라고 할 수 있는 미생물학교실(〈미생물학 제1강좌〉, 〈미생물학 제2강좌〉), 위생학·예방의학교실(〈위생학·예방의학 강좌〉)과 임상의학 분야에 집중되었다.

트에 그치는 반면, 전문학교, 단과대학, 사립대학 출신자들이 30퍼센트를 넘었던 것이다.[54] 이런 출신 학교 구성은 본토의 제국대학 의학부에서는 찾아보기 어려운 특징이다. 모교가 아닌 다른 제대 출신자가 임용되는 경우는 있어도 제대 출신자가 아닌 경우가 교수가 되는 것은 거의 전무했기 때문이다.[55]

물론 이러한 학력 구성은 우수한 교수 확보가 어려웠던 식민지의 상황도 일정 정도 작용했을 것이다. 하지만 교수 확보의 어려움은 법문학부, 그리고 나중에 설립되는 이공학부도 마찬가지였지만 그럼에도 이들 학부에서 도쿄제대 출신의 비중은 거의 절대적이었다. 역시 학문적 이력에서 비롯된 시가 기요시의 반(反)도쿄제대적 성향을 배제하기는 어려운 것이다. 학벌의 폐해를 누구보다도 실감했었던 시가는 의학부 교수진을 구성하는 데에서 학벌과 파벌의 척결을 최우선의 과제로 삼았다.[56] 대부분이 도쿄제대 출신이었던 법문학부의 상황과는 대조적으로, 시가는 의학부에서 도쿄제대 출신을 가급적 최소로 하는 대신, 비(非)도쿄제대, 비(非)제대 출신자들 중에서도 연구 성과 및 임상 능력이 뛰어난 자들을 교수로 발탁했던 것이다.

이러한 학벌 타파의 시도는 1931년 10월 당시 대학총장이었던 시가가 의학부 교수들의 '안티 시가 열풍'에 휘말려 실각함으로써 좌절되고 말았

---

54 이것은 교수 없이 조교수만 있는 1개 강좌(〈방사선의학 강좌〉)와 〈치과진료부〉의 조교수를 포함한 것이다.

55 岩田弘三, 〈帝大教授のアカデミク·キャリア〉, 《教育社會學硏究》 54집, 1994, 151쪽. 그의 연구에 따르면, 본토의 역대 제국대학 의학부 교수들은 총 344명인데, 그 중 오사카(大阪)의과대학을 모태로 설립된 오사카제국대학 의학부, 아이치의과대학을 모태로 설립된 나고야(名古屋)제국대학 의학부의 교수들을 제외하고 비제국대학 출신자는 모두 5명, 1.5퍼센트에 불과했다.

56 京城帝國大學同窓會 編, 앞의 책, 613~615쪽.

다.[57] 시가가 사퇴한 이후, 의학부 교수 사회는 오히려 도쿄제국대학 출신자들이 교수 임용 및 학위 수여를 독점하는 등 학벌 주도성이 강화되는 방향으로 나갔다.

어찌되었든 이런 시가의 시도는 법문학부의 교수 인선을 주도했던 핫토리 우노키치(服部宇之吉)와는 완전히 상반되었지만 의도했던 효과는 동일했다. 도쿄제국대학 중심의 학벌 구조가 자율적 연구 풍토를 왜곡시키고 정치권력과의 결탁을 통해 대학 자체를 훼손시키는 것을 경험했던 시가는 의학부의 교수 구성에서 학벌 구조를 타파함으로써 제국대학 특유의 자치 지향의 문화를 회복시키고자 했던 것이다. 결국 의학부의 교수 구성은 한편으로는 식민지의 의료 체계 및 의학 교육 체계와의 연속성을 반영하면서도, 동시에 시가 개인의 개인적 명성을 바탕으로 기존의 제국대학 중심의 의학 교육 체제의 한계를 지적하는 실험적 성격도 갖추고 있었다고 할 수 있다. 시가의 '대학 실험' 시도와 실패는 제국대학이 표방했던 제국적 보편성과 과학적 엄밀성, 그리고 학문적 자율성의 복원하려는 시도 및 그 좌절로도 이해될 수 있는 것이다.

3) 의학부의 강좌 구성과 식민지 의학

한편, 경성제대 의학부의 강좌도 교수진 인사가 확정됨에 따라 구성을 완료하게 된다. 제국대학은 각 학교가 다루는 학문 분야의 종류와 연구자의 수를 천황의 칙령으로 선포하게 되는데, 〈강좌의 종류와 수에 관한 건

57 春秋子는 당시 의학부 교수 사회의 분위기를 "시가가 부임할 당시를 아는 장년의 교수들은 아직도 시가에 대한 존경심을 잃지 않고 있지만, 젊은 교수들은 연배의 차이도 있고, 학문적 또는 학제적으로 편협한 적개심을 가진 이가 적지 않았다"라고 지적하면서, 이런 현상이 일어났던 것은 모두 "조선 특유의 배타적 기풍"에서 기인한다고 비판하고 있다. 春秋子, 앞의 글 참조.

(講座ノ種類及數ニ關スル件)〉이 그것이다. 교수의 충원 또한 실제로는 이 칙령에 따라 이루어진다. 가령 특정 제국대학에 해부학의 교육과 연구가 필요하며 이 분야 교수를 3명 충원하려고 한다면, 이 칙령을 통해 해부학이라는 강좌의 종류와 '3'이라는 강좌의 수가 정해지는 식이다. 교수진의 구성이 그 자체로 제국대학이 허용하는 학문 분야의 구성을 의미하는 것이기 때문이다. 이것은 경성제대 의학부의 경우에도 다르지 않았다.

그렇다면 경성제대 의학부의 강좌 구성은 구체적으로 어떠했을까? 여기서 주목할 필요가 있는 자료가 의학부가 개설되기 직전에 경성제대가 제국 정부에 제출한 강좌의 종류와 수에 대한 문서이다.[58] 이 자료에는 1926년 개설될 강좌의 종류와 개설 이유, 교수를 포함한 교직원의 배치 상황 및 충원 계획, 예산 계획 및 이후 필요한 행정적 조치 등이 포함되어 있어, 당시의 학사 행정 계획 전반을 확인할 수 있다. 그런데 그중에서도 특히 주목할 것은 여기에 포함된 의학부의 강좌 설치 계획안이라는 문서이다. 의학부의 강좌 구성에서 시가를 주축으로 한 학교 당국이 어떤 의도와 계획을 가지고 있었는지가 이 문서를 통해 드러나기 때문이다. 〈의학부강좌설치연도할표(醫學部講座設置年度割表)〉로 제시된 학교 당국의 구체적인 강좌 설치 계획은 〈표 3〉과 같다.

의학부의 강좌는 학문의 성격에 따라 크게 두 가지 계열로 구별할 수 있는데, 해부학, 생리학, 병리학, 약리학, 위생학 등 기초의학 강좌와 내과, 외과, 산부인과, 안과 등 임상의학 강좌가 그것이다. 1926년 당시 학교 당국이 계획했던 의학부의 강좌 구성은 기초의학 14개, 임상의학 15개, 총 29개 강좌였다. 당시 도쿄제대 의학부의 강좌가 기초의학 14개, 임상의학 22

58 〈京城帝國大學各學部ニ於ケル講座ノ種類及其ノ數ニ關スル件ヲ定ム〉, 《公文類聚》 제50편 제31권, 1916. 3. 20, JACAR(アジア歴史史料センター) Ref. A01200556600.

〈표 3〉 경성제대 의학부의 강좌 설치 계획(1926년 기준)

	강좌명	다이쇼 5년	다이쇼 6년	다이쇼 17년	다이쇼 18년	계	비고
기초 의학	해부학	3	0	0	0	3	3
	생리학	2	0	0	0	2	2
	의화학	1	0	0	0	1	1
	약물학	2	0	0	0	2	2(명칭 변경: 약리학)
	병리학	2	0	0	0	2	2
	미생물학	2	0	0	0	2	2
	위생학 및 예방의학	0	0	1	0	1	1
	법의학	0	0	0	0	1	1
임상 의학	내과학	0	3	0	0	3	3
	외과학	0	2	0	0	2	3(외과 2, 정형외과 1)
	산부인과학	0	0	2	0	2	1
	피부과학 비뇨기과학	0	0	2	0	2	1
	안과학	0	0	1	0	1	1
	이비인후과학	0	0	1	0	1	1
	소아과학	0	0	1	0	1	1
	이학적요법과학	0	0	1	0	1	1(방사선의학 강좌)
	신경정신과학	0	0	0	1	1	1
	치과학	0	0	0	1	1	0(치과진료부)
	강좌 총수	12	5	9	3	29	27(실제 강좌 수)

개, 총 36개 강좌였고, 교토제대 의학부는 기초의학 13개, 임상의학 13개, 총 26개 강좌에 불과했다(〈표 3〉 참조). 3개의 약학 강좌가 포함되어 있는 도쿄제대를 제외한다면, 제국대학 의학부의 강좌는 대체로 24개에서 27개 사이에 머물렀다. 학교 당국의 강좌 구성 계획은 제국대학 의학부의 평균 수준을 넘어서, 도쿄제대를 제외하고는 제국대학 최고 수준을 지향했던 것이다.

그리고 이러한 학교 당국의 지향은 실제 실현 과정에서 다소간의 수정

〈표 4〉 제국대학 의학부의 강좌 구성과 경성제국대학

의학부 강좌	경성제대(1940)	도쿄제대(1938)	교토제대(1932)	규슈제대(1932)	도호쿠제대(1928)	홋카이도제대(1930)	다이호쿠제대(1940)
해부학 강좌	3	3	3	3	3	3	2
법의학 강좌	1	1	1	1	1	1	1
의화학 강좌	1	1	1	1	1	1	1
생리학 강좌	2	2	2	2	2	2	2
병리학 강좌	2	2	2(병리해부학)	2	2(병리해부학)	2	2
약리학 강좌	2(약물 → 약리)	2(약리학)	2(약물학)	1(약물학)	1(약물학)	1(약리학)	1(약리학)
미생물학 강좌	2(세균·기생충)	1(미균학)	1(미생물)	1(세균학)	1(세균학)	1(세균학)	2(세균/미생물)
위생학·예방의학 강좌	1	1(위생학)	1(위생학)	1(위생학)	1(위생학)	1(위생학)	1(위생학)
혈청화학 강좌	0	1	0	0	0	0	0
기초의학 합계	14	14	13	12	12	12	12
정신과·신경과 강좌	1	1(정신병학)	1(정신병학)	1(정신병학)	1(정신병학)	1(정신병학)	1(정신병학)
산과학·부인과 강좌	1	2	1	1	1	1	1
내과학 강좌	3	4	3	3	3	3	3
내과물리요법학 강좌	0	1	0	0	0	0	0
외과학 강좌	2	3	2	2	3	3	2
정형외과학 강좌	1	1	1	1	0	0	0
방사선의학 강좌	1	1	0	1(방사선치료)	0	0	0
피부비뇨기과 강좌	1	2(피부비뇨기)	2(피부병)	2	1(피부병黴毒)	1	1
안과학 강좌	1	1	1	1	1	1	1
이비인후과 강좌	1	1	1	1	1	1	1
소아과학 강좌	1	1	1	1	1	1	1
치과학 강좌	0(치과진료부)	1	0	1(치과구강외과)	0	0	1
약학	0	1	0	0	0	0	0
약품제조학	0	1	0	0	0	0	0
장기약품화학	0	1	0	0	0	0	0
임상의학 합계	13	22	13	15	12	12	12
강좌 총수	27	36	26	27	24	24	24

을 겪었지만 대체로는 관철되었다. 의학 교육의 기초가 되고 식민지 의학 연구의 중심이 되는 기초의학 강좌는 학교 당국의 계획이 가감 없이 실현되었다. 기초의학 14개 강좌는 도쿄제대와 같은 수준이며, 교토제대보다는 1개, 다른 제국대학들보다는 2개가 많았다. 도쿄제대와 비교해보았을 때, 경성제대는 〈혈청의학 강좌〉가 없는 대신 〈미생물학 강좌〉를 하나 더 개설했다. 한편 임상의학 강좌는 원래 계획에서 4개의 강좌가 축소되었다. 애초에 〈피부비뇨기과 강좌〉와 〈산부인과 강좌〉는 2개씩 개설할 계획이었지만 각각 1개로 축소되었고, 〈치과학 강좌〉와 〈이학적 요법 강좌〉도 계획과는 달리 실현되지 않았다. 치과학의 경우 '강좌'보다는 격이 낮은 〈치과진료부〉의 형태로 존속했을 따름이다. 〈이학적 요법 강좌〉는 1940년에야 〈방사선의학 강좌〉라는 형태로 뒤늦게 개설되었다.[59] 다만 계획에 없었던 〈정형의학 강좌〉가 1928년 개설되어 전체적으로는 계획보다 2개가 적은 13개 강좌가 되었다. 요컨대 기초의학과는 달리 임상의학은 계획보다 다소 축소된 형태로 실현되었음을 여기서 확인할 수 있다. 하지만 이렇게 축소된 강좌 구성만으로도 도쿄제대를 제외하고는 12개에서 15개 사이였던 다른 제국대학의 임상의학 강좌에 비해 크게 떨어지지 않는 규모였음은 확인해둘 필요가 있다. 결과적으로 경성제대 의학부는 강좌 구성만 놓고 보았을 때, 도쿄제대 다음으로 많은 강좌를 가진 제국대학이 되었다. 강좌가 많다는 것은 강좌에 바탕을 둔 교실의 조직적 규모가 컸다는 점을 의미한다. 식민지의 대학이면서도 제국 보편의 연구, 교육, 의료 기반을 확보하고자 했던 경성제대 의학부의 강력한 지향은 이를 통해서도 확인할 수 있는 것이다.

59 방사선요법을 비롯한 이학적 요법 강좌는 1926년의 계획과는 달리, 〈정형외과 강좌〉에 부속된 렌트겐과(科)의 형태로 오랫동안 존속했다. 그리고 1940년 〈방사선의학 강좌〉로 개설된 이후에도 조교수만 있을 뿐, 교수가 임용되지 않은 상황은 계속되었다.

이처럼 경성제대 의학부는 제국대학의 위상에 걸맞은 연구, 교육, 의료 기반을 확립하는 데 상당히 심혈을 기울였다. 그렇다면 제도적 측면을 넘어서 경성제대 의학부의 연구 활동은 식민지 대학 특유의 사명과 어떤 관련을 가지고 있었을까? '식민지적 측면'과 관련하여 대표적인 강좌라고 할 수 있는 것이 〈약물학 강좌〉와 〈미생물학 강좌〉였다. 도쿄제대, 교토제대를 제외한 대부분의 제국대학이 1개의 〈약리학 강좌〉를 개설한 것과 달리, 경성제대 의학부는 처음부터 2개의 〈약물학 강좌〉를 설치했다. '실험물리학 일반'을 담당하는 〈약물학 제1강좌〉와는 별도로, '조선의 한약 및 민간약'에 초점을 두고 실험약물학의 교육과 실험을 담당하는 〈약물학 제2강좌〉를 설치했던 것이다.[60] 이것은 경성제대의 초대총장 핫토리 우노키치와 의학부장 시가 기요시가 경성제국대학의 특수한 사명, 다시 말해 식민지 조선에서만 가능한 특색 있는 연구 분야 중 하나로 한약과 약초 연구를 지목했던 것과도 무관하지 않았다.[61]

병탄 당시부터 총독부는 통치의 관점에서 조선의 약초와 한약을 주목하고, 농상공부, 경무총감부, 중앙시험소 등을 중심으로 이에 대한 광범위한 실지조사와 문헌연구(field work)를 수행해왔는데, 〈약물학 제2강좌〉의 한약연구실은 여기서 구축된 광범위한 데이터베이스를 바탕으로 약용식물에 대한 구체적이고 과학적인 연구, 즉 성분 분석, 화학구조 분석, 약리 작용 분석을 수행하기 위해서 개설되었다(신창건, 2007).[62] 개설 이후에도 한약연

60 〈京城帝國大學各學部ニ於ケル講座ノ種類及其ノ數ニ關スル件ヲ定ム〉 참조. 이 문서의 말미에는 간략하기는 하지만 의학부 강좌의 교육·연구 분야 및 교육 일정이 정리되어 있다.

61 대학총장, 의학부장 등 당시 학교 당국자들의 이와 같은 발언은 경성제대의 설립을 추진하던 1924년 무렵부터 신문과 잡지 등에 자주 등장하기 시작한다. 대표적인 것으로 1926년에 발행된 《文敎の朝鮮》 제24호가 있다.

62 신창건, 앞의 글.

구실은 조선의 약용식물을 통해 기존의 의약품을 대체하거나 보완한다는 지극히 실용적 목표를 설정하고, 인삼 등을 비롯하여 약용화의 가능성이 높은 약용식물에 대한 연구를 적극적으로 추진했다. 당연히 총독부를 비롯하여 기업과 군 당국의 적극적인 후원이 이루어져, 1939년 12월에는 한약연구실을 모태로 의학부 부속의 생약연구소가 개성에 설립되기도 했다.[63]

한편 〈미생물학 강좌〉 또한 경성제대 의학부의 특징적인 강좌였다. 경성제대 의학부가 설립될 당시만 해도 도쿄제대를 비롯한 제국대학 의학부에 2개의 〈미생물학 강좌〉를 설치하는 경우는 아예 없었다. 병원(病源)이 되는 미생물을 '식물성 미생물'과 '동물성 미생물'로 구별하고 이를 면역학과 기생충학으로 독립적으로 접근하는 방식을 채택한 의학교는 당시로서는 제국대학 중에는 없었고 오직 기타사토가 창립했던 게이오대학 의학부가 있었을 따름이다. 요컨대 〈기생충학 강좌〉라고도 불렸던 이 강좌는 제국대학 의학부 중에서는 최초로 설립된 강좌였던 것이다.[64] 여기에서 기생충학이란 병원체인 기생충과 이를 매개하는 곤충에 의해 발생하는 질병, 이른바 기생충병의 통제와 치료를 목적으로 하는 의학 분야를 의미한다.

기생충학은 19세기 영국에서 제도화된 '열대병학(tropical medicine)'에 뿌리를 두고 있는데, 특히 병원체인 기생충과 중간 매개가 되는 곤충에 대한 연구를 통해 질병이 일어날 수 있는 환경 자체를 통제하고자 한다는 점

---

63 1939년에 생약연구소가 설립된 배경으로는 일제의 대륙 진출과 보조를 맞추어 만용(滿蒙) 지역의 약용식물에 대한 대대적인 실지 조사를 수행할 필요가 있었다는 사실, 중일전쟁 이후 일화(日貨)배척운동으로 수출판로가 끊긴 인삼의 활용 방안을 마련할 필요가 있었다는 사실 등도 고려할 필요가 있었다. 생약연구소의 설립에 대해서는 京城帝國大學同窓會 編, 앞의 책에 수록되어 있는 〈약물학 제2강좌〉 교수 杉原德三의 회고를 참조할 것.

64 기생충학교실에 대해서는 京城帝國大學同窓會 編, 앞의 책에 수록되어 있는 長花操의 회고, 〈寄生蟲學の教室〉를 참조했다.

에서 위생학 연구와도 밀접한 연관을 가졌다.[65] 결국 〈기생충학 강좌〉의 설립은 조선 특유의 풍토병 및 기생충병에 대한 연구를 통해 위생 체제를 구축하여 이를 통해 풍토병의 식민 본토 유입을 막겠다는 식민 통치의 실용적 목적과 맞물려 있었던 것이다. 설립 이후 기생충학교실은 교수 고바야시를 중심으로 흡충류, 적리(赤痢)아메바, 파리 등 조선에 자생하는 각종 기생충, 중간숙주의 생태를 집중적으로 연구했다. 〈기생충학 강좌〉는 당시 〈세균학교실〉로 불렸던 시가의 〈미생물학 제1강좌〉, 출생률과 사망률에 관한 사회생물학적 연구, 조선인 생명표 연구 등을 수행했던 〈위생학 강좌〉와 더불어 식민지 사회의학 혹은 위생학을 위한 연구 기반이 될 여지를 가지고 있었다.

이처럼 경성제대 의학부는 제국대학이라는 위상에 걸맞은 제도와 시설, 인력을 갖추고 체계적인 연구와 교육을 통해 과학적 권위를 확립하는 한편, 식민 통치의 이해에 부합하는 '식민지 의학'의 연구 기반도 마련하고자 했다. 경성제대의 강좌 구조는 이와 같은 이중적 목표를 반영한 것이기도 했다. 그런데, 과학적 권위의 확립과 식민지적 이해는 표면적으로는 이중적으로 보일지는 모르겠지만, 실제로는 상호 간에 체계적인 연관 관계를 가지며, 최종적으로는 '경쟁 관계 속에서의 헤게모니 구축'이라는 문제에 수렴되는 것이기도 했다.

이를 잘 보여주는 사례 중 하나가 해부학 강좌를 중심으로 이루어진 체질인류학적 연구였다. 3개의 강좌로 구성된 경성제대 해부학교실은 설립된 그해에 광범위한 생체 계측 조사를 바탕으로 조선인들의 골격 데이터베이스를 구축했다. 그리고 통계적 기법을 통해 이 데이터베이스에서 체질인류학적 의미를 도출해내는 작업을 수행했다. 이들이 구사한 데이터의 방대

---

65 瀬戸口明久, 〈醫學寄生蟲學昆蟲學: 日本における熱帶病硏究の展開〉, 《科學哲學科學史硏究》, 2006을 참조..

한 규모와 실증적인 통계 분석 방법은 본토의 일본 학계에서도 높은 학술적 평가를 받았다. 그런데 이러한 해부학교실의 과학적 명성은 총독부의 식민지적 이해와 직결되는 것이기도 했다. 왜냐하면 생체 계측이라는 것이 그 자체로 막대한 비용이 소용될 뿐만 아니라, 계측 대상자의 반발도 상당하여 식민 권력의 체계적인 지원이 없으면 불가능하기 때문이다. 게다가 그 결과 또한 식민 통치의 의도와 직결되었다. "인류학적으로 보면 일본 관서인과 동북인의 골격차보다도 반도인과 관서인의 골격차가 적다"는 〈해부학 제1강좌〉 우에다 쓰네키치(上田常吉)의 유명한 학설은 신체 계측 조사에 대한 통계적 분석의 결과로서 식민 당국의 동화 이념에 확고한 과학적 기반을 제공해주는 결과를 낳았던 것이다.[66]

해부학의 체질인류학 사례에서도 알 수 있듯이, 경성제대 의학부는 식민지라는 상황 때문에 오히려 지식의 생산과 학술적 권위의 학립에 절대적으로 유리한 위치에 있었다. 첫째, 의학 지식의 학술적 생산에서 경쟁 대상이 식민지 내에는 사실상 존재하지 않았으며, 둘째, 식민 통치 체제의 존재가 각종 조사 연구를 수행하는 것에서 본토였다면 기대하기 어려웠을 기회와 편의를 제공해주었으며, 셋째, 이민족이었기 때문에 조선인과 조선 사회를 철저하게 대상적 관점에서만 접근하는 것이 가능했기 때문이다. 따라서 해부학 분야를 비롯한 의학부 교실들의 일부가 비교적 단기간에 과학적 연구 성과를 과시할 수 있었다.

그리고 이들의 과학적 권위는 광범위한 실지 조사, 실증주의적 방법론에 바탕을 두고 있었기 때문에 조선인 엘리트들을 압도할 수 있었다. 여기서 특히 제국대학 특유의 '실증주의'가 중요한 역할을 했다. 가치를 배제하고 철저하게 사실의 인식에 근거하는 태도와 체계적이고 전문화된 연구 방

66 오구마 에이지, 《일본단일민족신화의 기원》, 조현설 옮김, 소명출판, 2003, 318쪽.

법론의 추구는 조선인 지식인들의 계몽주의, 민족주의적 자세를 편견에 사로잡힌 비과학적 인식과 아마추어리즘으로 비판할 수 있는 논리적 근거가 되었기 때문이다. 더욱이 식민 권력을 배후로 이루어진 대규모의 사실 축적은 조선인 지식인들에 의해 생산되고 축적된 지식 체계를 압도하고 있었다. 이처럼 실증적 방법론의 강조와 가치의 체계적 배제는 비판적 지식 체계의 가능성을 통제하려는 '헤게모니적' 의도와 표리 관계를 이루고 있었으며, 따라서 의학부의 활동 또한 설립 단계의 경쟁과 마찬가지로 지식 생산을 둘러싼 헤게모니 경쟁과 밀접한 연관을 가지고 있었던 것이다.[67]

5. 마치며

이상으로 경성제대의 설립이 식민지의 의학 교육 및 연구에 미친 영향을 의학부의 설립 과정과 제도적 특징을 통해 간략하게 정리해보았다. 경성제대 의학부의 설립은 의학 교육을 둘러싼 경쟁의 산물이었다. 세브란스로 대표되는 선교 의학 교육과의 경합, 특히 대학 설립을 둘러싸고 치열하게 전개된 경쟁이 아니었다면, 경성제대는 그렇게 단기간에 설립되지도 않았으며 또한 굳이 '제국대학'을 설립 모델로 하지도 않았을 것이다. 그리고 이런 경쟁의 결과는 교수진의 구성과 강좌 구조의 특징 등 경성제대 의학부의 제도적 특징에도 고스란히 반영되어 있었다. 경성제대 의학부가 제국대학의 위상을 갖추는 데 고심했던 것도 식민지의 의료, 의육, 의학 연구에서 주도권을 확보한다는 식민 당국의 이해 관심과 직결되는 것이었다. 실제로 단기간에 창출된 경성제대 의학부의 학문적 '성과'는 식민지적 상황

67 방기중, 《한국근현대사상사연구: 1930·40년대 백남운의 학문과 정치경제사상》, 역사비평사, 1992, 91쪽.

과 폭력이 아니면 불가능했을 방대한 자료 수집에 바탕을 두고 있었다.

결국 경성제대 의학부의 설립 과정과 제도적 특징에는 식민지 행위자(colonial agency)라고 할 수 있는 제국 지배층, 조선총독부, 미국인 선교사들, 그리고 조선인들 사이의 상호 갈등, 상호 경쟁, 상호 모방, 심지어 상호 공모가 복잡하게 얽혀 있었다고 볼 수 있다. 그리고 이러한 헤게모니 경쟁은 경성제대 의학부의 이중적이고도 모순적인 지향과도 분리될 수 없었다. 경성제대를 중심으로 이루어진 의학 교육 및 의학 연구에 대한 분석이 과학이냐 지배냐 하는 이항 대립을 넘어설 필요가 있는 것은 이 때문이다. 따라서 경성제대의 구체적인 활동에 대해서는, 이런 '뒤얽힘'이 식민지적 근대성의 특징적 양상이라는 관점에서 좀 더 본격적인 분석이 필요할 것이다.

9

어느 재조 일본인의 사상과 문학*

가라시마 다케시(辛島驍)론

윤대석

1. 가라시마에 대한 한국인의 기억

일제 말기 조선 문인과 조선 문단에 가장 가까이 있었던 재조 일본인을 말하라면 단연코 가라시마 다케시(辛島驍)를 들 것이다. 그는 임종국의 《친일문학론》(평화출판사, 1966)에서 마흔 번에 가깝게 언급될 정도로 큰 비중을 차지하고 있다. 조선문인협회가 1939년 10월 발족될 때부터 결성준비위원, 간사로서 그 설립에 관여했고, 그것이 1943년 4월 조선문인보국회로 확대·재편될 때 가라시마는 이사장으로 선임되었다. 또한 그는 국민총력조선연맹 문화부의 문화위원으로서 조선의 문학과 연극·영화를 총괄하는 예술 부문 연락계를 맡기도 하고, 1942년부터는 조선연극문화협회장을 맡기도 했다. 조선 문화 정책의 정점에 야나베 에이사부로(矢鍋永三郎)라는 도쿄제대 법과 출신의 관료가 있었다면, 문인보국회 회장이자 총력연맹 문

* 이 글은 〈가라시마 다케시의 중국현대문학연구와 조선〉(《구보학보》 2015. 12. 31)을 수정·보완한 것이다.

화부장인 야나베 밑에서 민간 전문가로서 문화 정책의 입안과 실행에 수완을 발휘한 자가 바로 도쿄제대 지나문학과 출신으로 경성제대 지나어문학 전공교수로 있던 가라시마였던 것이다.

한국인에게 가라시마는 단지 일제 말기 문화계의 실력자로만 기억되지는 않는다. 그보다 더욱 그의 이름을 한국인에게 각인시킨 것은 그가 1943년 6월부터 연희전문(1944년 5월부터 경성척식경제전문학교) 교장으로 있으면서 학병 동원을 적극적으로 추진했다는 사실이다. 특히 자살특공대 가미카제로 상징되는 광적인 전쟁열을 부추겼으며 그것에 대해 조금의 반성도 없었다는 점은 한국인의 민족적 자존심을 건드리는 것이었다. 한일 협정 체결(1965.5)을 앞두고 나온 다음과 같은 가라시마에 대한 평가가 그것을 잘 보여준다.

> "신도효"라면 "아 그 자!" 하고 아직도 생생하게 기억하고 있을 사람이 많은 것이다. 그는 일제가 전쟁 말기에 연전(延專)을 접수했을 때 교장이라고 앉아서 학병을 강요한 사이비 학자였다. 신도에 대해선 오늘까지 평이 매우 좋지 않다. 일인 교수 중에도 양심파가 많았다고 일인 교수를 변호하는 인사들도 신도만은 악질 중의 악질이었다고 그를 비난하고 있다.[1]

위의 칼럼이 비판하고 있는 것은 과거의 가라시마일 뿐만 아니라 〈조선 학도병의 최후〉(《文藝春秋》, 1964.10)를 쓴 전후의 가라시마이기도 했다. 가미카제 특공대로 자살 특공을 감행하여 전사한 연희전문 졸업생 김상필(창씨명 結成尙弼)[2]을 추모하는 이 글은 김상필이 조선인으로서 일본을 위

1 〈어적〉, 《경향신문》, 1964. 9. 23.

2 가미카제 작전에 임했을 김상필의 고민을, 한국인의 입장에서 살펴본 것으로는 길윤형이 쓴 《나는 조선인 가미카제다》(서해문집, 2012)가 있다. 길윤형은 "대장부

해 전사했다는 점을 높이 평가하면서도, 그러기에 추모의 대상으로 삼으면서도, 그 속에 감춰진 모순이나 고민을 읽으려고 하지 않는다. 오히려 그에 대한 추모가 조선인을 전쟁에 동원했던 당시의 감각을, "지금 펜을 쥐고 이 추도문을 쓰고 있으니 펜대를 쥔 손가락의 감촉은 그날 경성역두에서 그들을 보낼 때 흔들었던 히노마루를 매단 대나무 깃대의 감촉으로 살아온다"[3] 처럼 고스란히 소생시키고 있다. 이러한 타자에 대한 가라시마의 무감각함이, 일본에서 잡지가 발매됨과 거의 동시에 그에 대한 비판이 한국에서 나오게 된 이유였을 터이다.

이러한 '악질 중의 악질'이라는 평가는 가라시마의 당대의 글을 읽어보아도 그리 편협한 것은 아닌 듯이 보인다. 다음은 일제 말기의 한 강연회에서 있었던 그의 발언이다.

> 우리들 형제가 지금 이 순간에도 싸우고 있다는 사실을 확실히 의식하는 것은, 문화 면에 관여하고 있는 누구라도 잠시라도 잊어서는 안 되는 신국 일본의 지상명령이다. 이것을 잊고 있는 자는 신칙(神勅)의 배반자이다. 오늘날에 여전히 싸우고 있음을 잊고 있는 자는 호의적으로 말해 무의식적 이적 행위자이다. 더욱이 주저하고 회의하거나 혹은 등을 돌리는 자는 배덕자이며 증오해도 좋을 적국인이다.
>
> 우리 주위에 무의식적 이적 행위자는 없는가. 같은 얼굴색과 같은 복장, 같은 말을 하는 적국인은 없는가. 나아가 자기 자신 어느 샌가 적국인이 되어 있지는 않은가. 우리들은 엄격하게 우리들 주위를 비판하고 자기

일검을 취하면 태산이 흔들이련이/ 이 몸 임을 위하여 바치오니 깊은 맘 비할 곳 없노라."(211쪽)라는 김상필의 유서가 조선어로 쓰였다는 이유로 이 '임'을 조국 조선으로 해석하고 일본에 대한 충성이 조선을 위하는 일이라는, 일제 말기의 굴절된 신념을 읽고 있다.

3 가라시카 다케시, 〈朝鮮學徒兵の最後〉, 《文藝春秋》, 1964. 10, 272쪽.

자신을 반성해볼 필요가 있다.[4]

'배반자', '이적 행위자', '배덕자', '적국인'이라는 가라시마의 말에 전율했을 조선 지식인들이 그를 '악질 중의 악질'이라 부르는 것은 오히려 당연하게 보인다. 이러한 말들은 가라시마가 문화인이기보다 배반자와 이적 행위자를 적발하는 사상과 문화의 검열자였음을 보여준다. 총독부와 군부의 권력을 등에 업고 조선 지식인을 전쟁 협력의 길로 동원하는 식민지 문화 권력의 한 모습을 가라시마에게서 볼 수 있는 것이다.

이러한 가라시마의 이미지는 한국 근대문학 연구에서, 나아가 1940년대 초반기 문학에 대한 연구 혹은 재조 일본인 문학 연구에서 그에 대한 연구를 불가능하게 했다. 문학자라기보다 정치적 책략가에 가깝다는 이유 때문이다. 그러나 중국 문학 연구에서는 사정이 조금 다르다. 그가 중국 문학 연구자였고, 또 루쉰(魯迅)과 깊은 관계를 가지고 있었기 때문이다.

중국 문학 연구에서 가라시마는 대개 루쉰과의 관련하에서 다루어졌다.[5] 대개의 논문은 한국의 루쉰 연구 혹은 중문학 연구에서 가라시마를 언급하는 데 그치고 있는 반면, 홍석표(2011)의 연구는 가라시마의 루쉰론을 조금 자세히 그리고 실증적으로 다루고 있다. 가라시마가 루쉰과 중국 근대문학의 현황을 적절하게 설명하고 공감을 표했으나, 1930년대 후반에는

---

4 가라시카 다케시, 〈決戰期の朝鮮文化運動〉, 《綠旗》, 1943. 3, 21쪽.

5 루쉰과 관련하여 가라시마를 다룬 논문으로는, 김시준, 〈노신이 만난 한국인〉, 《중국현대문학》 1997. 12; 김시준, 〈신언준의 '노신방문기'에 관하여〉, 《중국현대문학》, 2002. 6; 홍석표, 〈노신의 식민지 조선 인식에 관한 연구〉, 《중국어문학지》, 2008; 홍석표, 〈루쉰과 신언준 그리고 가라시마 다케시〉, 《중국문학》 제69집, 2011. 11; 백지운, 〈한국의 1세대 중국문학연구의 두 얼굴〉, 《대동문화연구》 제68호, 2009; 金世中, 〈朝鮮半島における'魯迅'の受容〉, 《新潟産業大學人文學部紀要》, 2000; 井上泰山, 〈增田涉と辛島驍〉, 《關西大東西學術研究所紀要》, 2012. 4 등이 있다.

피압박 민중에 대한 사랑이라는 루쉰의 정신을 저버렸다는 것으로 이를 요약할 수 있다. 루쉰에 대한 공감과 일제 말기의 '악질적' 행위는 낙차가 너무 커서 '전향'이라는 말로도 잘 설명되지 않는다는 것이다. 중일전쟁 이전의 가라시마와 그 이후의 가라시마가 명확한 단절을 보이고 있으나, 그 원인이나 계기는 설명되지 않는다.

천진의 논문[6]은 시야를 넓혀서 일본의 '지나학', 나아가 경성제국대학의 '식민지 지나학'의 틀 안에서, 그리고 다케우치 요시미(竹內好)와의 비교를 통해 가라시마를 바라봄으로써 가라시마에 대한 단절적 인식을 극복하려 했다. 이 논문은 다케우치의 눈으로 가라시마를 바라보는데, 객관적·학문적 태도하에서 고전 지나를 바라보던 기존의 '지나학'에 파열을 일으키는 것에서 그 둘은 시대정신을 공유하지만, 가라시마는 문학을 절대화함으로써 '지나'라는 현실(타자성)을 외면하고, 반대로 다케우치는 태도로서의 문학을 받아들임으로써 '지나'의 타자성(현실)을 자기 부정의 계기로 삼게 된다는 것이다.

낡은 지나학을 벗어나기 위한 카라시마의 현대 지나 문학이 문학의 경험을 통해 지나라는 현실과의 대면을 벗어나고 있었던 것과는 다른 행보이다. 지나학의 명예로운 고립을 벗어나지만 지나를 지워가는 카라시마의 문학의 논리는 초기 경성제국대학 지나문학과 안에만 머물지 않고 있다. 이러한 문학의 논리가 39년 '신동아건설의 이상에 즉한 문학'으로 전환될 때, 여기서 '지나'는 대동아의 문학 건설 아래 통합을 기다려야만 하는 대상이며 '문학'은 이 통합을 촉진하는 동력이 되고 있기 때문이다. 30년 현대 지나와의 긴장을 놓아버린 카라시마의 지나 문학 논리는 39년 무렵 대

6 천진, 〈식민지 조선의 지나문학과의 운명〉, 《중국현대문학연구》 제54호, 2010.

동아 신질서의 국민문학의 논리로 쉽게 전환된다.[7]

가라시마론이라기보다 오히려 다케우치론이라고 할 만한 이 논문은 다케우치와 가라시마가 만나는 부분(지나학의 갱신)에 대해서는 설득력 있는 분석을 내놓고 있지만, 그 둘이 갈라지는 지점에 대해서는 다소 설명이 부족하다. 뒤에서 보겠지만 다케우치를 둘러싼 중국문학연구회 그룹은 가라시마에 대해 처음부터 반감을 가지고 있었고, 그러한 반감이 이 논문에도 고스란히 반영되어 있다.

그러나 일본의 '지나학'이라는 학제나 다케우치를 통해서는 보이지 않는 가라시마가 분명 존재한다. 그것은 가라시마가 놓인 장소, 즉 식민지라는 상황이다. 그러니까 재조 일본인의 가능성과 한계 속에 가라시마를 놓을 때 그의 전향이 가진 의미가 드러날 수 있다. 그는 전후(戰後) 루쉰에 대한 글에서 "루쉰은 전 중국 피압박 대중의, 아니 세계 인류의 고뇌를, 그 가느다란 목덜미, 야윈 어깨에 짊어졌다고 생각된다"[8]라고 하고, 루쉰으로부터 멀어진 계기를 "그러한 일보다도 안전의 조선 민족 문제 쪽에 더 많은 관심을 가지게 된"[9] 것에서 찾고 있는데, 이를 토대로 생각해보면 오히려 조선에 대한 관심이 중국에 대한 그의 생각을 바꾸어나간 것이라고도 할 수 있다. 이 글은 이에 착목하여 가라시마가 사상을 전개한 식민지라는 구체적 장소를 문제 삼음으로써 그의 전향의 원인을 찾고 그를 통해 재조 일본인의 위상을 재점검하고자 한다.

---

7 천진, 위의 글, 331~332쪽.

8 가라시마 다케시, 〈魯迅追憶〉, 《桃源》, 1949. 6, 15쪽.

9 가라시마 다케시, 같은 글, 13쪽.

2. 가라시마에 대한 세 편의 소설

가라시마에 대해 당대인의 감각을 잘 드러내주는 세 편의 소설이 있다. 이 소설들은 모두 일제 말기의 가라시마를 다루고 있는데, 일본인 측에서는 다나카 히데미쓰(田中英光)의 〈취한 배(酔いどれ船)〉(1948)와 다케다 다이준(武田泰淳)의 〈살모사의 마지막(蝮のすえ)〉(1947)이 있고, 조선인 측에서는 김사량의 〈천마〉(1940)가 있다. 다나카 히데미쓰와 김사량의 소설이 일종의 모델 소설이라면, 다케다 다이준의 소설은 허구에 입각하고 있지만, 주인공 이름을 가라시마 다케시라고 하여 그에 대한 이미지를 활용하고 있다. 또한 일본인의 소설은 모두 전후에 쓰인 것이고 김사량의 소설은 해방 전에 쓰인 것이라는 차이도 있다. 그러나 가라시마가 악역이며 군국주의의 화신이라는 점은 공통된다.

다나카의 소설 〈취한 배〉에 등장하는 가라시마(唐島) 박사는 "경성제대 문학부 주임교수였던 가라시마 다케시를 모델로 하고"[10] 있다. 이 소설은 최재서의 모델인 최건영과 가라시마 박사가 대동아문학자대회를 둘러싸고 벌이는 스파이전을 소재로 하고 있는데, 이러한 소재는 추리소설적인 면모를 보여주기 위한 것으로서 당대의 사실과 부합한다고 단정 짓기는 힘들다. 그러나 실제 인물을 모델로 사용한 인물 묘사는 박진감에 넘치고 있는데, 세부적인 사실은 반드시 신뢰할 필요가 없지만, 해당 인물에 대한 이미지만은 당대인의 시각을 여실히 드러내주고 있다. 조선 문단을 주도하고 있는 세 명 가운데 하나로 가라시마를 들며 이 소설은 그에 대해 다음과 같이 말하고 있다.

10 가와무라 미나토(川村湊), 《〈酔いどれ船〉の青春》, インパクト出版會, 2000, 27쪽.

"사카모토 씨, 가라시마 박사를 알지? 그 사람 주의하는 게 좋을 거야. 그 사람이, 예의 세 사람 중에서 가장 마키아벨리스트거든. 자신의 권력을 위해서라면 어떤 비열한 짓도 태연히 할 사람이야. (중략) 가라시마 교수는 아무것도 안 믿어. 오로지 자신의 권력만 탐할 뿐이지."

박사는 도쿄제국대학 국문학과를 우수한 성적으로 졸업한 수재였다. 대대로 내려오는 일본 국문학의 문벌로서 유명한 은사인 하야시 박사의 딸과 결혼하여, 이곳 대학의 조교수로 부임했고, 순식간에 교수, 박사, 대학 문학부장, 그리고 본부 촉탁, 군 보도부 고문, 머지않아 조선의 신문이나 잡지를 한손에 거머쥐고 조종할 존재가 되었으며, 또 한쪽 편에서는 부단히 정치적으로 움직이고 있었다. 라디오에서, 대학 시절 옛 친구인 중국 요인에게 화평 권고를 한 적도 있었고, 군의 특사로서 중국의 모 기점으로 가서, 어떤 요인과 회견했다는 소문도 있었다. 평소에는 아랫사람, 특히 여자에게 자상한 인물이었지만, 어쩐지 그 자상함 속에는 변태성욕자 같은 불쾌감이 느껴졌다. '나는 조선의 방방곡곡을 내 자식처럼 사랑하고 있다. 조선을 위해서 이 한 몸을 희생할 각오로, 이런 시골 대학에서 기꺼이 일하고 있다.'

이것이 사람들 앞에서 떠드는 박사의 입버릇이지만…….[11]

국문과가 아니라 지나문학과이며 박사학위는 1946년에 받았고, 문학부장이었던 적이 없었다는 것만 제외하면, 은사이자 중국 문학 연구의 권위인 시오노야 온(鹽谷溫)의 딸과 결혼하고 1928년 도쿄제대를 우수한 성적으로 졸업하고 곧바로 경성제대 강사로 부임, 1934년 조교수, 1939년 교수가 되었으며, 총독부 시학위원, 지도자 연성소 강사 등 총독부 및 군의 촉

11 다나카 히데미쓰, 《취한 배》, 유은경 옮김, 소화, 1999, 201~209쪽.

탁으로 있은 것 등은 가라시마의 행적과 일치한다. 고무회사 경성 지점에 오랫동안 근무하며 조선문인협회에도 관여한 바가 있으며, 전후(해방 후)에는 공산당원이 되었다가 당을 탈퇴하고 1949년 다자이 오사무(太宰治)의 묘 앞에서 자결한 다나카 히데미쓰의 자괴감과 자기 합리화에 따른 왜곡이 있겠지만, 그것을 감안하더라도 사실의 측면에서나 감각의 측면에서 의외로 가라시마의 모습을 잘 포착하고 있는 것으로 보인다. 제1회 대동아문학자대회에서 가라시마가 한 다음과 같은 연설은 그 일단을 보여준다.

> 우리들은 지금 중경 측에 있는 중국 작가, 시인 제군과 일찍이 친하게 함께 차를 마시고 또 술을 마시고, 그리고 문학에 대해 서로 이야기한 적이 있습니다. 나 개인도 지금 중경 측에 있는 작가 제군과는 일찍이는 친한 친구였습니다. 일본에는 현재 중경 작가 제군과 나 이상으로 친교가 있는 분이 다수 있음을 알고 있습니다. 만약 이러한 일본 문학자가 라디오를 통해 옛 우정을 이야기하고 오늘날의 동아 문학자가 향해야 할 진정한 길을 말한다면 그 땅에 있는 사람들의 마음을 얼마나 움직일까 생각합니다.[12]

라디오에서 화평을 권고하는 가라시마의 모습은 조금도 과장이 아님을 위의 연설문에서 확인할 수 있는데, 이러한 악한, 마키아벨리스트로서의 가라시마에 대한 묘사는 작가 자신을 모델로 한 주인공 교키치(亨吉)의 방황과 대비된다. 이 지점에서 "가라시마 다케시와 쓰다 가타시(津田剛)를 악마 비슷한 악한으로 설정하고 그 아래에서 역사 '일제의 주구'로 일한 다나카 히데미쓰 본인을 '소극적인 가해자', 혹은 한발 나아가 일종의 '피해자'로 내세우려는 저의가"[13] 읽힌다.

---

12 가라시마 다케시, 〈文學的望鄕心〉, 《경성일보》, 1942. 11. 14.

13 가와무라 미나토, 앞의 책, 29쪽.

이러한 가라시마의 이미지를 변주하여 보여준 소설은 다케다 다이준의 〈살모사의 마지막〉이다. 이 소설에서 한자까지 일치하는 가라시마 다케시는 다음과 같이 묘사된다.

나는 군 선전부에서 유명한, 그 가라시마라는 남자를 물론 알고 있었다. 얼굴도 본 적이 있었다. 하얗고 약간 살찐 훌륭한 남자였다. 호걸과 신사를 교묘하게 섞어놓았다. 항상 좋은 취향의 넥타이를 매고, 상질(上質)의 옷을 입고 있었다. 인간답지 않은 자신에 찬 태도는 그래도 좋았다. 상대의 사상이건 신경이건 전부 꿰뚫어보는 듯한 문화인 흉내를 나는 혐오했다. 권력이란 것이 이런 남자의 모습으로 우리들을 지배하고 있는 것이 재미적고 어둡게 생각되었다. 그 유들유들한 변설과 커다란 웃음소리를 들으면 침을 뱉어도 더러운 것이 뒷맛으로 남았다.[14]

종전 직후 상하이를 배경으로 한 이 소설에서 가라시마는 사회적인 힘과 육체적인 힘의 화신으로 등장한다. 군 선전부에서 중국인은 물론 같은 일본인마저 권력으로 억누른 가라시마는 부하의 아내를 겁탈하고, 부하가 그 때문에 큰 병이 들어 누워 있어도 그녀와의 관계를 계속 이어가는 과잉 성욕자이다. 이러한 가라시마의 이미지는 다나카의 변태성욕자라는 평가와 연동되어 권력/성욕이라는 이미지를 재생산하는데 주인공 스기(杉)는 그녀를 동정하고 자신의 삶의 의미를 찾기 위해 가라시마를 도끼로 내리쳐 살해한다. 이러한 살해 행위에 대해 일본 문학 연구자는 다음과 같이 말하고 있다.

---

14 다케다 다이준, 〈蝮のすえ〉, 《蝮のすえ, 愛のかたち》, 講談社 文藝文庫, 1992, 62~63쪽.

전전, 전중, 전후라는 긴 시간을 어쩔 수 없이 억압을 받아 자신의 태도를 본의 아니게 변전시켜가는 시간을 보낼 수 없었던 '나'에게 가라시마 살해의 실행은 말하자면 자신의 주체성과 존재성을 회복하고자 하는 시도였다고 생각된다. 가라시마 살해를 실행하는 것이야말로 '나'가 "제로가 되지 않는" 것, 곧 자기인식의 절대 조건으로 파악되어 '나'의 지금까지의 인생에서 최대 지고의 목적인 행위로 파악되고 있는 것이다.[15]

가라시마라는 자에게 군국주의의 모든 악을 뒤집어씌우고 그를 살해함으로써만 전후를 의미의 시간으로 살아갈 수 있었던 일본 지식인의 특징을 이 소설만큼 잘 드러낸 것은 없다. 이는 다나카 히데미쓰가 가라시마 박사를 악한으로 묘사함으로써 스스로를 '피해자'로 설정하는 것과 비슷한 심정이라 할 터인데, 여기서 주목되는 점은 실제로 다케다 다이준은 가라시마 다케시의 도쿄제대 지나문학과 5년 후배였다는 점이다.

다케다 다이준은 알려진 바와 같이 1934년 졸업과 더불어 다케우치 요시미와 함께 중국문학연구회를 만든 사람이다. 다케다가 선배인 가라시마에 대해 어떻게 생각했는지는 모르겠으나, 중국문학연구회의 멤버들이 가라시마에 대해 어떻게 생각했는지는 다케우치의 일기에 잘 드러나 있다.

다나카 히데미쓰의 〈취한 배〉. 조선을 그리고 있고 가라시마(辛島)가 가라시마(唐島) 박사로 등장하여 악랄하게 폭로되어 있는 점이 재미있었다.(1948. 11. 19)

시오노 씨의 사위 K 씨는 당시 경성대학 교수였다. 그리고 외견상 급진

15 마쓰모토 요코(松本陽子), 〈武田泰淳 '蝮のすえ'論〉, 《論潮》, 2008. 6, 14쪽.

파였다. 유시마세이도(湯島聖堂)에 있는 '사문회'라는 한학 계통의 교화단체 기관지에 중국 프롤레타리아 문학의 소개를 적어 물의를 일으킨 것도 그 무렵의 일이다. 그 K씨를 시오노 씨는 물론 자기 후임으로 삼고 싶었을 것이다. 그 점에서 우리들 이단도 이용 가치가 있었다. 그러나 우리들은 K씨의 래디컬리즘을 신용하지 않았다. 물론 당시는 아직 전쟁 중의 국책 문학에의 편승을 예견하고 있었던 것은 아니었지만.(1962. 6. 9)[16]

여기서 '우리들'은 중국문학연구회 멤버를 가리키는데, 위의 두 인용문에서는 다케우치와 다케다를 포함한 중국문학연구회 멤버들이 가라시마 다케시가 보여준 좌익적 성향을 처음부터 신뢰하지 않았고, 그것이 국책 문학에 대한 편승으로 증명되었으며, 그러한 가라시마의 자기기만이 만천하에 드러나자 통쾌함을 느꼈음을 알 수 있다. 그러나 같은 전공의 선배로서 자신들보다 먼저 중국 현대문학에 눈을 돌렸고, 또 자신과 마찬가지로 루쉰에게 주목했던 가라시마의 허위가 폭로되는 것을 즐기고 있는 다케우치의 심정은 다소 이해하기 힘들다. 이에 대해서는 자세히 살펴볼 겨를이 없기에 여기서는 다케다를 비롯한 중국문학연구회 멤버들이 가라시마를 어떻게 보았는지를 확인하는 것에서 그치기로 하는데, 중요한 것은 다케다나 다나카 모두 가라시마를 일반적인 국가 권력의 화신으로 그렸고 식민지로서 형상화하지 않았다는 것이다. 그러나 김사량의 가라시마 묘사는 다르다.

일본인의 소설이 가라시마를 군부의 앞잡이로서 조선과 중국에서 활약한 일반적인 권력의 현현으로 그렸다면 김사량의 〈천마〉는 가라시마를 식민자의 한 형태로 보았다.

---

16 다케우치 요시미, 《竹內好全集(16)》, 筑摩書房, 1981, 242~243쪽.

원래 그는 대학 법과를 졸업하는 것과 함께 조선 구석에 와서 바로 교수가 되었는데 요즘에는 예술 분야 모임에까지 활개를 치고 나가는 등 내지인 현룡이라고 할 법한 존재였다. 돈벌이를 하려는 근성으로 조선에 건너온 일부 학자들의 통폐와 마찬가지로 그도 또한 입으로는 내선 동인을 주장하면서도 자신은 선택받은 자로서 민족적으로 생활적으로도 남보다 갑절 낫다는 우월감을 갖고 있다. 하지만 다만 한 가지 예술 분야 회합 등에 나가서는 자신이 조선 문인들처럼 예술적인 일을 아무것도 할 수 없다는 것에 열등감을 느끼고 그 반동으로 그들을 몹시 못마땅하게 생각하고 있었다. 그래서 특히 조선 문인들을 업신여기려고 작정을 하고, 내지에서 누군가 예술가라도 오기만 하면 현룡에게 뒤지지 않을 열정으로 수업마저 쉬고 외출해서, 정규 봉급 외의 돈을 아까워하지도 않고 여기저기 끌고 다니며 술을 먹여 가면서 사사건건 트집을 잡아서 조선인 험담을 학문적인 말로 늘어놓으며, 읽지도 않았으면서 입버릇처럼 흠 저것을 보고 안심했다 하며 투덜댔다.[17]

스스로 일본인이 되고자 했지만, 식민자의 시선 아래에서 조선의 정체성을 부여받은 현룡이 정신분열을 일으키게 된다는 줄거리를 가진 이 소설에서 주목되는 것은 식민자의 양가적인 태도이다.[18] 조선인에게는 민족적 우월감을 토대로 군림하려 들며, 내지 일본인에게는 조선에 대한 대표성을 주장하는 재조 일본인의 한 전형이 가라시마라는 인물로 드러난 것이다. 김사량이 포착한 것은 바로 이러한 재조 일본인이 처한 식민지라는 장소였

17 김사량, 〈천마〉, 김재용·곽형덕 편역, 《김사량, 작품과 연구 2》, 역락, 2009, 47~48쪽.

18 윤대석, 〈경성의 공간분할과 정신 분열〉, 《식민지 문학을 읽다》, 소명, 2013, 161~164쪽.

다. 재조 일본인은 조선을 고향이라고 생각하는 순간, 독특한 정체성이 생겨난다. 그러한 정체성은 내지 일본인에게는 조선적 특성을, 조선인에게는 일본적 특성을 내세우는 것으로 드러난다. 이는 다케우치가 말한, 일본 아시아주의가 가진 이중구조, 즉 서구에는 아시아적 원리를, 아시아에는 서구적 원리를 내세우는 모순된 구조를 압축적으로 보여준다. 가라시마가 놓인 장소는 바로 여기였고, 그가 조선 문화에 깊이 개입하면 할수록 이러한 모순은 심화된다. 이는 가라시마의 변화를 설명하는 한 시각이 될 수 있고, 다케우치에게는 없는 것이었다.

3. '문학'의 가능성과 한계

가라시마는 1903년 후쿠오카에서 태어나 슈유칸(修猷館)중학교, 야마구치(山口)고등학교를 거쳐 1928년 도쿄제대 지나문학과를 졸업했다. 졸업논문은 명말 청초의 문인인 김성탄에 관한 것이었고, 같은 해 경성제대 강사로 부임한다.[19] 1928년도에 그가 맡은 강의는 지나 희곡, 지나 소설(지나 문학 강독)이었다. 그는 1930년 조교수로 임명되는데, 그 이후 지나 근대문학 개설(1931), 중국 신문학운동의 회고(1933)와 같은 과목이 개설된다.[20] 이에 대해 김태준은 "지나문학과를 선택하고 그 강좌를 담임한 G박사라고 하는 칠십 노인을 스승으로 모시고 다시 시경, 당송 시문 등을 배워보았으나 별로 신기한 것도 없고 헤매는 때에 새로 마요(馬堯)라는 젊은 선생이 오고"라고 하여 "중국 문학 연구의 사명은 건설 도상에 있는 신문학의 수

19 가라시마의 연보는 아들인 가라시마 노보루(辛島昇)가 작성한 《辛島驍 略年譜·寫眞他》(자가판, 1983)에 의거했다.

20 박광현, 〈경성제국대학 안의 '동양사학'〉, 《한국사상과 문화》 제31집, 2005.

입, 소개, 번역이 아니면 안 된다"[21]라는 자신의 신념에 가라시마가 영향을 끼쳤음을 고백하고 있다. 천진이 말한 바와 같이 한학이나 지나학이 아니라 현대의 중국문학 연구라는 점에서 다케우치와의 공통점이 발견된다. 또한 그 사상적 거점이 루쉰이라는 점에서도 둘은 일치한다.

가라시마는 1926년 8월, 1929년 9월, 1933년 1월 세 번 루쉰을 방문한다. 천진은 1934년 강좌 담임이 되기 전에 중국에 재외 연구자로 파견되었으리라고 추측하지만,[22] 루쉰을 방문한 시기가 항상 방학이고 또《경성제국대학 학보》에 재외 연구에 대한 기록이 전혀 남아 있지 않으며, 또 여러 정황을 미루어 짐작하면 재외 연구는 없었던 것으로 보인다. 그러나 가라시마가 현대 중국 문학에 관심을 가지고 중국(특히 상하이)에 여러 번 다녀왔으며 중국 문학자와의 교류도 빈번했던 것은 그의 글을 통해 충분히 확인할 수 있다. 이러한 전문성은 그에게 조선 최고의 '현대 중국', 특히 '남중국 전문가'라는 호칭을 가져다주었는데,[23] 이러한 중국 현대문학에 대한 관심은 천진의 지적대로라면 기존 지나학에 대한 반성에서 나온 것이었다. 그러나 거꾸로도 생각할 수 있다. 중국 현대에 대한 관심이 과거를 대상으로 하는 한학과 지나학에 대한 반성을 가져다준 것이기도 했던 것이다.

> 오래전부터 상하이에 살며 지금은 골동품 등을 모으며 꽤 부유한 생활을 하고 있는 한 일본인이 있습니다. 그는, 아니 이 존경할 만한 노신사는 "한학의 소양이 얼마나 지나에 사는 자에게 필요하며 또한 그 자신의 체험

---

21 김태준, 〈외국문학전공의 변〉, 《동아일보》, 1939. 11. 10.

22 천진, 앞의 글, 325쪽.

23 "가라시마 씨는 경성제대에서 지나 근대문학을 담당하고 계시고 상해 방면에 오래 있어서 중지에서 남지에 걸쳐 상당히 연구를 했으며 특히 인테리 계급의 지나인에 대한 지식은 아마 경성에서는 가라시마 이외에는 없을 것이라고 생각합니다"(〈支那事變を語る座談會〉, 《朝鮮及滿洲》, 1937. 11, 32쪽).

이 얼마나 감사한 것이었던가"에 대해 나를 위해 특히 그것을 강조하여 설명해주었습니다. 그러나 '지금'의 지나는 적어도 '지금 상하이의 지나'는 이 말과는 너무나도 멀리 떨어져 있지 않겠습니까?[24]

현대 중국에 대한 강조는 가라시마의 여러 글에서 확인된다. "연작(燕雀)이 어찌 대붕(大鵬)의 뜻을 알리"를 되뇌는 노(老)한학자의 가르침으로는 "밭에 선 소작인의 모습이 학생들의 눈에 떠오르지 않는다"라는 비판이나 "서양 부인의 구두 소리. 땀에 젖은 남자가 미는 등사판의 롤러 소리. 어디에 '지나'가 있을까"[25]라는 말이나, 다음과 같은 글이 그것을 잘 보여준다.

나는 쓰는 김에 앞으로 젊은 사람들에게 바란다. 군들이야말로 지금까지의 형태에 사로잡히지 않고 척척 새로운 길을 열어갈 것을. 지나에 머물지 않고 문학이라는 '자(字)' 쪽으로도 충분히 주의를 기울이도록. 그리고 또한 자기들의 생활을 깊이 파내려가 자기들 주위의 생활을 예리하게 고찰하고 거기에 하나의 확고한 것을 건설하고 그리하여 그것으로서 지나의 낡은 것을 보아 가도록. 모두 자기와 자기 주위와 현대라는 것을 잊지 않고 지나의 것을 읽는 것이다. 지나의 먼 낡고 어두운 세계에 혼을 빼앗기고 말아 그 속에서 무대 뒤 대기실에서나 할 법한 논의만을 가지고 싸우며 자기가 살아가는 넓고 큰 현실 세계에는 아무런 효과도 미치지 않고 게다가 자신의 개인 생활은 완전히 관습에 맡겨두고 마는 그런 낡은 형태는 군들이여 개에게나 주어버려라.[26]

---

24 가라시마 다케시, 〈滬遊心影〉, 《刀江刊報》, 1929. 10.

25 か·ら·し·ま, 〈斷夢〉, 《朝鮮及滿洲》, 1933. 1, 60쪽.

26 가라시마 다케시, 〈支那の新しい文藝に就て〉, 《朝鮮及滿洲》, 1930. 2, 69쪽.

지나 연구란 삶에 관련되어야 한다는 것, 그리고 삶이라고 하는 자신의 지반에서 출발하는 것이 학문이라는 의식을 위에서 엿볼 수 있다. 그러나 여기에서는 현대 중국을 하나의 타자성으로 사고하는, 그러니까 자신을 구성하고 바꾸는 계기로 사고할 가능성은 생기지 않는다. "자기 주위의 생활을 예리하게 고찰하고 거기에 하나의 확고한 것을 건설하고 그리하여" 중국을 바라보는 것은 철저하게 주체의 입장에서 타자를 사고하는 것이다. 가라시마에게 중국은 처음부터 주체의 바깥에 위치한 타자였고 관찰의 대상이었다. 그러한 관찰의 렌즈가 바로 문학이었던 것이다.[27] 렌즈 가운데에서도 가장 예리한 렌즈가 문학이었다.

다음에 늘어놓는 몇 편의 소설 개관은 마치 현대 지나라는 한 사람의 인간이 우리들 앞에 때에 따라 촬영해놓은 아마추어 사진을 보여주는 것이라고 생각해주기 바란다. (중략) 그들 사진은 현대 지나의 전 생활을 비춘 것은 아니다. 어떤 특수한 부분의 촬영이고 카메라를 가진 사람의 예술적 입장도 일정한 것이다. 따라서 그것을 넓고 큰 전체의 일부분이라고 생각하고 감상해주기 바란다. 그러나 그 부분에 대해서만은 찌그러진 렌즈는 아니라고 생각한다.[28]

이것을 이해하기 위해서는 소설이나 희곡 등을 통해 극히 미세한 곳까지 이해할 필요가 있다고 생각합니다.[29]

---

27 이런 점으로 보면 다케우치의 '태도로서의 문학'과는 대비된다는 것은 명확하다(천진, 앞의 글, 330~332쪽). 그러나 문학에 대한 입장의 차이가 곧바로 국책 문학으로 이어지는 것은 아니라는 점은 염두에 둘 필요가 있다.

28 가라시마 다케시, 〈現代支那社會の一面〉, 《朝鮮及滿洲》, 1935. 11, 48쪽.

29 〈支那事變を語る座談會〉.

1930년대 가라시마가 발표한 글의 상당수는 중국 현대 소설을 요약한 것이다. 그것도 수업 시간에 학생들이 요약한 것으로 보이는 것을 사용하고 있다(물론 누가 요약한 것인지는 밝히고 있다). 김태준이 "양백화, 최창규, 정래동, 마요 제씨와 함께 손을 붙잡고 한 사람이 한 작가의 것을 하나씩 하나씩 담당해서 번역해보았으면 하는 생각은 있습니다"[30]라고 했듯이 '지나 소설 강독'은 강의일 뿐만 아니라, 가라시마의 중요한 작업 가운데 하나였다고 할 수 있다. 이것은 현대 중국의 현실을 포착하는 작업이기도 했던 것이다.

그렇다면 가라시마의 눈에 포착된 중국의 현실은 어떠했던가? "북평인 측에서 보면 과학을 사역하는 것은 인간을 사역하는 것보다도 싫은 일"이고, "북평인의 마음에도 먼지가 쌓여 있"지만, 그러니까 낡아 보이는 지나지만, 현대적 삶의 맹아가 문학 속에서는 보인다는 것, 그러니까 "수조로부터 바가지로 물을 뿌리는 저 무서운 유한적으로 보이는 일이라도 그것이 수없이 반복되어 끊임없이 계속되어가면 언젠가는 먼지를 가라앉힐 수 있지 않을까"[31] 혹은 "불행한 그들이 키득키득 웃고 있는 동안 천하는 태평했던 것이다. 키득키득 웃는 사람의 수가 너무 많아져서 그 가운데 누군가가 얼굴을 일그러뜨리고 무언가 외치면 '혁명'이 생"[32](〈북경관극기〉, 1932)긴다는 것이다. 그러한 중국의 가능성이 보일 수 있었던 것은 문학이라는 현대적 삶, 그러니까 주위의 현실이라는 렌즈를 통해서였다. 이는 일본에서 프로 문학이 최고조에 달한 것에 기반을 두고 있을 터이다.

그러나 루쉰이여 당신은 어디로 가는가. 벌써 당신의 세계도 막다른 골

30 김태준, 앞의 글.

31 가라시마 다케시, 〈北平印象記〉, 《朝鮮及滿洲》, 1933. 6.

32 가라시마 다케시, 〈北京觀劇記〉, 《朝鮮及滿洲》, 1932. 5.

목에 다다르지 않았는가. 공을기나 아큐의 시대는 지나가려 한다. 錢杏邨 따위가 별 볼일 없는 사람이라고 당신은 생각할지도 모른다. 그러나 아큐의 시대는 죽었다. 따라서 루쉰의 시대도, 라고 한 그 말은 錢杏邨 한 사람의 말이라고 생각해서는 안 된다. 세계의 다음 시대가 마침내 오려는 시대가 당신을 향해 내린 선고일 터이다.(중략)

또한 가까운 성방오와 공저로 《문학혁명에서 혁명문학으로》라는 새 책을 냈다. 점점 첨예화하려는 현대 지나의 문예는 앞으로 이런 사람들에 의해 리드되어 갈 것이 아닌가.[33]

현대 중국을 있는 그대로 포착하고자 하는 렌즈는, 그러니까 가능성으로서의 문학은 다만 일본이나 구주라는 보편성에 근거를 둘 때만 의의가 있는 것이었다. 중국이 프롤레타리아 문학을 낳는 것은 그 자체가 현실이기 때문에 긍정해야 하지만, 그렇기 때문에 스스로 스승이라 일컫는 루쉰의 시대가 갔다고 과감하게 선언했지만, 일본의 길과 구주의 길, 그리고 중국의 길이 엇갈릴 때 그러한 렌즈는 흔들린다.

소설과 희곡 읽기를 통한 중국 사회 읽기는 1939년 도쿄제대에 제출된 박사학위논문 〈현대 지나의 문학〉으로 정리되었다. 그것이 학위논문으로 통과된 것은 1946년이었고 단행본으로 발간되는 것은 1983년 아들 가라시마 노보루(辛島昇)에 의해서였다. 이 박사학위논문과 별개로 1939년에 발표된 〈현대 지나의 문학〉이라는 논문은 박사학위논문과 논조가 조금 다르다. 1939년도에 학위논문으로 제출된 논문은 전후에 통과된 박사학위논문보다 1940년에 발표된 이 글과 더욱 가깝지 않을까 추측할 뿐이다. 이 두 논문에서 모두 가라시마는 현대 중국 문학사를 다음과 같이 정리한다.

---

33 가라시마 다케시, 〈支那の新しい文藝に就て〉, 《朝鮮及滿洲》, 1930. 1, 71쪽.

이런 말은 지금 어떤 일부 사람들에게 혹은 듣기 싫은 말일지 모르지만, 그것이 듣기 좋은지 싫은지 관계없이, 신해혁명 이후의 현대 지나의 문학이 오늘날까지 걸어온 길을 지나 해방의 길이었다고 하는 것은 거짓이 아니라, 그리고 또한 그것은 오로지 문학만이 걸어온 길이 아니라 지나의 정치 자체가 원망하고 스스로 걸어온 고난의 길이었다. (중략)

그런데 구 지나로부터 근대 지나로의 해방이 현대 지나 문학이 스스로 부담한 임무였다고 한다면 그 문학상의 표현은 어떠한가. 나는 그것을 세 각도, 방향으로 요약해서 말하고 싶다. 첫째는 반봉건적 방향, 둘째는 반군벌의 방향, 셋째는 반제국주의의 방향. 이 세 방향은 소위 현대 지나가 그 해방을 위해 싸워온 세 전장이고 따라서 이것이야말로 현대 지나 문학의 가장 현저한 세 성격이었다고 할 수 있다.[34]

어떤 사람들은 중국의 문학이 외국 문학의 모방 추수라고 하지만 "모방하는 데에는 모방할 만큼의 필요가 있었"고 일본이나 소련의 문학의 영향하에 창작된 문학이 애독된 것은 "그만한 이유가 지나 측에 없어서는 안 될 것이었다"라는 인식에서 보듯이 중국 사회의 욕망 읽기로서의 소설 읽기라는 면은 1930년대 후반까지 견지된다. 그러나 그것은 1930년대 초반과는 달랐다.

중국 근대문학의 길이 중국 해방의 길이었고 그 과제가 반봉건, 반군벌, 반제국주의라면 우리의 관심은 가라시마가 과연 반제국주의를 어떻게 보았는가에 놓여 있게 된다. 중국의 반제국주의 투쟁이 주로 일본을 향했음을 기억하고 있기 때문이다. 그것을 논의하기 전에 우선 '반군벌'의 항목을 보면 1930년대 초반에 프로문학의 길이 중국의 나아갈 길이라고 본 것에

---

34 가라시마 다케시, 〈現代支那の文學〉, 《亞細亞問題講座(11)》, 1939, 167~172쪽.

반해 여기서는 국민당이나 공산당을 모두 반군벌로 처리하고 있다는 점이 눈에 띈다.

가라시마도 "일본이 끊임없이 지나 작가의 반제 작품의 제재가 된 것은 애석하게도 어쩔 수 없는 일이었다. 특히 상해 서안사건을 거쳐 국공합작이 개시되면 인민전선파의 작가도 민족주의파의 작가도 모두 반제 국방 문학에 결속하여 여기서 일본은 반제 문학의 유일의 대상국이 되"었다고 한다. 이것은 1933년 상해사변 1주년을 기념하기 위해 상해의 연극 단체가 연합하여 마련한 동북 난민 구제를 위한 자선 공연도 루쉰의 권유로 망설임 속에서 관람한[35] 가라시마의 실감이었을 터이다.

1930년대 후반의 가라시마의 변모는 문학='나'의 자리에서 문학='일본인'의 자리로 옮겨간 데 지나지 않는다. 따라서 "나는 어떠한 경우에도 일단 현실을 그대로의 모습으로 확실히 파악해볼 필요가 있다"[36]라는 것도 언제든지 시국의 요구에 응할 수 있는 지식이 된다.

> 지나에 대해서도 이쪽이 지나인적인 생각 방식을 충분히 받아들여 그들이 들어서 아주 타당하다고 생각하는 표현에 의해 이쪽의 의견을 양해시켜가는 것이 대단히 필요하지 않을까 생각합니다. (중략) 결국 지나 및 지나인이라는 상대를 정확하게 있는 그대로 일단 이해하는 것이 무엇보다도 근본 문제입니다. 모든 일에서 일단 대상을 정확하게 그대로 받아들여 보고 그곳에서 사물을 리얼하게 파악한다는 것은 절대로 필요합니다.[37]

이에 따라 현대 중국을 보면 항일운동이나 공산주의 운동은 인텔리의

---

35 가라시마 다케시, 〈魯迅追憶〉, 14쪽.

36 가라시마 다케시, 〈現代支那の文學〉, 196쪽.

37 〈支那事變を語る座談會〉, 1937. 12, 54쪽.

기반인 농촌문제이며 농촌 경제를 해결하지 않는 한, 공자교 따위를 부르짖는다고 해결될 문제(영웅주의 및 유교의 회복이 현대 중국의 문제를 해결할 것이라는 이나바의 견해에 대한 반론)가 아니라는 것으로 이어진다. 그러나 반제, 반봉건, 반군벌이라는 중국 해방의 방향을 일본에 유리하게 해석하는 경향이 있긴 했지만, 중국을 있는 그대로 바라보아야 한다는 자세가 크게 변하지 않은 것에 반해 조선에 대한 인식은 완전히 변모한다.

4. 재조 일본인이라는 장

1930년대 후반에 이르기까지 가라시마는 중국을 있는 그대로 바라보듯이 조선을 있는 그대로 바라보고자 했다. 앞에서 살펴본 중국 인식에 대한 태도가 그대로 조선 인식의 태도로 고스란히 전환되는 것이다.

> 나는 이곳에서 역사의 조선, 골동의 조선을, 조용히 애완하는 사람은 많아도 현실의 조선, 청년의 조선에 깊은 관심을 가진 사람이 비교적 적은 것을 생각한다.[38]

"경성에 사는 내지인 가운데에는 석양의 성벽에서 시취를 느끼고 출토된 고도기에 깊은 애착을 느끼는 사람은 많지만 네온 아래 현대 조선의 생활고를 절실히 느끼는 사람은 얼마만큼 있을 것인가"(같은 글)라는 한탄과 더불어 가라시마가 몰두했던 것은 조선 연극 관람이었다. 1930년대 말에 이르기까지 가라시마의 조선 언급은 거의 눈에 띄지 않지만 〈지나와 조

---

38 からしま, 〈文雅の徒〉, 《朝鮮及滿洲》, 1934. 4, 135쪽.

선의 신극〉과 〈내지인으로서〉라는 글과 앞에서 언급한 〈문아의 도〉에서 그가 조선 연극을 즐겨보았음을 알 수 있다. 그러나 그는 조선 연극을 중국에서의 그것과 똑같은 눈으로 바라볼 수 없었다. 그는 조선 사회의 국외자가 아니라 거기서 조선 원주민과 더불어 살아야 할 재조 일본인이었기 때문이다.

> 고향을 떠나 멀리 이 땅에 살며 더위와 추위와 싸우고 전염병과 싸우고 풍속 언어가 다른 사람들과 서로 살아온 사람들에게는 그 사람들에게 상당한 역시 무언가 생활적 감개, 사색, 혹은 신앙이란 것이 자연히 생겨날 터라고 생각한다. (중략) 그 내지인 자신이 지금까지 느긋하게 자신들의 생활을 파내려가 돌아보거나 그 진실된 마음을 문학 위에 표현하려고 바란 적은 없었던 것이다. (중략) 자신들의 생활은 혹은 주위 생활을 응시하고 그것을 문학, 특히 소설의 형태로 사람들에게 말하려고 노력한 자는 거의 없었다(〈내지인으로서〉, 1939).

이러한 재조 일본인 의식은 내지 일본인과의 차별 의식과 조선 원주민과의 차별 의식 모두로부터 생겨난다. 1930년대 후반 만주사변과 내선일체로 인해 일본인에게 조선에 대한 관심이 생겨나고 그 결과 많은 문인들이 조선을 방문하지만, 그들이 보려고 하는 것은 오로지 조선인의 삶과 문학이었다는 것이다. "그 관심이 항상 조선인 측의 문제이고 동향이었지 이곳에 이미 오래전부터 함께 살고 있는 내지인에 대한 생활적인·사상적인 주의가 너무나도 적었음을 우리는 한탄한다"라는 것이었다. 이것은 1939년도의 반도 문학을 개관하면서 일본인 측에 문학이라고 할 만한 것이 없었다는 진단과 통한다. 하이쿠나 센류를 창작하는 수많은 단체들이 조선에 있었음에도 삶=문학=근대문학이라는 등식에 근거했던 가라시마에게 재조 일본인 자신의 삶을 표현한 문학은 없는 것이나 마찬가지였던 것이다.

이때 조선이라는 지역성이란 일본인을 재조 일본인으로 만드는 타자성을 의미할 터이다. 그것은 자연만을 의미하는 것이 아니라 조선인의 삶과의 접촉도 의미한다. 그 자신은 조선어도 모르면서 조선의 연극을 보러 갔다가 형사로 오인된 경험도 있을 만큼 가라시마는 그러한 타자의 만남을 갈구해왔다고 한다. 그러나 국외자로서 조선을 관찰할 때에는 스스로 '내지인'으로서 일본 내의 '내지인'과 조금도 다를 바가 없었다. 그러나 조선인이라는 타자와의 만남을 실제로 실현시킨 내선일체로 가능해진 공통의 장에서는 상황이 달랐다. 정작 타자와의 만남은 가라시마를 오히려 불쾌하게 만들었던 것이다.

가라시마는 조선을 새로운 가치의 담지자로 놓은 신지방주의론을 주장한 최재서와 각종 좌담회에서 부딪치며 불쾌감을 표현했다.[39] 이는 가라시마가 공공연하게 최재서가 주간하는 《국민문학》에 대해 불만을 털어놓는 것이나, 조선문인협회 간사이자 조선문인보국회 이사장인 가라시마의 글이 《국민문학》에 겨우 한 편, 그것도 문인협회의 조직 개편을 설명하는 글에 지나지 않는다는 것으로, 또 다나카 히데미쓰의 〈취한 배〉에서 중국 작가의 편지를 둘러싼 최재서와 가라시마의 추리소설적인 암투로 드러난다. 이러한 점은 개인적인 대립으로 치부할 수도 있으나, 결국 가라시마에게 지역성이란 타자성을 거세한 지역성임을 잘 드러내준다.

가라시마가 스스로를 재조 일본인으로 규정짓고 내지의 일본인과 차별화하기 위해서는 오히려 조선에 대한 대표성을 둘러싸고 조선 원주민과 경쟁하지 않을 수 없었다. 그렇기에 내지 일본인에 대해서는 조선성을, 또한 조선 원주민에게는 일본성을 내세워 대응하지 않을 수 없었다. 이러한 구

39 이에 대해서는 윤대석, 〈1940년대 '국민 문학' 연구〉, 서울대학교 박사학위논문, 2006 참조.

도는 다케우치 요시미가 말하는 아시아주의의 이중성과 정확하게 일치한다. 그러니까 동아에서 지도권을 확립할 이론적 근거가 선진국 대 후진국이라는 유럽적 원리에 있었던 반면에 구미로부터 아시아의 맹주임을 승인받으려면 아시아적 원리에 따라야 했던 것이다.[40] 아시아에 대한 애정이 아시아의 침략으로 전환되듯이, 조선에 대한 사랑이 조선에 대한 억압으로 쉽게 전환될 수 있는 것이다. 다케우치가 현대 일본 모순에 대해 갈파했던 것의 사례는 멀리 갈 필요도 없이 자신의 5년 선배인 가라시마가 체현하고 있었던 것이다. 다케우치와 가라시마의 차이는 문학에 대한 태도의 차이이기도 했지만, 그들이 놓인 장소의 차이이기도 했던 것이다.

---

40 다케우치 요시미, 〈근대의 초극〉, 윤여일 옮김, 《고뇌하는 일본》, 휴머니스트, 2011, 142~143쪽.

집필진 소개

엮은이

윤해동

한양대학교 비교역사문화연구소 교수. 서울대학교에서 박사학위 취득. 한국 근대사, 동아시아사 연구. 저서로《탈식민주의 상상의 역사학으로》,《근대 역사학의 황혼》,《식민지 근대의 패러독스》,《지배와 자치》,《식민지의 회색지대》, 공편저로《종교와 식민지 근대》,《식민지 공공성》,《역사학의 세기》,《植民地近代の視座》 등이 있다.

이성시(李成市)

와세다대학(早稻田大學) 문학학술원 교수. 와세다대학 및 동대학원에서 수학. 한국 고대사와 동아시아사 전공. 저서로《조선의 역사(朝鮮の歷史)》(공저),《고대 동아시아의 민족과 국가(古代東アジアの民族と國家)》,《동아시아의 왕권과 교역(東アジアの王權と交易)》,《만들어진 고대》, 논문으로 〈韓國出土の木簡について〉 등이 있다.

글쓴이

미쓰이 다카시(三ツ井崇)

도쿄대학(東京大學) 대학원 총합문화연구과 준교수. 히토쓰바시대학(一橋大學) 대학원 사회학연구과 졸업. 식민지 시기의 언어, 문화, 사회 연구. 저서로《식민지 조선의 언어지배》, 공저로《역사학의 세기》,《동아시아 기억의 장》 등이 있다.

심희찬

리쓰메이칸대학(立命館大學) 외국인연구원. 리쓰메이칸대학 대학원 문학연구과 박사과정 수료. 현재 한일 근대 사상사 연구. 공편저로《戰後史再考》,《종교와 식민지 근대》, 논문으로 〈明治期における近代歷史學の成立と'日鮮同祖論' — 歷史家の左手を問う〉 등이 있다.

윤대석

서울대 국어교육과 부교수. 서울대 국어국문학과 대학원 졸업. 식민주의 담론 및 문학, 디지털 미디어 시대의 문학 교육 연구. 저서로 《식민지 국민문학론》, 《식민지문학을 읽다》, 《근대를 다시 읽는다》(공저), 번역서로 《키메라: 만주국의 초상》 등이 있다.

이소마에 준이치(磯前順一)

국제일본문화연구센터 교수. 도쿄대학 인문과학연구과 대학원 졸업. 종교학, 역사학 연구. 저서로 《他者論的轉回》(공저), 《宗教概念あるいは宗教學の死》(공저) 등이 있고, 한글 번역본으로 《죽은 자들의 웅성임》, 《근대 일본의 종교담론과 계보》, 《종교와 식민지 근대》(공저), 《상실과 노스탤지어》 등이 있다.

장신

역사문제연구소 상임연구위원. 연세대학교 대학원 사학과와 성균관대학교 동아시아학과 박사 수료. 한국근대사 전공. 논문으로 〈일제 말기 동근동조론의 대두와 내선일체론의 균열〉, 〈1930년대 경성제국대학의 역사교과서 비판과 조선총독부의 대응〉, 〈경성제국대학 사학과의 자장〉 등이 있다.

정상우

한림대학교 사학과 조교수. 서울대학교 대학원 국사학과 졸업. 식민주의 역사학이라 불리는 식민지기 일본인들의 역사 정리와 서술에 대해 연구. 논문으로 〈《朝鮮史》(朝鮮史編修會 간행) 편찬 사업 전후 일본인 연구자들의 갈등 양상과 새로운 연구자의 등장〉, 〈일제강점 말기 관찬 지방사에서의 지방 구현 — 《大邱府史》(1943)를 중심으로〉 등이 있다.

정준영

서울대학교 규장각한국학연구원 조교수. 서울대학교 사회학과 및 동대학원 졸업. 한국 대학의 제도적 확립, 근대적 학술장의 형성 연구. 공저로 《식민권력과 근대지식: 경성제국대학 연구》, 《한국 근현대 인문학의 제도화》, 논문으로 〈피의 인종주의와 식민지의학〉, 〈경성제대 교수들의 귀환과 전후 일본사회〉 등이 있다.

RICH 트랜스내셔널인문학총서

식민주의 역사학과 제국
탈식민주의 역사학 연구를 위하여

1판 1쇄 2016년 4월 8일

기　획 | 한양대학교 비교역사문화연구소
엮은이 | 윤해동·이성시

펴낸곳 | (주)도서출판 책과함께
주소 (04022) 서울시 마포구 동교로 70 소와소빌딩 2층
전화 (02) 335-1982~3
팩스 (02) 335-1316
전자우편 prpub@hanmail.net
블로그 blog.naver.com/prpub
등록 2003년 4월 3일 제25100-2003-392호

ISBN 979-11-86293-54-6 93900

이 도서의 국립중앙도서관 출판시도서목록(CIP)은 서지정보유통지원시스템 홈페이지(http://seoji.nl.go.kr)와 국가자료공동목록시스템(http://www.nl.go.kr/kolisnet)에서 이용하실 수 있습니다.(CIP제어번호: CIP2016008060)

* 이 책은 2008년 정부의 재원으로 한국연구재단의 지원을 받아 수행된 연구임(NRF-2008-361-A00005).